Melanie Obraz

Der Begriff Gottes
und das gefühlsmäßige Erfassen des Göttlichen bei Fichte und Schleiermacher

Münsteraner Philosophische Schriften

herausgegeben von

Prof. Dr. Kurt Bayertz,
Prof. Dr. Ludwig Siep,
Prof. Dr. Thomas Leinkauf,
Dr. Michael Quante,
Dr. Marcus Willaschek

(Philosophisches Seminar,
Westfälische Wilhelms-Universität Münster)

Band 10

LIT

Melanie Obraz

Der Begriff Gottes
und das gefühlsmäßige Erfassen des Göttlichen
bei Fichte und Schleiermacher

LIT

∞
Gedruckt auf alterungsbeständigem Werkdruckpapier entsprechend
ANSI Z3948   DIN ISO 9706

D 6

Die Deutsche Bibliothek – CIP-Einheitsaufnahme

Obraz, Melanie:
Der Begriff Gottes und das gefühlsmäßige Erfassen des Göttlichen bei Fichte und
Schleiermacher / Melanie Obraz. – Münster : Lɪᴛ, 2001
   (Münsteraner Philosophische Schriften ; 10.)
   Zugl.: Münster (Westf.), Univ., Diss., 2000
   ISBN 3-8258-5322-5

© Lɪᴛ VERLAG Münster – Hamburg – London
   Grevener Str. 179   48159 Münster   Tel. 0251–23 50 91   Fax 0251–23 19 72
   e-Mail: lit@lit-verlag.de   http://www.lit-verlag.de

Meinen Eltern

Danksagung

Der Arbeit, die der Philosophischen Fakultät in Münster vorgelegen hat und als Dissertation angenommen wurde, möchte ich ein Wort des Dankes voranstellen. Es gilt dem Referenten dieser Dissertation, Herrn Prof. Dr. Peter Rohs, welcher die Arbeit mit Geduld betreute.

Ebenso gilt mein Dank dem Korreferenten, Herrn Prof. Dr. Thomas Leinkauf.

Inhaltsverzeichnis

Inhaltsverzeichnis .... VII-XI

Zur Zitierweise XII

Teil 1 1

Einleitung: Thematik und Forschungsstand 1

I. Der unmittelbare Zugang zum Göttlichen in den
   Schleiermacherschen Reden 4
   1. Das ‚Programm' der Reden „Über die Religion" 4
      1.1 Das „Anschauen des Universums" in der Verbindung zum
          religiösen Gefühl. 6
      1.2 Das Einswerden mit dem Universum 10
      1.3 Der Stellenwert der Liebe als Grundgefühl 13
      1.4 Der Stellenwert der Demut 14
   2. Der Mittler 15
      2.1 Die Abgrenzung zwischen der Religion und der Moral 20
      2.2. Die Religiosität als ‚innermenschliche Angelegenheit' 22
      2.3 Die Gestalt Jesu als Erlöser 25
   3. Die Grenze zwischen menschlicher und göttlicher Kraft und die
      Problematik der Vergöttlichung des selbständigen Menschen im
      Sinne einer pantheistischen Gleichsetzung 29
      3.1. Die Einwände Sacks 30
      3.2 Das Problem des Anthropomorphismus 32

II. Der Stellenwert des Gefühls in der
    Religionsphilosophie Fichtes im Jahre 1799 34
    1. Das Gefühl der Sehnsucht 34
       1.1 Die Pflicht als Eingrenzung des Gefühls 35
       1.2 Die Moral und die Religion 36
       1.3 Die ‚Begrifflosigkeit' Gottes 38

2. Der Stellenwert des Glaubens..40
   2.1 Die Freiheit des Menschen.. 40
   2.2 Der Grund des menschlichen Ich 43
   2.3 Das Göttliche im Menschen 46
   2.4 Die ‚andere Seite' der moralischen Gewißheit – Das
       intellektuelle Gefühl als unmittelbare Urevidenz 48

3. Der Einfluß Spinozas 49

4. Das ‚Einswerden' mit dem Göttlichen und die moralische
   Ordnung – Der Unterschied zur Schleiermacherschen Denkart 55
   4.1 Die Problematik des ‚Einsfühlens' 55
   4.2 Die moralische Ordnung als das Göttliche 57

5. Die unterschiedlichen Auffassungen Fichtes und Schleiermachers bis 1799 hinsichtlich der ‚Gottesahnung' 60
   5.1. Die unverstandene Ahnung in den Schleiermacherschen
        Reden „Über die Religion".. 62
   5.2 Die Bedeutung der Freiheit in bezug auf den Glauben............ 64
   5.3 Das Verhältnis: Religion – Moral 69
   5.4 Das Aufsuchen des Göttlichen 73
       5.4.1 Gott als das Absolute bei Fichte 75
       5.4.2 Die Erfaßbarkeit des Göttlichen bei Schleiermacher 98
       5.4.3 Die Aufgabe des Gefühls hinsichtlich einer
             möglichen Erahnbarkeit Gottes 101
       5.4.4 Das Problem der Sünde 102
       5.4.5 Die Anschauung und das Gefühl 102
       5.4.6 Die Funktion der Liebe.. 108
       5.4.7 Der Augenblick des ‚Hingerissenseins' als zeitlose
             Einheit 109
   5.5. Der Ort der religiösen Erfahrung 117
       5.5.1 Das Problem der sprachlichen ‚Faßbarkeit' 119
       5.5.2 Die Wahrnehmbarkeit des Wesentlichen des
             Universums 121
   5.6 Die Funktion der Sehnsucht 124
   5.7. Die Einheit von Liebe und Religion 127

6. Ähnlichkeiten und Unterschiede bezüglich
   Schleiermacherscher und Fichtescher Erahnbarkeit des
   Göttlichen 127

2. Teil ... 135

I Schleiermacher und das religionsphilosophische Hauptwerk – Die Glaubenslehre (GL) ... 135

1. Das religiöse Erlebnis als Bestimmtheit des Gefühls ... 136
2. Der Begriff des höchsten Selbstbewußtseins ... 141
   - 2.1 Das ‚Sich-schlechthin-abhängig-Setzen' ... 147
   - 2.2 Das Selbstbewußtsein in bezug auf den höchstmöglichen Zustand der Religion ... 149
   - 2.3 Das schlechthinnige Abhängigkeitsgefühl und das endliche Freiheitsgefühl ... 152
   - 2.4. Das ursprüngliche Abhängigkeitsgefühl als ‚wesentliches Lebenselement' ... 156
     - 2.4.1 Die Vereinbarkeit des Abhängigkeitsgefühls mit dem endlichen Gefühl der Freiheit ... 157
     - 2.4.2 Das Mitgesetztsein Gottes ... 159
3. Das Gefühl der schlechthinnigen Abhängigkeit ‚an sich' ... 162
   - 3.1 Reflexion und philosophisch/religiöses Gefühl ... 163
   - 3.2 Ein „Gefühl von Gott" als das Wissen von Gott ... 164
   - 3.3 Die menschlichen Grenzen bezüglich des gefühlsmäßigen Erfassens des Göttlichen ... 166
4. Das Wesenhafte des religiösen Gefühls – Ausblick zur Dialektik ... 169
   - 4.1 Das unmittelbare Selbstbewußtsein ... 171
   - 4.2 Die Problematik des Abhängigkeitsgefühls hinsichtlich der Herleitung aus der Selbstbeziehung ... 175
   - 4.3 Das Gefühl als ‚der Ort' der Frömmigkeit ... 179
5. Der Gedanke der Erlösung ... 181
   - 5.1 Die Sünde ... 184
     - 5.1.1 Die Sündenlosigkeit des Erlösers ... 187
     - 5.1.2 Das Entstehen der ‚Sündhaftigkeit' ... 188
   - 5.2 Der Raum der Glaubenserfahrung ... 189
   - 5.3 Die Frömmigkeit als Bestimmtheit des Gefühls ... 192
6. Das Spannungsverhältnis zwischen dem unmittelbaren Selbstbewußtseinsbegriff der Dialektik zu dem der GL ... 194
   - 6.1 Der das „Ich" bestimmende Grund ... 195
   - 6.2 Das Erleben Gottes als Abhängigkeit ... 196
   - 6.3 Die letztmögliche Grundlage ... 198

7. Die Beziehung des Abhängigkeitsgefühls zum Freiheitsgefühl 200
　7.1　Moral und Religion 203
　7.2　Das Bewußtsein des schlechthinnigen Abhängigkeitsgefühls in religiös-sittlicher Gemeinschaft 203
　7.3　Der Grund jeglicher Gewißheit als wirkliches Wissen und als Glaube 205
　7.4　Die ‚Unaussprechlichkeit' und grundsätzliche Unerkennbarkeit des Göttlichen 207
　7.5　Das Abhängigkeitsgefühl und die sich selbst setzende Identität 209
8. Der Pantheismus als Problem der Beurteilung Schleiermacherscher Arbeit 210

II. Fichtes Bemerkungen bezüglich des Göttlichen am Beispiel der Anweisung zum seligen Leben (ASL) 215

1. Der Einfluß Spinozas auf die ASL 215
2. Die Tendenz der ASL 216
3. Das selige Leben 218
4. Die Problematik des sich selbst setzenden Ich 221
　4.1　Das sich im Selbstbewußtsein erfassende göttliche Dasein ... 222
　4.2　Das Auftreten des absoluten Seins 224
　　4.2.1　Das Wesen des Absoluten 227
　　4.2.2　Die höhere Moralität 229
　　4.2.3　Gott und Logos 230
5. Der Glaube und das Gefühl / Die Verbindung zum Schleiermacherschen Gedankengut 232
6. Die Funktion der Liebe 234
　6.1　Die menschliche Selbstaufgabe 236
　6.2　Die Beziehung zwischen der Liebe und der Vernunft 239

III. Der Begriff der Frömmigkeit in der Glaubenslehre Schleiermachers (GL) 243

1. Die Frömmigkeit 244
2. Das Fühlen im Vollzug eines Prozesses 247
　2.1　Der Unterschied zwischen ‚dem Gefühl der Reden' „Über die Religion" und ‚dem Gefühl der GL' 249
　2.2　Das fromme Gefühl / Das Mitgesetztsein Gottes im Gefühl ... 250

2.3. Der Pantheismusvorwurf speziell in bezug auf die Glaubenslehre ... 254
3. Die ‚philosophische' Unabhängigkeit Schleiermachers von Schelling ... 256
4. Die Erscheinung des Unendlichen im Endlichen ... 259
   4.1 Das Ziel der Frömmigkeit ... 261
   4.2 Die menschliche Freiheit in bezug auf die Abhängigkeit von Gott und der Erlösungsgedanke ... 262
5. Gott und Sprache ... 268
6. Das Erahnen des göttlichen Bereiches ... 275
7. Das Problem der Schöpfung und die Eigenschaften Gottes ... 279
8. Abschließende Feststellung bezüglich des religiösen Gefühls und hinsichtlich der Erlösung ... 282
   8.1. Die grundsätzliche Unerkennbarkeit Gottes und die einander wechselseitig ergänzende Beziehung zwischen der Vernunft und dem Glauben ... 288
   8.2. Die ontologische ‚Doppelheit' Gottes ... 289
9. Abschließende Betrachtung des Schleiermacherschen und Fichteschen Begriffs von Gott ... 291

Literaturverzeichnis ... 296

Quellen ... 296

Sekundärliteratur ... 299

Zur Zitierweise

SCHULTZ, Deutung   Werner Schultz: Schleiermachers Deutung der
                            Religionsgeschichte. In: ZThK 56, 1959, 55-82.

SCHULTZ, Grundlagen   Werner Schultz: Die Grundlagen der Hermeneutik
                            Schleiermachers. In: ZThK 50, 1953, 158-184.

SCHULTZ, Schleiermacher   Werner Schultz: Schleiermacher und der Protestantismus.
                            Hamburg 1957.

SCHULTZ, Theorie   Werner Schultz: Schleiermachers Theorie des Gefühls und
                            ihre theologische Bedeutung. In: ZThK 53, 1956, 75-103.

Zitiert wird mit dem Nachnamen und dem Kurztitel.

Teil 1

Einleitung: Thematik und Forschungsstand

Das Interesse dieser Arbeit gilt der Untersuchung des Fichteschen und Schleiermacherschen Gottesbegriffs und beschäftigt sich mit der Frage, in welcher Weise der Gefühlsbegriff seine Verwendung findet.

Als These sei der Arbeit vorangestellt, daß das Schleiermachersche gefühlsmäßige Erfassen des Göttlichen in den Reden „Über die Religion" und die Auffassung des Göttlichen, die Fichte in den Schriften „Über den Grund unseres Glaubens an eine göttliche Weltregierung" und der „Appellation" vertrat, nicht als unvereinbarer Gegensatz einander gegenüberstehen.

In dieser Arbeit wird zunächst die Theorie eines gefühlsmäßigen Erfassens des Göttlichen untersucht, die in den Reden „Über die Religion" (1799) und in „Der christliche Glaube" (GL, 1821/22) von Schleiermacher behandelt wird.

Auch beschäftigt sich die Arbeit mit der Frage, ob die Schleiermachersche Gedankenwelt der Reden „Über die Religion" und der GL mit dem Fichteschen Gedankengebäude der „Anweisung zum seligen Leben" (ASL, 1806), in Einklang' steht.

Eine zusammenhängende neuere Arbeit, die sich mit dem Vergleich des Schleiermacherschen und Fichteschen Gottesbegriffes unter Berücksichtigung des gefühlsmäßigen Erfassens des Göttlichen beschäftigt, ist mir nicht bekannt. Diesbezüglich widmete man sich eher speziell einem der genannten Philosophen.

So gilt Emmanuel Hirsch auch heute noch als der Verfasser der wichtigsten und lehrreichsten Arbeiten zur Religionsphilosophie Fichtes.[1]

Er weist in seiner 1914 erschienenen Untersuchung darauf hin, daß das grundsätzliche Problem der Fichteschen Offenbarungskritik, der durch die Veröffentlichung von Kants „Kritik der praktischen Vernunft" 1788 entstandenen, „religionsphilosophischen Situation" entstamme.[2] Zu einer ähnlichen Beurteilung, wenn auch stärker modifizierend, gelangt Fritz Medicus.[3] Max Wundt nennt, darüber hinausgehend, in seiner Fichtebiographie den Fragmenten- und Spinozismusstreit als das Schlüsselereignis hinsichtlich der Fichteschen Religionsphilosophie.[4]

Wolfgang Ritzel beschäftigt sich in seiner Arbeit zur Religionsphilosophie Fichtes aus dem Jahre 1956 hauptsächlich mit der Frage „nach Fichtes Verhältnis zum Christentum".[5] Im Zusammenhang seiner Untersuchung zur Fichteschen Sittenlehre von 1798 stellt Ritzel fest, daß nun „das Gefühl [...] eine ent-

---

[1] Vgl. HIRSCH, Religionsphilosophie; ders., Philosophie; ders., Christentum; ders., Verhältnis; ders., Reich-Gottes-Begriffe; ders., Geschichte.
[2] Vgl. HIRSCH, Religionsphilosophie, 2.
[3] Vgl. MEDICUS, Fichte, 37-55; ders., Leben, 31-42.
[4] Vgl. WUNDT, Fichte; ders., Geist.
[5] RITZEL, Religionsphilosophie.

scheidende Bedeutung erlange, so daß die in der Sittenlehre erfolgte Deduktion des Glaubens erkennen lasse, daß letzterer kein Surrogat der Moral, sondern selbst ‚transzendentales Prinzip' sei, das ‚sowohl Moral als auch Erkenntnis erst möglich' mache".[1]

Falk Wagner bemerkt in seiner Dissertation von 1971 eine Aporie im Denken Fichtes.[2] Dabei weist er darauf hin, daß das „in Fichtes Offenbarungsschrift offenbare Dilemma" zu der Frage führt, „ob der in ihr vorliegende Vernunftbegriff fähig ist, theologische Inhalte adäquat zu erfassen, denn innerhalb der Grenzen der praktischen Vernunft können die theologischen Inhalte nur um den Preis ihrer Reduktion bewahrt werden, während die von praktischer Vernunft dekretierte Selbständigkeit der Religion die theologischen Inhalte vernunftlos werden läßt, sie nämlich subjektiver Beliebigkeit ausliefert".[3]

Günter Bader widmet sich in seiner Untersuchung aus dem Jahr 1975 dem Problem der Antithese von Geist und Buchstaben.[4] Robert Stalder hebt in seiner 1979 vorgelegten Studie zum Atheismusstreit hervor, daß das „in der Tiefendimension der praktischen Vernunft wesende Wirkgeheimnis" Gott selber sei.[5] So zeige sich bereits in der Offenbarungskritik eine „Ineinssetzung von menschlichem Ichgrund mit dem Göttlichen Leben".[6] Diese „Ineinssetzung" zeige sich in dem den Atheismusstreit auslösenden Aufsatz an „zentraler Stelle wieder".[7]

Von grundsätzlicher Bedeutung für die Erforschung der Entstehungsgeschichte Fichteschen Denkens, verbunden mit seiner ideen- und geistesgeschichtlichen Einordnung, sind die diesbezüglichen Hinweise von Max Wundt[8], Xavier Léon[9] und Heinz Heimsoeth.[10]

In seiner Arbeit von 1969 setzt sich Rainer Preul mit der Theologie des vorkantischen Fichte auseinander.[11] Er geht der Frage nach, inwiefern von einem im Gewissen vernommenen „Überzeugungsgefühl" in der vorkantischen Periode des Fichteschen Denkens die Rede sein kann.[12]

Die Schleiermacher-Forschung wird hinsichtlich eines gefühlsmäßigen Erfassens des Göttlichen durch die Arbeit Doris Offermanns repräsentiert[13], der es gelingt, den Anspruch des Schleiermacherschen Textes gegen wirkungsgeschichtliche Kurzschlüsse seiner Interpreten, so z. B. hinsichtlich einer Vermischung von unmittelbarem Selbstbewußtsein und schlechthinnigem Abhängigkeitsgefühl, zur Geltung zu bringen.

---

[1] Vgl. RITZEL, Religionsphilosophie, 77 f.
[2] Vgl. WAGNER, Gedanke.
[3] WAGNER, Gedanke, 28.
[4] Vgl. BADER, Mitteilung.
[5] STALDER, Gottesgedanke, 499.
[6] STALDER, Gottesgedanke, 501 ff.
[7] Vgl. STALDER, Gottesgedanke, 501.
[8] Vgl. WUNDT, Fichte.
[9] Vgl. LÉON, Fichte.
[10] Vgl. HEIMSOETH, Fichte, 37-54.
[11] Vgl. PREUL, Reflexion.
[12] Vgl. PREUL, Reflexion, 3.
[13] Vgl. OFFERMANN, Einleitung.

Aber die Arbeiten zu Schleiermachers „unmittelbarem Selbstbewußtsein" und zum „schlechthinnigen Abhängigkeitsgefühl" stammen hauptsächlich von Theologen und weisen sich durch ein stark fachbezogenes Erkenntnisinteresse aus.

Hier seien stellvertretend Wilhelm Thimmes Aufsatz zum Gottesgedanken und schlechthinnigen Abhängigkeitsgefühl genannt[1], wie auch die Arbeit von Werner Schultz[2] und Marlin Eugène Miller.[3]

Ebenso grundlegend ist die Arbeit des Barthschülers Felix Flückiger, dessen Hauptaussage lautet, im Begriff des Gefühls werde eine nur maßvoller als bei Hegel instrumentierte Reduktion Gottes auf das als „höhere Synthese" der von ihm befaßten Gegensätze gedeutete Selbstbewußtsein des Menschen vollzogen.[4]

Auch Falk Wagner widmete sich innerhalb seiner Untersuchung zu Schleiermachers Dialektik dem unmittelbaren Selbstbewußtsein und dem Abhängigkeitsgefühl in der Glaubenslehre.[5] Demgegenüber betrachtet Robert Stalder eher die theologischen Grundlagen des Schleiermacherschen Werkes.[6]

Die bisherigen Arbeiten stellen aber nicht die Fichtesche und Schleiermachersche Konzeption hinsichtlich einer gefühlsmäßigen Erfassung des Göttlichen in den Mittelpunkt ihrer Untersuchungen. Eine Arbeit Gottlieb Wienekes ist auch eher eine Gesamtbetrachtung und widmet sich nicht speziell dem gefühlsmäßigen Erfassen des Göttlichen.[7]

Die Aufgabe der nun folgenden Untersuchung wird es sein, die in der bisherigen Schleiermacher- und Fichte-Forschung stichpunktartig angesprochenen Denkweisen in ihrem inneren Zusammenhang zu rekonstruieren und sie in einem konfrontierendem Vergleich gegenüberzustellen.

---

[1] Vgl. THIMME, Gottesgedanke, 365-375.
[2] Vgl. SCHULTZ, Theorie.
[3] Vgl. MILLER, Übergang. Schleiermachers Bewußtseinstheorie wird im ersten Teil exponiert, 25-53.
[4] Vgl. FLÜCKIGER, Philosophie, 76 ff.
[5] Vgl. WAGNER, Dialektik, 172 ff.
[6] Vgl. STALDER, Grundlinien.
[7] Vgl. WIENEKE, Gottesbegriff.

I. Der unmittelbare Zugang zum Göttlichen in den Schleiermacherschen Reden

Wenn Schleiermacher das Wort „Gefühl" in seinen Reden „Über die Religion" benutzt, so will er hiermit zum Ausdruck bringen, daß das Gefühl die Potentialität besitzt, das Innere des Menschen in der Weise vorzubereiten, daß ein unmittelbarer Zugang zum Göttlichen möglich ist. In diesem Sinne fungiert das Gefühl als die schlechthinnige Voraussetzung, um das Göttliche empfinden zu können. So ist das Gefühl innerhalb der Schleiermacherschen religionsphilosophischen Thematik selbst etwas Göttliches, wie auch der Mensch als Träger des Gefühls ein Teil des göttlichen Ganzen ist.

Bezeichnend ist so auch die Äußerung Schleiermachers, die Religion sei „weder Denken noch Handeln, sondern Anschauung und Gefühl". (R, 50) Seinen Ausführungen zufolge gehört dem Gefühl „eine eigene Provinz im Gemüte" an. (R, 37).

Eine Religiosität ohne jedes Gefühl ist für ihn undenkbar. Wenn Schleiermacher vom „Wesen der Religion" spricht, erklärt er, es sei an der Zeit, „die eine Sache einmal beim anderen Ende zu ergreifen und mit dem schneidenden Gegensatz anzuheben, in welchem sich die Religion gegen Moral und Metaphysik befindet ... Sie begehrt nicht das Universum seiner Natur nach zu bestimmen und zu erklären wie die Metaphysik, sie begehrt nicht aus Kraft der Freiheit und der göttlichen Willkür des Menschen es fortzubilden und fertig zu machen, wie die Moral". (R, 50) So versteht Schleiermacher die Religion grundsätzlich als die Möglichkeit einer inneren Verbindung des Menschlichen zum Göttlichen.

1. Das ‚Programm' der Reden „Über die Religion"

Einerseits besteht das besondere Anliegen Schleiermachers darin, eine Abgrenzung zwischen der Religion gegen die Metaphysik und die Moral zu verdeutlichen, andererseits wird hier auch seine eigene Lebensfrage sichtbar. So ist die Frage, an welcher Stelle die Religion stehe und welche Konsequenz sich für den eigenen, persönlichen Lebensweg ergebe, für Schleiermacher zur alles entscheidenden Lebensfrage geworden.[1]

Den in dieser Weise formulierten Stimmungsgehalt wird der ‚gebildete Verächter der Religion' rasch erfassen können, soweit er sich der Schleiermacherschen Botschaft nicht gänzlich verschließt.

So gilt es, das für die Schleiermachersche Religionsphilosophie fundamental wichtige Gefühl intuitiv zu erfassen, weil nur so die Religiosität für Schleiermacher möglich ist. Demnach ist für ihn die Religion nur auf Grund des Gefühls erklärbar und sinnvoll. Er versucht, an dem zur Erkenntnis fähigen und handelnden Menschen den Ursprung des Gefühls und somit den Ursprung der Religion aufzufinden.

---

[1] Vgl. EBELING, Luther, 24.

Das Gefühl, als der schlechthinnige Mittelpunkt des religiösen Erlebens, ermöglicht gleichsam ein vorbewußtes Empfinden, das potentiell die Verbindung zum Göttlichen herstellen kann.

Schleiermacher steht hier in der Tradition der Herrnhuter Brüdergemeine und des Pietismus.[1] Doch begnügte er sich nicht mit der Analyse seiner pietistisch-christlichen Umgebung, um die durch die pietistische Bildung entwickelten frommen Gefühle, als die der wahren Christlichkeit schlechthin zugrunde liegenden anzuführen.

Für Schleiermacher ist es bezeichnend, nach dem Grund, dem letztlich begründenden Fundament der religiösen Empfindungen zu fragen, die das seelisch-geistige Leben des Menschen bedingen. Festzuhalten ist, daß die Ebene der Empfindung für das Seinsverständnis von basaler Bedeutung ist. Doch sei schon hier darauf hingewiesen, daß Schleiermacher die alles entscheidende Grundlage der religiösen Gefühle nie klar definieren wird, da sie seiner Meinung nach im „heiligen Dunkel des mütterlichen Leibes genährt" werden. (R, 14)

Auch blieb er dem positiven Glauben der Herrnhuter Brüdergemeine nicht verbunden, weil er über eine „zu große Eingeschränktheit in der Lektüre" in Barby klagte. (Br I, ^{1}42)[2]

In den Reden „Über die Religion" heißt es, er habe den „väterlichen Glauben" gesichtet (R, 14-15), doch schließlich gelangte er zu der Feststellung, daß dieser „für ihn verloren war". (Br I, ^{1}45)[3]. Selbst die Anklagen des Vaters konnten Schleiermacher nicht mehr zur Umkehr im Glauben bewegen.

Er bleibt seiner „Verblendung" in dem Maße treu (Br I, ^{1}62), daß er es erreicht, seine Studien nach Halle zu verlegen. Wahre Religiosität ist für ihn nur möglich, wenn der Mensch sich echter Gefühle sicher ist, die niemals nur dem „Bewußtsein der Abhängigkeit und des erhöhten Wohlbefindens" entströmen, wie es Schleiermacher in einem Brief an Eleonore Grunow formuliert. (Br I, ^{1}333)[4]

Ulrich Wintsch gibt aus diesem Grunde seine Verwunderung kund, da Schleiermacher doch in den Reden „Über die Religion" auf jene Wurzeln zurückgreife, „die er im Brief an Eleonore Grunow nur als Bewußtsein der Abhängigkeit und des erhöhten Wohlbefindens bezeichnet" habe.[5]

Doch sei an dieser Stelle zunächst herausgestellt, daß nur mit Hilfe des Gefühls die Alleinheit des Universums geschaut werden kann, weshalb Schleiermacher das Gefühl auch als „unmittelbar und für sich wahr" bezeichnet. (R, 58) Hier wird bereits klar, daß es sich jeglicher Objektivierung entzieht. Mit anderen Worten: Das Gefühl geht bei Schleiermacher allem Denken voraus und ist also

---

[1] Vgl. BÖDEKER, Religiosität, 175. SCHMIDT, Pietismus, 19 Fn 28; 180.
[2] Vgl. Schleiermachers Leben, Bd. I, und in KGA (Briefwechsel 1774-1796), Briefe 1-326, Brief Nr. 45 (wohl Juli 1786).
[3] Auch in KGA, Briefe 1-326, Brief Nr. 56.
[4] Diesen Brief aus dem Jahr 1786 bezeichnete Schleiermacher als „Fragment seiner Lebensgeschichte".
[5] WINTSCH, Religiosität, 47.

schlechthin fundamental. Das Gefühl, obwohl weder demonstrierbar noch beweisbar, zeichnet sich gerade auf Grund seiner Unmittelbarkeit als echt aus und ermöglicht somit den unmittelbaren Zugang zu jener Sphäre, in welcher das Göttliche erlebt wird.

In diesem Sinne betonte bereits Wilhelm Windelband: „Durch Schleiermacher wurden nun diese bis in die frühesten Zeiten der deutschen Spekulation zurückreichenden Fäden des mystischen Lebens in die Entwicklung der nachkantischen Philosophie hineingesponnen."[1]

So bemerkt Schleiermacher in den Reden „Über die Religion": „Anschauen des Universums [...] ist der Angel meiner ganzen Rede." (R, 55)

Zusammenfassend ist festzustellen, daß das Anschauen und das sich dadurch ergebende Einswerden mit dem Universum schlechthin ‚das' Anliegen der Schleiermacherschen Reden „Über die Religion" ist.

1.1 Das „Anschauen des Universums" in der Verbindung zum religiösen Gefühl.

Das „Anschauen des Universums" ist für Schleiermacher ein unmittelbares Erleben und Erahnen des ewigen Wesens. So ist das unmittelbare Erahnen und Erfassen stets mit einem religiösen Gefühl verbunden, das sich durch ein Ergriffensein vom Göttlichen und somit auch durch ein unmittelbares Erfaßtwerden des Menschen von Gott auszeichnet.

Der Mensch wird hier gleichsam vom Göttlichen „erfaßt und fortgerissen".[2]

Laut Schleiermacher findet hier eine entgegenstrebende Bewegung zwischen Göttlichem und Menschlichem statt. Die nach außen gerichtete, auf ein Objekt bezogene Tätigkeit, bestimmt Schleiermacher als „die Anschauung". Demgegenüber sind die Gefühle für ihn die Aktivitäten, die nach innen auf das Bewußtsein gerichtet sind.

So benennt er die Anschauung und das Gefühl als das Grundsätzliche der Religion und bestimmt sogleich deren Höhepunkt, der in einer allgegenwärtigen Gleichwertigkeit der benannten Komponenten besteht.

Wenn Schleiermacher die Begriffe „Anschauung und Gefühl" hier erwähnt, handelt es sich um eine identitätstheoretische Verdopplung, gleichsam um eine wesentliche Gleichheit der Worte.

Hervorzuheben ist, daß sich der in der Anschauung befindliche Mensch nicht rein passiv verhält, weil seine innere Gemütsverfassung es ihm ermöglicht, das Ewige in den irdisch-endlichen Zusammenhängen zu ‚erfühlen'.

Voraussetzung hierfür ist, daß der Mensch einen Sinn besitzt, der ihn dazu treibt, in dieser Hinsicht tätig zu werden. Schleiermacher führt diesbezüglich aus, der eigene Antrieb des Menschen, die „geheime unverstandene Ahnung treibt sie (die Menschen) über den Reichtum dieser Welt hinaus". (R, 145)

---

[1] WINDELBAND, Geschichte, 305.
[2] So schon interpretiert bei WIENEKE, Gottesbegriff, 33.

Hier will Schleiermacher die Extrempositionen, Lust und Leid, im Inneren des Menschen zwar nicht paralysieren, wie es demgegenüber Hermann Timm annimmt[1], dennoch ist sein Bestreben erkennbar, das darin liegt, ein Gleichgewicht herbeizuführen.

Infolge des hier beschriebenen Antriebs ist die Menschheit stets damit beschäftigt, „sich selbst zu erschaffen und sich in der vorübergehenden Erscheinung des endlichen Lebens aufs Mannigfaltigste darzustellen". (R, 92)

Darüber hinaus ist es die menschliche Phantasie, die ihm über seine „gegenwärtigen Grenzen" hinaus hilft und ihm von der zukünftigen „unendlichen Mannigfaltigkeit" einen Eindruck vermittelt. (R, 93) So zeigt sich der menschliche Antrieb, dem Universum entgegenzustreben, einerseits in einer Extrovertiertheit und andererseits in einer Introvertiertheit, die letztlich in einem maßvollen Sammelpunkt kulminieren.

Nur so ergibt sich für Schleiermacher die Möglichkeit, die extrovertierte Anschauung mit dem introvertierten Gefühl in Übereinstimmung zu bringen. Die Schleiermacherschen Wortpaare „Anschauung und Gefühl", „Sinn und Geschmack" sind untereinander frei austauschbar und ermöglichen so auch eine wechselseitige und sich immer weiter treibende Steigerung.[2]

Erst das „Anschauen des Universums" ermöglicht die unaufhebbare Zusammengehörigkeit der Religion mit einem Gegründetsein im menschlichen Inneren: So zeichnet sich die Anschauung einerseits durch ein hinnehmendes Erkennen und andererseits durch ein noch darüber hinausgehendes reines Affiziertsein vom Unendlichen aus.

Die konkrete Realisierung der Anschauung des Universums geschieht als ‚der' „Sinn und Geschmack fürs Unendliche", mit dem Resultat, daß der Mensch „alles Einzelne als ein Teil des Ganzen, alles Beschränkte als eine Darstellung des Unendlichen" hinnimmt, und eben „das ist Religion". (R, 56)

Wichtig ist hier, daß nicht das menschliche Gemüt die Antriebskraft ist, die eine solche Erkenntnis ermöglicht. Die Erkenntnis wird dem Menschen nur offenbar auf Grund der Tätigkeit des Universums, das sich ihm in der Weise kundtut, daß Einzelnes und Besonderes als Teil eines unendlichen Ganzen erscheinen.

Schleiermacher ist diesbezüglich am Gedankengut des Spinoza orientiert. Doch geht er von einem tätigen Unendlichen aus, das mit all seiner selbständigen Tätigkeit auf den Menschen ausgerichtet ist und soweit es zu einer Offenbarung seitens des Universums kommt, diese vom Menschen angeschaut wird.

So geht das Wort „Anschauung" wie auch das einzelne Wort „Gefühl" „in seiner Bestimmtheit nicht aus sich selbst hervor, sondern aus seinen Umgebungen, und wir dürfen nur die ursprüngliche Einheit des Wortes mit diesen zusammenbringen, um jedesmal das rechte zu finden". (H, 92)[3] Das einzelne Wort läßt sich nur in der Weise bestimmen, daß der Wortinhalt und der Kontext in einem

---

[1] Vgl. TIMM, Revolution, 45.
[2] Vgl. TIMM, Revolution, 12 f.
[3] H = Hermeneutik.

Wechselverhältnis gesehen werden. Innerhalb dieses Wechselverhältnisses findet ein Übergang statt, der sich in der Weise vollzieht, daß sich die einzelnen Worte gegenseitig durchdringen. Damit findet sich das einzelne Wort in einem Zirkel und ist auf beide Worte doppelt bezogen.[1]

So sind auch die „Anschauung" und das „Gefühl" hier in einem zirkulären Wechselverhältnis ‚angesiedelt'.

Der Auffassung Schleiermachers zufolge streben nun das religiöse Gemüt und das Universum in aktiver Bewegung einander entgegen.

Auch in dem besonderen Moment des Zusammenströmens verhält sich das menschliche Gemüt nicht lediglich passiv, weil es innerhalb dieses prozeßartigen Verlaufs auf die Schöpferkraft der Phantasie zurückgreift, die „den höchsten Gegenstand der Religion individualisiert". (R, 185)

Ob nun das, was sich dem Anschauenden darstellt, als Gott eingestuft wird, hängt ebenfalls „von der Richtung seiner Phantasie" ab. (R, 128) Wie bereits Emil Fuchs bemerkte, ist die Phantasie hier „die alle Anschauung schaffende, schöpferische Kraft des Menschen nach ihrer formalen Seite".[2]

Schließlich ist das freie Phantasieren auch in der Dialektik bei Schleiermacher „ein für uns unentbehrliches Element; nur dürfen wir nicht dabei stehen bleiben, sondern es nur als einen Durchgangspunkt betrachten". So fügt er hinzu: „Wir machen mancherlei Hypothesen, ehe wir zum Wissen kommen." (DOd, 327)[3]

Aber letztendlich ist das Gefühl ein Garant der Vollständigkeit innerhalb der Phantasie.[4]

Diese alle Anschauung ermöglichende, schöpferische menschliche Kraft hat nichts mit Phantasterei zu tun. Vielmehr ist die Phantasie im Ich verwurzelt und befindet sich innerhalb des Ich an dem Ort, an dem das religiöse Erlebnis erfahren wird. Wenn Schleiermacher ausführt, daß „Phantasie es ist, welche für euch die Welt erschafft", (R, 129) ist damit weder ein Erschaffen im Sinne eines Schöpfungsaktes noch ein „Ausgestalten, ein Gerade-so-erscheinen-lassen" gemeint, wie es in diesem Zusammenhang Friedrich Beisser interpretiert.[5]

Demgegenüber geht Schleiermacher hier eher von einem ursprünglichen Erfassen der Welt mit Hilfe der Phantasie aus.

Aber die Phantasie ist nicht nur der Ausdruck der Individualität des Ich, da sich hier vielmehr die Ursprünglichkeit des religiösen Erfassens innerhalb des Ich zeigt. Bei Schleiermacher gehören die Phantasie, die Anschauung und das Gefühl wie eine Einheit zusammen.

So gelangt die Vereinigung mit dem Universum nur zum menschlichen Bewußtsein auf Grund der Tatsache, daß sie sich mit Hilfe einer Anschauung und eines Gefühls vollzieht. Die Einwirkungen des Universums, die durch das menschliche Gefühl wahrgenommen werden und den Empfindungen entspre-

---
[1] Vgl. KANG, Interpretation, 78.
[2] FUCHS, Religionsbegriff, 46 f.
[3] DOd = Friedrich Schleiermachers Dialektik.
[4] Vgl. RIEGER, Interpretation, 272.
[5] Vgl. BEISSER, Lehre, 35

chen, stellen die Grundlage des gefühlsmäßigen Erfassens dar. Das unmittelbare Wahrnehmen, Erfassen und Finden des Universums gestaltet sich in der Weise, daß es als daseiend und handelnd vom menschlichen Gefühl wahrgenommen wird.

Damit ist eine der Kernaussagen der Reden „Über die Religion" vorgestellt.

In der zweiten Auflage der Reden „Über die Religion" ersetzt Schleiermacher den Begriff des Universums oft durch den Begriff „Gott".

Laut Lipsius ist der Gottesbegriff in der zweiten Auflage der zentrale Begriff, da Schleiermacher hier von einem „unmittelbaren und ursprünglichen Sein Gottes in uns durch das Gefühl" spreche und auch das Gefühl als „ein Wissen um Gott", als „ein Haben Gottes" bezeichne.[1] Hier kommt dem Gefühl gegenüber der Anschauung ein tendenzielles Übergewicht zu.

Schließlich gipfeln Schleiermachers Bemerkungen bezüglich des Gefühls in der Feststellung, daß von einer „Gegenwart der Gottheit im Gefühl" auszugehen sei.[2] Das religiöse Gefühl haben heißt also, daß der Mensch ein Bewußtsein und also ein Wissen von Gott hat, womit die Möglichkeit gegeben ist, den Abglanz des göttlichen Daseins im menschlichen Bewußtsein auf Grund des Gefühls zu erfassen.

Auch zeigt sich die Besonderheit des Gefühlsbegriffs der zweiten Auflage der Reden „Über die Religion" darin, daß Anschauung und Gefühl einerseits als Unterarten des Wissens angeführt werden und andererseits eigenständig neben dem Wissen bestehen. So sind die Schleiermacherschen Überlegungen der zweiten Auflage der Reden „Über die Religion" dadurch bestimmt, die Begriffe Anschauung und Gefühl einander gegenüberzustellen, weshalb er auch mehrmals die Wendung „Anschauung oder Gefühl" aufnimmt und nicht mehr von der Anschauung „und" dem Gefühl spricht.

In der ersten Auflage soll der Gottesbegriff in der Verbindung mit dem Gefühl die Unmittelbarkeit des religiösen Aktes verdeutlichen, womit Schleiermacher den Akzent auf das Subjektiv legt. Demgegenüber zeigt der Begriff der Anschauung in der zweiten Auflage der Reden „Über die Religion" die Tendenz zum Objektiven.

Wir haben gesehen, daß in der ersten Auflage „Anschauung und Gefühl" stets im Zusammenhang genannt werden. In diesem Sinne ist die Schleiermachersche Mahnung zu verstehen: „Erinnert Euch, daß jede Anschauung ihrer Natur nach mit einem Gefühl verbunden ist." (R, 67)[3]

So ist die Anschauung ohne Gefühl nichts „und kann weder den rechten Ursprung noch die rechte Kraft haben, Gefühl ohne Anschauung ist auch nichts: beide sind nur dann und deswegen etwas, wenn und weil sie ursprünglich Eins und ungetrennt sind". (R, 73)

---

[1] Vgl. LIPSIUS, Reden, 173 f.
[2] Vgl. LIPSIUS, Reden, 173 f.
[3] TIMM, Revolution, 31, 46.

Aber die Möglichkeit besteht dennoch, daß – je den Umständen entsprechend – entweder die Anschauung oder das Gefühl im Vordergrund stehen.[1]

So kann das Gefühl laut Schleiermacher in dem Maße intensiv sein, „daß Ihr des Gegenstandes und Euerer selbst vergeßt, Euer ganzes Nervensystem kann so davon durchdrungen werden, daß die Sensation lange allein herrscht". (R, 67) Andererseits kann die Anschauung den Geist besonders intensiv beherrschen, so daß das Gefühl nur schwach zum Ausdruck gelangt.

1.2 Das Einswerden mit dem Universum

Innerhalb des unmittelbaren und alles entscheidenden Moments der Vereinigung zwischen Mensch und Universum sind die Elemente des religiösen Erlebnisses völlig gleichwertig und noch ineinander verwoben und ungetrennt. In diesem Sinne äußert sich Schleiermacher in den Reden „Über die Religion" wie folgt: „Jener geheimnisvolle Augenblick [...], ehe noch Anschauung und Gefühl sich trennen [...] ich weiß, wie unbeschreiblich er ist und wie schnell er vorübergeht [...] Könnte und dürfte ich ihn doch aussprechen, andeuten wenigstens, ohne ihn zu entheiligen!" (R, 73 f.)

Doch im Medium der Reflexion sind Anschauung und Gefühl von ihrer ursprünglichen Einheit bereits gelöst. So wird auch die folgende Aussage Schleiermachers verständlich: „Dem ursprünglichen Bewußtsein unserer doppelten Tätigkeit" tue sich alles auf, der erstens herrschenden, in aktiver Weise nach außen wirkenden und der zweitens nachbildenden, rezeptiven. So entzweit sich das in der Anschauung Gegebene in das „Bild eines Objekts" und in ein „flüchtiges Gefühl". Demnach ist die Anschauung bei Schleiermacher „immer etwas einzelnes, abgesondertes, die unmittelbare Wahrnehmung", so wie das Gefühl auch immer ein Einzelnes ist. Einzelne Anschauungen und Gefühle sind eben „die Elemente der Religion". (R, 251)

Die Unmittelbarkeit der Anschauung wird infolge des abstrakten Denkens aufgehoben, obwohl diese immer in der Reflexion besteht.

Die Reflexion stellt sich aber auch als die relationale Einheit dar, die auf die vorausgesetzte Einheit eines unmittelbar Gegebenen zielt.[2]

Das ursprüngliche Reflexionsverhältnis, welches zwischen der einzelnen Anschauung und dem Gefühl besteht, bringt diese Einheit zum Ausdruck. Wie bereits erörtert, sieht Schleiermacher das Verhältnis zwischen der Anschauung und dem Gefühl als natürlichen Zusammenhang.

Die Anschauung weckt hier aber nicht den inneren Sinn zur Selbsttätigkeit, vielmehr sind die objektgerichtete Anschauung und das subjektiv ausgerichtete Gefühl in einer Gleichwertigkeit ursprünglich, weil beide nur „dann und deswegen etwas" sind, „wenn und weil sie ursprünglich [als] Eins und ungetrennt" (R, 73) dastehen.

---

[1] Vgl. TIMM, Revolution, 56.
[2] Vgl. ARNDT, Gefühl, 124.

Darüber hinaus begründen die Anschauung und das Gefühl jede sinnliche Wahrnehmung und jedes Erkennen. Für Schleiermacher ist es eben die „bräutliche Umarmung" die ein Reflexionsverhältnis zum Ausdruck bringt, und zwar sobald die Trennung eintritt, da nun erst die Anschauung vor ihm steht, „als eine abgesonderte Gestalt, ich messe sie und sie spiegelt sich in der offenen Seele ..." (R, 74)

Die vor der Reflexion bestehende Einheit von Anschauung und Gefühl zerfällt, teilt sich auf: erstens in eine abgesonderte Anschauung, die innerhalb der Reflexion zum Objekt wird („ich messe sie") und sich selbst abspiegelt, und zweitens in das Gefühl, welches als „Sinn und Geschmack fürs Unendliche" (R, 52) das religiöse Bewußtsein der vorreflexiven Einheit ist.[1]

Das Gefühl entledigt sich der unmittelbaren Subjektivität und des Selbstbewußtseins. Es durchläuft hier einen Prozeß. Die Entledigung geschieht, da sich die Subjektivität an das Unendliche bindet und zwar als eine dem Bewußtsein transzendente Einheit, die jenseits einer Trennung des Subjektiven und Objektiven liegt. Hier zeigt sich, daß Schleiermacher das Gefühl bevorzugt und für potentiell wichtiger erachtet als die Anschauung.

Schließlich beschreibt er den Moment der Vereinigung zwischen Mensch und Universum als „die höchste Blüte der Religion" und zugleich auch als die Geburtsstunde alles Lebendigen in der Religion", die von keinem Menschen eigenmächtig erzeugt werden könne. (R, 75)

Schleiermachers Ausspruch: „Könnt ich ihn Euch schaffen, so wäre ich ein Gott"; R, 75) macht deutlich, daß er ausschließlich der göttlichen Kraft zutraut, einen solchen Moment entstehen zu lassen.

Er deutet hiermit nicht nur einen heiligen Moment an, sondern berührt auch zugleich ein Geheimnis, so daß er sich sogleich entschuldigt, solche „Eleusischen Mysterien" überhaupt genannt zu haben. (R, 75) Ihm ist dieser Moment in dem Sinne heilig, daß er, obwohl eigentlich unaussprechbar, doch mutig versucht, den Lesern die Anschauungen und Gefühle zu vergegenwärtigen, „die sich aus solchen Momenten entwickeln". (R, 75)

Bezüglich der Problematik der „bräutlichen Umarmung" (R, 74) sei darauf hingewiesen, daß das religiöse Erlebnis nicht wesentlich mit dem Geschlechtsakt vergleichbar ist, weshalb auch Hermann Timm keine materielle Gleichsetzung des religiösen Erlebens und des Geschlechtsaktes befürworten kann.[2] Aber der Struktur zufolge sind das religiöse Erleben und das Erleben des geschlechtlichen Aktes vergleichbar, weshalb die eingehende Beschreibung (R, 75) nur als Beispiel für ein gleichzeitiges Agieren zweier Selbste aufzufassen ist. Innerhalb des religiösen Augenblicks sollen Gefühle und Anschauung in Koreflexion wahrnehmbar sein.

Wie bereits festgestellt, sind Gefühl und Anschauung innerhalb der religiösen Sphäre von gleicher Intensität und gleicher Ursprünglichkeit, auch wenn Schlei-

---

[1] Vgl. TIMM, Revolution, 48-49.
[2] Vgl. TIMM, Revolution, 55

ermacher das Gefühl tendenziell als wichtiger erachtet als die Anschauung. So ist nicht zu entscheiden, ob dem Gefühl oder der Anschauung an sich das Grundsätzliche hinsichtlich des Erlebens des göttlichen Augenblicks zukommt.

Fest steht, daß Schleiermacher dem erotisierendem Aspekt eine erkennende Funktion schlechthin zugesteht. Damit steht er in einer Tradition, die sowohl den Bereich des mythopoetischen Platonismus als auch den Bereich des jahwistischen Paradieses umspannt. In diesem Sinne läßt sich auch die Erkenntnis des Adam deuten, der das Objekt Eva von dem Schleier der Undurchdringlichkeit befreit.

So vollzieht sich innerhalb des Aktes eine Passion, in welche der Akteur verwickelt wird, ohne daß sich eine Möglichkeit des Ausweges bietet.

Schleiermacher spricht hier von einem Augenblick des Hingerissenseins (R, 74 ff.), da auch die Schwäche und Ohnmacht deutlich gemacht werden soll, die aber für die religiöse Erfahrung kein Hindernis ist. Der hier angesprochene Augenblick ist die Geburtsstunde alles Lebendigen in der Religion. (R 74 ff.)

Anderer Meinung ist Hermann Timm, da seiner Ansicht zufolge der Ausdruck des „Hingerissenseins" auf einen krankheitsähnlichen Zustand der Schwäche hindeute.[1]

Der so beschriebene Zustand befindet sich laut Timm „zwischen dem Baum des Lebens und dem der Erkenntnis, wo sich der Besitzer und die Besessenheit komplementär gebrochen umarmen, ohne daß ihr Verhältnis irgendeine Hoffnung auf fernere Eindeutigkeit finden könnte".[2]

Doch hier ist zu widersprechen, da von einer Hoffnungslosigkeit nicht auszugehen ist. Der Augenblick des Hingerissenseins gestattet es gerade, den Schritt in Richtung Unendlichkeit zu tun, weil sich nur so die eigentliche, grundsätzliche Erkenntnis hinsichtlich einer universellen Erfahrung einstellt. Der menschliche Schwächezustand ist also nur ein Zwischenstadium auf dem Weg zur Erhöhung.

Schleiermacher enthält sich diesbezüglich einer eindeutigen Aussage, weil die Eindeutigkeit das Ende einer Unendlichkeitserfahrung ist. Zusammenfassend sei festgestellt, daß der erotische Akt hier analog gewählt wird, weil Schleiermacher hier das Wesentliche der Religion in Form der Zwischenmenschlichkeit zum Ausdruck bringen möchte: So wird auch der jahwistische Paradiesmythos in den Reden „Über die Religion" erwähnt: „Unser aller Geschichte ist erzählt in dieser heiligen Sage. Umsonst ist alles für denjenigen da, der sich selbst allein stellt; denn um die Welt anzuschauen und um Religion zu haben, muß der Mensch erst die Menschheit gefunden haben, und er findet sie nur in Liebe und durch Liebe. (R, 89).

Hier wird laut Timm der Bezug zum geschlechtlichen Akt herausgestellt.[3]

Wenn Schleiermacher über den heiligen Moment spricht, um sogleich eine Entschuldigung anzuschließen, wird die Wichtigkeit des Momentes deutlich.

---

[1] Vgl. TIMM, Revolution, 56.
[2] TIMM, Revolution, 56.
[3] Vgl. TIMM, Revolution, 56.

Einerseits handelt es sich um einen geheiligten Moment, von dem man nicht eigentlich reden kann, ohne ihn zu entheiligen. Andererseits ist der Moment zu bedeutend, als daß man nicht versuchen müßte, ihn in Worten auszudrücken.

1.3 Der Stellenwert der Liebe als Grundgefühl

Wir haben festgestellt, daß die kontemplative Versenkung eine Anschauung des Universums ermöglicht, um mit diesem eins zu werden. Hier meint Schleiermacher aber nicht, der Mensch gehe völlig im Universum auf, so daß er infolge der Vereinigung sein Selbst verliere.

Vielmehr sollen die scharf geschnittenen Umrisse der menschlichen Individualität einer Erweiterung entgegen streben, um erst danach im Unendlichen aufzugehen. Bei Schleiermacher soll das Gefühl der Liebe diesen Vorgang begleiten.

Er schätzte das Gefühl der Liebe besonders, wie die folgende Aussage beweist, die er in einem Brief an seine Braut verkündete: „Liebe und Religion sind freilich eins."[1] So ist die Liebe für Schleiermacher das Grundgefühl schlechthin.

In diesem Sinne wird auch Jesus Christus als Repräsentant der wahren Liebe gesehen, der allein die Kraft zukommt, Träger der Religion zu sein. So gilt es alles „mit inniger Liebe und Zuneigung zu umfassen". (R, 108)

Ebenso wird hiermit deutlich, daß Schleiermacher die Religiosität als ein ‚Tätigsein' sieht, indem er bemerkt, das „Hauptwerk" der Religion sei die „ausschließende Liebe". (R, 197) In diesem Sinne soll alles „Beschränkte als eine Darstellung des Unendlichen" hingenommen werden, wie es eine Täuschung ist, „das Unendliche gerade außerhalb des Endlichen, das Entgegengesetzte außerhalb dessen zu suchen, dem es entgegengesetzt wird". (R, 146)

Auch diese Angelaussage der Schleiermacherschen Reden „Über die Religion" ist darin begründet, daß er die Liebe Gottes als den wesentlichen Grund der Welt sieht, in welcher sich Gott durch seine Liebe dem Menschen mitteilt.

So wird für ihn ein Reden von Gott möglich, indem er die Liebe als Bindeglied zwischen dem Menschlichen und Göttlichen hervorhebt. Die Liebe ist für Schleiermacher gleichbedeutend mit einer Selbstwerdung des Menschen.

Obwohl sich die Vereinigung zwischen Gott und Mensch bei Schleiermacher nur über die geistige Anschauung des Universums vollzieht, ist ihm das Gefühl der Liebe die Basis aller Vereinigungsmöglichkeiten zwischen Menschlichem und Göttlichem. Aus diesem Grund muß der Mensch „um Religion zu haben" zuvor die Menschheit finden, die er „nur in Liebe und durch Liebe" findet. (R, 89)

So ist das Gefühl der Liebe in der Schleiermacherschen Religionsphilosophie eine basale Kraft, vergleichbar der Nächstenliebe, die innerhalb des Christentums von grundsätzlicher Bedeutung ist. Schleiermacher verdeutlicht in den

---

[1] Schleiermachers Briefwechsel mit seiner Braut, 240. „Liebe und Religion sind freilich eins, und so ist auch mir beides zugleich gekommen, wiewohl ich den Punkt nicht genau angeben kann."

Reden „Über die Religion", daß das Anschauen des Universums zum Anschauen des Gegenüber führt, und so ist die Liebe hier ein Gefühl, das eine Anschauung von Mensch zu Mensch erst ermöglicht.

„Wenn wir in der Anschauung der Welt auch unsre Brüder wahrnehmen und es uns klar ist, wie jeder von ihnen ohne Unterschied in diesem Sinne gerade dasselbe ist was wir sind, eine eigne Darstellung der Menschheit, und wie wir ohne das Dasein eines Jeden es entbehren müßten diese anzuschauen, was ist natürlicher als sie alle ohne Unterschied selbst der Gesinnung und der Geisteskraft mit inniger Liebe und Zuneigung zu umfassen?" (R, 108)

Das Anschauen und das Erleben des Ewigen ist für Schleiermacher gleichbedeutend mit einem Fühlen der Kräfte der unendlichen Welt: „Ich bin in diesem Augenblick ihre Seele, denn ich fühle alle ihre Kräfte und ihr unendliches Leben wie mein eigenes, sie ist in diesem Augenblicke mein Leib." (R, 74)[1]

Durch die sprachliche Wendung „wie mein eigenes" (R, 74) wird deutlich, daß hier kein menschliches Gefühl zugrunde gelegt wird, das imstande wäre, das Unendliche, das Universum in seiner Unmittelbarkeit zu fühlen und anzuschauen. Schleiermacher geht von dem Fühlen des eigenen Lebens aus, da er es als Grundvoraussetzung sieht, um überhaupt zum Fühlen des Universums zu gelangen.

Werner Schultz spricht hinsichtlich eines Fühlens des Universums von der Demut und dem Hochgefühl, die hier unlösbar miteinander verbunden seien.[2] Innerhalb des Momentes, in dem das Hochgefühl bedeutsam ist, zeigt sich das Gefühl der Demut, das auch bei Schleiermacher als Tugend der Bescheidenheit verstanden wird.

1.4 Der Stellenwert der Demut

Wir haben festgestellt, daß das Gefühl der Liebe wesentlich ist, um das Göttliche gefühlsmäßig zu erfassen. Hier stellt sich die Frage, ob auch das Gefühl der Demut innerhalb der Reden „Über die Religion" von vergleichbarer Wichtigkeit ist. So ist das Gefühl der Demut bei Schleiermacher bemerkbar, wenn er von dem Augenblick der Vereinigung des Menschen mit dem Universum spricht.

Jener Augenblick der Vereinigung geschieht in Demut, da während des Vorganges der Vereinigung weder die Anschauung eine abgesonderte Gestalt ist, die meßbar wäre und sich „in der offenen Seele wie das Bild der sich entschwindenden Geliebten spiegelt", noch sich das Gefühl „aus dem Innern" emporgearbeitet hat. (R, 75) Anschauung und Gefühl sind noch ungetrennt und können erst im nachhinein, nachdem der Augenblick der Vereinigung geschehen ist, vom menschlichen Bewußtsein wahrgenommen werden.

---

[1] Vgl. TIMM, Gott, 10.
[2] Vgl. SCHULTZ, Theorie, 80.

Werner Schultz geht aus diesem Grunde davon aus, das Gefühl der Demut bestehe darin, daß sich der Liebende „der Zufälligkeit seiner ganzen Form des geräuschlosen Verschwindens seines ganzen Daseins im Unermeßlichen" (R, 52) als empirisches Ich bewußt werde.[1]

Schleiermacher, der den heiligen Moment der Vereinigung zwischen Menschlichem und Göttlichem als „die höchste Blüte der Religion" bezeichnet (R, 75), muß gestehen, daß der Moment sich erst infolge der Erinnerung entfaltet, nachdem die „heilige Umarmung verweht" ist.

Auch erscheint ihm der Moment als zu heilig, so daß die menschliche Seele dieses Erlebnis in seiner Ursprünglichkeit weder anschauen noch fühlen kann. Aus diesem Grund vollzieht sich der Vereinigungsvorgang im ‚Fluidum' der Demut.

Ebenso ist das Hochgefühl mit dem heiligen Augenblick verbunden, wenn der liebende Mensch „gleichsam aus sich herausgehoben und auf den höchsten Gipfel desjenigen gestellt wird, was er sein kann". (R, 94)

Schleiermachers Aussage: „Alles Menschliche ist heilig, denn alles ist göttlich" (R, 234) will dem Leser kundtun, daß alles Menschliche zugleich auch als göttlich erfahrbar ist, sofern sich der Mensch als ein Liebender verhält und dadurch sein mit der Welt verbundenes Ich überwindet, um mit dem Universum vereint zu werden und sich als Teil eines Ganzen zugehörig zu wissen.

Die Überwindung des Endlichen, die infolge der Vereinigung mit dem Universum geschieht, ist die Schleiermachersche religionsphilosophische Position, die der Romantik Impulse verlieh. Infolge der Auseinandersetzungen mit Schlegel und Novalis gewann sein eigenes Werk die spezifisch Schleiermacherschen Konturen.[2]

2. Der Mittler

Wir hatten festgestellt, daß „Anschauung und Gefühl" gleichsam unter dem Schleier der Demut ihre Wirksamkeit entfalten. Andererseits betont Schleiermacher auch, daß sich selbst in den „heiligsten Gefühlen" die „Spuren des Irreligiösen" zeigen. (R, 296)

Da nun das irreligiöse Urprinzip einem krankmachenden Virus gleich mit den heiligsten Gefühlen auf das innigste vermischt ist, kann sich der Mensch bei Schleiermacher dem Unendlichen nicht allein, ohne Hilfe einer vermittelnden Instanz, nähern.

Fest steht, daß das selbständige Sich-Erheben zum Universum, das Einswerden und das sich im nachhinein Einswissen mit dem Unendlichen nicht mehr möglich ist, sobald Schleiermacher in den Reden „Über die Religion" Bezug auf das Christentum nimmt.

---

[1] Vgl. SCHULTZ, Theorie, 80.
[2] Vgl. RADRIZZANI, Geschichte, 181-202; TIMM, Gott, 10; ders., Revolution, 14.

Dem Christentum zufolge ist der Mensch unvollkommen und mit der Sünde belastet. Daraus folgt, daß er nicht allein imstande sein kann, mit Hilfe seines Gefühls das Göttliche zu erahnen. In diesem Sinne bemerkt Schleiermacher in den Reden „Über die Religion", daß alles Endliche höherer Vermittlung bedarf, „um mit der Gottheit zusammenzuhängen". (R, 302) Hier ist der Mittler von Bedeutung, weil es „vergebliche Verwegenheit ist [...] den Schleier hinwegnehmen zu wollen", der die Entstehung der Religion „verhüllt, und verhüllen soll, weil aller Anfang in der Religion geheimnisvoll ist". (R, 302)

Hier verdeutlicht Schleiermacher das menschliche Dilemma, um sogleich auf die mögliche Lösung aufmerksam zu machen. So stellt er fest: „Darum sendet die Gottheit zu allen Zeit hie und da Einige, in denen beides auf eine fruchtbarere Weise verbunden ist, rüstet sie aus mit wunderbaren Gaben, ebnet ihren Weg durch ein allmächtiges Wort, und setzt sie ein zu Dolmetschern ihres Willens und ihrer Werke, und zu Mittlern desjenigen, was sonst ewig geschieden geblieben wäre." (R, 10) Erwähnenswert ist auch, daß sich Jesus „seines Mittleramtes und seiner Gottheit" zugleich bewußt war. (R, 302 f.)

Wie läßt sich bei Schleiermacher der Begriff des Mittlers erklären?

Erwin Quapp stellt diesbezüglich resümierend fest, daß Schleiermacher von 1783 bis 1787 die Wirklichkeit des „herrnhutischen Arbeiters" kennen lernte und sich hier ein Teilaspekt seiner Mittlervorstellung zeige.[1] Die Tatsache, daß er 1793 den Fichteschen Mittlerbegriff kennen lernte, deutet laut Quapp darauf hin, daß Schleiermacher diesen mit dem des herrnhutischen Arbeiters zu einer Idee zusammenfaßte.[2]

Fichtes Aussage, Gott kündige „sich unmittelbar durch die Sinne in den Herzen von denjenigen an, die er zu Mittelspersonen an die Menschheit ausersehen" habe (GA I, 1, 60), ist für Quapp eine der entscheidenden Stellen, die Schleiermacher hinsichtlich seiner Entwicklung des Mittlerbegriffs beeinflußt haben.[3] Demnach zeige sich die Beeinflussung durch Fichte besonders in einer Aussage der Reden „Über die Religion", die lautet: „Die Gottheit stellt immer erhabene Mittler auf zwischen sich und den Menschen, immer herrlichere Offenbarungen gehen durch ihre Kraft aus dem Schosse der alten hervor." (R, 293)

Hier scheint die zeitliche Priorität des Fichteschen Werkes „Versuch einer Kritik aller Offenbarung" – es erschien zur Ostermesse 1792 im Verlag Hartung in Königsberg – die Argumentation Quapps zu unterstützen, da Schleiermacher die „Kritik aller Offenbarung" kannte und sich so der Fichteschen Meinung hätte anschließen können. In diesem Sinne stützte Quapp seine Argumentation darauf, auch Schleiermacher habe in den Reden „Über die Religion" gezeigt, daß die göttliche Offenbarung über vermittelnde Personen an die Menschheit weitergegeben werde.[4]

---

[1] Vgl. QUAPP, Christus, 192.
[2] Vgl. QUAPP, Christus, 192.
[3] Vgl. QUAPP, Christus, 192.
[4] Vgl. QUAPP, Christus, 190.

Doch ist die Herleitung des Schleiermacherschen Begriffs der Mittlerschaft nicht allein auf Grund der Argumentation von Quapp begründbar. Als gesichert gilt lediglich, daß Schleiermacher von seinem Vater in einem Brief vom 3.12.1792 aufgefordert wurde, Fichtes anonym erschienene „Kritik aller Offenbarung" zu lesen. (KGA, V/1 Nr. 202),[1] und daß er der sogar wiederholten Aufforderung vom 18.4.1793: „Vergiß auch nicht mir Dein Urteil über die Kritik aller Offenbarungen zu schreiben" (KGA, V/1, Nr. 215) mit Sicherheit Folge leistete.

Darüber hinaus steht für Quapp fest, daß zwischen Fichte und Schleiermacher eine ‚Lehrer-Schüler ähnliche Beziehung' bestanden habe, da sich Schleiermacher in einem an Henriette Herz gerichteten Brief vom 5.7.1799 äußerte, er habe „ordentlich eine kleine Furcht davor", daß Fichte die Reden „Über die Religion" lesen werde. (KGA, V/3, Nr. 672)[2]

Erwin Quapps Interpretation geht hier etwas zu weit, wenn er in diesen Ausführungen Schleiermachers die ängstlichen Äußerungen eines Schülers ‚hören' will.

Demgegenüber ist sicher, daß Schleiermacher Fichte respektierte, ihn bewunderte und als „den größten Dialektiker" bezeichnete, wie es ein Brief verdeutlicht, den er an Brinkmann am 4.1.1800 richtete. (KGA, V, 3 Nr. 758)[3] Ebenso äußert sich Schleiermacher in einem Brief an Brinkmann vom 19.7.1800, daß er Fichte, obwohl ihm dieser „nicht liebenswürdig" erscheine, doch achten müsse. (Br² Nr. 1101)[4]

Die Formulierungen Schleiermachers bringen hier Achtung, Bewunderung, Respekt und Kollegialität zum Ausdruck, womit jedoch nicht zugleich ein Lehrer-Schüler-Verhältnis bezüglich der Person Fichtes beschrieben wird.

Demnach ist auch nicht davon auszugehen, daß Schleiermacher den Mittlerbegriff Fichtes übernommen hat. In diesem Zusammenhang sei bemerkt, daß sich der Begriff des Mittlers bei Schleiermacher von dem Mittlerbegriff Fichtes unterscheidet, da in den Reden „Über die Religion" der Begriff des Mittlers mit dem Begriff der Liebe untrennbar verbunden ist. So ist der vom Mittler vorgegebene Weg zum Göttlichen nur mit Hilfe der Liebe ‚zu begehen'. Unter diesem Gesichtspunkt gewinnt auch die Person Jesu als Mittler ihre Bedeutung. Sein Liebesbeweis ist die Hingabe des Lebens für seine Freunde, weshalb das Verhältnis Jesu zu den Jüngern im Neuen Testament als Freundschaftsverhältnis umschrieben wird.

Hier ist die bis zum Tode reichende Freundschaftsliebe eine Lebenshingabe, die als Paradigma und Aufruf an die Jünger ergeht.[5] Schon der Freundestitel

---

[1] Auch in: Fichte im Gespräch, 103.
[2] Vgl. QUAPP, Christus, 199-200.
[3] Auch in: Fichte im Gespräch, Bd. 2, 987.
[4] Vgl. Fichte im Gespräch, Bd. 2.
[5] Joh. 15,15.

erweist sich als besonderes Geschenk, das die Jünger in die Nähe zu Gott erhebt.[1]

Aber die Gottesfreundschaft und Liebe zu Gott hat auch zur Folge, daß die Jünger sogleich frei sind. Die Liebe zu Gott bedeutet zugleich ein ‚Freisein', ohne daß das Wort ‚frei' im Neuen Testament verwendet wird.[2]

Die infolge der Liebe zu Gott sich eröffnende Nähe zum Unendlichen steht hier stellvertretend für die Freiheit.

In seiner Schrift „Der christliche Glaube" (GL) zeigt Schleiermacher das Verhältnis zwischen Gott und Mensch in vergleichbarer Weise.

Hier steht das sich „schlechthinnig abhängig fühlen" stets mit dem grundsätzlichen Gefühl der Freiheit in Verbindung.

Die Gottesnähe, die innerhalb des „schlechthinnigen Abhängigkeitsverhältnisses" zum Ausdruck kommt, erhebt den Menschen zur Freiheit, die wiederum ausschließlich auf der Grundlage des „schlechthinnigen Abhängigkeitsgefühls" möglich ist. Das an dieser Stelle kurz erwähnte Konzept der „GL" deutet Schleiermacher bereits in den Reden „Über die Religion" an, da auch hier weder die Demut noch die Anerkennung des Göttlichen den Menschen beschränken und eine Unfreiheit oder Determiniertheit die Folge ist.

Schleiermacher will damit sagen, daß die Demut und die Erkenntnis der eigenen Grenzen dem Menschen geradezu die Freiheit eröffnet. So ist das ‚eigentlich' Menschliche auch in den Reden „Über die Religion" bereits in der Weise mit dem Göttlichen verbunden, daß die menschliche Freiheit immer besteht und dem Menschen so der Weg zur eigenen Vervollkommnung gewiesen wird.

So äußern bereits Haym und Dilthey, Schleiermacher habe den „groben sittlichen Idealismus Fichtes zu reiner Geistigkeit" weiterentwickelt.[3] Dem recht kühnen Urteil ist aber nicht Folge zu leisten, da zu bedenken ist, daß Schleiermacher das durchdachte System Fichtes bereits kannte, als er die Reden „Über die Religion" verfaßte.

Als Resümee bezüglich des Mittlerbegriffs ist bemerkenswert, daß es für Schleiermacher undenkbar ist, daß der Mensch in einem unmittelbaren Verhältnis zu Gott stehen könne. So sind Gott und Mensch als die äußerst denkbaren Pole eines Gegensatzpaares, ausschließlich über den Mittler miteinander zu verbinden.

In diesem Sinne steht für Timm fest, daß der Begriff ‚Gott' den Begriff ‚Mensch' als sein Oppositionsglied ausschließt.[4] Die wahre Religion benötigt eben eine Vermittlung zwischen Gott und Mensch. Speziell zum Begriff des Mittlers sei hier bemerkt, daß er das Organ der Gottheit ist und ausschließlich als Mittler seine Funktion ausüben kann, ohne jemals zur Gottheit selbst zu werden.

---

[1] Vgl. NEUMARK, Verwendung.
[2] Vgl. SCHNACKENBURG, Johannesevangelium III, 125.
[3] Vgl. DILTHEY, Leben, I, 340 ff. Haym, Schule, 533 f.
[4] Vgl. TIMM, Revolution, 85.

Demzufolge ist der Mittler instrumentalisiert und verleiht auf Grund seiner Instrumentalisierung dem Göttlichen die sinnliche Darstellung. So verhilft der Mittler als Organ und Instrument des Göttlichen dem lediglich Voluntativen zur Manifestation, da es nicht bei dem bloßen Wollen bleibt, sondern das Göttliche durch den instrumentalisierten Mittler erfaßbar wird.

Die Qualität des Mittlers zeigt sich in seiner Fähigkeit, den göttlichen Gedanken zum Menschen zu bringen. Hier ist die Sinnlichkeit – und also das Gefühl – entscheidend, da durch sie das Göttliche – der göttliche Gedanke – zum Menschen transportiert wird. Eine Verständigung zwischen Menschlichem und Göttlichem ist also nur auf Grund der Sinnlichkeit herbeizuführen.

Bezüglich der Person Christi ist eine Besonderheit festzustellen, da er als Mittler das Endliche und Göttliche in sich vereint und laut Schleiermacher seine Bedeutung gerade darin besteht, daß er die menschliche Sündhaftigkeit und Endlichkeit durch sein Wirken als Erlöser tilgen kann.

Schultz geht aus diesem Grunde davon aus, daß eben durch die Erwähnung der Person Christi, das griechische Schema von dem Wesen und der Erscheinung, das Schleiermacher in Rede I (R, 1 ff.), Rede II (R, 38 ff.) und Rede III (R, 134 ff.) innerhalb der Reden „Über die Religion" eingeführt habe, in Rede V (R, 235 ff.) aufgehoben sei.[1] Auch sei darauf hingewiesen, daß Schleiermacher in den ersten Reden – Rede I, II, III – nicht allein die Selbständigkeit der Religion gegenüber der Moral beweisen wollte, sondern es ihm auch darum ging, die Selbständigkeit des Menschen zu beweisen, der allein auf Grund seines Gefühls eine Einheit mit Gott erreichen kann.

Fraglich ist, ob Schleiermacher mit der Rede V „Über die Religion" (R, 235 ff.) seine ursprüngliche Theorie des Gefühls ad absurdum geführt hat, wie es Schultz interpretiert.[2]

Der Meinung von Werner Schultz möchte ich mich nicht anschließen, da von einer völligen Aufgabe der Gefühlstheorie, die Schleiermacher in Rede I, II und III behandelt, nicht auszugehen ist. So wird auch die Person des Mittlers nicht plötzlich in Rede V thematisiert, gleichsam als habe Schleiermacher den Mittler nicht bedacht und sei nun in der Bedrängnis, eine Erklärung zu finden, wie und warum Jesus Christus als Mittler innerhalb seiner Gefühlstheorie der Reden „Über die Religion" unterzubringen sei.

In Rede I, II und III war es das besondere Anliegen Schleiermachers zu zeigen, daß der Mensch auf Grund der Kraft seines Gefühls imstande sei, eine Vereinigung mit dem Universum herbeizuführen und den Moment der „höchsten Blüte der Religion" (R, 74 f.) zu erleben. Aber dem Menschen bleibt es versagt, den heiligen Moment, „die höchste Blüte der Religion", zu bewahren, um sich den heiligen Augenblick jederzeit vergegenwärtigen zu können: Wie wir gesehen haben, erschließt sich der besagte Augenblick auch nicht jedem menschli-

---

[1] Vgl. SCHULTZ, Theorie, 83.
[2] Vgl. SCHULTZ, Theorie, 83.

chen Gemüt und obwohl die Möglichkeit besteht, einen solchen Moment zu erleben, ist es immer eine Schwierigkeit, auf diese hohe Erlebnisstufe zu gelangen.

So bemerkt Schleiermacher schon in Rede I der Reden „Über die Religion", daß die Gottheit „hie und da" Mittler sende. (R, 10) „Solche beweisen sich durch ihr bloßes Dasein als Gesandte Gottes und als Mittler zwischen dem eingeschränkten Menschen und der unendlichen Menschheit". (R, 10 f.) An dieser Stelle wird deutlich, daß Schleiermacher schon in der Rede I der Reden „Über die Religion" die Grenzen des Menschen herausstellt und auf die Vermittlung zwischen Gott und Mensch deutet.[1]

Ähnliche Tendenzen zeigen sich auch in den Schleiermacherschen „Monologen". So heißt es hier: „Gieb dich hin dem Gefühl deiner angebohrnen Schranken." (Monol. 23, 12)[2] Die Stelle zeigt, daß das menschliche Gefühl keine Kraft birgt, die den Menschen sogleich die göttliche Unendlichkeit erahnen läßt. Obwohl Schleiermacher auch in den „Monologen" den Menschen grundsätzlich auf sich selbst verweist, indem er fordert: „Beginn darum schon jetzt dein ewiges Leben in steter Selbstbetrachtung" (Monol. 24, 22), zeigt sich das Spannungsverhältnis zwischen der Macht des menschlichen Gefühls und der zugleich bestehenden Beschränktheit.

Wie ähnlich klingt es, wenn Schleiermacher in den Reden „Über die Religion" ausführt, der Mensch habe das Gefühl „seiner Unendlichkeit und Gottähnlichkeit" nur geraubt; so könne es ihm „als unrechtes Gut nicht gedeihen, wenn er nicht auch seiner Beschränktheit sich bewußt" werde. (R, 52)

Indem Schleiermacher die Kraft und Fähigkeit des menschlichen Gefühls als beschränkt einstuft, ist unweigerlich eine Vermittlung notwendig, die den Menschen befähigt, seine Beschränkung leichter zu erkennen und sich infolge seiner Erkenntnis über diese zu erheben.

2.1 Die Abgrenzung zwischen der Religion und der Moral

Wir haben festgestellt, daß der nie zu überwindende Abstand zwischen Göttlichem und Menschlichem einer der Angelpunkte der Reden „Über die Religion" ist. So ist die Religiosität bei Schleiermacher mit einer steten Wehmut ‚behaftet'.[3]

Andererseits warnt er eindringlich, daß sich die Religion nicht in das Gebiet der Moral „versteigen" dürfe (R, 43), weil er befürchtet, aus der Religion werde so ein „unbedeutender Anhang der Moral" gemacht. (R, 107) Ebenso weist er darauf hin, daß die moralische Welt nicht mit dem Universum zu verwechseln sei. (R, 107)[4]

---

[1] Vgl. TIMM, Revolution, 24.
[2] Monologen.
[3] Vgl. SCHULTZ, Theorie, 82.
[4] Vgl. TIMM, Revolution, 25, 29, 33. MECKENSTOCK, Ethik, 223: „Sondern die Religion ist eine eigenständige Lebensmacht, gleichberechtigt neben Moral und Metaphysik, bezogen wie diese auf das Universum."

Demgegenüber ist für Schleiermacher klar, daß die Religion grundsätzlich durch Gefühle bestimmt wird, und so steht sie im Gegensatz zur Moral, die keine Gefühle kennt, denn „sie mag keine Liebe und Zuneigung, sondern Tätigkeit". (R, 110) Gefühle sind für Schleiermacher das Selbsttätige der Religion, da nur sie „dem Menschen Universalität" verleihen können. (R, 112)

Hier zeigt sich, daß Schleiermacher eine Vorstellung von Gott hat, die eben nicht, wie z. B. bei Kant, auf eine moralische Grundlage zurückzuführen ist, sondern als Basis das Gefühl hat.

Aus diesem Grund stand bereits für Windelband fest, daß sich der Vorstellungsinhalt eines solchen Gefühls mit dem Gottesbegriff Spinozas decke.[1] Das Gefühl ist für Schleiermacher eben das ‚Wesentliche' der Religion.

Die Reden „Über die Religion" sind als eine Darlegung der grundsätzlichen Bedeutung des Gefühls für die Religion von Schleiermacher geschrieben. Für ihn ist entscheidend, daß sich der Mensch „seiner Gefühle als unmittelbarer Einwirkungen des Universums bewußt ist" und in ihnen etwas völlig Eigenes erkennt. (R, 120 f.) Das Gefühl gründet gleichsam in den so benannten unmittelbaren Einwirkungen des Universums.

Hier wird deutlich, daß das Gefühl in jedem menschlichen Inneren neu entsteht, weshalb Schleiermacher die Einzigartigkeit des Gefühls als wichtiger einstuft als den Glauben, da die Religion schlechthin im Gefühl ihren Grund hat. In diesem Sinne sagt Schleiermacher: „Ihr Wesen ist weder Denken noch Handeln, sondern Anschauung und Gefühl." (R, 50) Auch ist die Einheit des Göttlichen nur durch das Gefühl wahrnehmbar, wie auch das Einzelne nur als „Teil des Ganzen" mit Hilfe des Gefühls zu erkennen ist. (R, 63)

Eine präzisere Erklärung kann bezüglich des Gefühls bei Schleiermacher nicht gemacht werden, da sich das Gefühl jeder genaueren Bezeichnung entzieht. Aus diesem Grunde versagt hier die rationale Erkenntnis. So beabsichtigt Schleiermacher die Religion von jeder rationalen Erkenntnis und jeder Moralität zu befreien. Auch sind die Ausführungen in den Reden „Über die Religion" nur ein Versuch, das Gefühl als das Entscheidende auszuweisen, das dem Menschen die Möglichkeit bietet, sein ‚In-Gott-Gegründetsein' zu erkennen.

Schleiermacher möchte das Gefühl des Menschen objektiviert vor ihn hinstellen, so daß er den subjektiven Inhalt des Gefühls von außen – so weit das möglich ist – betrachten kann.

Auch hier sei daran erinnert, daß dem Gefühl die Kraft gegeben ist, sich dem Unendlichen anzunähern. Demgegenüber weist die Moral nur auf das Endliche hin, da sie auf der Grundlage der Sittlichkeit besteht und dahin führt, wo der Mensch „seine ganze unendliche Kraft" nicht verbrauchen kann. (R, 113) Wie wir gesehen haben, „mag" die Moral „keine Liebe und Zuneigung, sondern Tätigkeit". (R, 111)

Wenn Schleiermacher sagt „Es sei nun bei der Moral oder irgend sonst, wo Ihr ähnliche Gefühle findet, sie sind nur usurpiert; bringt sie der Religion

---
[1] Vgl. WINDELBAND, Geschichte, 310. MECKENSTOCK, Ethik, 2.

zurück, ihr allein gehört dieser Schatz", zeigt sich, daß allein der Religion die Gefühle wesentlich sind, die es dem Menschen ermöglichen, das Universum ahnend zu erfahren. (R, 112)[1]

Andererseits verdeutlicht er, daß die Religion „nicht Dienerin, aber unendliche Freundin" der Sittlichkeit ist. (R, 112) Hier wird einmal mehr deutlich, daß Schleiermacher die Moral nicht als Grundlage der Religion sieht, eben weil die Gefühle, die „für sich selbst" kommen und „in sich selbst" endigen, es sind, die „als Funktionen Eures innersten und höchsten Lebens" (R, 112) der Religion bestimmend zugrunde liegen.

2.2. Die Religiosität als ‚innermenschliche Angelegenheit'

Für Schleiermacher steht fest, daß der religiöse Akt, das Einswerden mit dem Universum, sich rein auf der Ebene des Gefühls im Inneren des Menschen vollzieht.

Nur der „Sinn fürs Universum" gibt Auskunft über das Maß der Religiosität. (R, 129) Ein Grübeln über ‚das Sein Gottes' kann laut Schleiermacher nur „zu leerer Mythologie" führen. (R, 57) Indem für Schleiermacher die Religiosität eine rein innere Angelegenheit des Menschen ist, zeigt sich, daß die Religion hier in den Reden „Über die Religion" als Privatreligion eingestuft wird.

Damit steht Schleiermacher ‚in der Tendenz' seiner Zeit. So war schon die pietistisch orientierte Religion darauf ausgerichtet, die konfessionelle Polemik zu überwinden[2] und die Religion in den Privatbereich zu transportieren.

Der Pietismus kann zumindest teilweise als ein Vorbereiter der theologischen Aufklärung gesehen werden, selbst dann, wenn man der Tatsache Rechnung trägt, daß ersterer der theologischen Aufklärung aus dogmatischer Sicht oft kritisch-negativ gegenüberstand.

In diesem Zusammenhang sei erwähnt, daß sich der Theologe Johann Joachim Spalding für eine religiöse Subjektivität einsetzte. In seiner Biographie verdeutlicht er sein Anliegen wie folgt: „[...] lernte ich noch mehr mit mir selbst umgehen, und das Gewissen wird mir immer wichtiger."[3] Das eigene Gewissen entscheidet über das Maß der Religiosität.

Hier zeigt sich, daß im Zeitalter der „mündig gewordenen Vernunft" der religiöse Individualismus mehr und mehr an Bedeutung gewann.[4]

Die Aussagen Schleiermachers in den Reden „Über die Religion" sind ein Beweis dafür, daß auch er dem religiösen Individualismus verbunden ist.

An dieser Stelle sei auch Johann Salomo Semler genannt, der streng zwischen der öffentlich gültigen Volksreligion und einer privaten Religion des Herzens unterschied. So unternahm er immer wieder den Versuch, den religiösen Indivi-

---

[1] Vgl. TIMM, Revolution, 48 f.
[2] Vgl. M. SCHMIDT, Pietismus, 46.
[3] SPALDING, Lebensbeschreibung, 15.
[4] Vgl. STALDER, Gottesgedanke, 490.

dualismus einer kritischen Betrachtung zu unterwerfen.[1] In diesem Sinne trug seine Arbeit entscheidend zu einer Traditionsbildung innerhalb der Modernisierung der Theologie bei.[2]

Aber Semler war überzeugt, keine neuen Erkenntnisse hervorzubringen. Seine Bestrebungen gingen vielmehr dahin, die tradierten Unterschiede zwischen der Religion einerseits und der Theologie andererseits einer Aktualisierung zuzuführen. Theologie und Religion werden von ihm neu definiert.

So bestimmt er die Theologie als rein akademische Wissenschaft und entzieht ihr die universelle Macht über den christlichen Glauben. Demnach unterscheidet er Theologie und Religion ganz in dem Sinne, wie er auch die öffentliche Religion von einer privaten trennt.

Es ist klar ersichtlich, daß Semler kein Anhänger der altprotestantischen Theologie war, die sich allein auf Grund der Bibel eine „theologia vera" vorstellen konnte. Für Semler ist derjenige Christ, der an der christlichen Religion teilnimmt und seine Teilhabe im Herzen trägt. Eine Aussage, die so auch auf Schleiermacher zutrifft, obwohl letzterer kein Anhänger von Semler war und auch nie ein nur annähernd freundschaftliches Verhältnis zu ihm entwickeln konnte.

Aber besonders durch die Reden „Über die Religion" macht Schleiermacher deutlich, wie sehr ihm die Religion eine innere Angelegenheit ist, die als solche individuell wie auch in besonderer Weise an der Empfindsamkeit des Herzens und der Liebe ausgerichtet ist. Die hier vorgetragene Privatreligion fordert zu einer individuellen Auseinandersetzung zwischen Mensch und Religion auf.[3]

So beschäftigt sich Schleiermacher in den „Reden über die Religion" auch mit der Rangstellung der Privatreligion im Gegensatz zur etablierten Schulreligion. Seine diesbezüglichen Ausführungen besagen, daß der Mensch „mit der religiösen Anlage geboren [wird] wie mit jeder andern, und wenn nur sein Sinn nicht gewaltsam unterdrückt, wenn nicht jede Gemeinschaft zwischen ihm und dem Universum gesperrt und verrammelt wird – dies sind eingestanden die beiden Elemente der Religion – so müßte sie sich auch in Jedem unfehlbar auf seine eigene Art entwickeln." (R, 144 f.)

Deutlicher kann es nicht ausgedrückt werden, daß jeder einzelne Mensch seine eigene Religion entwickeln und also haben kann. Schleiermacher fordert hier eine religiöse Selbständigkeit des Menschen, obwohl er auch davon überzeugt ist, daß eine solche Selbständigkeit nur wenige aufbringen können. In diesem Sinne stellt er fest, daß von der Religion „immer nur wenige etwas verstanden" haben. (R, 1) Ebenso ist er ein Gegner des „toten Buchstabens", „denn der Geist läßt sich weder in Akademien festhalten, noch der Reihe nach in bereitwillige Köpfe ausgießen". (R, 28)

Wer – wie Schleiermacher – dazu auffordert „himmlische Funken" aufzusuchen, die nur dann zur Entstehung gelangen, wenn „eine heilige Seele vom Uni-

---

[1] Vgl. HESS, Theologie.
[2] Vgl. AHLERS, Unterscheidung, 101 f.
[3] Vgl. RENDTORFF, Kirche, 16 ff.

versum berührt wird" (R, 30), ist ganz offensichtlich kein Anhänger der altprotestantisch theologischen Sichtweise. Laut Schleiermacher gehört die Religion der eigenen Provinz im Gemüte an und „sie muß doch etwas eigenes sein, was in der Menschen Herz hat kommen können". (R, 46)

Obwohl Schleiermacher darauf hinweist, daß die Religion auf die Mitteilung angewiesen sei, hält er ein solches Hilfsmittel für nicht befähigt, das eigene Wesen der Religion hervorzubringen, da „unter dieser Hülle ihr eigenes Wesen verborgen geblieben ist". (R, 50) Auch die Bibel ist nicht geeignet, die Religion in ihrem Wesen mitzuteilen, da nur „wenig in heiligen Büchern" steht. (R, 15)[1]

So möchte ich Schleiermacher schlechthin als ‚den' Verfechter einer Privatreligion und individuellen Religion bezeichnen, der das in der Religion Eigenständige schätzt und das Gefühl als ‚den Angelpunkt' seiner Rede herausstellt.[2] Daraus ist ersichtlich, daß nur das menschliche Gefühl zu einer selbständig erfahrenen Religiosität führen kann. „Nicht der hat Religion, der an eine heilige Schrift glaubt, sondern der, welcher keiner bedarf, und wohl selbst eine machen könnte." (R, 122)

In diesem Sinne wendet er sich mit den Reden „Über die Religion" „an die Gebildeten unter ihren Verächtern" und also an den intellektuellen Personenkreis, von dem er sich Einsicht bezüglich seiner Religionsauffassung erhofft. Jenen Personenkreis erkannte er als aufgeschlossen und einer freien religiösen Privatmeinung fähig, eben einer Meinung, die nicht auf Kenntnisse ausgerichtet war, die lediglich eine Empirie zum Inhalt hatte, mit der für Schleiermacher verachtenswürdigen Folge, daß die so verstandene Religion nur noch ein „toter Buchstabe" sein konnte. (R, 16 f.)

So richtet er sich mit seinen Ausführungen ausschließlich an ‚die' Gruppe, die einer gebildeten Verachtung fähig ist und sich darüber hinaus von den angepaßt Religiösen deutlich ‚absetzt'. Die freie, eigene individuelle Religion erfährt von Schleiermacher ihre Hochschätzung, weil für ihn die Freiheit in der Religion eine Grundsätzlichkeit ist. Schließlich „atmet" die Religion da, „wo die Freiheit selbst schon wieder Natur geworden ist". (R, 51)

Auch ist ihm die „Eingebung" „nur der religiöse Name für Freiheit". (R, 119)

Hier zeigt sich, daß die Freiheit ein basaler Bestandteil der Reden „Über die Religion" ist. Seine Aussagen verdeutlichen, daß er den menschlichen Freiheitsdrang, der mit einer Freiheitsbefähigung verbunden ist, an die ‚Oberfläche' des Gemütes holen will.

Andererseits war ihm die altprotestantische Religion nicht nur ein Feindbild, weil er gerade hier die Möglichkeit neu zu beschreitender Wege sah, die zu einer Reflexion und Kritik führen konnten. So ging sein Interesse nicht dahin, der kirchlichen Lehre jede Regung einer individuellen Religiosität abzusprechen. Seine Bestrebungen waren darauf gerichtet, den Unterschied zwischen der

---

[1] Vgl. TIMM, Revolution, 28.
[2] Vgl. TIMM, Revolution, 29: Schleiermacher „bestreitet vielmehr, daß eine reine, moralisch-rationale Vernunfttheologie eine konzeptionelle Alternative sei".

reinen Religion und der mehr wissenschaftlich orientierten Theologie zu verdeutlichen.

Auch ging es ihm darum, den basalen Zusammenhang zwischen der Religion und der Theologie – und also der öffentlichen und der privaten Religion – herauszuarbeiten. Schließlich stellte er laut Rendtorff deshalb die Frage, warum es letztlich zu den großen Differenzen zwischen Theologie und Religion kommen konnte.[1]

Abschließend sei in diesem Zusammenhang gesagt, daß die Herzensreligion, die Privatreligion, für Schleiermacher die ‚eigentliche' Religion ist und der Mittler den ‚Durchbruch' zum Universum und zu Gott erleichtert, weil der Mensch auf Grund seiner Sündhaftigkeit den Weg zum Göttlichen aus der eigenen Kraft des Gefühls selten beschreitet.

Auch ist Schultz zuzustimmen, daß die Rede V der Reden „Über die Religion" von einer spezifisch christlichen Schau bestimmt" ist.[2] In der später verfaßten Schrift „Der christliche Glaube" (GL) wird Schleiermacher – wie im Verlauf der Arbeit noch gezeigt wird – seine Auslegungen sogar christozentrisch darstellen. Doch der Schleiermachersche Grundsatz der Reden „Über die Religion", daß das Gefühl von basaler Bedeutung hinsichtlich einer religiösen Erfahrung ist, bleibt in diesem Sinne auch in der GL bestehen.

Das Gefühl ist gleichsam die erste Stufe auf der Treppe, die den Aufstieg zu einer möglichen Vereinigung mit dem Universum bieten kann.

2.3 Die Gestalt Jesu als Erlöser

Obwohl in den ersten Reden (Rede I-III) die Dynamik der Selbständigkeit des Gefühls im Mittelpunkt der Schleiermacherschen Darlegung steht, verliert es auch in Rede V der Reden „Über die Religion" nicht grundsätzlich seine Selbständigkeit. Hier wird lediglich die Sichtweise geändert, indem sich Schleiermacher der christlichen Grundanschauung zuwendet und dadurch die Frage der Erlösung von Interesse ist.

Die menschliche Sündhaftigkeit steht hier im Mittelpunkt, die ausschließlich durch Jesus Christus als Erlöser getilgt werden kann.

Die durch das menschliche Gefühl bestehende Selbständigkeit und Freiheit, die das herrschende Thema der ersten Reden war, weicht in Rede V einer selbständigen menschlichen Schwäche. Die Schwäche ist hier aber nicht ausschließlich unter dem Aspekt der Mangelhaftigkeit zu sehen. Schwach zu sein bedeutet nicht, mit einem Makel behaftet zu sein, sondern eröffnet dem Menschen die Möglichkeit der Erlösung von jeglicher Sünde.[3] Schon in Rede II der Reden „Über die Religion" spricht Schleiermacher von der Erlösung, als

---

[1] Vgl. RENDTORFF, Kirche, 118 f.
[2] Vgl. SCHULTZ, Schleiermachers Theorie, 82.
[3] Vgl. BRUNNER, Dogmatik II.

„immer fortgehendes Erlösungswerk der ewigen Liebe". (R, 104) Leicht erkennbar ist aber der veränderte ‚Ton' der fünften Rede im Gegensatz zur zweiten.

So stellt Schleiermacher in Rede V die Erlösung als Gegensatz des Verderbens hin. (R, 291)[1] Hier stehen Endliches und Unendliches einander diametral entgegen, so daß es zwingend der höheren Vermittlung bedarf, die der Mensch selbst, mit Hilfe seines Gefühls, nicht zu leisten vermag. Hier stellt Schleiermacher die „ursprüngliche Anschauung des Christentums" als etwas vor, daß imstande ist, sich weiter „über das ganze Universum" zu verbreiten. (R, 291)

Die „ursprüngliche Anschauung des Christentums" definiert er als die „des allgemeinen Entgegenstrebens alles Endlichen gegen die Einheit des Ganzen". (R, 291)

Das Entgegenstreben des Endlichen gegen die Einheit des Ganzen war aber schon eine Grundaussage der ersten Reden (Rede I-III). Der entscheidende Unterschied in Rede V besteht darin, daß die Gottheit das Entgegenstreben gegen sich vermittelt, und zwar „wie sie die Feindschaft gegen sich vermittelt, und der größer werdenden Entfernung Grenzen setzt durch einzelne Punkte über das Ganze ausgestreut, welche zugleich Endliches und Unendliches, zugleich Menschliches und Göttliches sind". (R, 291)

Das entgegenstrebende Menschliche wird also zunächst als etwas Fremdes, Feindliches bemerkt und zwar gerade weil dem Menschlichen das Endliche innewohnt und eine solche Endlichkeit gegenüber dem Göttlichen mit Sünde und Feindschaft behaftet ‚sein muß'. Hier zeigt sich der christliche Aspekt der beiden nicht zu trennenden, aber dennoch gegensätzlichen Seiten – die Verderbnis steht der Erlösung gegenüber. Erst die Erlösung, die in der Vermittlungsbereitschaft des Göttlichen besteht, eröffnet dem Menschen die Möglichkeit, das Göttliche zu erahnen.

Bemerkenswert ist, daß die daraus resultierende Einigkeit mit dem Göttlichen nicht mit dem flüchtigen Moment vergleichbar ist, den Schleiermacher in Rede II beschreibt. „Flüchtig ist er und durchsichtig wie der erste Duft womit der Tau die erwachten Blumen anhaucht, schamhaft und zart wie ein jungfräulicher Kuß, heilig und fruchtbar wie eine bräutliche Umarmung; ja nicht wie dies, sondern er ist alles dies selbst." (R, 74) In Rede V der Reden „Über die Religion" vertritt er den Standpunkt, daß sobald dem Menschen die Erlösung zuteil wird, er auf ewig von der Verderbnis befreit und also mit dem Göttlichen vereint ist.[2]

Die Vermittlung des Göttlichen hat zur Folge, daß sich der Mensch seiner Endlichkeit entledigt. Hatte Schleiermacher in Rede I-III gezeigt, daß der Mensch auf Grund der Kraft seines Gefühls und infolge seines aktiven Entgegenstrebens zum Universum mit letzterem für einen flüchtigen Augenblick „Eins" werden konnte, so wird in Rede V zunächst vorausgesetzt, daß die Erlösung geschieht.

---

[1] Vgl. TIMM, Revolution, 36.
[2] Vgl. TIMM, Revolution, 36. BEISSER, Lehre, 176.

Die christliche Sichtweise läßt ein selbständiges, aktives Entgegenstreben zum Göttlichen nicht in dem Maße zu, wie es in Rede I, II, III noch eine grundsätzliche Voraussetzung war. Demgegenüber verdeutlicht Schleiermacher in Rede V, daß die Erlösung eine Gnade ist, die aktiv nur von Gott gewährt wird.

Eine Selbstbegnadigung kennt das Christentum nicht, und so wird die Aktivität allein Gott zugestanden. Diese Tendenzen zeigen sich sowohl im Alten als auch im Neuen Testament. Innerhalb der Septuaginta offenbart sich Gott selbst den Propheten und enthüllt ihnen seine Geheimnisse. (1 Sam. 3.1.7.21; Dan. 2, 28-30, 47) Die Aktivität wird hier allein durch Gott wahrgenommen; er muß aktiv werden, um sich zu zeigen. Aber selbst die Seligen und die Engel vermögen das Wesen Gottes nicht vollständig zu erkennen. So sprechen auch die Psalmen davon, daß Gott in „Dunkelheit" oder in eine „Wolke" wohne. (Ps. 18 [17] 11; 97 [96] 2) Dem Neuen Testament zufolge ist erst der erlöste Mensch frei und die entscheidende Erlösung ist nur durch Gott zu erlangen. In diesem Sinne bekundet Johannes in 8,36: „Wenn der Sohn Gottes euch frei macht, dann seid ihr wirklich frei."

Ebenso verdeutlicht eine Aussage im Paulusbrief an die Gemeinde in Rom, daß der Mensch auf die Gnade und die Aktivität Gottes hinsichtlich einer Erlösung angewiesen ist. So heißt es dort: „Durch Jesus Christus hat er uns aus der Gewalt der Sünde befreit." (3, 24) Auch im ersten Brief des Apostel Petrus ist die Rede von der Befreiung des Menschen durch das kostbare Blut, „dem Blut Christi". (1, 19)

Konnte schon der alttestamentliche Prophet die göttliche Offenbarung nie aus eigener Kraft herbeisehnen, so erfolgt auch die Gotteserkenntnis des Neuen Testaments wesentlich durch Christus als Mittler. (Mt.11, 25-27; Lk.10, 21 f.)

So kann die allgemeine Gottesschau erst am Ende aller Zeit nach der allgemeinen Auferstehung erfolgen und die Selbstoffenbarung Gottes ist und bleibt entscheidend, um seiner ansichtig zu werden und die Erlösung zu erfahren.[1]

Resümierend ist diesbezüglich festzustellen, daß es ohne eine göttliche Selbstoffenbarung nie zu einer Gottesschau kommt, da der Mensch in dieser Hinsicht über kein ‚Aktivitätspotential' verfügt. Das Wegziehen der Hülle, um so die Enthüllung herbeizuführen und sich also offenbar zu machen, kann nur durch Gott selbst geschehen.

In diesem Sinne heißt es im ersten Brief des Apostel Paulus an Timotheus (6, 16): Gott wohnt im „unzugänglichen Licht, so daß ihn kein Mensch je gesehen hat und noch sehen kann."

Erst das Zurückziehen des undurchdringlichen Schleiers kann die Enthüllung und Offenbarung herbeiführen.

Die hier angeführten Textstellen zeigen deutlich, daß dem Menschen hinsichtlich einer Gottesschau weder Eigeninitiative noch sonstige Aktivitäten möglich sind.

---

[1] Vgl. BEISSER, Lehre, 180: „Das Wesen Gottes ist zunächst vom christlichen Glauben aufgenommen als Allkausalität Gottes. Dann wird die Kausalität Gottes mit dem Erlösungswerk bis zur Identität vereint."

Schleiermacher nimmt die hier vorgetragenen Grundsätze in seine Rede V der Reden „Über die Religion" auf. So sind die dem Christentum zugrundeliegenden Kernaussagen auch innerhalb der Schleiermacherschen Reden „Über die Religion" auffindbar.

In diesem Zusammenhang sei festgestellt, daß Schleiermacher das Christentum als „die überragende Geistesmacht" sieht.[1] So ist das Christentum für ihn auch hinsichtlich der religiösen Kunst ‚die' Geistesmacht, die als höchste Vollkommenheit gegenüber anderen Religionen gedacht wird.

Aber das Christentum ist für ihn in religionsphilosophischer Hinsicht eine „individuelle Form" der Religion, und so ist in seinem Kultus auch die Aufnahme allgemein-religiöser Elemente möglich.[2] Ebenso sieht er den christlichen Kultus als übermächtig, da dieser fähig sei, die an geschichtlichen und natürlichen Verhältnissen orientierte universell-religiöse Darstellung in sich aufzunehmen.

So wird auch hier deutlich, daß es Schleiermacher stets um die Selbständigkeit des Menschen geht, der selbst einen Beitrag zu den „Schätzen der Religion" zu Tage fördern soll, „sonst verdient er keinen Platz in ihrem Reich und erhält auch keinen". (R, 121)

Daraus ist aber nicht abzuleiten, daß sich die menschliche Selbständigkeit und die Mittlerschaft ausschließen, da laut Schleiermacher auch der selbständige Mensch stets der Mittlerschaft bedarf, damit der Sinn für die Religion „aus dem ersten Schlummer" geweckt werde. (R, 121) Auch sind die religiösen Gefühle nur insofern religiös „als sie durchs Universum gewirkt sind". (R, 120) Wie bereits erwähnt, fungiert die Mittlerschaft hier als Angel der Schleiermacherschen Reden „Über die Religion".

So sagt Schleiermacher: „Niemand kennt den Vater als der Sohn, und wem Er es offenbaren will. Dieses Bewußtsein von der Einzigkeit seiner Religiosität, von der Ursprünglichkeit seiner Ansicht und von der Kraft derselben sich mitzuteilen und Religion aufzuregen, war zugleich das Bewußtsein seines Mittleramtes und seiner Gottheit." (R, 303) Allein durch das Wort erfolgt die Erlösung. So erfahren die Jünger die reinigende Wirkung des Wortes Gottes, obwohl sie die Wassertaufe nicht empfangen hatten. Demnach war schon der persönliche Umgang mit Jesus ausreichend, um rein zu werden.[3]

Johannes verdeutlicht in 15,4, daß ein Fruchtbringen den Jüngern aus eigener Kraft nie möglich sein kann. Ein Fruchtbringen kann nur infolge des Bleibens im Christentum geschehen und weist auf die enge Verbundenheit mit Christus hin.

So ist bei Johannes nachzulesen: „Denn ohne mich könnt ihr nichts vollbringen", womit auch hier ausgesagt werden soll, daß der Mensch stets auf die göttliche Gnade angewiesen ist. (Joh. 15,5)

---

[1] Vgl. LEHNERER, Kunsttheorie, 383.
[2] Vgl. Praktische Theologie (Hrsg. Ferichs), 95.
[3] Vgl. SCHNACKENBURG, Johannesevangelium, III. 15, 3.111.

Dieser Satz wird hier angeführt, weil er für die Gnadenlehre der alten Kirche bedeutend war und ebenso für die Schleiermacherschen Reden „Über die Religion".[1]

3. Die Grenze zwischen menschlicher und göttlicher Kraft und die Problematik der Vergöttlichung des selbständigen Menschen im Sinne einer pantheistischen Gleichsetzung

Auch wenn Schleiermacher einerseits von einer Mittlerschaft ausgeht und andererseits das Universum als die Wirkstätte der religiösen menschlichen Gefühle vorstellt, bleibt der Mensch – wie bereits erwähnt – in jedem Falle frei und selbständig.

Selbst die Tatsache, daß er später in der GL von einer schlechthinnigen Abhängigkeit des Menschen spricht, besagt nicht, daß hier eine Abhängigkeit gemeint ist, wie wir sie allgemein verstehen. Die dazu gehörenden Ausführungen werden im 2. Teil dieser Arbeit erörtert.

Andererseits ist der freie, selbständige Mensch aber nie Gott gleich. Von einer Vergöttlichung des Menschen kann bei Schleiermacher nicht die Rede sein. Ebenso wendet er sich gegen den Vorwurf des Pantheismus.

In den Reden „Über die Religion" verwendet er den Begriff „Pantheismus" (R, 256-259), um eine atheistische Vorstellung zur Sprache zu bringen.

Er beabsichtigt hier den Unterschied der pantheistischen Vorstellungsart zu jener hervorzuheben, die Gott in den Mittelpunkt ihrer Betrachtung stellt. Eine völlige Gleichstellung von Welt und Universum, von Endlichem und Unendlichem läßt Schleiermacher in seinen Reden „Über die Religion" nicht verlautbaren.[2]

Auch sein Ausspruch: „Die Menschheit selbst ist Euch eigentlich das Universum" (R, 90) wie auch die Aussage: „Freilich ist es eine Täuschung, das Unendliche gerade außerhalb des Endlichen [...] zu suchen" (R, 146), ist nicht als Gleichsetzung zwischen Göttlichem und Weltlichem zu interpretieren. Das Universum weist sich hier gleichsam durch ein ontologisches ‚Anderssein' aus. Das schlechthin Göttliche zeigt seine ontologische Differenz zu allem Weltlichen. So ist das Universum der schlechthinnige Grund allen Seins.[3]

Etwas Grundsätzlicheres gibt es nicht. Das Universum ist ‚der' Grundsatz.

Schleiermacher macht darauf aufmerksam, daß der Pantheismus keine bestimmte Form der Religion sei. (R, 260)

---

[1] Joh. 15,5: „Ich bin der Weinstock und ihr seid die Reben. wer in mir lebt, so wie ich in ihm, der bringt reiche Frucht. Denn ohne mich könnt ihr nichts vollbringen." 15,6: „Wer nicht mit mir vereint bleibt, der wird wie eine abgeschnittene Rebe fortgeworfen und vertrocknet. Solche Reben werden gesammelt und ins Feuer geworfen, wo sie verbrenne." 15,7: „Wenn ihr mit mir vereint bleibt und meine Worte in euch lebendig sind, könnt ihr den Vater um alles bitten, was ihr wollt, und ihr werdet es bekommen."
[2] Vgl. TIMM, Revolution, 27.
[3] Vgl. TIMM, Revolution, 27.

In diesem Sinne sagt Beisser, das Seiende habe sein Sein nur durch den Urgrund alles Seienden und dieser sei das Universum.[1] Andererseits kann ein personalistischer Gottesbegriff auch aus diesem Grunde bei Schleiermacher nicht konstitutiv sein. So ist das Universum eine „unpersonalistische Äußerung des religiösen Sinnes".[2]

Schleiermacher bewundert Spinoza und verleiht seiner Bewunderung Ausdruck, da Spinoza „voller Religion war" und „voll heiligen Geistes". (R, 55) In diesem Sinne ist sein Aufruf zu verstehen, „den Manen des heiligen Spinoza" eine Locke zu opfern. (R, 55) So ist Schleiermacher dem Leitmotiv des absoluten Idealismus verbunden, dem „Hen kai Pan".[3]

Die Crux besteht hier darin, daß Schleiermacher in der Literatur teilweise als Pantheist und Spinozist bezeichnet wurde. Hiermit wird deutlich, daß der Begriff des Spinozismus lediglich zum Schlagwort herabgesetzt worden war und in seiner inhaltlichen Bestimmung und Tragweite nur induktiv aus den jeweiligen Texten erfaßbar ist und sich jedem definitorischen Vorgriff verschließt.

Hier ist in diesem Zusammenhang Lessings Bekenntnis – sei es nun ein angebliches oder wirkliches – zu Spinoza und zum „Hen kai Pan" von Bedeutung. Das besagte Bekenntnis wurde posthum durch F. H. Jacobis Schrift „Über die Lehre des Spinoza" der Öffentlichkeit mitgeteilt[4] und löste die als Pantheismusstreit bekannte Debatte aus. Wie die meisten seiner Zeitgenossen war der Spinozismus in den Augen Jacobis zugleich Atheismus.[5] Zu Beginn des 19. Jahrhunderts zeigt sich schließlich ein wachsendes wissenschaftliches Interesse an der Geschichte des Pantheismus.

Im Rahmen seiner Analyse des religiösen Gefühls in der GL sagt Schleiermacher, „daß die Frömmigkeit eines Pantheisten völlig dieselbe sein kann, wie die eines Monotheisten". (GL 1821/22 I, 68, S. 53) Hiermit ist aber nicht gesagt, daß er den Pantheismus als Religion akzeptiert.

Bei Schleiermacher kommt es in den Reden „Über die Religion" darauf an, die Anschauung des Universums in der Weise darzustellen, daß das Einzelne als Teil des Ganzen, das Beschränkte als Darstellung des sich ununterbrochen offenbarenden Universums zu fassen ist.

Abschließend ist festzustellen, daß Schleiermacher ein Bewunderer der Philosophie Spinozas war und nicht als Pantheist zu bezeichnen ist.

3.1. Die Einwände Sacks

An dieser Stelle sei der Vorwurf Sacks erwähnt, dem die Schleiermacherschen Reden „Über die Religion" zur Zensur vorlagen. So schrieb Sack 1801 in einem Brief, er halte die Reden „Über die Religion", nachdem er das Buch

---

[1] Vgl. Beisser, Lehre, 43.
[2] MECKENSTOCK, Ethik, 2.
[3] Vgl. TIMM, Revolution, 417.
[4] Vgl. JACOBI, Über die Lehre des Spinoza, 1785. In: JACOBI, Hauptschriften.
[5] Vgl. SCHWARZ, Spinozismus, 272.

„bedeutsam durchgelesen" habe, „lediglich für eine rednerische Darstellung des Spinozistischen Systems". (Br III, 277) In dieser Formulierung zeigt sich, daß Sack davon ausgeht, Schleiermacher habe das System Spinozas vorbehaltlos übernommen.[1]

Auch stellt Sack fest, der Schleiermachersche Standpunkt sei mit der christlichen Religion unvereinbar. Als besonders bedenklich erscheint ihm, daß der Mensch bei Schleiermacher in den Reden „Über die Religion" in keiner Abhängigkeit zu Gott und deshalb auch in keiner Beziehung zu Gott stehe, die von einer „Anbetung, Dankbarkeit, von Gehorsam und Vertrauen" getragen werde. (Br III, 277) In diesem Sinne vermißt Sack in den Reden „Über die Religion" den „Glauben an einen seienden und gebietenden Gott". (Br III, 280)

Vor allem aber geht es Sack um die Verbindung zwischen Religion und Moral. Demgegenüber sind, wie wir bereits festgestellt haben, Religion und Religiosität bei Schleiermacher durch Liebe und Zuneigung gekennzeichnet. Seiner Meinung zufolge zeichnet sich die Moral einerseits durch die Tätigkeit und andererseits durch die Verachtung der Demut aus. (R, 111) Schleiermacher stellt sogar fest, die moralische Welt sei „vom Schlechten zum Schlimmeren fortschreitend, unfähig etwas hervorzubringen, worin der Geist des Universums wirklich lebe." (R, 292)

Anschauung, Gefühl und Demut sind hingegen die ‚tragenden Pfeiler' der Schleiermacherschen Reden „Über die Religion".[2] So ist es sein besonderes Anliegen, Religion und Moral zu trennen. Vor allem aber moniert Sack, Schleiermacher stelle an die „Spitze des Universums kein sich selbst bewußtes, weises und gütiges Wesen". (Br III, 279). Ihm ist es wichtig, daß ein weiser und gütiger Gott das Höchste ist. „Erst dann", so führt Sack aus, könne er in den Schleiermacherschen Reden „Über die Religion" „einen Anflug des Christentums" erkennen.

Da Schleiermacher keine verschiedenen über- und untergeordneten Wesen zur Auswahl stellt, die dem Universum als übergeordnete Macht vorstehen, kann er laut Sack „kein redlicher Lehrer des Christentums" mehr sein. (Br III, 277) Hier wird deutlich, daß es Sack darauf ankommt, Gott in einer Sprache auszudrücken, die dem traditionell religiösen Inhalt gerecht wird.[3] Folgt man seiner Meinung, kann der wahre innere Glaube nicht in der Sprache, die Schleiermacher in den Reden „Über die Religion" wählt, zum Ausdruck gelangen.

Für Schleiermacher steht hingegen fest, daß die Reden „Über die Religion" keine Apologie des Pantheismus und auch keine Weiterführung der spinozistischen Philosophie beinhalten, wie er es in einem Brief erläutert. (Br III, 282 f.)

Wie bereits erwähnt, war es Schleiermacher eine Herzensangelegenheit, Spinoza die Ehre zu erweisen. „Ihn durchdrang der hohe Weltgeist, das Unendliche

---

[1] Vgl. MECKENSTOCK, Ethik, 4: Auch die Forschung kam diesbezüglich „zu keinem allgemeingeltenden Ergebnis".
[2] Vgl. TIMM, Revolution, 39: „Das anfängliche ‚Hen' steht für die alles erschöpfende Gefühlsqualität der Religiösen".
[3] Vgl. CHRIST, Menschlich, 82.

war sein Anfang und Ende, das Universum seine einzige und ewige Liebe ..."
(R, 55) Letztlich aber geht es Schleiermacher auch darum, dem Pantheismus
eine Absage zu erteilen. Hier sei noch angefügt, daß Schleiermacher zwar den
Glauben an einen persönlichen Gott ablehnt, aber keine seiner Äußerungen den
Schluß zuläßt, daß er eine solche Glaubenshaltung verachtet. Demgegenüber
hofft er vorsichtig, daß niemand eine Lästerung vernehme, wenn er sagt, der
Glaube an Gott sei abhängig „von der Richtung der Phantasie". (R, 129)

Aber Sack vermißt bei Schleiermacher auch, daß er in den Reden „Über die
Religion" nicht von einem Leben nach dem Tod ausgeht; ein solches gehört für
Sack zur Grundlage des christlichen Glaubens. Doch auch in dieser Hinsicht
äußert sich Schleiermacher recht eindeutig, da er nicht den Glauben an ein künf-
tiges Leben nach dem Tode an sich verdammt, sondern die Art, in der man sich
von einem Leben nach dem Tode eine Vorstellung macht. „Jene aber
wollen nicht einmal die einzige Gelegenheit ergreifen, die ihnen der Tod darbietet, um über die Menschheit hinauszukommen". (R, 131) Diesbezügliche Erwartungen, die in einer Sehnsucht gipfeln, sind laut Schleiermacher ganz
„irreligiös". (R, 131)

Für Schleiermacher hingegen ist das Ziel einer Religion nur dann erreichbar,
wenn sich die Umrisse der Persönlichkeit verlieren und der Mensch bereit ist,
mit dem Universum „so viel als möglich eins" zu werden. (R, 131)

3.2 Das Problem des Anthropomorphismus

An den Anfang dieses Abschnitts sei die folgende Aussage Schleiermachers
gestellt: „Daß ohne einen gewissen Anthropomorphismus nichts in der Religion
in Worte gefaßt werden kann." (Br III, 283)

Wie wir gesehen haben, geht Schleiermacher davon aus, daß es von der Richtung der menschlichen Phantasie abhängt, ob der Mensch für seine Religiosität
einen personifizierten Gott hat oder nicht. Das subjektive Bedürfnis, sich einen
persönlichen Gott zu denken, wird von Schleiermacher zwar belächelt, aber
toleriert.[1] Wenn es darum geht, das Göttliche in Worten auszudrücken, zeigt
sich, daß der Mensch dazu neigt, einem gewissen Anthropomorphismus ‚Vor-
schub' zu leisten. Dies ist oft unvermeidlich und dennoch nicht unbedingt nötig,
da Schleiermacher in den Reden „Über die Religion" mit seiner Argumentation
das besondere Gewicht auf das Gefühl legt, das für die Vereinigung des Menschen mit dem Universum von grundlegender Bedeutung ist. Doch ist zu bedenken, daß es ein nicht anthropomorphes Wort in der Religion laut Schleiermacher
nicht geben kann.[2]

Für ihn ist entscheidend, daß das innere Ergriffensein vom Unendlichen die
deutliche Grenze zeigt, die zwischen der menschlichen und göttlichen Kraft liegt
und die sich in diesem Sinne jeder Aussagbarkeit entzieht. Obwohl die Anschau-

---
[1] So auch CHRIST, Menschlich, 83.
[2] Vgl. TIMM, Revolution, 43, 2: „Der Redner löst dem göttlichen Auftrieb die Zunge, hebt die enthu-
siastische Abundanz ins Sagbare", 72.

ung, die der Mensch hinsichtlich seines Selbst vollzieht und die vom Menschen vollzogene Anschauung des Universums für Schleiermacher identisch sind, bleibt doch das Universum als das Göttliche, Unendliche, Ewige, ‚das' Ziel, weshalb der Mensch, um seiner Vervollkommnung willen, diesem entgegenstrebt.

In den Reden „Über die Religion" wird klar, daß der Mensch immer schon ein Teil des Ganzen und Göttlichen ist.

Doch kann die Vereinigung mit dem Universum und die damit verbundene Vervollkommnung des Selbst nur geschehen, wenn das Universum, das Göttliche, als ein Gegenüber erkannt wird.

So reicht es Schleiermacher nicht, daß der Mensch das Göttliche allein in seinem Selbst findet, weil sich dadurch die Konsequenz ergeben müßte, gottgleich oder Gott-an-sich sein zu können.

Zusammenfassend ist festzustellen, daß Schleiermacher in den Reden „Über die Religion" zum Ausdruck bringen will, daß der Mensch auf Grund seiner Gefühlstätigkeit „überall im Endlichen das Unendliche" erblicke (R, 146) und sich des Unendlichen im Endlichen gewiß sei, sich als Teil des Ganzen erkenne, ohne ein lediglich passiver, demütiger Empfänger zu sein.

Dies möchte Schleiermacher dem Kreis der gebildeten Verächter ‚ans' Herz legen.[1]

---

[1] Eine andere Meinung vertritt SCHULTZ, Theorie, 80. Die ersten Reden der Reden „Über die Religion" stellen demnach das demütige Empfangen dar, gegenüber einem vordergründigen autonomen Pathos.

II. Der Stellenwert des Gefühls in der Religionsphilosophie Fichtes im Jahre 1799

Fichte stellt in seiner Schrift „Über den Grund unseres Glaubens an eine göttliche Weltregierung" die Kardinalfrage: „Wie kommt der Mensch zum Glauben an Gott?" (GA I, 5, 348)

Da Fichte davon ausgeht, daß der Glaube nicht erlernbar sei, muß seiner Meinung nach eine Anlage im Inneren des Menschen vorhanden sein, die dem Glauben zur Entstehung verhilft. Ein solcher Glaube an Gott muß sich notwendig aus der Vernunft ableiten. Denn „was in der Vernunft gegründet ist, ist schlechthin notwendig; und was nicht notwendig ist, ist eben darum vernunftwidrig". (GA I, 5, 348)

Aber die Berechtigung eines solchen Glaubens läßt sich bei Fichte nicht allein aus der Vernunft ableiten. Fichte erkennt die Berechtigung des Glaubens auch in einem Gefühl der Sehnsucht. In diesem Sinne äußert er sich in der „Appellation" wie folgt: „Sage man es, wie man wolle, dieser Überdruß an dem Vergänglichen, dieses Sehnen nach einem Höheren, Besseren und Unvergänglichen liegt unaustilgbar im Gemüte des Menschen. Eben so unaustilgbar ertönt in ihm die Stimme, daß etwas Pflicht sei und Schuldigkeit, und lediglich darum, weil es Schuldigkeit ist, getan werden müsse". (GA I, 5, 424)

Fichte macht hier deutlich, daß das Sehnen nach einem Höheren, Besseren und Unvergänglichen neben der Pflichtermahnung bestehen bleibt.

1. Das Gefühl der Sehnsucht

Wie wir gesehen haben, ist auch bei Fichte das Sehnen aus dem menschlichen Gemüt nicht wegzudenken.

In diesem Sinne läßt sich auch der Gegensatz von sinnlicher und sittlicher Welt nur in einer Gegenüberstellung ausdrücken. So sagt Fichte in der „Appellation": „Es gibt von der Sinnlichkeit zur Sittlichkeit keinen stetigen Übergang, der etwa durch die äußerliche Ehrbarkeit hindurchgehe, die Umänderung muß durch einen Sprung geschehen, und nicht bloße Ausbesserung, sondern gänzliche Umschaffung, sie muß Wiedergeburt sein". (GA I, 5, 446)

Fichte hebt hervor, daß er mit seinem philosophischen System danach strebe, das Wahre und Gute auszusagen. Doch er weist darauf hin, „daß es nur insofern Dinge für uns gibt, als wir uns derselben bewußt sind, und wir sonach mit unserer Erklärung des Bewußtseins zu den von uns unabhängig vorhandenen Dingen nie gelangen können". (GA I, 5, 423) Aber „die ursprüngliche Anlage der Menschheit" habe nun einmal „eine bestimmte Denkart festgesetzt", und obwohl nun diese nicht bei jedem einzelnen Menschen sich findet, gibt es doch etwas Bindendes, „das den freien Flug des Denkens" anhalte. Aber das Bindende, das Fichte hier anspricht, liegt „freilich außerhalb des Denkens selbst". (GA I, 5, 424)

Da das ‚Bindende' nicht durch das Denken abgestossen werden kann, muß es innerhalb des menschlichen Gemüts auffindbar sein, weil es durch den Intellekt nicht erfahrbar ist. Das Sehnen nach einem Höheren liegt eben unaustilgbar im menschlichen Gemüt. (GA I, 5, 424)[1]

1.1 Die Pflicht als Eingrenzung des Gefühls

Der Stellenwert des Gefühls – bei Schleiermacher in den Reden „Über die Religion" von überragender Wichtigkeit – wird bei Fichte durch das Gebot der Pflicht ausgefüllt. (GA I, 5, 425)

Obwohl das Sehnen nach dem Höheren bleibt, macht sich im Ich zugleich „die Stimme" der Pflicht bemerkbar (GA I, 5, 424), ja man könnte sagen, daß das Sehnen nach einem Höheren von einem Sehnen nach der Erfüllung der Pflicht begleitet wird. In diesem Sinne ist die folgende Aussage Fichtes zu deuten: „Die Stimmung bei dem Bewußtsein des Vorsatzes, unsere Schuldigkeit zu tun, weil es Schuldigkeit ist, deutet uns jenes wahre wunderbare Sehnen." (GA I, 5, 425)

Die Tat ist hier wichtig, da sie laut Fichte befreiend wirkt, denn „jenes Sehnen heischt Befreiung von den Banden der Sinnlichkeit überhaupt, in unserem ganzen Zustande, von dem uns die Vollbringung der Pflicht in Rücksicht unseres Handelns wirklich befreit." (GA I, 425) Letztendlich erfolgt die Befreiung von der Sinnlichkeit durch die Erfüllung der Pflicht.

Das Sehnen allein kann hier die Befreiung nicht herbeiführen. Es macht zwar das Verlangen befreit zu werden deutlich, doch erfolgt die Befreiung erst durch die Erfüllung der Pflicht.

Pflicht und Sittlichkeit eliminieren so die Sinnlichkeit.

Doch darf nicht in Vergessenheit geraten, daß das Sehnen nach dem Höheren die Grundlage bildet, um sich überhaupt der Fesseln der Sinnlichkeit zu entledigen. Das Sehnen – unaustilgbar im menschlichen Gemüt ‚beheimatet' – ist eine grundsätzliche Regung, die keines weiteren Grundes bedarf.

Das Sehnen im Inneren des menschlichen Gemütes ist eine absolute, nicht hintergehbare Grundlage. Andererseits steht für Fichte fest, daß die sittliche Bestimmung das Übersinnliche im Menschen vollendet. Der Meinung Christs zufolge ist die sittliche Bestimmung nicht ausschlaggebend, um eine Befreiung des Menschen von der Sinnlichkeit zu erreichen.[2] Er argumentiert diesbezüglich, daß das Bewußtsein von der sittlichen Bestimmung nicht aus der Erfahrung stamme, sondern unmittelbare Gewißheit im menschlichen Ich sei, weshalb das Gemüt als letzte Grundlage dieser Bestimmung angeführt werden könne.

Doch Fichte leitet die menschliche Bestimmung nicht von einer außer dem Ich liegenden Macht ab, weil der Mensch diese seine Bestimmung in seinem

---

[1] Vgl. STALDER, Gottesgedanke, 502. Letztlich geht es Fichte darum, die Kausalfrage zu beantworten: „Wie kommt der Mensch zum Glauben?" Der Glaube gründet in einer vom Menschen begriffenen „übersinnlichen Welt".
[2] Vgl. CHRIST, Menschlich, 76.

unabhängigen Wesen finden kann und diese Bestimmung unmittelbar dadurch wissen muß, daß er von sich selbst weiß. (GA I, 5, 425)

Daß der Mensch von sich selbst weiß – und sich als unabhängiges Wesen erkennt – sagt zugleich, daß er sich von den Zwängen der Sinnlichkeit befreit weiß, die die höhere Bestimmung des Menschen behindern. Aber die Selbstbeobachtung allein gibt noch nicht die vollständige Gemütslage des Inneren an.

Der Mensch ist als das ‚Vernunftwesen schlechthin' nur noch von der Vernunft abhängig. Daraus folgert Fichte, daß das Vernunftwesen Mensch von allem Sinnlichen unabhängig und somit frei ist. Also kann der Mensch auch ausschließlich auf Grund der Anwendung der Vernunft die Seligkeit erlangen.

So gelangt die Vernunft in den Mittelpunkt jeder menschlichen Betrachtung, gerade weil der Zweck einer jeden menschlichen Handlung an der Vernunft ausgerichtet ist. Der hier hinzutretende moralische Aspekt hinsichtlich des Ich und seiner Handlungen, ist für Fichte das Wesenhafte in der Religion.

Der Glaube an die Ordnung einer moralischen Welt ist der Angelpunkt der Fichteschen Religionsphilosophie 1799. Ein solcher Glaube ist in der Fichteschen „Appellation" das „Übersinnliche, über alles Vergängliche unendlich erhabene, Göttliche." (GA I, 5, 428)

Jenes Göttliche benennt der Mensch mit dem Begriff ‚Gott', weil er auf Grund seiner Beschränktheit das Göttliche mit dem Begriff eines existierenden Wesens besetzt. (GA I, 5, 428)

Fichte gibt hier allein der menschlichen Beschränktheit ‚die Schuld' daran, daß überhaupt der Begriff Gott gewählt wird, der nicht geeignet ist, das Wesentliche des Göttlichen zu erfassen. Dennoch gibt Fichte zu bedenken, daß gegen eine solche Beschränkung eigentlich nichts einzuwenden sei, denn wenn man vom Göttlichen reden wolle, sei man gezwungen, auf die beschränkten Möglichkeiten der Sprache zurückzugreifen.[1]

1.2 Die Moral und die Religion

Wir haben gesehen, daß die über der Sinnlichkeit stehende Ordnung in einer Beziehung zum sittlichen Gefühl steht und demnach seine Wirkung ausübt. Die Beziehung der über der Sinnlichkeit stehenden Ordnung zum sittlichen Gefühl ist hier von Interesse.

Das ‚An-sich' dieser Beziehung steht bei Fichte im Mittelpunkt. Auch der Begriff von Gott ist in Hinsicht auf diese Beziehung zu sehen. In diesem Sinne sind ihm Moralität und Religion „absolut Eins", und so fährt er fort: „beides (sei) ein Ergreifen des Übersinnlichen, das Erste durch Tun, das Zweite durch Glauben." (GA I, 5, 428) Wenn Fichte hier auch von der Moral als Grundlage ausgeht, so vergißt er aber nicht speziell hinsichtlich der Religion von einem ‚reinen Glauben' zu sprechen.

Obwohl bei Fichte Religion und Moral eine absolute Einheit bilden, zeigen sich hier doch zwei verschiedene Wege, um das Übersinnliche zu erfahren. (GA

---

[1] Vgl. TIMM, Gott, 445. STALDER, Gottesgedanke, 521 f.

I, 5, 428) Die Moralität versucht das Übersinnliche durch das Tun zu ergreifen, die Religion hingegen durch den Glauben. Zwar sind Religion und Moralität in einem untrennbaren Zusammenhang zu sehen, da eine Religion ohne Moralität für Fichte Aberglaube ist. Dennoch will er einen Rest an Unterschiedenheit zwischen Religion und Moralität nicht ganz leugnen.[1]

Auch ist die Moral mit der Pflicht verbunden, wo hingegen innerhalb der Religion allein der Glaube wichtig ist. Doch so wie der Glaube den Menschen von jeder Sinnlichkeit befreit, entstammt auch die Pflicht keinem sinnlichen Trieb und ist demnach, als der direkte Weg zum Übersinnlichen, dem Glauben gleichgestellt.

Sowohl das Sehnen nach dem Übersinnlichen als auch der Glaube sind im Inneren des Menschen verwurzelt und gründen im menschlichen Gemüt.

Warum leitet Fichte die Pflicht ebenfalls aus dem Inneren des Menschen ab? Diesbezüglich ist bemerkenswert, daß auch die absolute Einheit von Moral und Religion nicht zugleich bedeutet, daß sowohl die Religion als auch die ihrerseits mit der Pflicht zusammenhängende Moral das Übersinnliche auf die gleiche Weise ergreifen.

Das Wollen der Pflicht ist hier gleichsam an die Moral ‚angehängt' und vom Grundsatz her nicht im Gemüt des Menschen verankert. Hier kann nur die Vernunft als die Grundlage für das Wollen der Pflicht gelten.

In diesem Zusammenhang ist daran zu erinnern, daß Fichte die Beziehung zur Gottheit als Beziehung zu einem sittlichen Wesen und als „das unmittelbar Gegebene" versteht. (GA I, 5, 432)

Gottheit und Sittlichkeit sind die Einheit, und so ist die Gottheit ohne die Sittlichkeit für Fichte undenkbar. Die Gottheit erhebt gleichsam die Sittlichkeit in die Sphäre des Übersinnlichen und unmittelbar Gegebenen. Ein „besonderes Sein" der Gottheit ist laut Fichte ein grober Denkfehler und lediglich die Folge des endlichen Vorstellungshorizontes. (GA I, 5, 432) Daraus ergibt sich, daß eine Vorstellung von Gott bei Fichte unmöglich ist, weil der Mensch seine Vorstellung mit einem Sein verbindet.

So gibt es laut Fichte keinen „substantiellen, aus der Sinnenwelt abzuleitenden Gott" (GA I, 5, 435). Demnach kann Gott der Fichteschen Religionsphilosophie zufolge kein Wesen sein, das eine Persönlichkeit besitzt, eben weil Gott als Inbegriff des Übersinnlichen zu denken ist und eine Substantialität Gottes nur seine Endlichkeit bedeutet.[2]

Interessant ist auch, daß Fichte einerseits den subjektiven Anthropomorphismus ablehnt, obwohl auch er ihn – wie auch Schleiermacher – andererseits als menschliche Naivität hinnimmt und belächelt.

Aber grundsätzlich ist ihm der traditionell-orthodoxe Gottesbegriff, wie ihn seine theistischen Gegner verteidigen, nur eine verachtenswerte Personifizierung des Göttlichen. So gründet ein solcher Gottesbegriff laut Fichte in der menschli-

---

[1] Vgl. STALDER, Gottesgedanke, 512, 531 Fn 195.
[2] Vgl. STALDER, Gottesgedanke, 500 f.; TIMM, Gott, 445.

chen Gier nach Genuß und wer diese will, „ist ein sinnlicher fleischlicher Mensch, der keine Religion hat und keiner Religion fähig ist". (GA I, 5, 437) In diesem Sinne spricht er „einem solchen Gott" sogar die Verachtung aus. So ist auch das Gebot „Du sollst dir kein Bildnis machen" von basaler Bedeutung, da die Verbindung der Göttlichkeit mit einem Bildnis nur das Unvermögen desjenigen ist, der in der sinnlichen Welt gründet. In diesem Sinne leugnet er die Existenz eines sinnlichen Gottes und stellt die Frage, „welch ein Gott wäre dies, der mit der Welt zugleich verloren ginge?" (GA I, 5, 440)

Mit seinen Aussagen will er die Einmaligkeit des Göttlichen herausstellen, um so die Gottesvorstellung von allem Vergänglichem zu befreien. Das Ewige und Unvergängliche verdient hinsichtlich der Gottheit Erwähnung, und so leugnet Fichte für Gott „die Realität des Zeitlichen und Vergänglichen". (GA I, 5, 440)[1]

1.3 Die ‚Begrifflosigkeit' Gottes

Wie wir gesehen haben, zeichnet sich Gott bei Fichte durch kein Sein aus, das vom Menschen gedacht werden könnte, eben weil der Mensch Gott als Substanz denkt. Die Substanz ist in Zeit und Raum ausgedehnt und daher notwendig beschränkt. Demgegenüber ist Gott unbeschränkt, und so lehnt Fichte eine Substantialität Gottes ab. Fichtes Argumentation besagt, daß sich der Mensch aus diesem Grunde von Gott keinen Begriff konstruieren solle.[2]

So kann die folgende Aussage Fichtes als Angelpunkt seiner diesbezüglichen Argumente gelten: „Rein philosophisch müßte man von Gott so reden: Er ist [...] kein Sein, sondern ein reines Handeln [...], gleichwie auch ich, endliche Intelligenz, kein Sein, sondern ein reines Handeln bin: pflichtmäßiges Handeln, als Glied jener übersinnlichen Weltordnung." (GA I, 6, 46 f.) Doch wird dieses reine Handeln de facto „auf etwas, zwar nicht im Raum, aber doch in der Zeit Ausgedehntes" übertragen (GA I, 6, 49), weil die Sinnlichkeit des menschlichen Vorstellungsvermögens dazu nötigt. Nur so ist das Handeln, das infolge der Sinnlichkeit des Vorstellungsvermögens in ein Mannigfaltiges zerfällt, als Einheit festzustellen.

Hier entsteht eine Zeiteinheit, die sprachlich als Geist bezeichnet wird. Auf diesem Wege entsteht laut Fichte der Begriff von der eigenen Seele „als Geist". So ist auch gerade dieser Zusammenhang dafür verantwortlich, daß man annimmt, „Gott sei ein Geist". (GA I, 6, 49)

Wie bereits erwähnt, bestreitet Fichte die Begreifbarkeit des Göttlichen, da das menschliche Denken immer zugleich ein Beschränken ist. So kann die Rea-

---

[1] Fichtes Sicht des Ewigen und der Ewigkeit ist hier der Schleiermacherschen Auffassung vergleichbar, wie letzterer sie im Leitsatz des § 66 GL 1821/22 ausdrückt: „Die Ewigkeit Gottes ist nur zu verstehen als allmächtige Ewigkeit, d. h. als das mit allem zeitlichen auch die Zeit selbst bedingende in Gott." (§ 66, LS, I, 275, S. 195, GL 1821/22) Die Zeit ist somit von Gott mitgesetzt und also mitverursacht. Vgl. TROWITZSCH, Zeit, 89.

[2] Vgl. STALDER, Gottesgedanke, 494.

lität, die vom Menschen erfaßt wird, nur eine endliche sein. Die dem menschlichen Denken innewohnende Beschränkung verleitet gleichsam dazu, Gott begrifflich zu umschreiben.

Aber Begriffe sind für Fichte untauglich, das Göttliche zu erfassen, gerade weil Gott hier infolge des Begriffes nicht unendlich gedacht wird.

Fichtes konsequente Forderung ist hier einfach: Gott soll „überhaupt nicht gedacht werden", weil dies eben unmöglich sei. (GA I, 6, 51) Auf Grund der Beschränktheit des menschlichen Verstandes ist der Gedanke an Gott für Fichte notwendig eine Unmöglichkeit. So steht für Fichte darüber hinaus auch fest, daß auf Gott keine Prädikate angewendet werden können und wenn sich der Mensch dennoch dazu entschließt, kann es nur zu einem Irrtum kommen, da er beabsichtigt, das Unbegreifliche begreifen zu wollen. (GA I, 6, 52)

Doch letztlich ist die menschliche Beschränktheit nicht einer Rechtgläubigkeit des Herzens abträglich, und so ist der Glaube allein entscheidend. Hier steht auch für Fichte fest, daß das Übersinnliche die Grundlage des menschlichen Bewußtseins ist, da nur auf dieser Grundlage die Sehnsucht und der Glaube entsteht und der Mensch nur so die göttliche Nähe erfahren kann.

Grundsätzlich ist festzustellen, daß auch bei Fichte nur auf Grund des Glaubens das Göttliche erfahrbar ist, da es sich nicht denken läßt und auch mit keinem Begriff erfaßbar ist. Aus diesem Grunde mahnt er: „du sollst dir keinen Begriff von Gott machen, noch irgendein Gleichnis etc". (GA I, 6, 52) Der für Gott annähernd angemessene Gedanke, wenn auch nur schematisierend denkbare, ist der vom pflichtgemäßen Handeln des Ich.[1] Eine Beschränktheit ist hier nur hinsichtlich des Ich anzunehmen.

In diesem Zusammenhang ist darauf hinzuweisen, daß die Gefahr einer Vermischung zwischen dem Göttlichen und Menschlichen besteht, eben weil der Mensch durch das Handeln in der Welt am Übersinnlichen teilhat. Die Grenzlinie zwischen Göttlichem und Menschlichem ist hier transparent. So ist festzustellen, daß auch bei Fichte die Tendenz hinsichtlich einer anthropomorphen Deutung des Göttlichen besteht.

Doch ist auch erwähnenswert, daß für Fichte nicht etwa die pflichtgemäße Handlung das Gewisseste ist, sondern „das Sehnen und der Glaube" sind für ihn das Gewisseste, was es gibt". (GA I, 5, 356) Hier ist die Wahrheit die Gewißheit, die dem theoretischen Beweis unzugänglich ist. „Auf diesem Wege ist Gewißheit zu erreichen ebenso unmöglich, als eben auch das Gefühl der Gewißheit zu erklären unmöglich ist. Überdies – ist denn jene Gewißheit ein Objektives oder ein subjektiver Zustand? und wie kann ich solchen wahrnehmen, außer durch ein schlechthin ursprüngliches, durch nichts anderes vermitteltes Gefühl?" (GA II, 5, 147)

So ist hier feststellbar, daß auch für Fichte – ähnlich wie auch für Schleiermacher – die Gewißheit einzig durch das unmittelbare Gefühl zu erlangen ist. Hier ist entscheidend, daß bei Fichte das Denken stets von dem Gefühl begleitet ist.

---

[1] Vgl. CHRIST, Menschlich, 76.

Das Gefühl ist „das erste und ursprünglichste intellektuelle Gefühl, Grund aller Gewißheit, aller Realität und Objektivität". (GA II, 5, 148) Hier zeigt Fichte, daß das Gefühl für ihn zugleich mit einem Erkenntnisvermögen ausgestattet ist. Der Intellekt und das Gefühl bilden gleichsam eine Einheit.

2. Der Stellenwert des Glaubens

Wie wir bereits festgestellt haben, ist der Glaube bei Fichte eine unmittelbare sittliche Überzeugung, die er als das „gewisseste, was es gibt" bezeichnet. (GA I, 5, 356)

Bereits Rickert sprach in diesem Zusammenhang von dem „Recht des Glaubens vor dem Wissen" und betonte, aus diesem Grunde sei „die Versöhnung von Erkenntnis und Religion so im Prinzip erreicht".[1]

Aber bei Fichte schließen sich Erkenntnis und Religion ohnehin nicht aus. Das Gefühl fungiert hier als Verbindung zwischen dem Bereich des Denkens und dem Bereich der Seele und der Empfindung.

Auch ist der Glaube bei Fichte etwas Vernunftnotwendiges, da dieser in dem Bewußtsein der moralischen Bestimmung des Menschen gründet und diesbezüglich unmittelbar im Gemüt vorhanden ist.

So lautet auch das Glaubensbekenntnis des religiösen Menschen: „Fröhlich und unbefangen vollbringen, was jedesmal die Pflicht gebeut, ohne Zweifeln und Klügeln über die Folgen. Dadurch wird dieses Göttliche uns lebendig und wirklich." (GA I, 5, 434)

Hier redet Fichte auch von der ursprünglichen „Anlage der Menschheit [...], die zwar nicht notwendig bei jedem Einzelnen in der Wirklichkeit sich finde", sich „nicht andemonstrieren lasse, wohl aber einem jeden schlechterdings angemutet werden könne", und das dieses „in unserer eigenen Natur, aber freilich außerhalb des Denkens selbst liege". (GA I, 5, 424)

Fichte möchte mit seiner Argumentation darlegen, daß es für den Menschen keine Möglichkeit gibt, die Göttlichkeit in ihrem Wesen zu erschließen. Wenn überhaupt, so wird ihn der Glaube zur Gottesnähe führen.

2.1 Die Freiheit des Menschen

Fichtes Denken ist klar von der praktischen Vernunft bestimmt. So ist der Primat der praktischen Vernunft absolut, weshalb er die Selbständigkeit der Vernunft in der Weise interpretiert, daß Gott und Vernunft identisch sein ‚müssen'. Die folgende Aussage macht es deutlich: „Schon der Begriff von Gott ist uns bloß durch unsere Vernunft gegeben". (GA I, 1, 31) Dies sagt Fichte, obwohl doch das ‚An-sich-Sein' Gottes mit keinem Begriff zu erfassen ist. Indem Fichte sagt, der Begriff von Gott sei uns bloß durch die Vernunft gegeben, hebt er gleichwohl hervor, daß wir begrenzt sind. Der Mensch ist auf Begriffe angewie-

---

[1] RICKERT, Atheismusstreit, 147.

sen. So ‚muß' er sich auch einen Begriff von Gott machen, um überhaupt von dem Göttlichen eine – wenn auch noch so entfernte – Ahnung zu haben.

Fichte beabsichtigt mit seiner Äußerung, daß uns schon der Begriff von Gott durch die Vernunft gegeben sei, hervorzuheben, daß wir in der Weise begrenzt und gezwungen sind, uns einen Begriff von Gott zu machen, um überhaupt das Göttliche ahnend zu erfahren.

So wie das Fichtesche Denken einerseits von der praktischen Vernunft bestimmt ist, so ist es andererseits auch mit dem Begriff der Freiheit verbunden.

Mit seiner Aussage: „Ich finde mich frei von allem Einfluß in der Sinnenwelt, absolut tätig in mir selbst „(GA I, 5, 351), beabsichtigt Fichte, die absolute Unabhängigkeit des Ichgrundes zu zeigen. Wie die moralische Weltordnung der tiefste Grund der Welt ist, so ist andererseits auch die Freiheit ein wesentlicher Teil dieser Weltordnung.[1]

Mit den Umschreibungen „Sich-frei-Finden-von-der-Sinnenwelt" und „Absolut-tätig-Sein-in-mir-selbst" (GA I, 5,351) deutet Fichte auf eine menschliche Freiheit hin, die von keiner Bedingung abhängig ist. So kann seine Schrift „Über den Grund unseres Glaubens an eine göttliche Weltregierung" als schlechthinnige Freiheitsschrift gedeutet werden, die an der praktischen Vernunft und dem Pflichtgebot orientiert ist.

Wie wichtig der Begriff der Freiheit für Fichte ist, zeigt seine „Zweite Einleitung in die Wissenschaftslehre", wenn er ausführt: „Das einzig Positive ist dem Idealisten die Freiheit." (GA I, 4, 252) Schließlich gipfeln seine diesbezüglichen Aussagen in der Forderung: Selbst „Gott gegenüber" solle der Mensch „frei und aufgerichtet dastehen". (GA I, 5, 452) So sieht er den Menschen als „freie(n) Mitbürger" des göttlichen Reichs. (GA I, 5, 452)[2]

Die sich hier offenbarende Fichtesche Ansicht besagt, daß Gott dem Menschen zugrunde liegt, ohne daß der Mensch in einer Abhängigkeit zu Gott steht. Ebenso ist hier das „Du sollst" der praktischen Vernunft angedeutet, um die absolute Selbsttätigkeit zu begründen. In diesem Sinne sagt Fichte: „Daß ich soll, und was ich soll, ist das erste, unmittelbarste." (GA I, 5, 352) Das Wirken des „Du sollst" ist gleich mit dem göttlichen Wirken der praktischen Vernunft.

Aber Fichte will auch zeigen, daß der Mensch den Schritt selbst vollzieht, um seiner inneren in Gott gegründeten Anlage Geltung zu verschaffen. Besondere Beachtung verdient die Tatsache, daß der Mensch hier selbst die freie Entscheidung treffen kann, ob er sein Leben seiner göttlichen Anlage gemäß ausrichten will oder nicht.

---

[1] Vgl. GOGARTEN, Fichte, 44. ROHS, Gehalt, 171: „Freiheit ist für Fichte wie für Kant etwas Nichtsinnliches, das aber in einer ‚Welt' realisiert sein muß."
[2] Vgl. STALDER, Gottesgedanke, 513: „Der Mensch ist auch unendlich, somit im gewissen Sinn göttlich. Die Grenzlinie von Endlichem-Unendlichem geht durch das Innerste des Menschen, nicht jenseits von ihm." Ebenso ist aber auch die folgende Aussage Fichtes bemerkenswert: „Man hätte nie sagen sollen: der Mensch ist frei; sondern der Mensch strebt notwendig, hofft, nimmt an, er sei frei. – Der Satz: der Mensch ist frei, ist nicht wahr." (GA III, 3, 183)

Wie wir gesehen haben, ist die menschliche Freiheit für Fichte eine völlig uneingeschränkte Größe, so daß der Mensch auch gegenüber Gott „frei und aufrecht" dasteht. (GA I, 5, 452) Hervorzuheben ist, daß die Freiheit wie auch die Moralität im Übersinnlichen leben. Wenn Fichte sagt: „Daß ich soll [...] ist das erste unmittelbarste." (GA I, 5, 352), wird deutlich, daß der Mensch kann, weil er soll. Hier wird klar, daß er die Befolgung des göttlichen Sittengesetzes als ein Mittel einsetzt, um die im Menschen gründenden göttlichen Anlagen ‚an die Oberfläche' zu bringen.

Die gemäß dem Sittengesetz ausgeführten Handlungen des Ich sind das Mittel, um dem sittlich-moralischen Zweck zu dienen. „Meine ganze Existenz, die Existenz aller moralischen Wesen, die Sinnenwelt, als unser gemeinschaftlicher Schauplatz, erhalten nun eine Beziehung auf Moralität, und es tritt eine ganz neue Ordnung ein, von welcher die Sinnenwelt, mit allen ihren immanenten Gesetzen, nur die ruhende Grundlage ist." (GA I, 5, 353)

Die hier von Fichte erwähnte „ganz neue Ordnung" steht auf einer anderen Ebene als die Sinnenwelt, die zwar als „ruhende Grundlage" genannt wird, aber die menschliche Sittlichkeit und Freiheit nicht zu beeinträchtigen vermag. Die Sinnenwelt hat hier nur den Zweck, der „Freiheit eine Sphäre zu bilden", da „das freie Wesen selbständig" über aller Natur schwebt. (GA I, 5, 353) Selbst die Gotteserfahrung ist nicht das entscheidende Kriterium.

Der Mensch soll sein eigenes Ich befragen. Erst indem er sein Ich befragt, um die moralische Weltordnung als „das absolut erste aller objektiven Erkenntnis" zu sehen (GA I, 5, 354 f.), wird er auch das dahinter befindliche Göttliche erfahren können. Die folgende Fichtesche Aussage mag den Stellenwert des Begriffs der Freiheit innerhalb seines Systems verdeutlichen. „Mein System ist von Anfang bis zum Ende nur eine Analyse des Begriffs der Freiheit und es kann in ihm diesem nicht widersprochen werden, indem gar kein anderes Ingrediens hineinkommt." (GA III, 4, 182)[1] Die Freiheit gilt ihm als ein erschaffendes Bilden[2] und wird so nicht nur moralisch, sondern als genetisches Bilden verstanden. Sein erkenntnistheoretisches System löst die Frage nach der Erkenntnis der Erkenntnis und gibt die Evidenz der Evidenz.[3]

---

[1] Brief an Reinhold vom 8.6.1800.
[2] Vgl. LAUTH, Fichte-Rezeption, 452.
[3] Vgl. LAUTH, Fichte-Rezeption, 452.

2.2 Der Grund des menschlichen Ich

Dem im menschlichen Ich selbständigen Grund widmet Fichte seine besondere Aufmerksamkeit.

So stellt er fest: „Man müßte nach dem Grund des Ich selbst fragen." (GA I, 5, 350) Doch kann das Ich sich selbst nicht erklären, „ohne aus sich herauszugehen und aufzuhören, Ich zu sein". (GA I, 5, 350)

Hier ist die Frage nach dem im Menschen tätigen Urgrunde gestellt. Fichte läßt die Welt aus dem absolut selbsttätigen Grunde des menschlichen Subjektes hervorgehen, so daß der tätige Urgrund des Menschen die Welt erschafft. Fichte geht hier nicht von einem ‚Schaffen' im Sinne des biblischen Schöpfungsberichtes aus.

Der Schöpfungsbericht gemäß Gen. 1 und Gen. 2, nach dem der persönliche Gott das gesamte Universum erschaffen hat, und zwar indem er es aus dem „Nicht-Sein" ins „Dasein" beförderte, erfährt nicht seine Zustimmung.

In diesem Sinne ist auch die folgende Äußerung Fichtes zu verstehen: „Überdies hilft uns der Satz: Eine Intelligenz ist der Urheber der Sinnenwelt, nicht das Geringste, und bringt uns um keine Linie weiter; denn er hat nicht die mindeste Verständlichkeit und gibt uns ein paar leere Worte, statt einer Antwort auf die Frage, die wir nicht hätten aufwerfen sollen." (GA I, 5, 349)

Bei Fichte stehen das göttliche Leben und der menschliche Ichgrund nebeneinander. Das göttliche Leben gelangt ins menschliche Bewußtsein, indem es sich den menschlichen Sinnen zugänglich macht. Es ist die absolute Selbständigkeit und Selbsttätigkeit im Ich.[1] Ihr Vollzug geschieht im menschlichen Existenzgrund an der Stelle des Übergangs des Unendlichen zum Endlichen.

Obwohl das göttliche Leben die absolute Selbständigkeit ist, zeigt es zugleich eine Selbstbeschränkung – an eben diesem Übergang. Die Welt übernimmt hier „die Funktion" der im Ich gründenden göttlichen Selbstbeschränkung, da sie das nach außen projizierte Abbild dieser Selbstbeschränkungen ist, wie es Stalder ausdrückt.[2] Hier ist nicht gemeint, daß das Göttliche eine Beschränkung erfährt, sondern nur der Teil des Göttlichen, der im menschlichen Ichgrund besteht.[3]

Demgegenüber ist die Welt für Fichte nichts weiter „als die nach begreifenden Vernunftgesetzen versinnlichte Ansicht unseres eigenen inneren Handelns, als bloßer Intelligenz, innerhalb unbegreiflicher Schranken, in die wir nun einmal eingeschlossen sind". (GA I, 5, 353) Aber jene Schranken sind laut Fichte schon in ihrer Entstehung unbegreiflich und dennoch bezeichnet er sie „als die bestimmte Stelle in der moralischen Ordnung der Dinge" (GA I, 5, 353)

---

[1] Vgl. STALDER, Gottesgedanke, 507.
[2] Vgl. STALDER, Gottesgedanke, 507.
[3] Vgl. STALDER, Gottesgedanke, 535 Fn 295 a: „Der Identitätspunkt ist genau der Übergang vom göttlichen Leben, vom reinen absoluten Ich, zum Einzel-Ich durch Selbstaffektion, Selbstbestimmung. An diesem Punkte fallen menschlicher Ichgrund und göttliches Leben, urgründige Tätigkeit des menschlichen Ich und göttliche Tätigkeit zusammen." GA IV, 2, 61-62.

Indem er das Pflichtgebot hier einbringt, das besagt, was der Mensch soll, da er soll, wird deutlich, wie die göttlich-absolute Selbsttätigkeit des menschlichen Grundes zugleich im unmittelbaren Selbstbewußtsein des Menschen als Sittengesetz manifestiert ist.

Hiermit ist auch die menschliche Freiheitsentwicklung gesichert, weil das Sittengesetz, als Gebot der Pflicht, stets an der Freiheitsentwicklung orientiert ist. So stammen die Pflichtgebote aus dem göttlich-vernünftigen Subjektgrund im Menschen, die mit der Freiheit schlechthin übereinstimmen, da erst sie die Freiheit an sich realisieren. Hier erfahren die menschlichen Schranken zugleich ihre Aufhebung. Das moralische Pflichtgebot befreit den Menschen am Übergang vom Unendlichen zum Endlichen von allen Schranken. Aber zugleich ist ein solches Gebot auch „ein moralischer Zwang; der einzige (Zwang), welcher für das freie Wesen möglich ist". (GA I, 5, 353)

Die Befolgung des Moralgesetzes ermöglicht dem Menschen laut Fichte „die künftige höhere Veredlung". (GA I, 5, 353), womit er ausdrücken will, daß das Menschliche sich hierdurch auf eine höhere Stufe erheben kann und sich so auf dem Weg zu Gott befindet.[1] Das im Göttlich-Vernünftigen gründende Gesetz der Moral bietet gleichsam dem Menschen direkt den Weg zum Göttlichen an, gerade weil es das Göttliche selbst ist.

So führt die Moralität direkt zur Religion und zu Gott. Zwar führte sie auch schon bei Kant zur Religion, weil auch hier die Pflichten als göttliche Gebote erkannt wurden.

Doch wenn Kant von göttlichen Geboten sprach, war damit nicht gesagt, daß sie „tatsächlich von Gott gegeben" waren.[2]

In diesem Sinne sagt Bödeker, daß für Kant die Begriffe „Gott, göttliche Gebote" nur Bezeichnungen waren, „der vom Menschen aus dem Bedürfnis moralischer Perfektionierung geschaffener Ideale."[3] So ist der Glaube an Gott bei Kant keine menschliche Pflicht, sondern ein menschliches Bedürfnis.

Demgegenüber realisiert sich der Mensch bei Fichte das Reich Gottes auf Erden durch sein moralisches Handeln. Bödeker behauptet sogar, die Religion löse sich hier in eine freie Selbständigkeit auf, gerade weil Fichte nicht mehr den Moralbegriff der Tradition meine, sondern die „freie Selbständigkeit".[4] So steht für Bödeker fest, daß Gott bei Fichte lediglich als eine „moralisch notwendige Ursache" ins sittliche Handeln des Menschen eingeht.[5]

Bödeker ist insoweit zuzustimmen, daß Gott im Sinne Fichtes eine moralisch notwendige Ursache ist, und so sind die Pflichten, Verfügungen einer göttlichen Ordnung, die der Mensch als seligmachend empfindet und sich ihr mit Freude unterwirft. So sagt Fichte: „Daß der Mensch, der die Würde seiner Vernunft behauptet, auf den Glauben an diese Ordnung einer moralischen Welt, dieses

---

[1] Vgl. STALDER, Gottesgedanke, 504.
[2] BÖDEKER, Religiosität, 178.
[3] BÖDEKER, Religiosität, 178.
[4] BÖDEKER, Religiosität, 178.
[5] Vgl. BÖDEKER, Religiosität, 179.

Übersinnliche, über alles Vergängliche unendlich Erhabene, Göttliche, sich stütze, jede seiner Pflichten betrachte, als eine Verfügung jener Ordnung [...] ist absolut notwendig und das Wesentliche der Religion." (GA I, 5, 428) Daraus ist aber nicht zu folgern, daß sich Fichtes Schriften zum Atheismusstreit einzig auf den sittlichen Gedanken reduzieren, wie dies Bödeker annimmt.

Selbst wenn Fichte sagt: „Dies ist der wahre Glaube; diese moralische Ordnung ist das Göttliche, das wir annehmen. Es wird konstruiert durch das Rechttun" (GA I, 5, 354), ist der sittlich-moralische Gedanke nicht allein entscheidend. Was bei Fichte als das Göttliche benannt ist, erschöpft sich nicht in moralischen Geboten, die durch das menschliche Handeln real werden.

So ist für ihn das gefühlsmäßige Erfassen des Göttlichen ebenso wichtig. Die These sei mit der folgenden Aussage Fichtes belegt: „Und wenn du ganz in dem Gefühle selig bist, nenn es dann wie du willst, nenn's Glück! Herz! Liebe! Gott! Ich habe keinen Namen dafür! Gefühl ist alles. Name ist Schall und Rauch, umnebelnd Himmelsglut." (GA I, 5,357)

Auch wenn es sich hier nicht um Fichtes eigene Gedanken handelt, sondern um die bei Goethe stehenden Verse[1], so läßt doch die Tatsache, daß er eben diese als geistigen Abschluß seiner Schrift „Über den Grund unseres Glaubens an eine göttliche Weltregierung" auswählt, erkennen, daß er solchem Gedankengut ‚verbunden' war.

So erwähnt er die Wichtigkeit des „tiefen Gefühls", da ohne ein solches nicht einmal das „Spekulieren" möglich sei. (GA I, 5, 352) Auch wenn der einerseits entscheidende Standpunkt der Fichteschen Religionsphilosophie durch die moralische Weltordnung bestimmt ist, so ist andererseits das Gefühl eine ebenso fundamentale Größe.

Hier läßt sich die Frage, ob allein auf Grund der Moralität das Reich Gottes in unendlich vielen Schritten zu realisieren sei, nicht sogleich mit ‚Ja' beantworten. Obwohl für Fichte Religion und Moralität absolut eins sind (GA I, 5, 428), will er damit nicht sagen, die Religion sei die Moral und erschöpfe sich also in ihr.

Er will hier nicht die basale Wahrheit einer Religion mit der Moral gleichstellen. Aus diesem Grunde sagt Fichte, Moral und Religion sei eins und nicht Moral sei Religion. Obwohl sie eins sind, stellt Fichte sie einander gegenüber. Die nur gefühlsmäßig zu erfassende Wahrheit der Religion ist der Moralität gegenübergestellt.

So sind auch die im Ich gründende göttliche Selbsttätigkeit und das in ihm manifest werdende Pflichtgebot einander gegenübergestellt. Festzuhalten ist, daß das Göttliche dem Ich basal ist und die ichgründige göttliche Sphäre dem Menschen Essentialität verleiht,[2] um schließlich durch die Schrankenlosigkeit – Unbeschränktheit – der göttlichen Selbsttätigkeit, dem Göttlichen im Menschen an die Oberfläche zu helfen.

Stalder spricht diesbezüglich von dem Gott im Menschen, von „Gott in mir".[3]

---

[1] Vgl. v. GOETHE, Faust, Der Tragödie erster Teil, 3452-3458.
[2] Vgl. STALDER, Gottesgedanke, 510.
[3] STALDER, Gottesgedanke, 507.

Abschließend sei bemerkt, daß die einerseits schrankenlos göttliche Selbsttätigkeit sich selbst beschränkt, soweit sie dem Ich inhärent ist und es begründet. Hier beschränkt sich das Göttliche selbst zu Gunsten des menschlichen Ich, um letzterem zum Höhepunkt zu verhelfen.

2.3 Das Göttliche im Menschen

Wir haben festgestellt, daß Fichte das Göttliche im Menschen als den Urgrund alles Menschlichen annimmt, ohne daß Göttliches und Menschliches ineinander verwoben sind. Fraglich bleibt aber, ob für Fichte die Religion in dem Glauben an die „aufzuhebenden Schranken" besteht.

Als gesichert gilt, daß die Religion bei Fichte mit dem Glauben verbunden ist und zwar mit einem Glauben an das Göttliche im Ich, das letztlich für das Menschsein basal ist. So sagt Fichte: „Schon der Begriff von Gott wird uns bloß durch unsere Vernunft gegeben." (GA I, 1, 31) Hier wird deutlich, daß der Mensch nicht nur ein Spiegel der Göttlichkeit oder ein Spiegelbild Gottes ist. Einer solchen Annahme steht das freie Ich entgegen. So ist das Ich in der Weise mächtig, da es imstande ist, die göttliche Wirksphäre in sich entstehen zu lassen. (Womit nicht gemeint ist, daß der Mensch das Göttliche selbst in sich entstehen läßt.)

Die Religion hat die Moralität bereits absorbiert, da ihr Bereich durch das praktische Vernunftgesetz umrissen ist und nur das betrifft, was allein von dem Menschen und seiner Handlungsweise abhängt. Aber die Macht der menschlichen Handlungen kann die göttliche Sphäre nie erreichen, da sie keine direkte Wirkung auf die übersinnliche Sphäre ausübt. So ‚ist' die Religion letztlich der Glaube, der sich weder in der Moralität noch in einer am praktischen Vernunftgesetz ausgerichteten Handlung erschöpft.

Aber das Prinzip, nach dem jede pflichtgemäße Willensbestimmung den Vernunftzweck befördert, ist laut Fichte unbegreiflich. (GA II, 5, 163) Trotz der Unbegreiflichkeit wird es absolut gesetzt.

Das ‚Absolutsetzen' ist bei Fichte dem Glauben vergleichbar und zeichnet sich durch die gleiche Intensität aus. Hier steht die Schau des Göttlichen im Verhältnis zur praktischen Vernunft in einer Spannung, die Fichte als den göttlichen Grund seiner moralischen Weltordnung benennt.

Hier ist das ‚Sein Gottes' mit dem praktischen Vernunftgesetz und dem moralischen Willen des Menschen verbunden, so daß sie auf einer gemeinsamen Grundlinie stehen. Auf Grund der einander verbindenden Linie kann Fichte fortfahren: „dasselbe Gesetz, das euch verbindet, macht sein Sein aus, so wie es euren Willen ausmacht." (GA I, 5, 452) Das praktische Vernunftgesetz ist aber nicht allein bestimmend, wie es demgegenüber Stalder annimmt.[1]

Gerade wenn man davon ausgeht, das praktische Vernunftgesetz stehe mit dem ‚Sein Gottes' auf einer Linie, kann man bestenfalls von einer Gleichstel-

---

[1] Vgl. STALDER, Gottesgedanke, 511.

lung sprechen. Wenn es das göttliche Sein bestimmt, so muß das praktische Vernunftgesetz auf einer dem göttlichen Sein basal verlaufenden Linie angeordnet sein.

Davon ist bei Fichte aber keine Rede. Fichte kommt es darauf an, daß der moralische Wille des Menschen, welcher am praktischen Vernunftgesetz orientiert ist, gleichsam dafür sorgt, daß sich das Ich, dem im Ich gegründeten Göttlichen öffnet.

Für Fichte ist es wichtig, daß die Gottheit in den menschlichen Willen Einlaß erhält. In diesem Sinne zitiert er den folgenden Vers, der dem Gedicht von Schiller „Das Ideal und das Leben" entlehnt ist: „Ihr nehmt die Gottheit auf in euren Willen und sie steigt für euch von ihrem Weltenthrone herab". (GA I, 5, 452)

Also muß der Mensch zunächst befähigt sein, das Göttliche in seinen menschlichen Willen aufzunehmen, weil erst dann die Gottheit von ihrem Thron herabsteigt. Hier wird der Unterschied zwischen dem Menschen und der Gottheit klar herausgestellt, indem Fichte zitiert, daß die Gottheit vom Weltenthrone herabsteigt. Demnach befindet sich die Gottheit nicht mit dem Menschen auf einer Ebene. Die Gottheit ist hier bemüht, auf die niedere menschliche Stufe herabzusteigen.

Die menschliche Freiheit wird hierdurch nicht eingeschränkt. Der unfreie Mensch, der dem göttlichen Willen zufolge funktioniert, ist auch für die Gottheit uninteressant, weil er in einem solchen Falle nur einer Marionette gleich handeln könnte. Fichte will mit seinem Zitat zeigen, daß der Mensch auf Grund seiner eigenen Gabe imstande ist, das Göttliche mit sich zu vereinen, obwohl es letztlich nie in seinem Wesentlichen zu erfassen ist.

Erst infolge der freien Hinwendung des Menschen zum Göttlichen ist eine gemeinsame Basis und Einheit mit der Gottheit möglich, die sich durch das im Ich sich gründende Göttliche zeigt. In diesem Sinne sagt Stalder: „Das Sein Gottes, das praktische Vernunftgesetz sowie der ‚moralische Wille' des Menschen [...] bilden das eine göttliche Leben im Menschen."[1]

Wie wir gesehen haben, begründet das Sein Gottes das menschliche Sein, ohne daß ein völliges Ineinanderaufgehen zwischen dem Göttlichen und dem Endlichen stattfindet. In diesem Sinne bleibt auch die „moralische Weltordnung" immer von dem endlichen Sein geschieden.

Aber die zwischen dem Menschlichen und Göttlichen bestehende trennende Linie ist nicht in dem Sinne absolut, daß der Mensch nicht am Göttlichen teilhaben könnte.

---

[1] STALDER, Gottesgedanke, 551.

2.4 Die ‚andere Seite' der moralischen Gewißheit – Das intellektuelle Gefühl als unmittelbare Urevidenz

Wie wir gesehen haben, ist der Glaube allein die ‚Wurzel' der Religion, wie „das Element aller Gewißheit" der Glaube ist. (GA I, 5, 351) Das, was die Religion ist, wird durch das Gefühl bestimmt, jenem Zusammenhang von Pflichterfüllung und Seligkeit, der im Glauben kulminiert und in der Schrift „Über den Grund unseres Glaubens an eine göttliche Weltregierung" als religiöses Phänomen gewürdigt wird."[1] Wie wir bereits festgestellt haben, ist – bei Fichte wie bei Schleiermacher – die Basis der Religion das Gefühl. Der sich in einem Wollen und Denken vereinigende Glaube wird durch das Gefühl gewährleistet.

Das Gefühl, das hier bei Fichte mit dem Denkprozeß in Verbindung steht, stellt eine in sich selbst ruhende Gewißheit dar. So bildet das intellektuelle Gefühl die andere Seite, die Rückseite der moralischen Gewißheit.

Daß das Gefühl jedes Denken begleitet, hat Fichte eindeutig hervorgehoben: „selbst diejenige Gewißheit, welche alles mein Denken begleitet und ohne deren tiefes Gefühl ich nicht einmal auf das Spekulieren ausgehen könnte" (GA I, 5, 352) Andererseits ist das, „was durch die Vernunft gesetzt ist, [...] schlechthin bei allen vernünftigen Wesen ganz dasselbe. Die Religion und der Glaube an Gott ist durch sie gesetzt". (GA II, 5, 131)

Sowohl das Gefühl – die Basis der Religion – als auch die Vernunft, welche den Glauben an Gott und die Religion setzt, sind bei Fichte in den Schriften zum Atheismusstreit von gleicher Ursprünglichkeit. Für Fichte ist ein Glaube an Gott ohne die Vernunft undenkbar, wie dies mit Nachdruck bereits Immanuel Hermann Fichte betonte.[2]

Später in der „Bestimmung des Menschen" sagt Fichte: „Die Erkenntnis der Pflicht erwirkt der ewige Wille im Menschen"; (GA I, 6, 298) „denn es ist deine Stimme, die es mir befiehlt, die Verordnung des geistigen Weltplans an mich, und die Kraft, mit der ich es ausrichte, ist deine Kraft." (GA I, 6, 292)

Damit ist aber nicht gemeint, daß sich „der ewige Wille", der von Gott stammt, „durch die endlichen Iche hindurch" vollzieht, wie es Immanuel Hermann Fichte annimmt.[3] Auch ist von keiner „vorherbestimmten Harmonie" auszugehen.

So wird auch hier die Freiheit des Menschen nicht beeinträchtigt. Doch deutet sich das Neue in der Fichteschen Philosophie an, wenn er in der „Bestimmung des Menschen „über die Harmonie der Geister" spricht, der ein jeder angehört und an der er als „Glied in ihrer Kette" teilhat. Zwar kann der Mensch über das „Ganze" nicht urteilen, doch muß er wissen, was er selbst zu tun und zu sein hat, und das wird ihm „unmittelbar offenbaret durch eine Stimme, die aus jener Welt [...] herübertönt." (GA I, 6, 292-293)

---

[1] RITZEL, Religionsphilosophie, 102.
[2] Vgl. FICHTE, Schriften, 352.
[3] Vgl. FICHTE, Schriften, 353.

Der im Gefühl gründende moralische Glaube, den Fichte in den Schriften zum Atheismusstreit vorstellte, ist in der „Bestimmung des Menschen" ein „Glaube[n] an Ihn, an Seine Vernunft und an Seine Treue". (GA I, 6, 295)

Hier deutet sich das „Neue" an, das Fichte in der „Anweisung zum seligen Leben" (ASL) weiter ausführen wird.

3. Der Einfluß Spinozas

Wir haben festgestellt, daß die besondere Anlage im Menschen es jenem ermöglicht, dem Göttlichen entgegenzustreben.

Bereits Windelband sah im Fichteschen Werk darüber hinausgehend deterministisches Gedankengut im Vordergrund und ging davon aus, Fichte sei diesbezüglich durch Spinoza beeinflußt.[1] In diesem Sinne sei hier die Frage gestellt, ob Fichte als ‚Spinozist' zu bezeichnen ist.

Der Biograph Ludwig Noack ging davon aus. So berichtet er, Fichte habe „erst durch einen sächsischen Landprediger in der Nähe von Leipzig, bei dem er zum ersten Male auf der Kanzel sich versuchte und dem er seine Glaubensansichten mitteilte", erfahren, „daß er mit dieser Ansicht ganz auf dem Standpunkt Spinozas stehe". So stellt Noack fest, daß besagter Prediger dem „jungen Spinozisten" ein Buch zu lesen gegeben habe, das den Titel führte: „Spinozas Sittenlehre, widerlegt durch den berühmten Weltweisen Christian Wolff, Frankfurt 1744." Das Werk stellte zunächst die Lehre Spinozas vor, um sich dann der Wolffschen Widerlegungskunst zu widmen. Diesbezüglich stellt Noack fest: „Jetzt erst machte der erkenntnisdurstige junge Grübler genauere Bekanntschaft mit der Lehre ebendesselben Denkers."[2] Ebenso verkündet er, Fichte sei durch die Schriften Spinozas „mit tief erschütternder Gewalt" ergriffen worden.[3]

Aber die hier vorgetragenen Ausführungen sind nicht beweisbar. So ist ein Brief, den Fichte geschrieben haben soll und in welchem er angeblich deterministische Gedanken äußerte, nicht mehr auffindbar. (GA III, 1, Nr. 1, 1 Anm.)

Zwar kann man bei der Belesenheit Fichtes, hinsichtlich der Auseinandersetzungen in der damaligen gelehrten Welt davon ausgehen, daß er über den Streit Friedrich Heinrich Jacobis mit Moses Mendelssohn, bezüglich des Spinozismus bei Lessing, informiert war. Doch ist aus den Dokumenten nicht ersichtlich, daß sich Fichte bereits 1785/86 mit spinozischem Gedankengut beschäftigte.[4]

So widerlegte Willy Kabitz als erster Fichteforscher die Annahme eines Einflusses Spinozas auf den jungen Fichte.[5] Den Dokumenten zufolge erwähnt Fichte die spinozische Lehre erst 1793. Sicher ist, daß Fichte mit der „Ethica" des Spinoza vertraut war, mit welcher er sich aber erst 1793 in Zürich beschäftigte, und zwar hinsichtlich seiner Überprüfung der eigenen kritizistisch-

---

[1] Vgl. WINDELBAND, Geschichte, 217.
[2] NOACK, Fichte, 30 f.
[3] NOACK, Fichte, 31.
[4] Vgl. LAUTH, Fichtes Sicht, 25.
[5] Vgl. KABITZ, Kantstudien.

philosophischen Position. In den „Eigenen Meditationen über Elementarphilosophie" nimmt Fichte im Winter 1793/94 zum ersten Mal direkt Bezug auf die Philosophie Spinozas. (GA III, 2, 132; 236 f.) Bemerkenswert ist in diesem Zusammenhang, daß Fichte die lateinische Ausgabe der „Ethik" benutzte und nicht die der Wolffschen Widerlegung vorausgehende deutsche Übersetzung.

Auch ist die folgende Äußerung Friedrich Schlegels erwähnenswert. So schrieb er an seinen Freund Friedrich Schleiermacher: „Du hast zwei Bekannte in Berlin, die den Spinoza haben und gewiß nie in den Fall kommen, ihn zu gebrauchen; der erste ist Herz, der andere Fichte."[1] Doch ist die hier geäußerte Meinung, Fichte werde das Buch sicher nie benutzen, abwegig und trug lediglich zur Verunsicherung in der Fichte-Forschung bei.[2]

Demgegenüber ist davon auszugehen, daß sich Fichte 1793/94 spinozischen Studien widmete.[3] Schließlich arbeitet er 1801 an einem Vergleich des Schellingschen Systems der Philosophie und dem ersten Buch der „Ethik" des Spinoza.

Ebenso ist zu erwähnen, daß es damals unüblich war, sich den Originalstudien zu widmen und die philosophischen Quellen alter Meister zu lesen. So war auch Fichte bemüht, die noch ungelösten philosophischen Probleme mit Hilfe eines eigenen Systems zu lösen. Nur ausnahmsweise beschäftigte er sich mit den Werken Platons, da hier schon philosophische Lösungen vorlagen, die noch nicht ‚im vollen Umfang' der Forschung bekannt waren. Im Allgemeinen begnügten sich die Philosophen der damaligen Zeit mit den zusammenfassenden Philosophiegeschichten.

Aber in bezug auf die Lehre Spinozas studierte Fichte die Quellen, was nur bedeuten kann, daß er das Werk des Spinoza „für aktuell und noch nicht bewältigt hielt".[4]

Erwähnenswert ist auch, daß Fichte Spinoza als einen der „ersten Denker" bezeichnet und ihn für persönlich „rechtschaffen" hält. (GA II, 4, 48) In diesem Sinne urteilte Fichte über Spinoza positiv, wie auch die folgende Stellungnahme Fichtes verdeutlicht: „Hätte Spinoza die kritische Philosophie gefunden, [...] er würde sie sehr gut mit seinem großen Geiste ausgeführt haben." (GA IV, 1, 370)

In der „Darstellung der Wissenschaftslehre von 1801/02" sagt Fichte, er wolle „dem Spinoza so viel Begünstigung der Interpretation zukommen lassen als möglich." (GA II, 6, 255) So beschäftigt sich Fichte eingehend mit der Philosophie Spinozas, wie seine „Eigenen Meditationen über Elementarphilosophie" und die „Grundlage der gesamten Wissenschaftslehre", wo er einen Vergleich zwischen dem Ansatz der WL und der spinozischen Ethik unternimmt, zeigen. (GA I, 2, 263 f.; 280 ff.; 310, 392)

Auch in der Akademie in Jena arbeitet Fichte in seinen „Vorlesungen über Logik und Metaphysik" mit ‚den' Paragraphen innerhalb des ersten Teils von

---

[1] DILTHEY, Leben, 232.
[2] Vgl. LAUTH, Sicht, 26.
[3] Vgl. LAUTH, Sicht, 26.
[4] LAUTH, Sicht, 27.

Ernst Platners „Philosophischen Aphorismen" §§ 754, 755 (GA III, 4, 198-200), die das spinozische System charakterisierend darstellen.¹ Dieses Thema wiederholte Fichte in all seinen Semestern, in denen er Vorlesungen hielt. (GA II, 4, 242; IV, 1, 366-370)

Sein besonderes Anliegen bestand hier darin, das ‚Lehrgebäude' des Spinoza „dem Geiste nach" kritisch darzustellen. (GA II, 4, 244)

So legt Fichte stets Wert auf eine vergleichende Betrachtung seiner WL und der spinozischen Philosophie, um letztlich das Gemeinsame der beiden ‚Lehrgebäude' darzustellen.

Auch das Werk Schellings „Darstellung meines Systems der Philosophie" von 1801 wird von Fichte untersucht, da Schelling behauptet hatte, in der Weise der Darstellung sich des Spinoza als Muster bedient zu haben. (GA II, 6, XII/XIII) So ist der Fichtesche Kommentar „Zur Darstellung von Schellings Identitätssystemen" von dem Gedanken geleitet, die „angebliche" Verwandtschaft beider Lehrgebäude herauszufinden. (GA II, 5, 487-508) Ausschließlich hier zitiert Fichte spezielle Teile aus der „Ethik" des Spinoza.

1812 beschäftigt er sich noch einmal ausführlich mit spinozischer Philosophie, um das Grundsätzliche der WL als Gegensatz zum System Spinozas herauszustellen. In der Hauptsache bestand sein Anliegen darin, von der WL „eine Art von Deduktion des Inhalts selbst zu geben", und deshalb erschien ihm die Arbeit Spinozas „als der beste Anknüpfungspunkt". Doch bedeutet das hier Ausgeführte nicht, daß die WL „durch die Widerlegung des Spinoza [...] begründet" wird. (NW II, 332)² Interessant ist in diesem Zusammenhang auch eine Fichtesche Äußerung gegenüber Reinhold. So hatte Fichte an Reinhold hinsichtlich des Schellingschen Werkes „Vom Ich als Prinzip der Philosophie" geschrieben, daß ihm Schellings Bezugnahme auf Spinoza „besonders lieb" sei, da aus dem spinozischen System das Seinige am besten erläutert werden könne. (GA III, 2, 348)

So zeigt sich Fichte dann auch als ein wahrer Befürworter der spinozischen Philosophie, weil sich Spinoza mit seinem System „wirklich von dem erscheinenden zu einem Grund desselben" erhebe. (GA II, 4, 244) Für Fichte ist dieses System Metaphysik schlechthin und zeichnet sich durch einen höchst spekulativen Charakter aus.

Auch bezeichnet er die spinozische Philosophie, wie ein Brief an Schad vom 29.12.1801 verdeutlicht, als Dogmatismus. (GA III, 5, Nr. 619)

Deutlich erkennt Fichte, daß Spinoza seine Erkenntnisse durch reines Denken zu gewinnen suchte. Er bemängelt aber die hier fehlende transzendentale Sicht. Aus diesem Grunde moniert er hinsichtlich der Gotteserkenntnis, es ergehe Spinoza dabei so, daß „das zweite Glied, das Denken, der Begriff, ihm ganz verschwindet, indem er eine unmittelbare Fassung des Seins, eigentlich das Sein selbst unmittelbar zu haben glaubt". (NW II, 327) Und so sei ihm die dahinter

---
¹ Von Platners Darstellungen war Fichte wenig angetan und nannte sie „ganz unverständlich" (GA II, 4, 244).
² Vgl. LAUTH, Sicht, 30.

stehende transzendentale Einheit nie erkennbar geworden, und so wisse er nicht einmal, daß ihm dieses verborgen blieb.[1]

So steht für Fichte fest, daß der Dogmatismus des Spinoza in einem falschen Ansatz wurzelt. Dennoch gilt ihm Spinozas Werk als „völlig konsequent" (GA I, 4, 264) und er äußert diesbezüglich, das spinozische System habe „Einheit und absolute Notwendigkeit". (GA II, 4, 245) Aber andererseits stellt Fichte auch Schwachpunkte innerhalb des Systems heraus, wenn er vermutet, daß hier der metaphysische Bereich keine erkenntnistheoretische Absicherung erfahren könne.

Demnach bleibt der Fichteschen Ansicht zufolge das spinozische System der erkenntnistheoretischen Einsicht verschlossen. Fichte stellt sogar mit seiner Behauptung klar heraus, es (das System) sei nicht einsichtig, weil er (Spinoza) sich „in einem Felde" befinde, auf welchem ihm die Vernunft nicht weiter folgen könne. (GA I, 2, 263)

Vor allem aber ist Fichtes Philosophie durch das „ich bin" repräsentiert.[2] Demgegenüber befindet sich Spinoza „mit dem Satz: Ich bin im Widerstreit". „Spinoza leugnet diesen Satz." (GA II, 3, 237) So folgert Fichte mit Konsequenz, daß dieser die beiden Systeme scheidende Satz zugleich eine Grenze bilde.

So stellt er fest, die Philosophie des Spinoza sei durch sein System nicht widerlegbar, da man nicht mit Hilfe theoretischer Beweise über das oberste objektive Prinzip bzw. über das transzendentale Prinzip hinausgehen dürfe. Die Philosophie „bewahrheitet sich nur innerlich" und hat „keinen äußeren Beweis". (GA II, 3, 237) Die bloße Theorie kann den Weg zur Einheit nicht ebnen, vielmehr ist hier das transzendental nach innen gerichtete, geistige Auge notwendig

Aus diesem Grunde sagt Fichte, weder eine Theorie sei geeignet das spinozische System auszuhöhlen, noch könne eine solche die doch zweifellos vorhandenen Schwächen beweisen. So läßt Fichte verlautbaren, die sich nur innerlich bewahrheitende Philosophie basiere „auf Moralität, und nur auf sie". (GA II, 4, 326)

Demgegenüber geht Spinoza von einer objektiv notwendigen Substanz aus und in diesem Sinne äußert er sich in der „Ethik" wie folgt: „Ad naturam substantiae pertinet existere. (Propositio VII) Der angefügte Beweis lautet: „Substantia non potest produci ab alio (per Coroll. Prop. praeced), erit itaque causa sui, id est (per Defin. 1), ipsius essentia involvit necessario existentiam, sive ad ejus naturam pertinet existere. Q.E.D." (Ethica, Lib. I, prop. VII)

---

[1] Vgl. VILLACAÑAS, Fichte, 376 f.: „Der meines Erachtens bedeutendste Unterschied zwischen Fichte und Spinoza besteht darin, daß gegenüber der Parallelität der göttlichen Eigenschaften der Ausdehnung und des Denkens, der Natur und der Intelligenz, [...] Fichte uns eine dialektische Beziehung vorschlägt. Sein Monismus ist nicht durch die Einheit der absoluten Substanz gewährleistet, sondern durch die Einheit der materiellen und geistigen Prozeße, die das Menschenleben erschaffen."

[2] Vgl. GLOY, Selbstbewußtsein, 43.

In diesem Zusammenhang moniert Fichte, es könne „überhaupt" nicht von irgend Etwas ausgesagt werden, daß sein Wesen (Begriff) schon das Sein involviere". (NW III, 376)

Die WL argumentiert in dieser Hinsicht anders, da dort das „absolute Sein" aus einem Erscheinen in seinem Sein erkannt wird. Auch macht Fichte auf ein Dilemma innerhalb der spinozischen Ausführungen aufmerksam, da ein Sein außer Gott dem Spinoza zufolge „eben das ganze wahrzunehmende Sein der Welt" sei. (NW II, 328)

Aus diesem Grund sieht sich Fichte zu der Frage veranlaßt, wie denn eine Welt sein könne, wenn innerhalb des spinozischen Systems nichts außer dem Einen sei. Fichte beschäftigte sich deshalb mit zwei Möglichkeiten, die geeignet erschienen, einen Ausweg zu zeigen.[1] So ist zunächst denkbar, daß von dem Absoluten auf doppelte Weise eine Mitteilung ausgehen könnte. Es könnte sich wiederholen und noch einmal ganz setzen und damit Genesis und Wandel zugleich sein.

Doch besteht auch die Möglichkeit, daß es in sich selbst ein Mannigfaltiges und also Praktisches ist. (NW II, 330)

Fichte entdeckt hier eine Lösungsmöglichkeit, da er das eine Absolute auch zugleich schlechthin als mannigfaltig begreift. Die andere Möglichkeit besteht darin, „dem faktischen Sein das eigentliche Sein, die Art und Weise des Seins des Absoluten ganz abzusprechen, und ihm eine durchaus andere, jener schlechthin entgegengesetzte Form des Seins beizulegen. – So die Wissenschaftslehre." (NW II, 330)

Fichte erkennt, daß Spinoza „das Absolute" auch „unter Quantitätsformen" existieren läßt. (GA III, 5, Nr. 619) Doch erneut verweist Fichte auf Verständnisschwierigkeiten innerhalb des spinozischen Systems. So könne er nicht begreifen, „wie das Eine sich in Einzelnes" teile. (GA II, 4, 426)

Aus diesem Grunde lautet der Einwand Fichtes, Spinoza habe versäumt zu zeigen, wie man von der absoluten Einheit zum Mannigfaltigen gelange und umgekehrt von dem Mannigfaltigen zur absoluten Einheit. (GA II, 8, 54)

Das Eine soll ‚Alles' sein (oder bestimmter das Unendliche, da es hier keine Totalität gibt) und umgekehrt; das sei im Sinne der Erscheinung des transzendentalen Idealismus auch folgerichtig, stellt Fichte in einem an Schelling gerichteten Brief fest. Doch Spinoza versäume es, den Übergangs- und Wendepunkt deutlich zu machen. Gerade die entscheidende Frage, wie das Eine zu Allem werde und das All zu Einem, werde hier nicht beantwortet. (GA III, 5, Nr. 620)[2]

Fichte möchte mit seinen Argumenten erklären, daß wenn die Substanz rein als causa sui gefaßt werde, aus ihr die bestimmten Attribute wie Ausdehnung (Sein) und Denken nicht eindeutig hervorgehen können. Er ‚lastet' der spinozischen Auslegung an, den Übergangspunkt von Substanz zum Accidens (sc. zum Attribut) gänzlich übersehen zu haben, da Spinoza diesbezüglich keine Frage

---

[1] Vgl. LAUTH, Sicht, 32 f.
[2] Brief an Schelling 15.1.1802.

stelle und Substanz und Accidens (sc. Attribut) zusammenfallen lasse. (GA II, 6, 228)

Fichte erkannte, daß zwischen der spinozischen Substanz und den Attributen kein Verhältnis von Substanz und Accidens im Sinne der üblichen Logik gegeben war. So war sein Interesse darauf gerichtet, wie die Attribute in der Substanz sind, nicht nur, daß sie in ihr sind.

Demnach ist Fichte der Ansicht, daß sich aus dem Substanzbegriff, der auch rein als causa sui gefaßt ist, nicht herleiten lasse, ‚wie' die Attribute und wie gerade eben ‚sie' in der Substanz seien.[1] Eben weil er diese Genauigkeit bei Spinoza vermißt, sagt Fichte, was genau Spinoza unter dieser Substanz verstehe und was sie „an sich sei, [ließe] sich nicht sagen". (GA IV, 1, 368)

Doch trotz aller geäußerten Einwände stellt Fichte für sich selbst eine gewisse Verwandtschaft mit Spinoza fest, obwohl damit nicht zugleich feststeht, daß er durch das System Spinozas wesentlich beeinflußt wurde.

Wenn auch die Darstellung des Sittengesetzes dem Menschen als Ziel dargelegt wird und sich auch der Glaube an das Göttliche dem Menschen als moralische Ordnung erschließt, weil das, was in der Vernunft gegründet ist, als schlechthin notwendig gilt (GA I, 5, 348), so ist doch das Denken an sich für Fichte nur ein Instrument, ein Mittel schlechthin. So stellt er demgegenüber die Empfindung besonders in den Vordergrund seiner Überlegungen: „Die Religion trägt in sich Gefühl und Empfindung. Die Theorie spricht nur von denselben." (GA II, 5, 136)

Empfindung und Wahrnehmung sind die Grundlage für ein Wissen. In diesen Fichteschen Gedanken erkannte schon Windelband eine „besondere Tragweite".[2] So wies er darauf hin, daß Fichte den Ursprung der Empfindung in der produktiven Einbildungskraft suche. Das besondere der einzelnen Empfindung ist aber auf der Basis jener produktiven Einbildungskraft nicht begründbar. Auf der Grundlage des empirischen Bewußtseins kann dies nicht gelingen, da es nicht weiß, wie es dazu kommt. Die ‚Dinge an sich' sind auch nicht hilfreich, da sie laut Fichte überhaupt nicht gedacht werden können. Selbst eine Kombination beider Möglichkeiten ist nicht gegeben.

Also kann die Empfindung nur als eine für sich allein stehende Urposition gedacht werden und ist damit die Folge einer total freien Handlung, die keines Grundes bedarf.

Demnach ist der Ursprung der Empfindung im überindividuellen Ich zu suchen. So befand Windelband, es gelte die enorme Tragweite der Fichteschen Lehre richtig zu verstehen und von den „Formeln der WL" zu befreien.[3]

Das Vorbewußte ist hier von großer Wichtigkeit, da es die Basis und der eigentliche Gehalt des Bewußten ist.

So geht Fichte von einem Vorstellen höherer Art aus, das ein freies, unbewußtes Vorstellen ist und somit die Erklärung des gegebenen Bewußtseinsinhaltes

---

[1] Vgl. LAUTH, Sicht, 34.
[2] WINDELBAND, Geschichte, 224.
[3] Vgl. WINDELBAND, Geschichte, 224.

liefert. Das ursprüngliche Unbewußte tritt dem Bewußten gegenüber und ist frei, grundlos und originell.

Die vor- und unbewußte Vorstellungstätigkeit ist also die ursprüngliche theoretische Funktion, die allem empirischen Bewußtsein zugrunde liegt.

Welch herausragenden Stellenwert Fichte der Empfindung und dem Gefühl allgemein zuerkannte, macht eine Aussage in den „Rückerinnerungen" deutlich: „Unsere Philosophie macht umgekehrt [d. h. im Gegensatz zu Kant und anderen Systemen] das Leben, das System der Gefühle und des Begehrens zum Höchsten und läßt der Erkenntnis überall nur das Zusehn [...] Nur diese unmittelbare Erkenntnis hat Realität." (GA II, 5, 137 f.) Ebenso ist für Fichte die menschliche Seele ein Denken, Begehren und Fühlen selbst. (GA II, 5, 176)

So belegen mehrere Stellen, wie sehr Fichte dem Gefühl und also der Empfindung eine exponierte Stellung einräumt.[1] Dennoch ist er nicht der Philosoph, der die Gefühlsproblematik als ‚den schlechthinnigen Mittelpunkt' seiner Religionsphilosophie herausstellt – wie demgegenüber Schleiermacher.

4. Das ‚Einswerden' mit dem Göttlichen und die moralische Ordnung – Der Unterschied zur Schleiermacherschen Denkart

In den Fichteschen Schriften zum Atheismusstreit ist der Glaube an Gott die allein seligmachende, weil moralische Denkart. (GA I, 5, 427) In diesem Sinne ist für ihn das untrügliche Mittel der Seligkeit die Erfüllung der Pflicht, und zwar in der Art, daß nicht nur das der Pflicht Gemäße geschehe, sondern daß es nur zum Zwecke der Pflicht geschehe. (GA I, 5, 427)

Der Unterschied zur Schleiermacherschen Denkart ist hiermit überdeutlich, da bei Fichte der unendliche Gehalt des sittlichen Lebens zu Gott führt. Das Göttliche enthüllt sich in der Tiefe des menschlichen Wesens, wo der Mensch zur Einheit findet und sich eins mit dem einen göttlichen Wirken, der moralischen Ordnung, fühlt.

Das ‚Sich-Einsfühlen' mit dem göttlichen Wirken scheint insofern in Übereinstimmung zum religionsphilosophischen Gedankengut Schleiermachers zu stehen.

4.1 Die Problematik des ‚Einsfühlens'

Das ‚Sich-Einsfühlen' mit dem göttlichen Wirken läßt sich aber nicht mit dem Einswerden des Endlichen und Unendlichen in den Schleiermacherschen Reden „Über die Religion" gleichsetzen; ja eigentlich ist es dieser Ansicht nicht einmal vergleichbar, da Schleiermacher das göttliche Wirken nie mit der moralischen Ordnung gleichgesetzt hat.

Betrachtet man die Gefühlsebene isoliert, so scheinen sich vergleichbare Tendenzen anzubieten, weil bei Schleiermacher wie auch bei Fichte im innersten

---

[1] Vgl. TIMM, Revolution, 51.

Wesen des Menschen die Anlage besteht, dem Höheren entgegen zu streben. Aber das Höhere, das Göttliche, ist der Fichteschen Lehre zufolge in der moralischen Ordnung gegeben, im Gegensatz zur Schleiermacherschen Auffassung, nach welcher die moralische Welt als „vom Schlechten zum Schlimmeren fortschreitend" bezeichnet wird. (R, 292)

So erklärt er, sie sei unfähig „etwas hervorzubringen, worin der Geist des Universums wirklich" lebe. (R, 292)

In Fichtes Lehre hingegen ist das Göttliche die neue moralische Ordnung, welche die „Umwertung aller Werte herbeiführt". (GA I, 5, 353) Da der Glaube an die moralische Ordnung in dem Grund des Bewußtseins unserer moralischen Bestimmung gegeben ist (GA I, 5, 351) und dieser Glaube unmittelbar im menschlichen Gemüt erschließbar ist, hält Fichte die Vernunftnotwendigkeit des Glaubens für erwiesen.

So war schon Kant der Verteidiger einer ‚wahren Sittlichkeit', der sich gegen den traditionellen Religionsbegriff wandte.[1]

Kant sah vor allem das menschliche Bedürfnis nach moralischer Perfektionierung und den daraus entstehenden Wunsch nach Idealen und Idealem als ein entscheidendes Kriterium der Religiosität. Doch galten ihm die Ideale letztlich als vom Menschen bestimmt. Die moralische Notwendigkeit, von einem Dasein Gottes auszugehen, war für Kant nicht die Pflicht des Menschen, sondern bezeichnete lediglich sein Bedürfnis.[2]

So fordert Kant auch nicht, an einen Gott zu glauben, „sondern es ist genug eine Idee von einem solchen sich zu machen". (Schriften, AA, 19, 646 f., Nr. 8104)

Die moralische Besserung des Menschen, die auch eine sein Innerstes umfassende Verwandlung mit einschließt, war allgemein eine von den aufgeklärten Theologen weitgehend akzeptierte Ansicht, die auch von Fichte ‚mitgetragen' wurde.

So spricht Fichte von den Tugenden, „die das eigene Wesen" der christlichen Religion ausmachen, „der Ergebung in den Willen Gottes, der Geduld, der Sanftmut, der Aufopferung für das Wohl des Ganzen [...], der Feindes Liebe, des tiefen Blicks in Menschen Herz". (GA II, 1, 92) „Vervollkommnerung des ganzen Menschen ist nach ihr Gottesdienst, und ihr erhabener Zweck Erleuchtung des Verstandes und Besserung des Herzens." (GA II, 1, 87)

Als „das Wesentliche der Religion" bezeichnet Fichte, „daß der Mensch, der die Würde seiner Vernunft behauptet, auf den Glauben an diese Ordnung einer moralischen Welt, dieses Übersinnliche, über alles Vergängliche unendlich erhabene Göttliche, sich stütze", und daß er jede seiner Pflichten als eine Verfügung der Ordnung ansehe und sich derselben darüber hinaus mit Freuden unterwerfe. (GA I, 5, 428) Schließlich kann sich der Mensch „dem Reich Gottes auf Erden"

---

[1] Vgl. TIMM, Gott, 470; Stalder, Gottesgedanke, 487.
[2] In diesem Sinne sagt Kant: „Die Realität der Idee von Gott kann nur durch diese und also nur in praktischer Absicht, d. i. so zu handeln, als ob ein Gott sei, also nur für diese Absicht bewiesen werden." (Schriften, AA, 9, 93, Zl. 6-9).

durch sein moralisches Handeln annähern, und so versetzt er sich allein „durch seine Denkart" in eine andere Welt. (GA I, 5, 429) Obwohl Moralität und Religion „absolut Eins" sind, (GA I, 5, 428) ergreift der Mensch mit Hilfe der Moralität das Übersinnliche durch ein Tun, mit Hilfe der Religion durch den Glauben. (ebd.)

Wie bereits erwähnt, geht Bödeker infolge der Fichteschen Aussagen sogar davon aus, Fichte sei der Ansicht, der Mensch könne durch das pflichtgemäße Handeln das Reich Gottes auf Erden ‚haben'.[1]

Doch Fichte redet hier lediglich von einer Annäherung an das Reich Gottes und drückt sich demzufolge vorsichtiger aus, als es Bödeker interpretiert. Von einem ‚Haben des Unendlichen auf Erden', wenn auch unter Zuhilfenahme einer pflichtgemäßen Handlungsweise, kann in der Fichteschen Lehre nie die Rede sein, weil das Göttliche, das Reich Gottes, als das Unendliche von einem menschlichen Endlichen nie vollends erfaßbar ist und demnach auch nie ‚gehabt werden kann', eben weil ein ‚Haben' immer auf ein Besitzverhältnis hindeutet.

In diesem Zusammenhang ist aber die gesonderte Erwähnung des Glaubens von herausragender Bedeutung, da Fichte, wie wir gesehen haben, zeigt, daß sich die Religion nicht in der Moralität erschöpft, so sehr diese auch die Selbsttätigkeit des Menschen fördern mag. Der Bereich des Glaubens ist demgegenüber von ebenso fundamentaler Bedeutung. Andererseits steht aber fest, daß Gott durch Rechttun in den Menschenseelen entsteht.

So ist die Handlung – „das Rechttun" – ebenso grundlegend für die Religion.

4.2 Die moralische Ordnung als das Göttliche

Die moralische Ordnung und das menschliche Rechttun wirken in einer Weise zusammen, die sie ineinander übergehen läßt. Das Rechttun und die damit gegebene Bejahung des praktischen Vernunftgesetzes ist auch ein ‚Setzen' und unmittelbares ‚Glauben' an die Verwirklichung des „höchsten Gutes" und also an die Vollendung des Menschen. Der Zweck, der hier als Grund des Handelns gilt, ist durch das eigene menschliche Wesen bereits gesetzt. Es liegt also nur noch an dem Menschen selbst, den durch sein eigenes Wesen gesetzten Zweck zu ergreifen. (GA I, 5, 352) Der Zweck und die Ausführbarkeit desselben fallen zusammen, und so sind es nicht zwei Akte, „sondern ein und ebenderselbe unteilbare Akt des Gemüts". (GA I, 5, 352)

Glauben und Vollbringen, Glauben und sittlicher Einsatz gehen in der Fichteschen Religionsphilosophie völlig ineinander auf.

Das Vollbringen der Pflicht ermöglicht es, daß „dieses Göttliche uns lebendig und wirklich" wird. (GA I, 5, 354)

Also ist Gott bei Fichte nicht verschwunden, sondern sein Wirken – bzw. seine Wirklichkeit, wie es Stalder ausdrückt[2] – bleibt auch innerhalb des Fichteschen Systems erhalten.

---
[1] Vgl. BÖDEKER, Religiosität, 179.
[2] STALDER, Gottesgedanke, 504.

So ist der ‚neue Gott' Fichtes die „moralische Weltordnung".[1] Demnach kann von ‚dem Gott der Tradition' nicht mehr die Rede sein, da der Gott Fichtes reines, grund-loses, absolutes Tun ist.

Aber Gott ist auch das unabhängige freie Wirken, das sich selbst zum Zweck hat. Als solches setzt es den Daseinsgrund des Menschen und bricht zugleich aus ihm heraus, um sich im menschlich-sittlichen Bewußtsein festzusetzen. Infolge einer solchen Festsetzung besteht der Antrieb, der dem gesetzten Zweck zur Verwirklichung verhilft, dem Zweck, der zugleich der Sinn des Menschen ist.

„Ich selbst und mein notwendiger Zweck sind das Übersinnliche." (GA I, 5, 351) Diese Stelle macht deutlich, daß sich das Göttliche in einem rein handelnden, moralischen Ordnen, in einem „ordo ordinans" erschöpft, und so ist das Göttliche hier kein „ordo ordinatus", wie es Fichte, von der spinozischen Terminologie inspiriert, klar ausdrückt. (GA I, 6, 373).

Hier versteht Fichte das göttliche „tätige Ordnen" noch als die absolute „Macht", die auch über die Natur gebietet und die „moralische Weltordnung" als „moralisch schaffende Macht".

Hier zeigt sich, daß die Selbsttätigkeit im Menschen einen Urgrund bezeichnet, demzufolge er und also die Welt auf die Verwirklichung des praktischen Vernunftgesetzes ausgerichtet ist. Die Welt entspricht im Ganzen, wie auch im Besonderen der zu vollziehenden Pflicht.[2] Sie ist also auf den sittlich-vernünftigen Zweck hin geordnet, der im Innersten des Menschen entsteht – daß heißt, Gott läßt ihn entstehen und macht letztlich auch den entscheidenden Sinn aus.

In diesem Sinne äußert sich Fichte wie folgt: „Meine ganze Existenz, die Existenz aller moralischen Wesen, die Sinnenwelt, als unser gemeinschaftlicher Schauplatz, erhalten nun eine Beziehung auf Moralität, und es tritt eine ganz neue Ordnung ein, von welcher die Sinnenwelt mit allen ihren immanenten Gesetzen nur die ruhende Grundlage ist. Jene Welt geht ihren Gang ruhig fort nach ihren ewigen Gesetzen, um der Freiheit eine Sphäre zu bilden." (GA I, 5, 353)

Hier trägt die Verwirklichung des praktischen Vernunftgesetzes zur Freiheitswerdung des Menschen bei und ist als solche Teil der „moralischen Weltordnung".

Das Wirken stellt sich in seiner subjektiven Dimension dem Menschen als Grund seiner „Freiheit und moralischen Bestimmung" dar. In objektiver Hinsicht ist es der Grund zur Weltordnung. (GA I, 5, 354/355)

Laut Gogarten benannte Fichte mit dem Ausdruck „moralische Weltordnung" den tiefsten und lebendigen Grund der Welt und der aus ihr erfolgreichen Gestaltungen. Hier besteht demnach keine bloße Einwirkung von außen, vielmehr ist hier von einem ‚Mittendrin-Stehen' des Menschen in der Weltordnung auszugehen. Für Gogarten folgt daraus: „Im letzten Grund ist es so, daß die Menschen

---

[1] STALDER, Gottesgedanke, 505.
[2] Vgl. STALDER, Gottesgedanke, 495.

in ihrem innersten Leben und das Leben dieser Weltordnung das gleiche eine Leben sind."¹

Eine Äußerung Fichtes kann diesbezüglich spiegelbildlich gelesen werden: „Unsere Welt ist das versinnlichte Materiale unserer Pflicht." (GA I, 5, 353) Die Bemerkung findet ihre Begründung in Fichtes transzendentaler Ichphilosophie. So läßt sich sein religionsphilosophisches Werk „nur aus dem transzendentalen Gesichtspunkte beurteilen, bestreiten, bestätigen". (GA II, 5, 136)

Legt man den rein transzendentalen Gesichtspunkt zugrunde, so ist die Sinnenwelt, die Welt der menschlichen Erfahrung, „keine für sich bestehende Welt", da wir in allem, was wir erblicken, nur „den Widerschein unserer eigenen inneren Tätigkeit" sehen. (GA I, 5, 349)

Diese Ansicht ist eine der Grundlagen der Fichteschen Schrift „Über den Grund unseres Glaubens an eine göttliche Weltregierung", in welcher Fichte ganz im Gegensatz zur scholastischen Philosophie davon ausgeht, daß vom Dasein der Welt, nicht auf das Dasein Gottes zu schließen sei.

Eine hier ebenfalls gemachte fundamentale Einsicht Fichtes besteht darin, daß die sittlich-moralische Handlung des Menschen ‚die' Voraussetzung ist, um überhaupt mit der moralischen Ordnung eins zu werden.

So hat sich der Rechttuende, als moralisch handelnder Mensch, dem ewigen Leben bereits in dieser Welt angenähert und in diesem Sinne ist Fichtes Forderung verständlich: „Erzeuge nur in dir die pflichtgemäße Gesinnung und du wirst Gott erkennen und während du uns andern noch in der Sinnenwelt erscheinst, für dich selbst schon hienieden im ewigen Leben dich befinden." (GA I, 5, 429)

Die pflichtgemäße Gesinnung ebnet hier gleichsam den Weg zum Göttlichen und Unendlichen, und so kann der Mensch für sich selbst, für seine eigene Person, das ewige Leben in dieser Welt erreichen .Doch auch mit dieser Äußerung will Fichte nicht sagen, der Mensch könne das absolut Göttliche in seinem ‚An-sich' und seinem Wesentlichen erschließen. Aus diesem Grunde heißt es bei Fichte, der Mensch könne nur für sich selbst das ewige Leben finden. In diesem Sinne ‚erlag' bereits Wieneke einer Überinterpretation, ebenso wie später auch Bödeker.²

Während bei Schleiermacher in den Reden „Über die Religion" die Anschauung und das Gefühl der Angelpunkt sind, zeigt die Fichtesche Darlegung, daß hier die Pflicht und die Handlung als Angelpunkt bestehen.

Schon im „System der Sittenlehre" sagt Fichte deutlich: „Jeder wird Gott, soweit er es sein darf, d. h. mit Schonung der Freiheit aller Individuen." (GA I, 5, 231)

Also hat das sittlich handelnde menschliche Wesen seinen besonderen Wert, weil es das Sittliche, Moralische und demnach Göttliche bereits im Grundsatz in sich trägt. Der Anteil am Göttlichen im Innersten des Menschen wird größer, je

---

¹ GOGARTEN, Fichte, 44.
² Vgl. WIENEKE, Gottesbegriff, 179.

mehr er der Moralität zum Ausdruck verhilft und seine Handlungen an dem Sittengesetz orientiert sind. „Jeder wird Gott, soweit er es sein darf", will besagen, daß jeder Mensch in seinem Innersten die Anlage besitzt, dem Göttlichen entgegenzustreben und so dem sittlichen Ideal immer näher zu kommen, ohne es je vollkommen zu erreichen.

Der so moralisch handelnde Mensch handelt nicht mehr für sich allein oder ist auf seinen Vorteil bedacht. Er handelt im Sinne aller an der Moral orientierter Menschen und vergißt sich selbst „infolge seiner Handlung".[1] Die Beschränkung des menschlichen Triebs hat notwendig zur Folge, daß die Freiheit des anderen in keinem Falle gestört werden darf.[2]

5. Die unterschiedlichen Auffassungen Fichtes und Schleiermachers bis 1799 hinsichtlich der ‚Gottesahnung'

Das Göttliche ist nur im Inneren des menschlichen Gemütes erlebbar. Hinsichtlich dieser Feststellung besteht zwischen der Fichteschen und Schleiermacherschen Religionsphilosophie Einigkeit.

Einer der entscheidenden Unterschiede zwischen beiden Philosophen besteht nun hauptsächlich darin, daß Schleiermacher dem moralischen Tun nicht ‚die' Qualität zuspricht, die notwendig ist, um das Göttliche zu erahnen. Die Schleiermachersche Religionsphilosophie geht davon aus, dem Menschen sei in einer Erregung und Stimmung des Gemüts die Möglichkeit gegeben, eine Ahnung des Göttlichen zu erfahren. „Dem Zauberstabe des Gemüts tut sich alles auf". (Denkmale, 80)[3] Mit dieser Aussage verdeutlicht Schleiermacher, wie hoch er den Wert des Gemütes einschätzt und wie viel intuitive Energie er hier vermutet.

Der Gedanke, in allem Endlichen das Unendliche, ewige Universum zu erblicken, um sich auf diese Weise mit dem Göttlichen zu vereinigen, zieht sich als Hauptgedanke durch die gesamten Reden „Über die Religion".

Der hier vorgetragene Hauptgedanke bei Schleiermacher hat aber nichts gemein mit der Fichteschen Auffassung, welche das Göttliche als moralische Ordnung erfaßt.[4]

Doch für Fichte ist das Göttliche nicht ausschließlich in der moralischen Ordnung auffindbar. So besteht der Unterschied zwischen der Fichteschen und Schleiermacherschen Religionsphilosophie (im Jahr 1799) nicht lediglich darin, daß Fichte das Göttliche nur infolge der sittlich-moralischen Handlung und also als aktiv erfahrbar betrachtet, während demgegenüber Schleiermacher die

---

[1] „Das letzte Ziel alles seines Wirkens in der Gesellschaft ist: die Menschen sollen alle einstimmen: aber nur über das rein vernünftige stimmen alle zusammen, denn das ist das einige, was ihnen gemeinschaftlich ist. [...] jeder soll bei allem, was er hat, auf alle denken: aber eben darum darf er manches nicht tun, weil er nicht wissen kann, ob sie wollen. Dann wird jeder alles tun dürfen, was er will, weil alle dasselbe wollen." (GA I, 5, 226 f.)

[2] So auch ROHS, Gehalt, 182.

[3] Vgl. DILTHEY, Leben. Im Anhang dieses Werkes befinden sich die Jugendschriften Schleiermachers unter dem Titel: Denkmale der inneren Entwicklung Schleiermachers (Denkmale).

[4] So schon WIENEKE, Gottesbegriff, 24.

Erfahrbarkeit des Göttlichen als reine Hingabe innerhalb eines rein mystischen Akts und so als das Aufgehen des Menschen im Universum sieht.

Hinsichtlich seiner Aktivität oder Passivität ist die unterschiedliche Auffassung der beiden Philosophen nicht begründbar, da Schleiermacher den Menschen eben nicht als ‚nicht-handelnd' sieht, wie demgegenüber Fichte ihn nicht ausschließlich als Handelnden darstellt.

So widmete sich Fichte in seiner Sittenlehre eingehend der Gefühlstheorie und wies den Glauben als die dem Denken und auch dem Wollen ursprünglichere Gegebenheit des Bewußtseins aus. Demnach sind für ihn der Glaube und das Gefühl fundamental. (GA I, 5, 158)

Das Gefühl und der Glaube sind aber nicht allein ‚die' religiösen Phänomene. Dennoch würdigt Fichte den Glauben und das Gefühl in seiner Schrift „Über den Grund unseres Glaubens an eine göttliche Weltregierung" in eben dieser Ausschließlichkeit. Er gesteht dem Glauben und dem Gefühl die Basalität zu, und so ist nur auf dieser Grundlage eine Religion möglich.

Also ist die Gefühlsgrundlage für Fichte hier die Grundlage schlechthin, um Religion zu haben, und so kommt dem Gefühl gegenüber der Moral ein höherer Stellenwert zu.

Das Gefühl ist also ursprünglicher als die Moral.

Ritzel sah sich diesbezüglich zu der Frage veranlaßt, ob es wirklich die Religion sei, die in der „tiefsten transzendentalen Schicht" ihre Begründung erfahre und ob nicht gerade diese Begründung die religiöse Wirklichkeit ignoriere „und damit unbegründet lasse".[1]

Fichte nimmt auf die tiefste transzendentale Schicht insofern Bezug, indem er in der „Appellation" direkt auf die menschliche Sehnsucht eingeht: „Sage man es, wie man wolle, dieser Überdruß an dem Vergänglichen liegt unaustilgbar im Gemüte des Menschen". (GA I, 5, 424)

Wirkliche Religiosität findet sich also nur jenseits der Empirie. In diesem Sinne ist laut Ritzel nur der Transzendentalphilosoph religiös.[2] Nimmt man hingegen den empirischen Menschen als Richtmaß, so ist der Glaube laut Ritzel nur als „Grenzfall des Glaubens schlechthin" verständlich.[3]

Ebenso äußert sich Fichte: „Die Philosophie kann nur Facta erklären, keineswegs selbst welche hervorbringen". (GA I, 5, 348) Auch legt Fichte zugrunde, daß der Philosoph keinen Gott haben könne, da er nur einen Begriff vom Begriffe oder von der Gottesidee habe. Wenn es Gott nur im Leben gibt, ist also zu folgern, daß der Philosoph von Gott nichts wissen kann.

Die Lebenserfahrung ist in der Schrift „Über den Grund unseres Glaubens an eine göttliche Weltregierung" ‚die' entscheidende Grundlage, um überhaupt Religion zu haben und religiös zu sein.

Aber in diesem Zusammenhang sei auf die Ansicht Ritzels verwiesen, welcher die Fichteschen „Rückerinnerungen" anders auslegt. Seiner Meinung zufol-

---

[1] RITZEL, Religionsphilosophie, 102.
[2] Vgl. RITZEL, Religionsphilosophie, 103.
[3] RITZEL, Religionsphilosophie, 103.

ge ist der Glaube hier ein Grenzfall schlechthin. Der im Gefühl begründete Glaube sei hier von der Moral unterschieden, ohne eigentlich von dieser getrennt zu sein, da der Handelnde des Glaubens bedürfe und sich letzterer erst in der Wirklichkeit des Sittengesetzes entfalte.[1]

Aber die Beziehung, die zwischen der Moral und der Religion besteht, gestaltet sich in den „Rückerinnerungen" nicht enger als in der Schrift „Über den Grund unseres Glaubens an eine göttliche Weltregierung", vielmehr zeichnet sie sich durch eine gleich enge Beziehung aus.

So besteht zwischen der Moral und der Religion bei Fichte immer eine enge Verknüpfung. In diesem Sinne geht die Überzeugung von unsrer moralischen Bestimmung eben aus der moralischen Stimmung selbst hervor und ist somit für Fichte ‚der' Glaube. (GA I, 5, 351)

Aber auch wenn die Moral nur durch sich konstituiert ist, ist es dennoch wichtig, das eigene Innere zu befragen, um zu erkennen, daß es nichts gibt, was über der moralischen Ordnung steht (GA I, 5, 354/355), um schließlich zu bekennen „Gefühl ist alles". (GA I, 5, 357)

Letztlich geht es Fichte auch hier um das Seligsein im Gefühl. (ebd.) Moral, Glaube und Gefühl ‚finden sich' so zu einem Ganzen innerhalb des Fichteschen Systems. Demnach sind ihm Religion und Moral gleich wichtig, gerade weil sie absolut eins sind und nicht für sich allein als absolut gesetzt sind.

Aus diesem Grunde geht Ritzel davon aus, Moral und Religion seien in ihrer Konkretheit nur durch die Philosophie begreifbar.[2] In dieser Hinsicht ist ihm zuzustimmen, da die Philosophie laut Fichte ja gerade dazu befähigt ist – und nur dazu befähigt ist –, Facta zu erklären. (GA I, 5, 348)

5.1. Die unverstandene Ahnung in den Schleiermacherschen Reden „Über die Religion"

„Eine geheime unverstandene Ahnung treibt sie über den Reichtum dieser Welt hinaus." (R, 145)

Mit dieser Feststellung verdeutlicht Schleiermacher das aktive Entgegenstreben des religiösen Gemüts ‚in Richtung' des Universums. Auch im Moment des Zusammenströmens ist es weder passiv noch leidend. Schleiermacher geht hier von der sinnlichen Anschauung aus, bei welcher aber nicht die Wirkung der Außenwelt vorliegt, sondern der Mensch derjenige ist, welcher aus dem, was sich ihm darbietet mit Hilfe seiner Anschauungs- und Verstandesformen die Dinge erst bildet. Das Gefühl ist darauf hin in gleicher Weise angeregt.[3]

Daß der Mensch aktiv ist und sich nicht lediglich von dem Universum ‚ergreifen' läßt, kann auch die folgende Aussage der „Monologen" verdeutlichen: „Mein freies Tun ist jegliches Gefühl, das aus der Körperwelt hervorzudringen scheint, nichts ist Wirkung von ihr auf mich, das Wirken geht immer von mir

---

[1] Vgl. RITZEL, Religionsphilosophie, 103.
[2] Vgl. RITZEL, Religionsphilosophie, 103.
[3] Vgl. BEISSER, Lehre, 22.

auf sie, sie ist nicht etwas von mir Verschiedenes, mir Entgegengesetztes." (Monol., 16)

An dieser Stelle drängt sich die Frage auf, in welchem Verhältnis Schleiermacher die Anschauung und das Gefühl zueinander setzt und ob dem Gefühl eine ‚Vormachtstellung' hinsichtlich einer göttlichen Ahnung zugestanden wird.

Grundsätzlich ist davon auszugehen, daß die Anschauung in den Reden „Über die Religion" uneinholbar ist, eben weil die Anschauung und das Gefühl stets getrennt betrachtet werden.

So werden beide durch das Medium der Reflexion getrennt, wodurch die am Anfang bestehende Einheit zerfällt.[1]

Fraglich ist aber, wie die Reflexion eine Einheit trennen kann, obwohl sie doch etwas ist, was an sich untrennbar zusammengehört.[2]

Schleiermacher erläutert es wie folgt: „Vergönnt mir [...] einen Augenblick darüber zu trauern, daß ich von beiden nicht anders als getrennt reden kann [...] Aber eine notwendige Reflexion trennt beide, und wer kann über irgend etwas, das zum Bewußtsein gehört, reden, ohne erst durch dieses Medium hindurch zu gehen." (R, 71 f.) Das, was uns in der Anschauung entgegentritt hat sich geteilt „zum Bilde eines Objekts" und läßt andererseits ein „flüchtiges Gefühl" in uns aufkommen. (R, 72 f.)

Nur das Medium der Reflexion ist also imstande, die Einheit zu trennen, da sie von einer besonderen, göttlichen Qualität ist, die es zu trennen gilt, eben weil diese in der Einheit nicht wahrnehmbar ist. „Auch mit dem innersten Schaffen des religiösen Sinnes können wir diesem Schicksal nicht entgehen; nicht anders als in dieser getrennten Gestalt können wir seine Produkte wieder zur Oberfläche herauf fördern und mitteilen." (ebd.)

Also sind die auf das Objekt gerichtete Anschauung und das subjektbezogene Gefühl von gleicher Ursprünglichkeit, gerade weil sie nur „deswegen etwas" sind, „wenn und weil sie ursprünglich eins und ungetrennt" dastehen. (R, 73)

Die auf eine solche Weise vorgestellte Einheit ist für jedes Erkennen fundamental. Die vor der Reflexion bestehende Einheit zerfällt in die Anschauung, die zum Objekt der Reflexion wird und sich selbst wieder spiegelt, also eine Reflexion innerhalb der Reflexion vollzieht. Das Gefühl, das als „Sinn und Geschmack fürs Unendliche" (R, 52) das Religiöse an sich ist, zeigt, wie es in der vormals bestehenden Einheit sich fand.

Also ist das Gefühl der Angelpunkt alles Religiösen in den Reden „Über die Religion" und stellt die Verinnerlichung des religiösen Prozesses dar. Das Gefühl ‚durchschreitet' hier gleichsam einen Prozeß, indem es sich aus dem Innern erhebt und sich dabei der Subjektivität entledigt.[3]

Hier ist einerseits von der Entäußerung die Rede, welche das unmittelbare Selbstbewußtsein hinter sich läßt, und andererseits ist die Entäußerung der

---

[1] Vgl. ARNDT, Gefühl, 124.
[2] Vgl. TIMM, Revolution, 52.
[3] Vgl. TIMM, Revolution, 45: „So versöhnt die Religion den himmelstürmenden Freiheitsdrang des selbstischen Ich mit einem zwanglosen Verweilen im Genuß der Endlichkeit."

Subjektivität gemeint, die jenseits des Subjektiven und Objektiven liegt und als solche sich an das Unendliche wendet.

Demnach kommt dem Gefühl ein Übergewicht in der Hinsicht zu, da es die eigentliche Instanz ist, die obwohl innerhalb des Reflexionsprozesses unreflektiert, die Verbindung zum Absoluten vermittelt.

Hier steht Schleiermacher in Verbindung zum Werk des Novalis. Für Schleiermacher und Novalis besteht das Fundament der Transzendenz nicht in einem Reflexionsablauf, sondern außerhalb eines solchen.[1] Man ‚weiß' davon nur durch das unmittelbare Gefühl und die Anschauung. So zeigt sich, daß man davon nichts ‚Wirkliches' wissen kann. Arndt geht diesbezüglich von einer „Docta ignorantia" des Absoluten aus.[2]

Das einzig verläßliche Wissen ist in diesem Falle das Fühlen. So zeigt sich auch hier, daß dem Gefühl eine höhere Stellung zukommt, als sie dem Wissen je eigen ist. In diesem Zusammenhang ist auch darauf hinzuweisen, daß bei jeder religiösen Vereinigung des Menschen mit dem Universum auch die schöpferische Kraft des Menschen, die Phantasie, aktiv ist und „sich den höchsten Gegenstand der Religion individualisiert". (R, 185) Nur so ist es dem Menschen möglich, hinter der Handlung des Göttlichen auf das Gemüt ein einheitliches Wesen zu schauen.

Die Anschauung, von welcher Schleiermacher in den Reden „Über die Religion" den Ausgang nimmt, und die sittliche Selbstanschauung, die bereits im Fichteschen Frühwerk von Bedeutung ist, stimmen so zunächst in ihrem Anfangspunkt überein.

Infolge der Selbstbeobachtung und Versenkung findet der Mensch sein eigenes Selbst als freies Wesen.

5.2 Die Bedeutung der Freiheit in bezug auf den Glauben

In der Schleiermacherschen Religionsphilosophie ist die Freiheit von basaler Bedeutung, obwohl sie hier etwas Gewordenes ist und nichts, was zur unmittelbaren ‚Ausstattung' des Menschen gehört. So stellt Schleiermacher die Frage: „Was heißt Eingebung? Es ist nur der religiöse Name für Freiheit." (R, 119)

„Die Religion atmet da, wo die Freiheit selbst schon wieder Natur geworden ist", ganz im Gegensatz zur Moral, die vom Bewußtsein der Freiheit ausgeht, deren Reich sie „ins Unendliche erweitern" will, um ihr „alles unterwürfig" zu machen. (R, 52)

Das Gefühl der Freiheit ist hier von fundamentaler Bedeutung, um ein objektiv gültiges Handeln zu begründen.

Doch besteht gerade hier auch ein Mangel. Bezüglich des Selbstbewußtseins birgt das Gefühl der Freiheit eine Mangelhaftigkeit, weil es nicht das Fundament

---

[1] Novalis war besonders angetan von der Schleiermacherschen Vorstellung der Religion, die „im Menschen nicht weniger als in allen Einzelnen und Endlichen das Unendliche sehen und „dessen Ausdruck dessen Darstellung" sein sollte (R, 51).
[2] Vgl. ARNDT, Gefühl, 125.

ist, das einem moralischen Urteilen und Handeln zugrunde liegt. Es ist vielmehr nur die endlich-subjektive Grundlage eines solchen Handelns und Urteilens.

Also ist das Freiheitsgefühl in den Reden „Über die Religion" zwar von fundamentaler Bedeutung, die aber in einer endlichen Subjektivität befangen bleibt. Das wahre Fundament, das als die Grundlage des objektiven Wissens und Handelns besteht, kann in seinem ‚An-sich' nicht vom Menschen erkannt werden.

Es ist lediglich im Zusammenhang mit einem Vorbestimmtsein des Wollens bezüglich kausaler Gegebenheiten erfahrbar. Hier steht der determinative Aspekt in der Schleiermacherschen Religionsphilosophie im Einklang mit der Freiheit. Gefühl und Selbstbewußtsein sind in ihrer Unmittelbarkeit ein Gegebenes und zeichnen sich durch ein Potential aus, die endliche Subjektivität mit einem jenseits des Bewußtseins und Willens liegenden Grundes zu verbinden.

Das Gefühl und das Selbstbewußtsein sichern als Unmittelbares die jenseitig liegende „objektive Gültigkeit des Erkennens und Handelns".[1]

Doch scheint dem gerade Festgestellten eine Widersprüchlichkeit eigen zu sein. So stellt sich die Frage, wie Gefühl und Selbstbewußtsein, die eigentlich im Diesseits ‚gefangen' sind, das jenseits ihres Bereichs Liegende verbinden können. Arndt geht davon aus, daß sich hier die spätere Schleiermachersche Konzeption der Glaubenslehre ankündige, wo zugleich das Gefühl der Abhängigkeit auch das Gefühl der Freiheit sei.[2]

Dieser Ansicht ist grundsätzlich nicht zu widersprechen, doch kommt es Schleiermacher vor allem darauf an, die Unmittelbarkeit des Gefühls hervorzuheben, da nur das Unmittelbare die Verbindung zum Transzendentalen erwirken kann.

So ist sowohl im Freiheitsgefühl als auch im Selbstbewußtsein die Anlage zum transzendental liegenden Fundament gegeben. Das Objektive ist somit dem Subjektiven inhärent oder wie es Arndt sagt, Schleiermacher nimmt den Terminus „Gefühl" in Anspruch, um sich auf „das Problem der objektiven Bindung der Subjektivität als Allgemeinheit des Individuellen" zu beziehen.[3]

So ist das Freiheitsgefühl bei Schleiermacher von einer gleich herausragenden Bedeutung, wie auch der Freiheitsbegriff bei Fichte ‚ein tragender Pfeiler' des philosophischen Gebäudes ist. Fichte überbrückt die vom Bewußtsein zum Transzendentalen bestehende Kluft, die demgegenüber bei Schleiermacher nicht besteht, da hier ein bewußtseinstranszendenter Objektbezug gegeben ist.

Innerhalb des Fichteschen Werkes ist die Freiheit etwas unmittelbar Gegebenes, das zugleich etwas Unbezweifelbares ist. In diesem Sinne sagt er „An dieser Freiheit und dieser Bestimmung derselben kann ich nicht zweifeln, ohne mich selbst aufzugeben." (GA I, 5, 351) So findet der Mensch in und auf Grund der Freiheit das Göttliche, im Gegensatz zu Schleiermacher, der die Welt des Über-

---

[1] ARNDT, Gefühl, 120.
[2] Vgl. ARNDT, Gefühl, 120.
[3] ARNDT, Gefühl, 120.

sinnlichen als das Göttliche umschreibt und hier, ‚ganz im Sinne seines Namens', den Schleier des Geheimnisses darüber deckt.[1]

In dieses geheimnisvolle Reich kann der Mensch, den Schleiermacherschen Grundsätzen zufolge, weder mit Hilfe der Vernunft noch infolge einer an der Moral orientierten Handlung eindringen. Doch gehen sowohl Schleiermacher als auch Fichte davon aus, daß der Glaube der Anschauung eine Grundlage für die Gewißheit der menschlichen Freiheit ist.

In den Reden „Über die Religion" wird deutlich, daß ein solcher Glaube durch kein Wissen erreichbar ist, sondern auf einer Tathandlung und dem Gefühl gleichermaßen beruht. So äußert sich Schleiermacher in den Monologen wie folgt: „Der Glaube ist lebendig in mir durch die Tat." (Monol., 107)

Demgegenüber ist der Begriff „Glaube" bei Fichte von ganz anderer Beschaffenheit. Hier ist der Glaube eng mit der Moralität verbunden, die dem Menschen durch sein unmittelbares Gefühl mitgegeben ist. So leitet Fichte Wissen und Gauben aus einem Prinzip ab.

Fichte geht es darum, die These herauszustellen, daß der Mensch nicht lediglich endlich sei. In diesem Sinne ist auch die folgende Aussage zu verstehen: „Ich selbst und mein notwendiger Zweck sind das Übersinnliche." (GA I, 5, 351) Das am Göttlichen ‚Anteil habende' Übersinnliche besagt, daß das Ich und sein notwendiger Zweck göttlich sind. Hier ist nicht das Ich des täglichen Lebens gemeint, sondern ein auf anderer Ebene stehendes Ich, das sich „frei von allem Einflusse der Sinnenwelt" absolut tätig in sich selbst und durch sich selbst ist und also eine „über alles Sinnliche erhabene Macht" darstellt. (GA I, 5, 351)

Hier versucht Fichte, in seinen Ausführungen zum tiefsten Grund des Menschen vorzudringen, der sowohl innerhalb als auch außerhalb des Diesseits liegt und wo sich der Bereich des Endlichen in eine andere Ebene transzendiert. Das Tiefste im Menschen, das Fundament, das allem Menschlichen zugrunde liegt, überragt die Natur und kommt der göttlichen Wirklichkeit nahe, weil das menschliche Innere die absolute Fähigkeit in sich trägt und durch sich selbst ist.[2]

In dieser Hinsicht ist der Mensch bei Fichte göttlich und unendlich. Fichte spricht zwar nicht ausdrücklich von einer menschlichen Unendlichkeit, aber er geht diesbezüglich von einem „absoluten Sein" aus.

Betrachtet Fichte den Menschen als reines Vernunftwesen, so ist ihm ein göttlicher Charakter eigen, weshalb er ausführt: „Dieser Charakter des absoluten Seins, des Seins um seiner selbst willen, ist sein Charakter oder seine Bestimmung, insofern er bloß und lediglich als vernünftiges Wesen betrachtet wird." (GA I, 3, 29) So hat das reine Vernunftwesen Mensch Anteil am Göttlichen, „an der absolut reinen Vernunftform oder Gott". (GA I, 5, 142)

Doch zeichnet sich der Mensch auch durch jene besonderen Bestimmungen aus, die eben sagen, daß er „dieses oder jenes" ist. (GA I, 3, 29)

---

[1] Vgl. TIMM, Heilige Revolution, 15 ff.
[2] Vgl. METZ, Bestimmung, 146.

Die besonderen Bestimmungen sind aber zugleich die Schranken, die seine Begrenzungen darstellen. Der Mensch „ist auch etwas" (GA I, 3, 29) und als ein solch geartetes „Etwas" ist er begrenzt und also endlich.

Demnach ‚rettet' den Menschen auch die Bestimmung als reines Vernunftwesen nicht vor seiner Begrenztheit und Endlichkeit; er trägt vielmehr das Endliche wie auch das Unendliche zugleich in seinem Inneren. In seinem speziellen ‚An-sich' zeigen sich Endliches und Unendliches als nebeneinander stehend.

Zugleich tritt aber mit diesem ‚weder nur endlich noch ausschließlich göttlich' die untrennbare Einheit von Göttlichem und Menschlichem hervor. Hier zeigt sich ein doppeldeutiges wie zwiespältiges Merkmal der Fichteschen Auffassung von der Gottheit und Menschheit.[1]

Auch Schleiermacher sieht das Göttliche und Menschliche als Einheit, ohne es jemals einer Vermischung preiszugeben.

Bei Schleiermacher ist der Glaube, der es dem Menschen ermöglicht, sich als freies Wesen zu erkennen, bereits mit religiösen Elementen durchsetzt und ist nicht mit einem an Moralität und Sittlichkeit orientierten Glauben identisch. Dennoch ist die Moralität auch bei Schleiermacher bedeutend, da auch er nicht von einem Glauben ausgeht, der die Moralität ganz ausklammert.

Grundsätzlich kommt es Schleiermacher darauf an, die Gottesidee nicht auf der Allgemeinheit vernünftiger Subjektivität im Sittlichen festzulegen. Es ist ihm wichtig, die allgemein als notwendig erkannte Idee gegen die Widersprüche der Sinnlichkeit zu autorisieren. Doch ist für ihn das Freiheitsgefühl ein Gefühl, worauf sich ‚die' Gefühle, die das moralische Bewußtsein ausmachen, beziehen können. So sagt Schleiermacher hinsichtlich des Stellenwertes des Freiheitsgefühls: „So bist du Freiheit mir in allem das Ursprüngliche, das Erste, das Innerste." (Monol., 18, 4)

In den Reden „Über die Religion" wird die grundsätzliche Bedeutung der Freiheit dem Menschen erst dann bewußt, wenn in ihm der Trieb erwacht, der nicht nur die Anschauung der Menschheit, sondern die Anschauung des Universums in seinem Inneren erweckt. Hier zeigt sich der religiöse Vorgang.

Doch bleibt die religiöse Anschauung des Universums als solches ein verschleiertes Geheimnis, das sich dennoch in allem Endlichen offenbart. Aber einer solchen Offenbarung haftet der Makel der Endlichkeit an, und so handelt es sich hier nicht um eine Offenbarung, die imstande ist, ein transzendentales Geheimnis offenzulegen.

Die religiöse Anschauung ist hier mit den stärksten Gefühlen verbunden, womit zum Ausdruck kommt, daß Anschauung und Gefühl nur in der gegenseitigen Verbindung ‚den' Wert besitzen, der hinsichtlich der Ahnung des Unendlichen unerläßlich ist.

Im Fichteschen System hingegen ist die intelligible Welt keine geheimnisvolle Macht, sondern etwas Sittliches, die moralische Weltordnung. Obwohl Fichte

---

[1] Vgl. STALDER, Gottesgedanke, 539: „Ist der Mensch Glied der göttlichen Ordnung", so gibt es irgendwo den Punkt, wo das reine göttliche Handeln untergeht, umschlägt in das pflichtmäßige reine Handeln. Dieser Punkt ist offenbar der Existenzgrund des Menschen."

die Gefühle in diesem Zusammenhang als eher störend empfindet, ist damit nicht gesagt, daß er sie grundsätzlich ausschließt.

In der Grundlage der gesamten Wissenschaftslehre sagt Fichte, das Gefühl offenbare „eine ursprüngliche Beschränktheit". (GA I, 2, 431)

Aber die Begrenztheit, die durch das Gefühl hervorgerufen wird, ist nur in dem Sinne fühlbar, daß zugleich das Unendliche in seinem Auswärtsstreben mitverstanden wird. Weihschedel sieht hier den Grund, warum Fichte neben dem Gefühl der Begrenztheit auch das Gefühl des Sehnens des Ich in den Mittelpunkt des Interesses rückt.[1]

So ist also nur das Gefühl imstande, dem Menschen seine ursprüngliche Beschränktheit ‚vor Augen zu führen'. Die Erkenntnis seiner ursprünglichen Beschränktheit weist ihm aber zugleich den Weg zum Unendlichen. Demnach sind die Unendlichkeit wie auch die Endlichkeit auf der Basis des Gefühls miteinander verbunden, ohne sich jedoch auf einer Ebene zu befinden.

Im Fichteschen System ist das Gefühlte objektlos und das Fühlen eine objektlose Tätigkeit, die „dennoch unwiderstehlich getrieben auf uns eingeht und die bloß gefühlt wird". (GA I, 2, 431)

Die Bestimmung im Ich nennt Fichte ein ‚Fühlen', „einen Trieb nach etwas völlig Unbekanntem, das sich bloß durch ein Bedürfnis, durch ein Mißbehagen, durch eine Leere, die Ausfüllung sucht und nicht andeutet woher? – offenbart". „Es ist daher das Gefühl nicht nur intellektuell überhaupt, sondern das erste und ursprüngliche intellektuelle Gefühl Grund aller Gewißheit, aller Realität und Objektivität". (GA II, 5, 148)

Das ursprüngliche Streben wird in seinem ursprünglichen Charakter von dem Gefühl aufgrund seiner doppelten Bestimmtheit verstanden.[2] Doch gerade in der Doppelheit des Gefühls, das ein Sehnen und die Begrenztheit mit einschließt, liegt auch der Ursprung allen Wissens von der Realität der Welt.

Hier besteht die Grundlage, von welcher aus die produktive Einbildungskraft die Bestimmungen der Welt in ihrem ‚Wassein' erfaßt.

Weihschedel geht in diesem Zusammenhang sogar von einer sich dadurch erst entfaltenden Welt in ihrem ‚Wassein' aus.[3] Dem Gefühl ist aber die Potentialität eigen, die ursprüngliche Begründetheit der Endlichkeit und der Genesis der uns umgebenden Wirklichkeit zu sein. So geht die letztlich entscheidende nähere Erschließbarkeit der intelligiblen Welt auch auf die Gefühlsebene zurück, von welcher auch der Antrieb der Vernunft sich herleitet.

Doch stellt im Fichteschen System der Glaube an die göttliche Weltregierung eine Vernunftnotwendigkeit dar. Obwohl bei Fichte das Gefühl nur als ‚Begleitung' des Denkens auftritt (GA I, 5, 352), ist das Gefühl ‚der' Träger bezüglich einer Erschließbarkeit der moralischen Weltordnung.

---

[1] Vgl. WEIHSCHEDEL, Fichte, 78.
[2] Vgl. FRANK, Allgemeine, 102.
[3] Vgl. WEIHSCHEDEL, Fichte, 79.

5.3 Das Verhältnis: Religion – Moral

Wie bereits erwähnt, sind bei Fichte Moralität und Religion „absolut Eins" (GA I, 5, 428). Sowohl die Moral als auch die Religion werden durch das Übersinnliche ergriffen, die Moral durch das Tun und die Religion durch den Glauben.

Für Fichte steht fest, daß die Philosophie einen ihrer größten Fehler beging, als sie es unternahm, die Moral und die Religion in zwei unterschiedliche Gebiete aufzuteilen. So ist eine Religion ohne Moralität nichts weiter als Aberglaube, der die bessere Seite des Menschen blockiert und ihn der Möglichkeit beraubt, seine Pflicht zu tun. Ein religiöser Mensch ohne Moralität verbleibt somit in der Sinnenwelt. Die Grundlage des Glaubens aber zeigt sich in einem höheren Zusammenhang der moralischen Ordnung. Hierin besteht das Ergriffensein vom Gebiete der Religion. (GA I, 5, 428 f.)

Auch hier sei darauf hingewiesen, daß die Freiheit von grundlegender Bedeutung ist, da ohne eine solche auch keine Religion im Fichteschen Sinne möglich ist, wie sein System überhaupt als System der Freiheit eine Hervorhebung verdient. Demzufolge äußert sich Fichte: „Mein System ist das erste System der Freiheit; wie jene Nation [sc. Frankreich] von den äußeren Ketten den Menschen losreißt, reißt mein System ihn von den Fesseln der Dinge an sich, des äußeren Einflusses los und stellt ihn in seinem ersten Grundsatz als selbständiges Wesen hin." (GA III, 2, 298)[1]

Haym befand sogar, das Wesen der Fichteschen Philosophie sei als moralischer Idealismus zu bezeichnen, da Fichte das Rechttun und die pflichtgemäße Erfüllung als Grundlage vorstellt, welche in dem Maße basal ist, daß sein Religionsbegriff ‚darauf steht' und ohne eine solche Grundlage innerhalb des Fichteschen Systems nicht denkbar wäre.[2]

So glaubt Fichte unerschütterlich an den Sieg des Guten, der sich aufgrund des moralischen Rechttuns einstellt.

Diesbezüglich deutet sich aber im Fichteschen „Privatschreiben" eine Unterscheidung an. So äußert sich Fichte hier wie folgt: „Dies ist nun nach mir der Ort des religiösen Glaubens; dieses notwendige Denken und Fordern einer intelligiblen Ordnung, Gesetzes, Einrichtung, oder wie man es will, nach welcher die wahre Sittlichkeit, die innere Reinheit des Herzens notwendig Folgen hat. Aus diesem – unter Voraussetzung der frei erzeugten moralischen Gesinnung – notwendigen Denken, behaupte ich, entwickelt sich von jeher in den Gemütern aller guten Menschen aller Glaube an einen Gott und an ein Göttliches: und ihr Glaube ist überall nichts anderes, als der Glaube an jene Ordnung, deren Begriff sie nur, ihnen selbst unbewußt, auch durch den Unterricht in der Gesellschaft getrieben, weiter entwickelt und bestimmt haben [...] und seitdem nie wieder auf

---

[1] Vgl. Briefentwurf an Jens Baggesen, 1795?
[2] Vgl. HAYM, Schule, 486.

jene ursprüngliche Einfachheit, deren zuletzt nur der Philosoph und der Volkslehrer bedarf, zurückgeführt haben." (GA I, 6, 386 f.)

Schleiermacher ist demgegenüber nicht bereit, einen solchen moralischen Idealismus innerhalb seiner Religionsphilosophie zu akzeptieren. Ein solch ausgestalteter Idealismus zeichnet sich im Schleiermacherschen Sinne nur durch „Hochmut" aus, weil er selbst der Gottheit gegenüber von keiner Abhängigkeit wisse. (GA I, 5, 452) In der Schleiermacherschen Religionsphilosophie ist es die Demut, die imstande ist, die wahre Religion zu lehren. (R, 52 ff.)

So ist es für Schleiermacher eine ‚unumstößliche' Gegebenheit, daß sich der Mensch seiner Beschränktheit stets bewußt sein muß, da er „der Zufälligkeit seiner ganzen Form, des geräuschlosen Verschwindens seines ganzen Daseins im Unermeßlichen" preisgegeben ist. (R, 52)

Dem Moralismus setzt Schleiermacher den Begriff der Demut entgegen, welche der wahren Religion den Weg ebnet. (R, 52 ff.)

„Ihr wißt, was Religion sprechen heißt, kann nie stolz sein: denn sie ist immer voll Demut". (R, 14) Die so verstandene ‚wahre Religion' erblickt im unendlichen Geschehen und demzufolge im Innersten eines jeden Menschen das Walten des Unendlichen. So besteht das Wesentliche der Religion in eben dem Walten des Unendlichen, das sich wiederum im Innersten einer jeden Menschenseele spiegelt, womit Schleiermacher eine deutliche Trennlinie zwischen der religiösen Anschauung und der sittlichen Handlung markiert.

Trotz der Trennung erklärt er, diese Scheidung sei nur eine künstliche und sie sei nur zu eben diesem speziellen Zweck. (R, 39 f.)

„Stellet Euch auf den höchsten Standpunkt der Metaphysik und der Moral, so werdet Ihr finden, daß beide mit der Religion denselben Gegenstand haben, nämlich des Universum und das Verhältnis des Menschen zu ihm. Diese Gleichheit ist von lange her ein Grund zu mancherlei Verirrungen gewesen; daher ist Metaphysik und Moral in Menge in die Religion eingedrungen, und manches was der Religion angehört, hat sich unter einer unschicklichen Form in die Metaphysik oder die Moral versteckt". (R, 41)[1]

Mit dieser Äußerung verdeutlicht Schleiermacher, daß auch innerhalb seiner Religionsphilosophie ein Ineinanderübergehen zwischen Moral und Religion unvermeidbar, ja bis zu einem bestimmten Grad sogar wünschenswert ist.

Der Begriff der Religion wird hier als eine Zusammenfassung verstanden, in der das sittliche Moment die Richtung weist und das religiöse Moment den Ausschlag gibt. In diesem Sinne hatte Schleiermacher im „Athenäum" verkündet, „daß der sittliche Mensch aus eigener Kraft sich um seine Achse frei bewege". (Denkmale, 83) Indem der Mensch sein Handeln als Handeln des Göttlichen in seinem Inneren anerkennt, nennt er sich sogleich frei und zwar in demütig religiösem Sinn.

So begleiten die religiösen Gefühle alles Tun des Menschen wie eine heilige Musik. (R, 68) Laut Windelband gründet sich die Vorstellung, die Schleier-

---

[1] Vgl. TIMM, Revolution, 43.

macher hier von Gott hat, eben nicht wie im Fichteschen System auf einer moralischen Überzeugung, sondern auf ein Gefühl, dessen Inhalt sich mit dem Gottesbegriff des Spinoza, „wie dieser von den deutschen Denkern aufgefaßt wurde, vollkommen deckt".[1]

Der Ansicht Windelbands ist bereits im Ansatz zu widersprechen, da weder Schleiermacher noch Fichte eine bestimmte Vorstellung von dem Göttlichen zuließen. Laut Schleiermacher kann von Gott und dem Göttlichen nichts wissentlich erfaßt werden, weshalb seine Religionsphilosophie ihr Fundament im religiösen Gefühl hat. So ist eine Vernunft des Gefühls und also eine durch das Gefühl geleitete Vernunft, die Grundlage seines religionsphilosophischen Verständnisses.

Auch hinsichtlich der Fichteschen Religionsphilosophie zeigt sich, daß das Gefühl nicht nur eine Ablehnung erfährt, sondern ebenfalls fundamental für das sittlich-moralisch ausgerichtete System ist.

In den Schleiermacherschen Reden „Über die Religion" und auch in der einige Jahre später entstandenen „GL" üben die religiösen Gefühle einen bestimmten Einfluß aus. Dennoch ist nicht davon auszugehen, die religiösen Gefühle seien in dem Maße bestimmend, daß der Mensch nur noch als determiniertes Wesen diese ihm innewohnenden Gefühle bejahe, wie es noch Gottlieb Wieneke aus den Schleiermacherschen Zeilen interpretierte.[2]

Vielmehr zeichnet sich der Mensch durch die ihm ursprünglich gegebene Art aus, die ihm ermöglicht, ‚sein' Wesen darzustellen.

Von einer Determiniertheit des Menschen kann folglich keine Rede sein, da er seiner Ursprünglichkeit gemäß das Wesenhafte darlegt. Zwar kommt auch das Göttliche im Wesenhaften des Menschen zur Geltung, aber nicht in der Weise, daß es als determinierender Grund anzunehmen ist. Ein determinierter Mensch könnte im Sinne Schleiermachers kein religiöser Mensch sein, da, wie wir gesehen haben, die Freiheit für ‚das Religion haben' und ‚religiös sein' eine grundsätzliche Voraussetzung ist.

Der Fichtesche Freiheitsbegriff ist zwar insofern deutlich von dem Schleiermacherschen unterscheidbar, gerade weil Fichte besonders in seiner ersten Schaffensperiode den Gedanken des Sittlichen noch ganz innerhalb der Pflicht verankert; aber dennoch ist im religionsphilosophischen Werk beider Philosophen – neben dem Begriff des Gefühls – der Begriff der Freiheit fundamental.

Aber im Fichteschen System ist die sittliche Freiheit mit keinem prozeßhaften Vorgang verbunden, sondern erfolgt von ‚einem Augenblick auf den anderen'. Die sittliche Umwandlung oder sittliche Erneuerung des Menschen ist somit eine plötzliche Änderung, die man in einer solchen plötzlichen Wandlung in den Schleiermacherschen Reden „Über die Religion" nicht antrifft.

Innerhalb der Schleiermacherschen Religionsphilosophie vollzieht sich die sittliche Umwandlung als langsamer Prozeß, in dem der Mensch, sein eigenes

---

[1] WINDELBAND, Geschichte, 310.
[2] Vgl. WIENECKE, Gottesbegriff, 48.

Wesen wahrzunehmen und zu erkennen hat. So macht nicht etwa das frei, daß wir über uns nichts anerkennen wollen, sondern eben das macht frei, daß wir etwas verehren, das über uns ist.[1] „Denn indem wir es verehren, heben wir uns zu ihm hinauf und legen durch unsere Anerkennung an den Tag, daß wir selber das Höhere in uns tragen und wert sind seinesgleichen zu sein".[2]

Die so vorgetragene Äußerung Goethes könnte auch von Schleiermacher in ähnlicher Weise formuliert worden sein, weil ihm ebenfalls daran gelegen ist, ein ‚freiheitliches Abhängigkeitsverhältnis' zwischen Göttlichem und Menschlichem zu offenbaren. Die begriffliche Konstruktion eines ‚freiheitlichen Abhängigkeitsverhältnisses' ist keine Tautologie – wie noch die nähere Untersuchung der Schleiermacherschen „GL" zeigen wird –, da die Abhängigkeit von Gott den Menschen erst zur wahren Freiheit und Vervollkommnung des eigenen Wesens führt.

Auch im Fichteschen Werk wird das Göttliche nicht vergessen, da der Mensch hier geradezu appellartig dazu veranlaßt wird, seine Individualität plötzlich ‚abzustreifen', um sofort mit dem Göttlichen zusammen zu kommen.

Die so vorgeschlagene Veränderung verrät nicht viel Bewegung, da der Mensch und Gott bei Fichte bereits auf einer Linie stehen und ein langsam wirkender Prozeß – wie demgegenüber bei Schleiermacher – somit nicht notwendig ist.

Laut Fichte handelt der Mensch infolge des Sittengesetzes sittlich-moralisch und verbindet sich sogleich mit der moralischen Weltordnung. Es geschieht urplötzlich, und so besteht nur ein kurzer Augenblick des ‚Sich-Annäherns', weshalb hier die Verbindung des Menschlichen zum Göttlichen auch nicht ausschweifend, wie im Schleiermacherschen Werk, beschrieben werden kann.

Die Handlungsweise ist dem Menschen appellartig vorgegeben, und so besteht nur die Möglichkeit, daß er ihr in dem vorgegebenen Sinn folgt oder nicht.

Schleiermacher nimmt diesbezüglich eine völlig entgegengesetzte Position ein, da er gegen die Auffassung polemisiert, das Göttliche könne in irgend einer Weise mit der Moralität gleichgesetzt werden. (R, 52 f.) Ein ‚Sich-Annähern' an das Göttliche ist nicht durch eine sittlich-moralische Handlung möglich, obwohl eine solche Handlung einer Annäherung an das Göttliche auch nicht abträglich ist. Wie bereits ausgeführt, ist Schleiermacher kein Gegner der Moral oder der moralischen Handlungsweise. Doch ist im Schleiermacherschen Sinne das Göttliche in seiner Direktheit ‚nur' über das Gefühl erahnbar.

So äußert er in den „Monologen": „Ja Liebe, du anziehende Kraft der Welt! Kein eigenes Leben und keine Bildung ist möglich ohne dich, ohne dich müßt alles in gleichförmige rohe Maße zerfließen! Die weiter nichts zu sein begehren, bedürfen deiner nicht; ihnen genügt Gesetz und Pflicht, gleichförmig Handeln und Gerechtigkeit. Ein unbrauchbares Kleinod wäre ihnen das heilige Gefühl ...;

---

[1] Auch zitiert bei SCHOLZ, Schleiermacher, 53.
[2] Brief von Goethe an Eckermann vom 18.01.1827. In: GOETHE, Briefe.

und das Heilige verkennend, werfen sie es sorglos mit ein in das gemeine Gut der Menschheit, das nach einem Gesetz verwaltet werden soll". (Monol., 38)[1]

Hiermit verdeutlicht Schleiermacher einmal mehr, daß das Göttliche nicht durch ein Rechttun in den Menschenseelen entsteht.

Auch hätte Schleiermacher die Formulierung, daß infolge eines Rechttuns das Göttliche in den Menschenseelen ‚entstehe', niemals akzeptiert. Das Göttliche gelangt nicht zur Entstehung, sondern ist grundsätzlich im Innersten des Menschen mitangelegt, was besonders in der „GL" durch das schlechthinnige Abhängigkeitsgefühl zum Ausdruck kommt.

Doch auch Fichte geht nicht ausschließlich von einem Entstehen des Göttlichen in den Menschenseelen, infolge des vorgelagerten menschlichen Rechttuns aus, da hier das Göttliche schon mit dem menschlichen Sein grundsätzlich im Innersten des Menschen angelegt ist.

Tendenziell sind sich Schleiermachers und Fichtes religionsphilosophische Ausführungen diesbezüglich sehr nah - auch schon im Jahr 1799, dem Erscheinungsjahr der Reden „Über die Religion" und der „Appellation". In den Reden „Über die Religion" setzt Schleiermacher einen besonderen Akzent auf die menschliche Gemeinschaft. Der Mensch soll ein kleiner Mikrokosmos sein, der in der Gemeinschaft mit seinen Mitmenschen sich selbst und schließlich den Makrokosmos und also das Universum findet.

Hier zeigt sich, daß die Schleiermachersche Religionsphilosophie unter den Aspekt des ‚Miteinander' gestellt ist, im Gegensatz zum Fichteschen Ansatz, der mehr das Einzelwesen in den Blickpunkt stellt.

Schleiermacher bedarf weiterhin dringend der ‚Mittler', die – wie wir gesehen haben – dem endlichen Menschen den Weg zum Universum ebnen.

5.4 Das Aufsuchen des Göttlichen

Schleiermacher sucht das Göttliche im Inneren des Menschen, wo sich das Universum gleichsam abspiegelt. Außerdem will er den menschlich-göttlichen Vereinigungsprozeß als dynamische Abfolge darstellen. Fichte, der ebenfalls von einer Vereinigung zwischen Göttlichem und Menschlichem ausgeht, zeigt demgegenüber, daß sein System statisch angelegt ist. So geht Fichte im Gegensatz zu Schleiermacher von Gegebenheiten aus. Aber eigentlich läßt sich die Religionsphilosophie Schleiermachers in kein Gefüge pressen und ist somit nicht systematisierbar.

Andererseits ist auch die von Fichte propagierte moralische Ordnung nicht nur statisch, weil sie dadurch etwas Totes wäre. So geht Fichte davon aus, daß es in seinem System nichts Ruhendes, Stehendes und damit als Totes zu Bezeichnendes geben könne. Die Ordnung, von der Fichte spricht, ist ein tätiges

---

[1] In diesem Sinne sagt Hermann Timm: „‚Verstand überhaupt' – ‚Herz überhaupt': dazwischen bewegte sich anno 1780 alles Dichten und Denken über das Christentum im besonderen und die Religion im allgemeinen ..." TIMM, Gott und die Freiheit, 107.

Ordnen, ein „ordo ordinans", und so wird auch Gott in seiner Beziehung auf den Menschen als lebendiges Wirken interpretiert.[1]

In diesem Sinne führt Fichte schon in der Schrift „Über den Grund unseres Glaubens an eine göttliche Weltregierung" aus: „... das einzige gültige, objektive, daß es eine moralische Weltordnung gibt, daß jedem vernünftigen Individuum seine bestimmte Stelle in dieser Ordnung angewiesen, und auf seine Arbeit gerechnet ist; daß jedes seiner Schicksale, inwiefern es nicht etwa durch sein eigenes Betragen verursacht ist, Resultat ist von diesem Plane, daß ohne ihn kein Haar fällt von seinem Haupte, und in seiner Wirkungsnähe kein Sperling vom Dache". (GA I, 5, 356) Hier funktioniert der Mensch ganz im Sinne eines göttlichen Plans. Doch erscheint er nicht als völlig determiniertes Wesen, da der Mensch durch sein eigenes Verhalten imstande ist, Wirkungen herbeizuführen.

Dennoch steht das Wirken des Göttlichen bereits fest, ohne hier von einem „eigentlichen Sein Gottes" ausgehen zu müssen. (GA I, 5, 437) Im Sinne Fichtes ist Gott „ein von aller Sinnlichkeit" befreites Wesen und lediglich der „Regent der übersinnlichen Welt". (ebd.)

Entscheidend ist, daß die praktische Vernunft der alles entscheidende Ausgangspunkt der religionsphilosophischen Überlegungen Fichtes ist. Aus diesem Grunde sind ihm die Umschreibungen Gottes als einer „besonderen Substanz" oder als „Geber der Glückseligkeit" absurd. (GA I, 5, 434 ff.)

Fichte sieht in solchen Äußerungen lediglich eine „entnervende Glückseligkeitslehre", die dem erhabenen System des Christentums nicht gerecht werden kann und es nur aushöhlt. (GA I, 5, 439)

Doch ist auch nach Fichtescher Auffassung das Moralgesetz der Vernunft nicht der alleinige Kern des Christentums.

Gerade weil es Fichte auf das Herz „als dem Bekundungsort des praktischen Vernunftgesetzes und die moralisch gute Gesinnung" ankommt, ist auch das Gefühl ein ebenso wichtiger Kern. Allerdings ist Fichte ebenso daran gelegen, gleichsam parallel, die Religion und also den Glauben an einen Gott aus dem „Wesen der Vernunft" abzuleiten. (GA I, 6, 377)

Seine Religionsphilosophie basiert sowohl auf der Vernunft als auch auf dem Gefühl und erkennt die Vernunft und das Gefühl als das gemeinsame Fundament an.

Diese Tatsache kann auch durch den folgenden Ausspruch Fichtes nicht erschüttert werden: „Nur der Gott aller Vernunft ist der wahre Gott". (GA III, 3, 347)[2]. Das Gleiche gilt für die folgende Fichtesche Aussage aus seiner „Bestimmung des Menschen": „Nur die Vernunft ist; die unendliche an sich, die endliche in ihr und durch sie"(GA I, 6, 296). Auch hier zeigt Fichte lediglich, daß es sich bei der Vernunft um eines der Fundamente handelt oder um einen Teil eines Fundamentes seiner Philosophie, und besagt nicht, daß neben der Vernunft kein

---

[1] Vgl. STALDER, Gottesgedanke, 505.
[2] Vgl. Brief vom 03.05.1799 an F. C. Jensch.

weiterer fundamentaler Teilaspekt in seiner Philosophie bedeutungsvoll sein könnte.

Darüber hinaus ist seine Philosophie dem Handeln und Tun in besonderer Weise verbunden, da auch die Gottheit in seinem System als ‚ordo ordinans' aufgefaßt wird. Windelband vertrat deshalb die Ansicht, das Sein der Gottheit werde hier geleugnet, und so bestehe nur das reine Tun des Ich.[1]

Das sittliche Bewußtsein aber, das zur Tat inspiriert, wird von Fichte als das ‚Selbst' bestimmt, das in das absolute Ich einzugehen hat, ohne dieser Forderung je ganz Folge leisten zu können.

Doch dieser frühe Standpunkt der Wissenschaftslehre (WL) wird von Fichte nach 1800 geändert, weil die Gottheit dann als das absolute Sein auftritt. Inwiefern der Schleiermachersche Einfluß von Bedeutung gewesen sein könnte, wird noch Bestandteil des 2. Teils der Arbeit sein.

Es steht aber fest, daß Fichte weder die Begriffe Substanz, Persönlichkeit oder Bewußtsein jemals für die Umschreibung Gottes wählte. All diese Begriffe setzen eine Endlichkeit und damit eine Einschränkung voraus. So definiert Fichte den Begriff ‚Substanz' „als ein in Raum und in der Zeit sinnlich existierendes Wesen", mit der Folge, daß ein substantieller Gott „notwendig ein im Raum ausgedehnter Körper" sein müsse. (GA I, 5, 434 f.)

Ein solcher Gedanke ist in bezug auf Gott für das Fichtesche System nicht verwendbar.

5.4.1 Gott als das Absolute bei Fichte

Die Persönlichkeit ist auch bei Fichte nur mit einem Bewußtsein denkbar und also ist von ihr das gleiche aussagbar wie über das Bewußtsein. Schon aus diesem Grund ist es für Fichte unmöglich, die einschränkenden Bezeichnungen auf das Göttliche zu beziehen.

So interpretiert er Gott als das Absolute, wie demgegenüber auch als das einzig Reale, das durch alles wirkt, so daß „die anderen vernünftigen Geister alle leben und weben nur in ihm". (GA I, 5, 440) Das Selbstbewußtsein Gottes ist ihm unerklärbar und unbegreifbar.

Auch aus diesem Grunde ist ihm der persönliche Gott des Heils und der Gott als „Geber der Glückseligkeit", im wahrsten Sinne des Wortes ‚ein Dorn im Auge'. Diesbezüglich gibt er seine besondere Abwehrhaltung kund. Wie bereits festgestellt, ist das Streben nach Heil und einem damit verbundenen unverdienten Geschenk der Glückseligkeit für Fichte ein abzulehnendes Genußdenken. „Wer Glückseligkeit erwartet, ist ein mit sich selbst und seiner ganzen Anlage unbekannter Tor; es gibt keine Glückseligkeit [...]; die Erwartung derselben, und ein Gott, den man ihr zufolge annimmt, sind Hirngespinste. Ein Gott, der der Begier dienen soll, ist ein verächtliches Wesen [...] Ein solcher Gott ist ganz eigentlich ‚der Fürst der Welt'" (GA I, 5, 437) Fichte bekämpft hier mit Vehe-

---
[1] Vgl. WINDELBAND, Geschichte, 241.

menz den Eudämonismus, um seinem Hauptanliegen, der menschlichen Selbstbefreiung, den Weg zu ebnen.

Sobald von Gott, egal ob als ‚Vogelfeder', als ‚Knochen' oder als einem allmächtigen, allgegenwärtigen, allklugen Schöpfer des Himmels und der Erde, Glückseligkeit erwartet wird, mutiert das Gottesbild des Menschen zur „Götze". (GA I, 5, 219-220)

Aufgrund der menschlichen Erwartungshaltung entsteht so ein Gottesbild, das im Fichteschen Sinne nicht von Bestand sein kann. Hier zeigt sich der Gegensatz und zugleich der Bruch, der zwischen der christlichen Lehre einerseits und der Fichteschen Lehre andererseits besteht.

Robert Stalder klassifiziert die Lehre Fichtes in diesem Zusammenhang als reine Vernunfttheologie.[1] Doch stellte Lavater fest, daß die Ablehnung jeglichen Genusses kein entscheidendes Merkmal der wahren Religiosität sein könne, da doch Jesus selbst „seinen Tugendlehren ermunternde Verheißungen" beifügte und darüber hinaus Genuß versprach. (GA III, 3, 191-192)

Diese Art des Genusses und eine solche Ermunterung hatte aber auch Fichte nie abgelehnt. Seine ablehnende Haltung war vielmehr darauf ausgerichtet, einen Eudämonismus um jeden Preis anzuprangern, da es einem solchen nur um die eigene Glückseligkeit ging.

Jesus selbst fordert dazu auf, im Sinne Gottes zu handeln, doch sagt er nie, der Mensch habe sein Tun lediglich im Sinne der göttlichen Gebote auszurichten, um zur Belohnung auch die Glückseligkeit zu erwerben. So besteht auch die Möglichkeit, daß Lavater die Fichtesche Auffassung hier mißverstanden oder in ihrer Gesamtheit nicht vollständig erfaßt hat, da Fichte nur den Eudämonismus an sich ablehnt und nicht behauptet, eine am Moralgesetz und damit an der Religion ausgerichtete Handlung könne oder dürfe niemals Glückseligkeit für den Menschen zur Folge haben.

Fichte will nur verhindern, daß der Mensch sich als Fundament seiner Handlungsweise die sichere Erwartung der Glückseligkeit erwählt. Er soll vielmehr im Sinne Gottes und also nach der Maxime des Moralgesetzes handeln, ohne von einem personifizierten Gott als Belohnung die Glückseligkeit zu erwarten. Fichte ist daran gelegen, eine reine Handlungsweise vorzustellen, die allein auf der Grundlage der Moral, die wiederum mit der Religion und den dort vorherrschenden religiösen Gefühlen eine Einheit bildet, erfolgt.

So zeigt sich auch bei Fichte die Beziehung zwischen dem Menschen und der Gottheit in einem unendlichen „Hingerissensein", wie es Günter Bader formuliert.[2]

Bader erblickt hier etwas Ekstatisches in der Fichteschen Lehre. Für ihn stellt sich das Göttliche nicht als ein ‚Etwas' der inneren Erfahrung dar, sondern als ein „lebendiges, übersinnliches Außen".[3] Hiermit sei allein der Geist gemeint, da

---

[1] Vgl. STALDER, Gottesgedanke, 527.
[2] Vgl. BADER, Mitteilung, 75.
[3] BADER, Mitteilung, 75.

Fichte unter Geist nicht den Geist der Innerlichkeit, sondern das „Immer-schon-Bezogensein" auf ein Außen verstehe.[1]

So vollzieht sich allein durch den Geist die entscheidende Bewegung des ‚Sich-Versetzens'. (GA I, 5, 429)

Fichte äußert sich diesbezüglich wie folgt: „Aber sobald man sich zum Wollen der Pflicht, schlechthin weil sie Pflicht ist, erhebt, zu einem Wollen, das keine sinnliche Triebfedern hat, sondern nur das Übersinnliche des Gedankens, und dem es schlechthin nicht um das Objekt der Tat, sondern um das Übersinnliche der Gesinnung zu tun ist – also durch seine Denkart in eine andere Welt versetzt; dringt sich uns zugleich unwiderstehlich der Geist und die Gewißheit dieser anderen Welt auf". (GA I, 5, 429)

Bader trifft aufgrund der Fichteschen Ausführungen, die Unterscheidung zwischen einem äußerlichen außen, das aufgrund der buchstäblichen Auslegung der Schulmetaphysik zustande komme und lediglich eine ‚Götze' zum Inhalt habe.[2]

Demgegenüber zeichne sich die geistliche Auslegung dadurch aus, daß sie ein „lebendiges, übersinnliches Außen" zustande bringe.[3] Demnach hat es ein nach außen projiziertes Inneres in der Fichteschen Lehre nie gegeben. In diesem Sinne stehen sich auch Gott und Mensch nie unabhängig gegenüber.[4]

Der Gott der Schulmetaphysik ist der Fichteschen Meinung zufolge tot, und so hat er für ihn nur noch die Bezeichnung einer ‚Götze' übrig. Ein solcher Gott entspringt einer am Buchstaben orientierten Auslegung, die nur imstande ist, etwas Fertiges, Statisches und damit Totes hervorzubringen.

Fichtes eigener präziser wie vorsichtiger sprachlicher Umgang hinsichtlich eines Ausdrucks bezüglich des Göttlichen zeigt, daß er die lebendige Sprache, die direkt aus dem Herzen und damit vom Gefühl geleitet ist, bevorzugt. Somit ist seine Sprache einem lebendigen Gott gewidmet. Aus diesem Grunde ist es für Fichte schon unmöglich, Gott in seinem Wesen und Sein zu beschreiben, wie es die Sprache der Schulmetaphysik und Schultheologie seiner Meinung zufolge versucht.

Ein solcher Versuch ist im Fichteschen Sinne von vornherein zum Scheitern verurteilt. Gerade weil die Sprache hier von Gott ein Dasein und seine Existenz aussagt, ist Gott tot.

Von der Existenz Gottes reden heißt laut Fichte, von gar keinem Gott reden. In diesem Zusammenhang spricht Fichte von fertig „Vorhandenem" und „in sich toten Begriffen". Somit ist ein Ausdruck „endlichen Vorstellens" nur dazu geeignet, an der Unendlichkeit Gottes vorbeizugehen. (GA I, 5, 432)

Laut Bader „ertötet" ein solch endlicher Ausdruck „die unendliche Aktuosität Gottes".[5]

---

[1] BADER, Mitteilung, 75.
[2] Vgl. BADER, Mitteilung, 74.
[3] BADER, Mitteilung, 75.
[4] Vgl. BADER, Mitteilung, 75.
[5] BADER, Mitteilung, 76.

Als Kritik sei hier angemerkt, daß ein endlicher Begriff nicht imstande ist, die göttliche Aktuosität zu töten, da das Unendliche dem Endlichen nicht unterliegen kann. Die Meinung Fichtes ist wohl besser erfaßt, wenn man davon ausgeht, daß infolge der endlichen und buchstabentreuen Auslegung und Ausdrucksweise die Ebene des Göttlichen nie erreicht werden kann. In der geistigen Sprache aber ist Gott nicht der Gegenstand des Redens, sondern die Bezeichnung Gottes, die der Mensch wählt, um überhaupt der Richtung seines Sehnens Ausdruck zu verleihen. Der sich hieraus ergebende ständige Impuls ist bezeichnend für das an sich unaussprechbare Verhältnis zwischen Mensch und Gott. In diesem Sinne sagt Fichte in den „Rückerinnerungen": „Der Begriff Gottes ist nicht durch Existentialsätze, sondern durch Prädikate eines Handelns zu bestimmen". (GA II, 5, 180) Das Materiale ist hier nicht mehr wichtig, da die geistige Sprache auf die reine Aktuosität ihrer selbst hinweist, und so auf die göttliche Beziehung rekurriert.

Die Aktuosität der geistigen Sprache ist der Aktuosität Gottes konform, und so läßt der reine Ursprung der Sprache auch das Göttliche erscheinen. Daraus folgt, daß ein Gott, über den man gegenständlich spricht, kein Gott ist. Andererseits stellt sich auch die Frage, ob eine rein geistige Sprache, mit welcher aber ebenfalls über Gott gesprochen werden soll, überhaupt noch als Sprache zu qualifizieren ist, eben weil sie laut Bader wie „aus Gott als dem reinen Ursprung von Sprache entspringt".[1]

Mit einer solchen Formulierung verdeutlicht Günter Bader, daß in der Fichteschen Religionsphilosophie auch Gott einen Ursprung hat. Dieser These Baders ist aber zu widersprechen, da das Göttliche in Fichtes Lehre keines Ursprungs bedarf, sondern der Ursprung schlechthin ist.

Demgegenüber ist Bader aber darin zuzustimmen, daß die Sprache, die Fichte für das Göttliche beanspruchen will, nicht mehr die Qualitäten einer Sprache aufweist.[2]

So stellt sich hier die Frage, wie durch eine Sprache die klare Aktuosität Gottes zum Ausdruck gelangen soll, ohne daß von einem bestimmten Inhalt die Rede sein könnte.

Die diesbezüglich von Fichte favorisierte rein lebendige Geistsprache, hat sich aus dem Gebiet der Sprache an sich schon ‚verabschiedet'.

So kommt Bader hier zu dem Schluß, auch der wahre Gott Fichtes unterliege dem Verdacht der Unwahrheit.[3] Demnach liegen Gott und Sprache auf einer Linie. Sie befinden sich aber nicht auf gleicher Ebene, weil beide gleichen Ursprungs sind, wie es Bader annimmt, sondern weil Gott, wie auch die Fichtesche Geistsprache, keines Ursprungs bedarf.

Fichte kam es hauptsächlich darauf an, das Neue, noch nicht Dagewesene bezüglich der Aussprechlichkeit Gottes hervorzubringen.

---

[1] BADER, Mitteilung, 77.
[2] Vgl. BADER, Mitteilung, 77.
[3] Vgl. BADER, Mitteilung, 78.

In diesem Zusammenhang ist erwähnenswert, daß er andererseits auch bemüht war, neuen und ‚kraß' formulierten Thesen innerhalb der damaligen philosophischen Welt entgegenzutreten und auch versuchte, ihnen die ‚Schärfe' zu nehmen.

So war Fichte der Überzeugung, er müsse sein Werk „Über den Grund unseres Glaubens an eine göttliche Weltregierung" herausgeben, um die Auswirkungen der Forbergschen Schrift „Entwicklung des Begriffs der Religion"[1] zu begrenzen. Zugleich ging es ihm darum, die dort niedergeschriebenen und für die damalige Zeit krassen Thesen zu entkräften, weshalb er sich auch am Ende seiner Schrift „Über den Grund unseres Glaubens an eine göttliche Weltregierung" auf Goethe beruft. (GA I, 5, 356-357)

Als gewagte These kann die Aussage Forbergs gelten, die besagt, es sei unmöglich, die Existenz Gottes wie auch seine Nichtexistenz behaupten zu können.[2]

Fichte äußert diesbezüglich, daß ein Teil von dieser „seiner Überzeugung nicht sowohl entgegen ist, als nur dieselbe nicht erreicht". (GA I, 5, 347)

So wird in Forbergs Aufsatz ein skeptischer Zweifel deutlich, der die folgende Antwort der Transzendentalphilosophie geradezu heraufbeschwört, nämlich, daß die Existenz Gottes „die einzige" Gewißheit darstelle, womit zugleich die Grundaussage der Fichteschen „Appellation" und die der Schrift „Über den Grund unseres Glaubens an eine göttliche Weltregierung" (GA I, 5, 356) dargelegt ist.

Doch an einer Widerlegung der Forbergschen Thesen war Fichte nicht interessiert. Das zeigt sich auch daran, daß er die Möglichkeit einer Annäherung der Thesen Forbergs hinsichtlich seiner eigenen religionsphilosophischen Ausführungen erst gar nicht in Betracht zog, da er davon ausging, Forberg könne nicht als Atheist, eher schon als Skeptizist bezeichnet werden. Hier zeigt sich, daß Fichte der Vertreter einer Philosophie ist, die den Skeptizismus bereits überwunden hat und sich zugleich durch Bestrebungen auszeichnet, die jede Art des Dogmatismus zu vermeiden sucht.

Fichte stellt in seiner Religionsphilosophie dar, daß das Übersinnliche unmittelbar durch den Glauben, dank einer Bewegung des Herzens, erreicht werden kann.

Schließlich kommt es 1806 in der „Anweisung zum seligen Leben" zum Sprung, den derjenige vollzieht, der sich dem Glauben anvertraut. (GA I,9,74)

Hier deutet sich sogleich eine Aporie an, da der Mensch im Grunde immer der sinnlichen Welt verhaftet bleibt, weshalb nur der Kunstgriff der Konversion, der Wiedergeburt, den notwendigen Sprung herbeiführen kann. Die hier vorgestellte „ganz neue Ordnung" ist bereits ein Gegenstand der Untersuchung der Fichteschen Schrift „Über den Grund unseres Glaubens an eine göttliche Weltregierung". Auch hier wandeln sich plötzlich die vormaligen Gegebenheiten, wenn

---

[1] In: FORBERG, Entwicklung, 23-28.
[2] Vgl. FORBERG, Entwicklung, 35.

der Mensch den Glauben an das Übersinnliche annimmt. (GA I, 5, 352/353)[1] Hier kündigt sich schon die neue Lebensperspektive an, ohne daß die empirische Welt hierdurch in irgendeiner Weise beeinträchtigt wird.

Innerhalb der empirischen Welt kann eben die sich neu ankündigende Dimension nicht erfahren werden.

So zeigt sich Fichte stets ganz als kritischer Philosoph, was die folgende Aussage bestätigt, die besagt, daß „es nur insofern Dinge für uns gibt, als wir uns derselben bewußt sind". (GA I, 5, 423) Er geht davon aus, daß die vom menschlichen Bewußtsein nicht zu erfassenden Dinge, sich demnach grundsätzlich jeglicher Erkenntnismöglichkeit des Menschen entziehen. Also kann auch die Existenz Gottes nie vom Menschen erkannt und bewußt erfahren werden, solange man einen empirisch nachvollziehbaren Beweis fordert.

Aber das tätige und produktive Ich kann das „Übersinnliche" ahnend erfassen, insofern es dem „notwendigen Zweck" folgt. (GA I, 5, 351) Dennoch steht für Fichte fest, daß es einen objektiven Beweis für die Existenz eines Gottes nicht geben kann, wie es auch keinen Beweis für Gott als die Ursache der sinnlichen Welt geben kann. So ist von der Existenz der sinnlichen Welt, nie auf einen göttlichen Existenzbeweis zu schließen.

Infolge des Fichteschen Idealismus ist keine erfahrungsbedingte Festlegung der Bestimmung möglich, auf deren Grundlage eine „Wirklichkeit" erkennbar wäre, die sich durch eine Beschaffenheit „unabhängig von uns vorhandener Dinge" zeige. (GA I, 5, 432)

Laut Fichte konnte demzufolge der Rationalismus nur im Dogmatismus erstarren, da sich diese philosophische Richtung der Täuschung hingab, den „Begriff eines existierenden Wesens" (GA I, 5, 428), das sie Gott nannten, in Worte zu fassen, und darüber hinaus den Versuch unternahm, seine Existenz zu demonstrieren. (GA II, 5, 114 f.) Ebenso unwürdig erscheint Fichte der Eudämonismus, da durch ihn das Übersinnliche „absolut nichts" ist. (GA I, 5, 435)

Doch auch wenn Fichte „gewisse Bedingungen einer Sache (in einem Begriffe)" leugnet, ist damit nicht gesagt, daß er notwendig „die Sache selbst (den Begriff)" negiert.[2]

Er leugnet lediglich die Körperlichkeit Gottes und seine Ausgedehntheit im Raum, da Gott in der Fichteschen Lehre nicht als Substanz aufgefaßt werden kann.

Fichtes Philosophie „leugnet nicht alle Realität des Zeitlichen und Vergänglichen, um die des Ewigen und Unvergänglichen in seine ganze Würde einzusetzen". (GA I, 5, 440) Der Mensch, der sich des Moralgesetzes bewußt ist und so seiner moralischen Bestimmung folgt, steht der Idee eines Gottes als einer „Ordnung von Begebenheiten" spontan aufgeschlossen gegenüber. Außerdem erkennt Fichte nur die eine Möglichkeit, dem Aberglauben zu entrinnen, indem Gott kein Prädikat zuerkannt wird, also von einem völlig prädikatfreien Gott

---

[1] Vgl. DE PASCALE, Religion, 183.
[2] DE PASCALE, Religion, 188.

auszugehen ist. So wird hier deutlich, daß er sich stets der Schwierigkeit bewußt war, das Unaussprechliche in Worte zu kleiden.

So bedient er sich mit Vorsicht der Formulierungen „lauter Bewußtsein", „reine Intelligenz", „geistiges Leben und Tätigkeit". (GA I, 6, 51) Hier zeigt sich die Ohnmacht, die sich einstellt, sobald ein Endliches sich bemüht, vom Unendlichen zu sprechen.

So scheint hier ein Spruch des Timotheusbriefes treffend zu sein, so daß er auch als Obersatz über der gesamten Fichteschen Religionsphilosophie stehen könnte: Gott lebt „in unzugänglichem Licht; kein Mensch hat ihn je gesehen, und keiner kann ihn jemals sehen". (1 Tim.6, 16)

Innerhalb des Fichteschen Systems ist Gott die sittliche Ordnung schlechthin und das absolute reine Ich, und so ist die Gotteshandlung unbewußt und sein Tun ein grundloses freies Tun. Folglich antwortet er dem fragenden Menschen nicht; auch lobt er ihn nicht und tadelt ihn nicht.

So ist das absolute Ich alles und nichts zugleich, „weil es für sich nichts ist, kein Setzendes und kein Gesetztes in sich selbst unterscheiden kann". (GA I, 2, 399)[1] Hätte Gott ein Selbstbewußtsein, wäre das Reflektierte ‚Alles in Einem' und ‚Eins in Allem', und das Reflektierende wäre ebenfalls ‚Alles in Einem' und umgekehrt.

Der von ihm propagierten sittlichen Ordnung und dem absoluten reinen Ich kommt kein Selbstbewußtsein zu, da Fichte ein Selbstbewußtsein mit dem Endlichen verbindet. Daß er unter der sittlichen Ordnung und dem absoluten Ich ein und dasselbe verstand, ist in der Forschung selten bezweifelt worden.

Ein Unterschied zwischen der philosophischen Lehre Kants und der Fichtes sei hier kurz angesprochen, um das Fichtesche Verständnis der Sittlichkeit klar vorzustellen.

Bei Kant ist die Moral der Ausgangspunkt der Religion, was durch folgende Aussage bestätigt wird: „Moral also führt unumgänglich zur Religion".[2]

Demgegenüber stellt die Religion für Fichte etwas Unmittelbares dar, und so ist sie ‚etwas', das nicht ‚gemittelt' werden kann; deshalb betont er, „Moralität und Religion" seien eins. (GA I, 5, 428)

Bader stellt diesbezüglich fest, daß die so benannte Einheit zwar eine „wirkliche Unterscheidung" verhindere, die im Gegensatz zu Fichtes Ausführungen in den Kantischen stets latent sei. Dennoch bestehe hier die Möglichkeit einer Distinktion, da die Moralität als das erste und die Religion als das zweite Glied zu sehen sei.[3]

Doch ist diese Ansicht nicht widerspruchlos hinnehmbar, da auch die Grundlage der Fichteschen Religionsphilosophie, die Moralität, nicht allein fundamental für die Religion ist. Wie wir gesehen haben, hat die Religion ihr Fundament auch im Gefühl, weshalb es gleichberechtigt neben der Moral steht.

---

[1] Grundlage der gesamten WL, 1794.
[2] Die Religion innerhalb der Grenzen der bloßen Vernunft, A IX; cf. KpV A 233.
[3] Vgl. BADER, Mitteilung, 46.

Fichtes Formulierung, Moralität und Religion seien ‚absolut' eins, verdeutlicht durch das Wort ‚absolut', daß er hier von einer Einheit ausgehen möchte, ohne diese von Anfang an einer Unterscheidung und Rangfolge preiszugeben.

Fichte will lediglich das fundamental Wichtige seiner Religionsphilosophie klar herausstellen und der Moralität eine ebenso große Bedeutung zugestehen, wie der auf dem Glauben und dem Gefühl basierenden Religion.

Günter Bader zufolge legt Fichte eine menschliche Sittlichkeit zugrunde, die von einer solch hohen Qualität sei, daß der Schöpfer der Welt dadurch gezwungen werde, „ein Nachschöpfer zu werden".[1] Doch solche Gedankengänge waren im Fichteschen Werk von geringerer Bedeutung, da er sagt, „der Fürst der Welt" sei längst „durch den Mund der Wahrheit" gerichtet. (GA I, 5, 437) So ist Gott in der Fichteschen Religionsphilosophie „lediglich Regent der übersinnlichen Welt". (ebd.)

In diesem Sinne leitet sich von ihm eine unmittelbare Sittlichkeit her, die auch die Grundlage der Moralität ist, welche mit der Religion eine Einheit bildet.

In substantieller Hinsicht ist das Übersinnliche im Fichteschen Werk ein ‚Nichts', da ihm keine Substantialität zukommt, die schließlich nur Endlichkeit bedeuten kann. Auch derjenige, der aufgrund der bewiesenen Existenz dieser Welt glaubt, auf einen „selbständigen Urheber" schließen zu müssen, (GA I, 6, 53) wird das Übersinnliche nur als ‚Nichts' formulieren, da es bezüglich einer Substanz ein ‚Nichts' ist.

Außerdem kann auch die Akzeptanz der Konzeption einer ‚moralischen Weltordnung', nur zu der einen Erkenntnis führen, daß das Übersinnliche sich jeder Annäherung verweigert, sobald man nach einer Ursache der moralischen Weltordnung fragt. Also ist die übersinnliche Ordnung nur durch sich selbst bestimmt und ist dem ‚absolut durch sich selbst Bestimmten' schon inhärent.

Demnach kann es keinen Anfang außer seinem Selbst haben. Auch hier zeigt sich erneut die Aporie der Transzendentalphilosophie, die darin besteht, daß jedes Verstehen und Erkennen zugleich auch ein Begrenzen und Bestimmen zur Folge hat.

Das Göttliche würde so zwar noch nicht in ein Endliches verwandelt, wie es Carla De Pascale formuliert,[2] da sich das Unendliche in kein Endliches verwandeln läßt. Das Unendliche ist in einem solchen Fall erst gar nicht tangiert – eben weil man es erkennen und verstehen will.

So kann das unendliche Göttliche, Fichte zufolge, nur falsch verstanden werden, eben weil ein Verstehen grundsätzlich auch begrenzen und somit falsch verstehen heißt. Aus diesem Grunde entsteht das Dilemma, daß Gott Attribute zugeschrieben werden, die aber lediglich geeignet sind, den Weg in die Aporie zu weisen und Gott als eine „besondere Substanz", als ein in Raum und Zeit sinnlich existierendes Wesen zeigen. (GA I, 5, 434)

---

[1] BADER, Mitteilung, 47.
[2] Vgl. DE PASCALE, Religion, 188.

Die Schlußfolgerung Fichtes ist deshalb ‚niederschmetternd' und gipfelt in der Äußerung, der Mensch schaffe sich auf diese Weise eine „Götze". (GA I, 5, 437) Fichte ist hier so zu verstehen, daß der Mensch seiner endlichen Vorstellung verhaftet bleibt und über das Bild der Götze erst gar nicht hinauskommt. Fraglich ist, wie der Mensch das absolute Ich erreichen soll, wenn er doch stets in seinem endlichen Verstehen und dem ständigen Willen zu einem solch endlichen Verstehen befangen bleibt.

Ein solches Erreichen scheint nur durch die intellektuelle Anschauung möglich. (GA II, 6, 169)

Von besonderer Wichtigkeit ist die These Fichtes, „unsere Welt ist das versinnlichte Materiale unserer Pflicht" (GA I, 5, 353), da hier auch zum Ausdruck kommt, daß die Welt nur der „Widerschein" der „eigenen inneren Tätigkeit" ist, die wiederum eins ist mit der im Inneren des Menschen wirkenden „moralischen Weltordnung". Hier identifiziert Fichte die innere absolute Ichtätigkeit und das göttliche Leben. (GA IV, 2, 61-62)

Der Übergangspunkt vom göttlichen Leben, von dem reinen absoluten Ich, zum Ich als Einzel-Ich durch Selbstaffektion und Selbstbestimmung ist ‚die' entscheidende Stelle, die als Identitätspunkt zu bezeichnen ist. Hier fallen der Grund des menschlichen Ich und das göttliche Leben, wie die im Ursprünglichen gegründete Tätigkeit des menschlichen Ich und die göttliche Tätigkeit zusammen.

Das reine, unendliche Handeln der „moralischen Weltordnung" ist so im Inneren des Menschen vorhanden, und zwar in einer Weise, daß es in seiner Reinheit nie ganz zur Geltung kommen kann, da es hier „innerhalb unbegreiflicher Schranken" (GA I, 5, 353) steht. Das sich so innerhalb unbegreiflicher Schranken befindliche Handeln ist der Daseinsgrund des Menschen.

Also gründet der Mensch letztlich in seiner beschränkten moralischen Weltordnung. Demnach sind auch die vom Menschen erblickten Objekte lediglich die Projektionen seiner inneren Schranken. Aber die im Ichgrunde wirkende „moralische Weltordnung" treibt den Menschen zu einem dem kategorischen Imperativ folgenden Handeln. Stalder spricht diesbezüglich von einem „inneren eingeschränkten unendlichen Handeln".[1]

Somit ist die Welt nur ein Spiegel, ein Abbild der menschlichen Pflicht.

Die Offenbarung besteht für Fichte darin, daß der Glaube an die moralische Weltordnung zugleich auch den Glauben an die ‚moralische' Ordnung der Dinge mit sich bringt. Die Pflicht offenbart sich innerhalb der moralischen Weltordnung. „So, als das Resultat einer moralischen Weltordnung angesehen, kann man das Prinzip dieses Glaubens an die Realität der Sinnenwelt gar wohl Offenbarung nennen. Unsere Pflicht ist's, die in ihr sich offenbart". (GA I, 5, 353-354)

Hier handelt es sich um eine göttliche Pflichtmitteilung. Indem Stalder betont, die Offenbarung gehe in der göttlichen Mitteilung als Pflicht auf und es handle

---

[1] STALDER, Gottesgedanke, 535.

sich nicht mehr um eine göttliche „Selbstmitteilung",[1] so ist damit das Göttliche als Fundament klar in Erscheinung getreten.

Eine direkte göttliche Selbstmitteilung ist im Fichteschen System auch nicht nötig, da Gott schon immer in einer Beziehung zum Menschen steht, weil „die Beziehung der Gottheit auf uns, als sittliches Wesen, das unmittelbar Gegebene" ist. (GA I, 5, 432)

Hier ist offensichtlich, daß nichts einer Vermittlung bedarf und so auch Gott selbst nichts mitzuteilen hat, da seine Mitteilungen schon als unmittelbar Gegebenes bestehen.

Das auf der Grundlage des inneren Pflichtantriebs der praktischen Vernunft erstehende innere, unmittelbare Bewußtsein des Menschen schafft, daß das so Gedachte ein Ausdruck Gottes ist.

Demgegenüber schafft die Reflexion keinen unmittelbaren Ausdruck des Göttlichen, da hier schon etwas umgesetzt und in eine andere – eben die menschliche – Ebene gehoben ist.

Die unmittelbare, nicht zu vermittelnde, göttliche Ebene ist somit ausschließlich unreflektiert in einem Gefühl gegeben. In diesem Sinne ist auch die folgende Äußerung Fichtes zu verstehen: „Mein Fühlen, Begehren, Denken, Wollen u. s. w. erkenne ich unmittelbar, indem ich jene Akte vollziehe. Durch keinen Akt von Vermittlung, sondern nur dadurch, daß ich in ihnen bin, sie setze, kommen sie mir zum Bewußtsein: sie sind das Unmittelbare κατ' ἐξοχήν. Solange ich in diesem Bewußtsein stehen bleibe, ganz praktisch bin, d. i. ganz Leben und Tat bin, weiß ich nur mein Fühlen, Begehren, Wollen und dgl. [...] aber ich weiß nicht mich ausdrücklich als die Einheit und als das Prinzip dieser verschiedenen Bestimmungen". (GA II, 5, 172)

Problematisch ist hier die von Fichte erwähnte Einheit, von welcher der Mensch ausdrücklich nichts weiß. So ist das Fühlen von dem Bewußtsein abgesondert und demnach stellt sich die Frage, wie es ohne jeglichen Vermittlungsakt zum Bewußtsein des Fühlens kommen kann.

Fichte geht diesbezüglich von zwei unterschiedlichen Bewußtseinsebenen aus, einer unmittelbaren und einer vermittelten Ebene. Der Mensch weiß sich in einer solchen Einheit nicht ausdrücklich, und so besteht hier eine Vermittlung, in der Art eines vermittelten und zusammenfassenden Denkens.

Das Unmittelbare birgt hier stets die Ebene des Pflichtbewußtseins in sich, im Gegensatz zu dem es ausmachenden Ich, das als Subjekt dahinter steht und sich schon als Einheit erst selbst vermitteln muß, um sich als eine solche ausdrücklich bewußt zu werden.

Die fundamentale und damit wichtigste Ebene ist aber die des Unmittelbaren, die nur so zum Bewußtsein gelangt, indem der Mensch im Unmittelbaren ‚ist'. Das unvermittelte Unmittelbare ist die Ebene, auf der Fichte das Gefühl ‚ansiedelt'.

---

[1] STALDER, Gottesgedanke, 536.

Wie bereits festgestellt, macht eine solche unmittelbare Beziehung zwischen Gott und Mensch jede irgendwie geartete Gottesvorstellung unmöglich, die von einem Sein Gottes ihren Ausgang nimmt, da ein Sein nur anthropomorph zu denken ist. Einem ‚Sein' Gottes haftet laut Fichte ein Anthropomorphismus an, der eben von Beginn an subjektiv ausgestaltet ist und somit von keiner objektiven Wahrheit getragen wird.

Auch die christliche Lehre sah die Gefahr des Antropomorphismus und ging davon aus, daß jeder begreifbare Gottesbegriff zugleich auch seine Endlichkeit bedeute und also nicht geeignet sei, das Göttliche in seinem ‚An-sich' zu erfassen. Aber dennoch gestand die christliche Lehre den infolge anthropomorpher Bemühungen erhaltenen Wahrnehmungen intentionale Wahrheitsaspekte zu. Auch das in dieser Hinsicht Wahrgenommene zeichnet sich demnach durch einen Wahrheitsgehalt aus.

Fichte ist diesbezüglich anderer Ansicht. Für ihn ist das unmittelbar Wahrgenommene, das von einer Spontaneität getragen wird, entscheidend.[1] Nur aufgrund des unmittelbar Wahrgenommenen ist ein objektiv gültiger und wahrer Ausdruck von Gott erfahrbar.

Das Wahre kann hier nur innerhalb der Beziehung zwischen Gott und Mensch bestehen, spontan wie unmittelbar erfahren werden und zum Ausdruck gelangen. So ist offenkundig, daß Spontaneität und Unmittelbarkeit mit endlichen, anthropomorphen Begriffen absolut unvereinbar sind, weshalb sich hier auch deutlich die Kluft zeigt, die zwischen der Fichteschen Auffassung und der christlichen liegt.

Wie stehen sich nun ‚das Göttliche' und das Ich gegenüber?

Das Ich, das nun mit Hilfe des alles überwindenden Triebes ständig über das Objekt hinausstrebt, läßt in seinem Inneren – eben infolge des Triebes –, in seinem Bewußtsein die Idee von dem alles beherrschenden, freien, unabhängigen Ich entstehen. (GA I, 4, 409) Das so benannte freie Ich ist im Fichteschen System das Absolute. Der Mensch ist derjenige, der in diesem Absoluten herrscht und handelt und soweit er reines Handeln ist, herrscht das Absolute in ihm. Mit einer solch plötzlichen Einstellung ist ein gegenseitiges Durchdringen und Gleichwerden verbunden.

Doch hat sich das absolute Ich nicht als wirkliches Selbstbewußtsein gesetzt, sondern auf der Grundlage einer vorbewußten Spontaneität. Falk Wagner spricht diesbezüglich von einer „bewußtseinslosen Spontaneität".[2]

So ist das absolute Ich „nur Selbstsein", „nicht aber Selbstbewußtsein",[3] und demnach hat es sein Selbst, ohne sich selbst zu haben.

Wenn Fichte sagt: „Das Ich setzt sich selbst" (GA I, 2, 259), will er zunächst die Grundlage angeben, mit der das Denken schlechthin beginnt. Hier besteht zugleich die Forderung, setz dich selbst – denke dich selbst. Das eigene Ich ist insofern nicht ableitbar und also unmittelbar und bedarf keines weiteren

---

[1] Vgl. STALDER, Gottesgedanke, 537.
[2] WAGNER, Gedanke, 75.
[3] WAGNER, Gedanke, 75.

Grundes als sich selbst. Das Ich wäre demnach ein Selbstzeugnis und der Welt gegenüber offen, ohne daß Fichte den Versuch unternimmt, die Welt aus dem Ich entstehen zu lassen.[1]

Die Struktur des Ich ist in der Weise angelegt, daß es die Welt als das Andere, als ein Gegenüber, empfangen kann.

So ist das Ich ein Gefüge, das geeignet ist, die Welt zu empfangen ohne die Qualitäten aufzuweisen, die nötig sind, um die Welt im Ich entstehen zu lassen.

Der Satz „Das Ich setzt schlechthin sich selbst" verleiht dem Grundgedanken der WL von 1794 Ausdruck. Fichte wollte mit seiner Aussage der Freiheit ‚an sich' ein Denkmal setzen – seine gesamte WL ist schließlich nur ein anderes Wort für Freiheit.

In diesem Sinne ist ihm die Freiheit ‚das' Motiv und der Antrieb seines gesamten philosophischen Schaffens.

Andererseits stellt das Ich, das sich selbst setzt, aber nicht das Fundament dar, auf dessen Grund sich das gesamte philosophische Gebäude Fichtes erhebt. Das sich selbst setzende Ich steht nur am Ende der Überlegungen, die besagen, daß es unausweichlich sei, von einer Grundlage auszugehen, die sich nicht nur den menschlichen Blicken, wie es Dieter Henrich formuliert, entzieht, „wenn wir begreifen wollen, was wir alle erblicken",[2] sondern darüber hinaus auch der menschlichen Erfaßbarkeit nur schwer zugänglich ist.

Als Voraussetzung gilt, daß der Mensch von sich selbst weiß und sich mit dem Wort ‚Ich' identifiziert; also sein Selbst unter das Wort ‚Ich' subsumiert. Das Ich ist aufgefordert, einen Reflexionsprozeß zu durchlaufen, es muß sich reflektieren, um überhaupt zu einem ‚sich selbst' zu kommen.

Das Ich wird also als existentes Subjekt vorausgesetzt. Indem sich das Ich auf sein Ich zurückwirft, wird aber nicht deutlich, wie das Ich gerade infolge dieses Tuns zu einem Selbstbewußtsein gelangen kann.

Das Ich als Subjekt, das mit einem Selbstbewußtsein ausgestattet ist, stellt insofern eine besondere Problematik dar. So kommt das Subjekt in dem Moment hervor, in dem auch das Bewußtsein des Ich in seiner Gesamtheit hervortritt und das Ich somit als Ich ‚dasteht'.

Demgegenüber kann auf der Grundlage des Ich-Subjektes laut Henrich kein Selbstbewußtsein entstehen.[3] Das Bewußtsein ‚kommt im Nu hervor', gleichsam mit ‚einem Schlage' und tritt also aus keinem speziellen Moment hervor. In diesem Sinne rekurriert auch Dieter Henrich auf die Unmittelbarkeit und damit auf die Spontaneität, in der das Ich plötzlich in seiner Gesamtheit – als Ganzes – hervortritt.

Hier bezieht sich Fichte auf Platon, der „gleichsam im Nu" solch ein plötzliches Hervortreten von der höchsten Erkenntnis gelehrt hat.[4]

---

[1] Vgl. WAGNER, Gedanke, 75.
[2] HENRICH, Einsicht, 198.
[3] Vgl. HENRICH, Einsicht, 199.
[4] Vgl. HENRICH, Einsicht, 199.

Das Plötzliche, Unmittelbare scheint hier dem Moment des Schleiermacherschen Hingerissenseins zu ähneln, da in den Reden „Über die Religion" das Göttliche dem Menschen auch auf einer vorbewußten Ebene, gleichsam in einem unvermittelten Augenblick zuteil wird. Fast erübrigt es sich, darauf hinzuweisen, daß Schleiermacher die Werke Platons besonders gut kannte und so auch aus diesem Grunde das plötzliche Hervortreten in seinem Werk verarbeitete.

Doch ist vor allem dem Fichteschen System die Spontaneität eigen, da sich das Ich spontan ohne jede Vermittlung selbst setzt, plötzlich als das ganze Ich hervortritt und also ein Handeln auf ein Handeln selbst ist. Die Handlung an sich ist hier ursprünglich und auch wenn es eine Handlung auf ein Handeln selbst ist, so ist hier keine Handlung vorhergegangen. Hier ist also kein Handeln gemeint, das auf ein bereits vorhergegangenes Handeln gegründet ist.

Vielmehr ist es bereits ein Handeln/Setzen und Setzendes zugleich. Demnach heißt ‚Setzen', daß etwas, ohne vormals in irgend einer Weise bestanden zu haben und ohne jegliche Grundlage, plötzlich hervortritt und nur durch den Akt des Hervortretens zum Bewußtsein gelangt.

In diesem Zusammenhang ist auch die Frage interessant, ob das Setzen des Ich aus dem Nichts entsteht und so einer ‚creatio ex nihilo' vergleichbar ist. Aber hier besteht bereits das Ich, und sein Bestehen und Bewußtwerden fallen nur in einem plötzlichen Augenblick zusammen. So kann das Ich nie aus dem Nichts entstehen. Das Ich ist mit seinem Subjekt und seinem Objekt identisch; es ist sowohl Subjekt als auch Objekt.

Geht man davon aus, das Setzen des Ich sei ein Akt, so lassen sich die Produktion und das Produkt innerhalb dieses Aktes unterscheiden. Die Produktion ist hier der reine Tätigkeitsakt und sie ‚ist' nicht, ohne daß zugleich ihr Produkt hervorkommt. Tätigkeit und Produkt sind aber trotz ihrer Untrennbarkeit unterscheidbar. Das Produkt der Produktion des Setzens, ist das Wissen um das Ich. Die Tätigkeit ist der Grund des Wissens um das Ich, der wiederum im Wissen erfaßt wird. Aufgrund dieser Voraussetzungen hat Fichte seine Theorie des sich selbst setzenden Ich später revidiert, auch wenn er dadurch seiner ehemals vorgestellten These nicht ganz untreu wurde.

Später sind das Wissen und der Wissensgrund in der Fichteschen WL im Selbstbewußtsein voneinander geschieden. So konnte das Wissen von seinem Grund getrennt werden. Demgegenüber wurde das Selbstbewußtsein des Ich in der Lehre von 1794 noch nicht von der Produktion her begriffen.

Auf einer solchen Grundlage führt das Wissen nicht zu dem Ich zurück. Fichtes gewandelte Formel des ‚Sich-selbst-Setzens' lautet im Jahre 1797: „Das Ich setzt sich schlechthin als sich setzend". (GA I, 4, 276) Das tätige Setzen beinhaltet ein Wissen, das durch das Wort „als" zum Ausdruck gelangt.[1] „Das Ich soll sich nicht nur setzen für irgend eine Intelligenz außer ihm, sondern es

---
[1] Vgl. GLOY, Selbstbewußtsein, 55, 57.

soll sich für sich selbst setzen; es soll sich setzen, als durch sich selbst gesetzt." (GA I, 2, 406)

Das Ich setzt sich somit ‚als' dieses, da es von seinem sich selbst Setzen weiß. Es weiß auch von seinem Ich als Ich. Das Setzen des Ich, das sich ‚als' setzend setzt und also ein Wissen von sich hat, zeigt, daß das Ich für sich allein ist und sich nicht für ein anderes Sein hat.

Es kommt hier nur zu der alles entscheidenden Ich-wissenden Selbstbestimmung, weil das Ich für sich selbst gesondert ‚ist'. Das Ich setzt sich selbst und repräsentiert sich damit zugleich. Henrich weist diesbezüglich darauf hin, daß die neue Fichtesche Formel ebenfalls eine Problematik zeigt, da (1) etwas (2) etwas vorstellt und das (3) als etwas vorstellt.[1]

So kennt das Ich hier zwar sein Setzen und besitzt ein Wissen von dem was es ist, da es das von dem es etwas weiß, nämlich daß es ist, auch setzt.

Das Ich begreift sich also selbst und schaut sich als solches (selbst) an. Das Ich ist sich somit seines Ich bewußt, da es sich anschaut und zugleich von seinem Ich einen Begriff bildet, nämlich den Begriff des ‚Ich'. Doch ließ sich das Selbstbewußtsein nach der Formel von 1794 nicht aus einem seiner Momente herleiten. Die erweiterte Formel: „Das Ich setzt sich schlechthin als sich setzend", geht davon aus, daß das Ich nur ein Wissen von sich haben kann, wenn Anschauung und Begriff des Ich miteinander verbunden sind. Beide sind gleich ursprünglich. Im Fichteschen System ist das Ich „Subjekt-Objekt", was die ‚Unmittelbarkeit' der Einheit der Anschauung des Ich und der Begrifflichkeit des Ich verdeutlicht.

Das ‚Sich-Haben des Ich' wird zusammen mit dem Wissen von sich ‚im Nu' plötzlich hervorgebracht. So setzt sich das Ich als sich selbst und ist letztlich als das ‚Setzen seiner selbst' bestimmt. Das gleiche gilt auch, wenn man das Ich von der Produktionsseite aus untersucht. Als Produkt ist das Wissen als Einheit einer Anschauung und seines Begriffes von der Tätigkeit zu sehen. Ist das Wissen nur durch diese beiden Momente bestimmt und sind diese das Produkt einer Produktion, fragt sich, ob die Produktion an sich auch das im Produkt Gewußte ist. Das sich setzende Ich geht von dieser Voraussetzung aus.

Demnach muß dem tätigen Ich ein tätiger Grund vorausgedacht werden, der wiederum die gleichursprünglichen Momente seiner Einheit erklärt, ohne in ihm anwesend zu sein.

Der so vorausgedachte tätige Grund präsentiert sich also nicht als die Grundlage des tätigen Ich. Doch nicht der tätige Grund, sondern nur, was ‚herauskommt' kann als Ich bezeichnet werden, da es auch immer ein ‚Fürsichsein' ist.

So ist die Fichtesche WL aus dem Jahre 1801 in ihrer Sichtweise abermals modifiziert, da hier das Selbstbewußtsein als „eine Tätigkeit, der ein Auge eingesetzt ist", bezeichnet wird.[2]

---

[1] Vgl. HENRICH, Einsicht, 203.
[2] Zitiert bei HENRICH, Einsicht, 206.

Fichte bedient sich der Augenmetapher, da er auf der Grundlage der sprachlichen Mittel keine diesbezügliche Weiterentwicklung erkennt.

Das Wissen von sich war der ersten Formel – im Jahr 1794 – zufolge, von sich gesetzt. Im Jahre 1801 heißt es, das Selbstbewußtsein sei eine Tätigkeit, der ein Auge eingesetzt sei, und so zeigt sich in dieser Formulierung, daß Fichte das Passivische hervorhebt.

Die Tätigkeit, die durch das eingesetzte Auge sehend wurde, hat noch eine weitere Voraussetzung, die darauf hinweist, warum sie zu einer sehenden Tätigkeit wurde. In diesem Zusammenhang ist die Feststellung wichtig, daß Fichte ab dem Jahr 1801 das Passiv hier mit dem Wort ‚sein' bildet und nicht mit dem Wort ‚werden'. So wird der Tätigkeit kein Auge eingesetzt, sondern der Tätigkeit ‚ist' ein Auge eingesetzt. (GA II, 6, 150 f.)

Infolge der Einsetzung des Auges sind die Tätigkeit und das Auge dem Wesen nach gleich und stellen sozusagen einen Verbund dar. Die Tätigkeit liegt aber der Einsetzung des Auges voraus. Doch ist das Auge zugleich der Antrieb der Tätigkeit, die wiederum als Voraussetzung fungiert.[1] Auch in dieser Formel sind also die einzelnen Momente des Ich untrennbar, was bereits auch die erste Formel aus dem Jahre 1794 verdeutlichte.

Gerade die Einheit der Ichmomente ist die Voraussetzung für ein Selbstbewußtsein, das wiederum die Voraussetzung für eine mögliche Beziehung zum Göttlichen ist.

Das Tun und das Auge stehen so in der späteren WL in einer sich ergänzenden Wechselbeziehung. Dabei steht das Ich sozusagen in einer Selbstbeziehung, die sich selbst genügt und auch keinen Bezugspunkt außerhalb des Ich benötigt. Es ist das ‚Sich' der Ichheit.

Das hier bestehende Wissen verfügt über eine Existenzerfahrung infolge der Anschauung und über ein Bewußtsein bezüglich seines ‚als' des Ich. Die Existenzerfahrung und das ‚Als-sich-setzende-Bewußtsein' des Ich sind in einem wechselseitigen Abhängigkeitsverhältnis zu sehen. Fichte geht hier von einem lebendigen Zusammenhang aus.

Fichte bezeichnet ein solches Wissen als ‚Einheit und Licht', das er als ein „qualitativ absolutes" einstuft, das sich jeder Begreifbarkeit entzieht. So ist es ein „qualitativ absolutes, nur zu vollziehendes, keineswegs zu begreifendes". Hier wird deutlich, daß das Ich im Fichteschen System die intellektuelle Anschauung schlechthin ist.

Zwischen dem Wissen vom Ich und dem Ich selbst zeigt sich ein sachlicher Zusammenhang, der bereits in der frühen WL unterstellt wurde. Der inneren Verfassung des Ich und seiner Wissensweise widmete sich Fichte aber erst in seiner späteren WL.

Die besondere und daher auch eigentümliche Problematik der Verfassung des Selbstbewußtseins war im Fichteschen System zum Angelpunkt geworden. So

---

[1] Vgl. GLOY, Selbstbewußtsein, 64.

beschreitet er schließlich den Weg, jedes der von ihm entworfenen Iche nacheinander zu überarbeiten und teilweise zu revidieren.

Als Quintessenz seiner Bemühungen zeigt sich, daß Begriffe nicht die rechte Konstruktionsgrundlage bieten, um die Problematik des Selbstbewußtseins und der Beziehung desselben zu Gott einer Lösung anzunähern. So deutet sich hier eine Aporie an, obwohl Fichte stets danach sucht, ein Konstrukt anzubieten, um das ‚Ich' sprachlich angemessen auszudrücken.

In diesem Sinne stellt auch Henrich die Frage, ob das „Phänomen ‚Ich' alle Bemühungen um eine Definition" narrt.[1]

So dürfte es „eine Unendlichkeit von Bedeutung" einschließen,[2] weshalb eine Definition des Ich ebenso unmöglich ist wie eine Definition des Göttlichen. Doch ist das Ich vor allem das Erkenntnissubjekt, in welchem die Bedingungen gegeben sind, die ein Erkennen erst ermöglichen, da es den inneren Zusammenhang der Erkenntnisbedingungen erst legt.

Die Entwicklung des inneren Erkenntniszusammenhanges beinhaltet demnach zugleich das Essentielle des Ich. Hier geht es Fichte lediglich um einen Versuch einer Grundlegung, da Zutreffendes über das Ich weder in der Form der Deduktion noch der Deskription gesagt werden kann.[3]

So ist es Fichte auch nie geglückt, die Einheit des Ich, als Einheit der Momente und als unauflösbare Verbundenheit zu zeigen. Doch das Wesenhafte der Ichheit ist das Vermögen zu sehen, weshalb Fichtes Philosophie, wie bereits erwähnt, in seiner späteren WL von einem eingesetzten ‚Auge' bestimmt ist.

Das Sehen ist ihm die Grundlage aller Erkenntnis, und so rekurriert er auf ein Sehen, das der himmlischen Muse Urania eigen war. Fichte legt ein Sehen zugrunde, das von einem Licht erleuchtet ist, das dem Menschen innewohnt und ihn innerlich erleuchtet, ohne seinen Lichtstrahl nach außen zu vergeuden. So gesehen handelt es sich um ein inhärentes und hermetisch abgeschlossenes Licht des Menschen, und nur ein solches Licht ist imstande, die wirkliche Erleuchtung zu sein.

So läßt sich auch an dieser Stelle eine Verbindung zur Schleiermacherschen Philosophie finden, da Fichte den Menschen als in sich geschlossenes und erleuchtetes Universum darstellt.

Die menschliche Erleuchtung ist nur in seinem Innern auffindbar, wie es in einem Fichteschen Sonett abgedruckt ist: „Seitdem ruht dieses ‚Aug' mir in der Tiefe und ist in meinem Sein – das ewig Eine lebt mir im Leben, sieht in meinem Sehen". (SW VIII, 461/2; XI, 347/8) Hier zeigt sich deutlich, daß ihm die Problematik des Ichwissens etwas Dunkles ist, dem nur Abhilfe geschaffen wird, indem das Auge im Inneren des Ich sieht, gleichsam innerhalb des eigenen Sehens.

---

[1] HENRICH, Einsicht, 215.
[2] HENRICH, Einsicht, 215.
[3] Vgl. HENRICH, Einsicht, 215.

Das so eingesetzte Auge fungiert als das Unbedingte des Ich und demnach zugleich als das Göttliche im Ich. Es ist immer schon ‚da' und verlangt lediglich nach einem Aufhorchen.

Henrich spricht von einer „Lichtflamm", die „in das Subjekt der Erkenntnis still hineingesehen" sei.[1]

Schließlich sah Fichte die Grundlage des Selbstseins in der späteren WL im ‚Absoluten'. So ist hier das Göttliche im Ich das Absolute, wie das Selbstsein die Manifestation Gottes ist. Demnach beinhaltet die Selbsterkenntnis auch die darüber hinausgehende Erkenntnis einer göttlichen Offenbarung.

Das Selbstsein ist so die Manifestation von dem, das allem Wissen als Grundlage dient.

Also ist das Selbstsein als Manifestation des Göttlichen, als allem zugrunde liegendes Fundament zu denken. Die Verbundenheit zwischen dem Absoluten und dem Ich verdeutlicht Fichte indem er das Absolute durch Eigenheiten auszeichnet, die er im Jahre 1797 dem Ich zuschrieb.

In diesem Sinne hat sich hier die Linie vom Ich zum Absoluten als Kreis geschlossen.

Da sich das Ich als sich setzend setzt, so ist das Selbstsein ‚als' Manifestation Gottes zu denken.

Das, was sich im Ich als das sich Manifestierende manifestiert, ist der lebendige Gott.

So könnte man eine extrem verkürzte Formel als Wagnis anbieten: Ohne Selbstsetzung gibt es für den Menschen kein sich manifestierendes Göttliches in ihm und somit überhaupt kein Göttliches. Auch unternimmt Fichte hier den Versuch, die Ontotheologie und die Lehre vom Primat der praktischen Vernunft miteinander in Einklang zu bringen.

So versuchte er das Wesenhafte des Menschlichen und des Göttlichen, durch das Ich und seine Selbstsetzung zu vermitteln. Das Ich soll sich setzen als durch sich selbst gesetzt. Später wird das Ich zu dem abspiegelnden Spiegel eines Bildes von sich selbst.

Auch Karen Gloy beschäftigt die besondere Problematik des Verhältnisses zwischen Selbstbewußtsein und Absolutem.[2]

Sie sieht die nicht zu lösende Problematik darin, daß eine Einzelexistenz von einem umfassenden Grund abhängig sein soll. Das Verhältnis zwischen dem Einzel-Ich und dem unendlichen, göttlichen Existenzgrund entzieht sich anscheinend jeder Annäherung. So empfindet sie das Phänomen des Selbstbewußtseins als nicht eindeutig erklärbar und zwar weder durch das klassische Reflexionsmodell noch durch das revisionistische Produktionsmodell.

Fichtes Lehre ist als ständiger Neubeginn und als sich ständig wiederholende und erneuernde Reflexion, bezüglich des Themas ‚Menschliches im Verhältnis zum Göttlichen' zu sehen. So ist er sich stets bewußt, daß er eine abschließende

---

[1] HENRICH, Einsicht, 217.
[2] Vgl. GLOY, Selbstbewußtsein, 70 f.

Lösung nie sprachlich, begrifflich, zum Ausdruck bringen kann. Sein Ziel ist es, der Lösung stets etwas näher zu kommen, mit dem steten Bewußtsein sie nie ganz erreichen zu können.

Doch überschneiden sich die Ansicht von Karen Gloy und Fichte in einem entscheidenden Punkt. Karen Gloy kritisiert, daß das Ich überhaupt von sich in seiner Einheit wisse, sei nicht dem Ich zuzuschreiben, sondern der Instanz, die dem Ich vorausliege, was durch die passive Form „eingesetzt sein" ausgedrückt werde.[1] In diesem Sinne widerspricht sie der Fichteschen Auffassung nicht, da auch Fichte die passive Form wählte, um dem Göttlichen, auch bei der Selbstsetzung des Ich, das sich als selbst setzend setzt, in seinem System den grundlegenden Einlaß zu gewähren.

Die Fichteschen Thesen bezüglich des sich selbst setzenden Ich verfolgen nicht nur das eine Ziel, den Menschen als völlig unabhängiges freies Wesen zu zeigen. Frei und unabhängig ist der Mensch innerhalb der Fichteschen Erklärungen, auch wenn ihm eine grundlegende Instanz vorausliegt, die als das Göttliche identifiziert werden kann.

In diesem Sinne zeigen sich hier Parallelen zum schlechthinnigen Abhängigkeitsgefühl der Schleiermacherschen GL.

Ohne die Selbstsetzung des Menschen gibt es bei Fichte keine göttliche Manifestation im Ich. Hiermit ist gesagt, daß der Mensch ausschließlich durch die Selbstsetzung das ihm grundlegend inhärente Göttliche, schon vor der Selbstsetzung des Ich, erfährt. Demnach setzt sich der Mensch nicht selbst, um infolge des sich Selbstsetzens Gott mit zu setzen.

In der WL aus dem Jahre 1798 beschreibt Fichte das Selbstbewußtsein als etwas, daß sich im selbst spiegelnden Spiegel auflöst.

Es gibt also kein Sich-Erscheinen des Seins, das nicht sich selbst erscheint. Auch Manfred Frank zufolge muß das Ich, damit es von sich weiß, sich selbst erscheinen.[2]

So ist ein Wissen, um ein Sein von dem eigenen Ich von der Erscheinung zu sich abhängig. Ein Gegensatz von Subjekt und Objekt ist hier nicht anzunehmen, da Fichte ‚Subjekt-Objekt' als Eins gesetzt hatte.

Auch diesbezüglich deutet sich eine Parallele zum Schleiermacherschen Werk an. So wählt Schleiermacher in der Dialektik einen ähnlichen Weg, wenn er bemerkt, daß „der Gegensatz Subjekt-Objekt [...] hier gänzlich ausgeschlossen [bleibt] als ein nicht anwendbarer". (DOd, 287)

So konvergiert die Subjekttheorie Schleiermachers mit der Fichteschen Ichtheorie. Fichte lehnt das Reflexionsmodell ab, da das Reflektierende schon vorher von sich Kenntnis erlangt haben muß, um sich als das Reflektierte bemerken und beurteilen zu können. Schleiermachers „Dialektik" und auch seine „Glaubenslehre" zeigen zur Fichteschen Selbstbewußtseins-/Ichtheorie erstaunliche

---

[1] Vgl. GLOY, Selbstbewußtsein, 70.
[2] Vgl. FRANK, Allgemeine, 43.

Übereinstimmungen, wie es speziell noch im Kapital zur Schleiermacherschen „GL" gezeigt wird.

Doch unterscheidet Schleiermacher das „reflektierte Selbstbewußtsein, wo man sich zum Gegenstande geworden ist" (DOd, 288) vom „reflektierenden Selbstbewußtsein" in einem handschriftlichen Zusatz zu § 3,2, S. 16, GL (1830).

Die Selbstpräsentation nennt Schleiermacher ‚Ich'. (DOd, 287). Das unmittelbare Selbstbewußtsein ist im Schleiermacherschen Werk aber nicht durch die Ichheit ausgezeichnet. Für Schleiermacher steht fest, daß wir ohne die Reflexion keine Vorstellung von dem Ich haben und sich das Selbstbewußtsein und das Ich zueinander wie Unmittelbares zu Mittelbarem verhalten. In diesem Zusammenhang ist die Feststellung wichtig, daß Schleiermachers unmittelbares Selbstbewußtsein hier kein Ich-Bewußtsein meint. So ist das Ich bei Schleiermacher ein Phänomen, das neben der Reflexion auf das nicht-thetische Selbstbewußtsein in Erscheinung tritt. (DOd, 288) Also ist das Ich keine von Anfang an gegebene Eigenschaft des ursprünglichen Bewußtseins.[1]

An dieser Stelle zeigt sich auch die deutliche Opposition Schleiermachers gegenüber dem diesbezüglichen Fichteschen Standpunkt, gerade weil Schleiermacher hier laut Manfred Frank eher in der Nähe „zur phänomenologisch ausweisbaren Seinsweise" von „Bewußtsein" und in der Ichlosigkeit auch Sartre nahe steht.[2]

Das unmittelbare Selbstbewußtsein ist im Schleiermacherschen Werk dem „gegenständlichen Bewußtsein" wie auch dem „Wissen um Etwas" (§ 3,2 Gl 1830, handschriftlicher Zusatz) so wenig verwandt, daß jede Betrachtung, die in der Absicht geschieht, zur Folge hat, daß das unmittelbare Selbstbewußtsein und somit das Essentielle und Wesentliche der Seinsweise, verkannt wird. Die Verkennung geschieht zwangsläufig durch das ‚Vor-Sich-Bringen' und Vergegenständlichen.

Bei Fichte ist das Sichwissen ein Wissen von sich, das sich mit dem Wort ‚Ich' identifiziert und in keiner Weise grundlegend für das Sein des Ich ist. Der Akt, der das Bewußtsein bezüglich seines Selbst hervorbringt, muß schon in sich reflektiert gewesen sein – in sich die Reflexion vollzogen haben –, wenn der Begriff das von ihm Begriffene, als sein ‚sich selbst' soll erkennen können.

Wie bereits Dieter Henrich und Robert Stalder bemerkten, tritt das unmittelbare Selbstbewußtsein bei Fichte in der WL „nova methodo" und innerhalb des „Versuchs einer neuen Darstellung der WL" ‚auf einmal', ‚mit einem Schlage' hervor.[3]

Der Gleichzeitigkeit von authentischer Anschauung und reflektierendem Moment wurde so Rechnung getragen. Die Urhandlung, das „sich setzen" und später „das sich setzen als sich selbst", ist nicht im Hinblick darauf zu registrieren, daß es sich selbst setzt, um ‚für' etwas zu sein, sondern es setzt vor allem

---
[1] Vgl. FRANK, Allgemeine, 97.
[2] Vgl. FRANK, Allgemeine, 95.
[3] Vgl. HENRICH, Einsicht, 200 f.; STALDER, Gottesgedanke, 481 ff.

auch noch das eigene ‚Sichsehen' und ist somit zugleich Real- und Idealgrund seines Selbst.

So macht das eingesetzte Auge das eigene Sehen selbst zum Bild, und es zeigt sich, daß der Schritt zur Mystik auch innerhalb des Fichteschen Werkes nicht weit entfernt liegt, sagte doch auch der Mystiker Jakob Böhme: „Der Urgrund ist gleich einem Auge, denn er ist sein eigener Spiegel", „Sein Sehen ist in sich selber".[1]

Daß das Ich des Ich als ‚Ich' ist und schlechthin als Ich anzuerkennen ist, zeigt, daß der Charakter des Ich in seiner reinen Tätigkeit besteht. So stellt das Ich hier das Handeln in allen bewußtseinsabhängigen Handlungen dar.

Stellt man diese Überlegung an, das Ich solle gesetzt werden, so folgt darauf, daß sich das Ich durch sich selbst setzt, ja nur durch sich selbst gesetzt werden kann. Das Sein des Ich ist die Grundlage, gleichsam „der epistemische Grund" des sich-Setzens des Ich, wie es Hisang Ryue ausdrückt.[2]

Von grundsätzlicher Bedeutung ist, daß das Ich nur ist, weil es sich selbst setzt, und so könnte auch Gott das Ich nicht als Ich setzen, da das Ich durch die Selbstsetzung zugleich sein Sein hervorbringt. Also ist das Setzen des Ich auch der ontologische Grund des Ich (für das Sein). Ohne ein Sich-Setzen des Ich könnte es daher kein Sein des Ich geben. „Demnach ist das schlechthin Gesetzte, und auf sich selbst Gegründete – Grund eines gewissen [...] Handelns des menschlichen Geistes [...], der reine Charakter der Tätigkeit an sich." (GA I, 258 f.) Wie bereits ausgeführt ist die Selbstsetzung des Ich mithin dafür ursächlich, daß das Ich seiner selbst gewiß ist.

Die so ursprünglich vorhandene Selbstgewißheit des Ich ist das ‚Ich bin'; es stellt bei Fichte die Tathandlung dar, die ein Fundament seiner Philosophie des Ich sein soll.

„Es ist zugleich das Handelnde, und das Produkt der Handlung: das Tätige, und das, was durch die Tätigkeit hervorgebracht wird. Handlung und Tat sind Eins und eben dasselbe: und daher ist das: Ich bin, Ausdruck einer Tathandlung". (GA I, 2, 259) Die Entfaltung des ‚Ich bin' ist aber erst durch den Satz ‚Ich bin Ich' möglich, da sich das ‚Ich bin' aus dem ‚Ich bin' in Kombination mit dem ‚Ich bin Ich' kundtut.

So vollzieht das Ich zunächst seine Tätigkeit des ‚Sich-Setzens' als ursprüngliche Tätigkeit, die sich vollzieht, noch ehe das Ich seine Tätigkeit des ‚Sich-Setzens' reflektiert. Aus diesem Grunde ist die eben dargestellte Tätigkeit des Ich ursprünglich, unmittelbar und somit nicht erklärbar. (GA IV, 2, 38)

Die Beziehung zwischen dem ‚Sich-Setzen' des Ich und dem Sein desselben ist so zu verstehen, daß der Begriff des Seins des Ich aus dem Gesetztsein eben dieses Ich seine Ableitung erfährt. In diesem Sinne sagt Fichte: „Sein hingegen kann man ableiten". (GA IV, 2, 38) So ist das Gesetztsein des Ich nur aus dem Grunde zustande gekommen, weil das Ich sich als ein Selbst gesetzt hat.[3]

---

[1] BÖHME, Schriften, Bd. 4, 120, 121/4,5.
[2] Vgl. RYUE, Differenz, 145.
[3] Vgl. GLOY, Selbstbewußtsein, 57.

Also ist die Beziehung zu dem Sein und dem ‚Sich-Setzen', soweit man sie aus der Perspektive des Ich sieht, völlig gleich, woraus der Fichtesche Satz resultiert: „Ich bin". Sogleich folgt Fichtes Feststellung: „Ich bin, weil ich bin". Das Ich, das vom ‚Sich-Setzen' abhängig ist, und das ‚Sich-Setzen', das vom Ich abhängt, zeigt eine daraus resultierende Selbstabhängigkeit des Ich.

So ist es nur folgerichtig, davon auszugehen, daß dem Begriff des Ich der Begriff ‚causa sui' inhärent ist – womit einmal mehr zum Ausdruck kommt, daß das Ich die Ursache seines Selbstseins ist. Nur infolge der Tatsache, daß es die Ursache seines Selbstseins ist, kann es das Göttliche überhaupt erahnen. Die Setzung der eigenen Ursache ist als Motor der Gottesahnung eine notwendige Voraussetzung.

An dieser Stelle sei erneut der Blick auf das Gedankengut des Spinoza gerichtet. So ist bei Spinoza der Begriff der Substanz ebenso ein Begriff, der nicht des Begriffes eines anderen Dinges bedarf, da die Substanz im Werk des Spinoza ausschließlich durch sich selbst begreifbar ist.

Alle anderen Dinge bzw. deren Begriffe leiten sich von dem Begriffe der Substanz ab und sind von diesem abhängig.

Ausschließlich dem Begriff der Substanz ist innerhalb des Spinozischen Systems die Freiheit eigen, da nur sie die Potentialität besitzt, durch sich selbst zum Handeln bestimmt zu werden.

Aus diesem Grunde geht Hisang Ryue in seiner Untersuchung davon aus, Fichte orientiere sich in Hinblick auf seine Ich-Thesen an der Lehre des Spinoza, um dennoch zugleich auf einen entscheidenden Unterschied zwischen Fichtescher und Spinozischer Auffassung hinzuweisen.[1]

Spinoza nahm an, der Substanz- und der Gottesbegriff seien adäquat. Alle endlichen Wesen sind seiner Lehre zufolge nur eine Modifikation des einzig unendlichen Wesens.

Fichte hingegen schreibt menschlichem Bewußtsein die Qualität des Substanzbegriffes zu, da es als höchste Einheit einzustufen ist, die – „nicht als etwas, das ist, sondern als etwas, das durch uns hervorgebracht werden soll, aber nicht kann" – vom Menschen verstanden werden soll. (GA I, 2, 264) In diesem Sinne übt er an der Lehre Spinozas Kritik: „[...] es ist grundlos: denn was berechtigte ihn denn über das im empirischen Bewußtsein gegebne reine Bewußtsein hinaus zu gehen"? (GA I, 2, 263) Für Fichte war ja das Ich allein schon bestimmend, da es die Grundlage für das Sich-setzen des Ich ist und das Sein des Ich allein durch das Ich hervorgebracht werden kann.

So ist das absolute Ich als Tun ein ungehindertes Streben, das sich in seinem Tun selbst anschaut. Hier wird deutlich, daß die hier verfolgte theoretische Linie Fichtes – trotz ähnlich verwendeter Begriffe – völlig andere Ziele hat als die von ihm favorisierte moralische Linie. Die theoretische Linie verfolgt das Ziel der schrankenlosen Selbständigkeit, die moralische Linie hingegen setzt sich als Ziel die sittliche Freiheit.

---

[1] Vgl. RYUE, Differenz, 153.

Das Streben nach schrankenloser Freiheit ist hier von vordergründiger Dominanz, da es gegenüber der moralischen Tat nur Mittel zum Zweck ist. Die moralische Tat bleibt im Fichteschen System das höchste Ziel, da der Mensch nur auf diese Weise der moralischen Weltordnung, und also Gott, entgegenstrebt.

Auch wird ein Bewußtsein Gottes im Fichteschen System nicht ganz abgelehnt, geleugnet wird das göttliche Bewußtsein nur bezüglich „der Schranken und dadurch bedingten Begreiflichkeit". So ist die Gottheit der Materie nach „lauter Bewußtsein; sie ist die Intelligenz, reine Intelligenz, geistiges Leben und Tätigkeit". (GA I, 6, 51) Das so bezeichnete Intelligente entzieht sich jeder begrifflichen Erfaßbarkeit. Folglich ist der Glaube an ein Göttliches ganz auf die moralische Ordnung gerichtet, da ‚sie' für das Göttliche steht, weil der Glaube, der mehr enthält „Erdichtung und Aberglaube" ist, der trotz seiner möglichen Unschädlichkeit, „doch immer eines vernünftigen Wesens unwürdig" ist. Nur ‚der Glaube', der sich auf die moralische Ordnung richtet wird von Fichte als Glaube an ein wahrhaft Göttliches akzeptiert, jeder darüber hinausgehende Glaube ist verwerflich und ein „den Menschen durchaus zugrunde richtender Aberglaube". (GA I, 6, 388)

So bezieht sich der Gedanke des Göttlichen im Fichteschen System auf das reine Handeln wie auch die Parallele zeigt, daß „das Wesen des Menschen im Handeln besteht". (GA IV, 1, 149)

Gott legt sich in dem, was er ist, durch die moralische Weltordnung offen und offenbart sich auf diese Weise als das reine Handeln. Indem Fichte den Menschen als Teil der göttlichen Ordnung sieht, zeigt er, daß der Mensch ‚teilhat' an dem reinen Handeln und so infolge der pflichtmäßigen Handlung in die göttliche Nähe gelangt. In diesem Sinne hängt er von der göttlichen Ordnung, der moralischen Weltordnung ab, ohne unfrei zu sein.[1]

Hier wird ein Drehpunkt deutlich, da der Mensch als Teilbereich der göttlichen Ordnung das reine göttliche Handeln übernimmt, sozusagen als Ablage.

Wie bereits festgestellt, zeigt sich in der Formulierung die Wende, wo das reine göttliche Handeln übergeht in das pflichtmäßige reine Handeln. Die hier erfolgte Wendung ist der Grund, warum der Mensch existiert, also seine Existenzgrundlage.

Fichte spricht sogar von einem aus dem Inneren des Menschen zu schöpfenden „Begriff der übersinnlichen Welt". Dabei handelt es sich um keinen philosophisch geprägten Begriff, sondern um etwas, das bereits einer anderen Sphäre angehört.

Indem Fichte sagt, Gott „ist selbst sein Inneres [sc. des Menschen]", so deutet er direkt auf einen Translationsort und -akt hin. (GA IV, 1, 436) Hiermit ist das Fichtesche Existenzverhältnis des Menschen charakterisiert, das eben auch ‚den' Grund beinhaltet, der als ‚der Gegenstand des Glaubens' fungiert.[2] Es ist die

---

[1] Vgl. GIRNDT, Sicht, 119.
[2] Vgl. STALDER, Gottesgedanke, 539.

absolute Tätigkeit, die als eine „über alles Sinnliche erhabene Macht" der Welt Gebote erteilt, demzufolge sie den Vernunftzweck realisiert.

Darüber hinaus ist Gott das innere Gesetz menschlicher Gemeinschaft und umgekehrt. (GA II, 5, 168 ff.) Fichte bezieht sich eindeutig auf das Göttliche in den menschlichen Beziehungen. So spricht er in der „Bestimmung des Menschen" nicht mehr von der „moralischen Weltordnung", sondern von dem (göttlichen) „Willen". „Jener erhabene Wille geht nicht abgesondert von der übrigen Vernunftwelt seinen Weg für sich. Er ist zwischen ihm und allen endlichen vernünftigen Wesen ein geistiges Band, und er selbst ist dieses geistige Band der Vernunftwelt". (GA I,6, 292)

Das Göttliche befindet sich demnach in einem zwischenmenschlichen Bereich. „Dasselbe Gesetz, das euch verbindet, macht das Sein aus so wie es euren Willen ausmacht". (GA I, 5, 452)

Doch das eigentliche Göttliche verblieb stets in seiner Unendlichkeit, jenseits dem Gewordenen und jenseits jeder Aussprechbarkeit.

Auch die menschliche Gemeinschaft ist nur das Abbild Gottes und kann nie die göttliche Wirklichkeit werden.

Obwohl Fichte den Gottesgedanken in die Nähe der menschlichen Gemeinschaft rückt, entfernt er ihn zugleich, indem er ihm jede philosophische Begrifflichkeit abspricht und die Erfaßbarkeit des Göttlichen grundsätzlich ablehnt.

Dennoch ist nicht zu verkennen, daß im Fichteschen System das Göttliche nur in einer Beziehung bestehen kann – obwohl dieser Gedanke von ihm eigentlich verworfen wird. So findet sich die ‚Ich-Du-Beziehung' Friedrich Gogartens im Ansatz schon bei Fichte.[1]

Zu bemerken ist diesbezüglich, daß auch Schleiermacher die genannte Konstellation ‚am Herzen lag', da auch er die Beziehung des Menschlichen zum Göttlichen bereits in den Reden „Über die Religion" herausstellte und auf diese Weise die einzige Möglichkeit einer Erfahrbarkeit des Göttlichen vorstellte.

Fichte stellt Gott als gesondertes Selbstbewußtsein vor, ohne den Versuch zu unternehmen, die göttliche Intelligenz in Begriffe zu fassen. Hierin zeigt sich die Fichtesche Vorsicht und Bewahrung des Göttlichen vor jeglicher endlicher Begriffsbestimmung. Er hält den philosophischen Begriff des ‚Selbstbewußtseins Gottes' für untauglich. Die Andeutung eines göttlichen Selbstbewußtseins kann nur im Kreis des menschlichen Begreifens erfolgen, und so tritt als nötige Folge die Verendlichung ein. Demnach führt der Weg, der zu einem göttlichen Selbstbewußtsein führen soll, stets in eine Aporie.

Fichte versucht der Crux zu entfliehen, indem er im Kreise des menschlichen Begreifens das gemeinte Selbstbewußtsein Gottes von jeder begrifflichen Bestimmung löst.

Allerdings deutet sich hier eine weitere Aporie an, da das menschliche Begreifen nie in den Kreis des göttlichen Selbstbewußtseins und Begreifens eindringen kann und der Mensch in seinem Begreifen stets auf eine Beziehung

---

[1] Vgl. Sölle, GOGARTEN, 291 ff.

zwischen seinem Ich und einem Gegenüber angewiesen ist. So ergibt sich hier die nötige Folge, daß der Mensch vom göttlichen Selbstbewußtsein im Kreise des menschlichen Begreifens nichts sagen kann und deshalb diesbezüglich zu schweigen hat.

Wie entkommt Fichte der Aporie? Der gelungene Versuch, der Ausweglosigkeit zu entkommen, mag darin bestehen, daß sich die Endlichkeit des philosophisch-menschlichen Begreifens stets seiner Endlichkeit und Beschränktheit bewußt zu sein hat, da nur so die Flucht vor der totalen Sprachlosigkeit und Resignation möglich ist.

Das Selbstbewußtsein Gottes, das von Fichte als unendlich interpretiert wird, entzieht sich der Darstellung, die auf philosophische Begriffe angewiesen ist. So wird der philosophische Begriff geopfert, um das absolute und deshalb in seinem ‚An-sich' unbegreifliche Selbstbewußtsein Gottes vor einer unausweichlichen Verelendung durch den philosophischen Begriff, dem der Makel der menschlichen Beschränktheit eigen ist, zu bewahren.

Die Bewahrung des Göttlichen ist somit der Kerngedanke der Fichteschen Vorgehensweise, die das göttliche Sein nur den göttlichen Seinsbedingungen unterstellen will und eben nicht den Bedingungen des menschlich Seienden.[1]

Indem sich Fichte jeglicher philosophischer Begrifflichkeit enthält, um die Eigenart des göttlichen Selbstbewußtseins herauszustellen, wählt er den umgekehrten Weg der traditionellen Theologie. Nur die innere, unmittelbare Wahrnehmung kann etwas über Gott aussagen. So fordert Fichte: „Auch der Begriff des reinen Geistes, vermochte nicht zu solchen weiteren Folgerungen verhelfen. Selbst die von unserer Seele entlehnten Bestimmungen passen nicht für jenen Begriff (sc.Gottes)". (GA I, I, 5, 369)

5.4.2 Die Erfaßbarkeit des Göttlichen bei Schleiermacher

Die Auffassung Schleiermachers stimmt hinsichtlich einer Erfaßbarkeit des Göttlichen mit der Fichteschen Auffassung insofern überein, als es auch für Schleiermacher undenkbar ist, daß das Wesen der Gottheit sich dem Menschen in seinem ‚An-sich' offenbart.

Eine der Grundaussagen der Reden „Über die Religion" ist, daß der Mensch das Universum nie direkt erfahren kann, sondern immer nur in den Handlungen, in denen es sich dem Menschen kundtut.

„Alle Begebenheiten in der Welt als Handlungen eines Gottes vorstellen, das ist Religion, es drückt ihre Beziehung auf ein unendliches Ganzes aus, aber über dem Sein dieses Gottes vor der Welt und außer der Welt grübeln, mag in der Metaphysik gut und nötig sein, in der Religion wird auch das nur leere Mythologie". (R, 57) So ist es infolge der erkenntnistheoretischen Selbstbeschränkung des Menschen auch bei Schleiermacher unmöglich, daß der Mensch das Wesentliche der Gottheit je erfassen kann.

---

[1] Vgl. WAGNER, Gedanke, 96.

Auch Schleiermacher wendet sich – in ähnlicher Weise wie Fichte – gegen die vorhandenen, überkommenen Gottesvorstellungen seiner Zeit, um sie einer kritischen Betrachtung zu unterziehen.

So wendet sich Schleiermacher ebenfalls gegen den Anthropomorphismus, da für ihn die Religiosität vom Sinn für das Universum und von der Richtung der Phantasie abhängt, welche letztlich dafür die Verantwortung trägt, ob der Mensch „zu seiner Anschauung einen Gott hat". (R, 128)

Der Sinn für das Universum fungiert als Maßstab der Religiosität, wie des Menschen Inneres darüber entscheidet, ob es einen persönlichen Gott annimmt. In der 1. Auflage seiner Reden „Über die Religion" versteht Schleiermacher unter den Begriffen ‚Gott' und ‚Gottheit' (R, 164) immer den persönlichen Gott.

Aber Gott ist der Schleiermacherschen Denkweise zufolge nichts anderes „als eine einzelne religiöse Anschauungsart, von der wie von jeder anderen die übrigen unabhängig sind". (R, 124)[1] So kann auch die Aussage „kein Gott, keine Religion" bei Schleiermacher „nicht stattfinden". (R, 124) Der Mensch, der sich diese Anschauung zu eigen macht, spürt im Inneren, in seinem Gemüt, daß dieselbe dem göttlichen Wesen nicht entsprechen kann. In dieser Hinsicht lehnt Schleiermacher auch ein analoges Erfassen des Göttlichen strikt ab.

Eine solche Anschauung kann laut Schleiermacher immer nur eine Vermenschlichung sein, weil sich dem Menschen aufgrund seiner eingeschränkten Vorstellungskapazität keine andere Möglichkeit bietet.

Selbst „dichterische Gemüter" gelangen nicht darüber hinaus (R, 165); selbst die höchstmögliche theistische Anschauung, der zufolge sich die Gottheit als der „Geist des Universums, der es mit Freiheit und Verstand regiert" darstellt, ist nur eine Idee. Aber gerade die Religion hat es Schleiermacher zufolge gerade nicht mit Ideen zu tun, sondern ist ein Einswerden mit dem Unendlichen. So berührt auch die Vorstellung eines persönlichen Gottes nicht das eigentliche Wesen der Religion, wie die folgende Äußerung verdeutlicht: Die Religion „blieb mir, als Gott und Unsterblichkeit dem zweifelnden Auge verschwanden". (R, 15). Außerdem liefert die menschliche Phantasie die entscheidende Komponente, ob man zu der Anschauung einen Gott hat, da sie das Höchste und Ursprünglichste im Menschen – im menschlichen Gemüt – ist. (R, 129) Das Wesenhafte des Universums wird durch die Idee eines Gottes nicht berührt und ist deshalb auch entbehrlich. Die Schleiermacherschen Äußerungen lassen einen traditionskritischen Zweifel bezüglich eines religiösen Dogmatismus gerade hier erkennen. Wenn er von ‚der' Religion spricht, so meint er selbstverständlich die wahre Religion, die „von dem Schutte der Vorwelt" gereinigt ist. (R, 15) So wird deutlich, daß religiös-traditionsgebundenes Denken auch zugleich erstarrtes und somit totes Denken ist, daß dem toten Buchstaben verbunden ist.

In gleicher Weise wie er sich der traditionell-orthodoxen religiösen Betrachtungsweise entgegenstellt – und seine Reden „Über die Religion" sind diesbezüglich ein nachdrücklicher Aufruf –, so wendet er sich auch gegen eine rein

---

[1] Vgl. TIMM, Revolution, 49.

moralische und der Vernunft allein verpflichtete Religionsauffassung, da auch hier starre Begriffe vorherrschen. In diesem Sinne sind die Schleiermacherschen Reden „Über die Religion" auch gegen die der Kant-Schule verpflichtete Religionsphilosophie gerichtet,[1] denn Schleiermacher beabsichtigt, die Religion von den Fesseln dieser, der idealistischen Philosophie zu befreien, und gedenkt den „Manen des heiligen verstoßenen Spinoza [...] eine Locke" zu opfern. (R, 54)

So war ihm die Religion verhaßt, die in einer Verbindung zur orthodoxen Theologie stand. Eine solche Aussage könnte ebenso bezüglich der Fichteschen Untersuchungen zur Religionsphilosophie gemacht werden.

Aber der Schleiermachersche Standpunkt verdeutlicht, daß gerade Fichte in einer moralisch-rationalen Vernunfttheologie verharrte. Fichte bestritt die Schleiermachersche Einschätzung vehement; er war der Meinung, sein Enthalten bezüglich einer begrifflichen Aussage über Gott zeige, daß auch er eine gelebte und aus dem Gefühl sich ergebende Religiosität verteidige.

Doch die gelebte und aus dem Gefühl sich ergebende Religiosität war es, die Schleiermacher für seine Religionsphilosophie in Anspruch nahm, und so stand seine so verstandene Religiosität als Angelpunkt bereits in den Reden „Über die Religion" fest und sollte sich auch bis zur Ausarbeitung der Glaubenslehre nicht wesentlich ändern. So stellt er mit seinen religionsphilosophischen Untersuchungen das Wesenhafte der Religion in den Mittelpunkt, daß ihm „weder Denken noch Handeln, sondern Anschauung und Gefühl" ist. (R, 29)

An dieser Stelle mag die Meinung Hermann Timms stellvertretend sein, daß sich bei Schleiermacher „kein intentional ausgerichtetes Vorstellungsbewußtsein, kein Quantum von Meinungen, die theoriefähig wären" zeigt.[2] Die in eine Theorie gefaßte Religion wäre lern- und lehrfähig und also im Schleiermacherschen Sinne der Perversion preisgegeben.

Indem er sich gegen ein bestimmtes Wesen bezüglich der Religion wendet, hält er auch ein Wissen über Gott für unmöglich, so daß er jede Wissensform in dem Bereich des Religiösen ablehnt. In diesem Sinn ist für ihn das Gefühl ein ‚stärkeres Wissen'.

Hier wandelt Fichte auf vergleichbaren Pfaden, da auch er ein Wissen von Gott aus ähnlichen Gründen wie Schleiermacher für unmöglich hält – wie er auch alle diesbezüglichen Beweise für nichtig erklärt. So ist das ‚religiöse Wissen' auch in der Fichteschen Lehre im Gefühl begründet und insofern ist es – wie bereits ausgeführt wurde – weder theorie- noch begriffsfähig. In diesem Sinne trugen beide Philosophen zu einer epochalen Neuerung bei, da weder Schleiermacher noch Fichte ihre Arbeit auf eine Gotteserkenntnis hin ausrichteten.

Beide hielten eine Gotteserkenntnis ‚an sich' für undenkbar, da sie das Göttliche in der gelebten Praxis sahen.

---

[1] Vgl. TIMM, Revolution, 29.
[2] TIMM, Revolution, 31.

Fichte bediente sich diesbezüglich der „moralischen Weltordnung", die ihre Fundierung im Göttlichen findet, und Schleiermacher vollzieht in dieser Hinsicht die Wendung zur Gefühlsebene in einer wahrlich totalen Art.

5.4.3 Die Aufgabe des Gefühls hinsichtlich einer möglichen Erahnbarkeit Gottes

Zwar wird die Idee eines persönlichen Gottes hinsichtlich der religiösen Einstellung des Menschen von Schleiermacher insofern toleriert, als er jedem Einzelnen die Wahl seiner Anschauungsart überläßt. Aber es steht fest, daß eine solche Anschauungsart nicht die Entscheidende sein kann, die für eine Vereinigung mit der Gottheit schlechthin wichtig ist.

Im Ergebnis sind sich Fichte und Schleiermacher auch hierin einig, sie gelangen lediglich auf verschiedenen Wegen zu ihrer Erkenntnis. So ist es bei Fichte eine plötzliche Wendung - die Erfahrung der sittlichen Freiheit -, wo hingegen sich bei Schleiermacher die Erkenntnis aufgrund eines längeren Erfahrungsprozesses einstellt.

Andererseits spricht Schleiermacher in den Reden „Über die Religion" von göttlichen Eigenschaften. In diesem Sinne führt er die Liebe und die Allmacht an. (R, 78) „Das [...] immer fortgehende Erlösungswerk der ewigen Liebe". (R, 104)[1] Auch hier will er nicht das Wesenhafte des Universums an sich beschreiben, sondern klar herausstellen, in welcher Weise die Handlungen des Universums auf den endlichen Menschen wirken.

Er beabsichtigt mit seinen sprachlichen Wendungen zu verdeutlichen, welche Vorstellungen sich der endlich-beschränkte Mensch seiner eingeschränkten Auffassungsart zufolge von einem hinter seiner Auffassungskapazität liegenden Wesen macht.

Auch in dieser Hinsicht stimmen Schleiermacher und Fichte überein. So sind beide von einem Glauben an die „ewige Menschheit" beseelt. Für Fichte besteht für jeden, der will, die Möglichkeit, sich in die intelligible Sphäre zu erheben, da er so das Göttliche in sich zur Geltung bringt und von nun an völlig frei gegenüber der äußeren Welt, ja selbst gegenüber Gott ist. (GA I, 5, 452)

Ebenso stellt das Weltgeschehen für Schleiermacher eine wunderbare Harmonie dar, da alles hier an seinem zugedachten Platz ist und durch alles das Prinzip des Guten waltet.

Also bietet sich jedem Menschen die Möglichkeit, sein Inneres zu befragen und sich in seinem Gefühl völlig frei zu fühlen, da er auf diese Weise als Spiegel des Universums fungiert.

Eine weitere Gemeinsamkeit zwischen Fichte und Schleiermacher besteht darin, daß für beide der Evolutionsgedanke von tragender Bedeutung ist.

Bei Fichte strebt die Menschheit aufgrund ihrer Gattungsvernunft zum absoluten Ich hin. Bei Schleiermacher ist die Erhöhung der Menschheit ein ebenso

---
[1] Vgl. BEISSER, Lehre, 225.

basaler Gesichtspunkt seiner religionsphilosophischen Ausführungen, was die folgenden Aussagen beweisen.[1]

Wie die Menschheit eigentlich sich selbst das Universum ist (R, 90), die ewige Menschheit „unermüdet geschäftig" ist, „sich selbst zu erschaffen", um sich „in der vorübergehenden Erscheinung des endlichen Lebens auf's mannigfaltigste darzustellen" (R, 92), die Religion erst infolge der „Wanderungen durch das ganze Gebiet der Menschheit" mit geschärfterem Sinn in das eigene Ich zurückkehrt (R, 99) und ferner das größte Kunstwerk ein solches ist, „dessen Stoff die Menschheit ist welches das Universum unmittelbar bildet" (R, 172), so strebt die Menschheit im Universum immer größerer Erhöhung entgegen.[2]

5.4.4 Das Problem der Sünde

Schleiermacher deutet in seinem gesamten Werk keine Beschränkung des Menschen hinsichtlich seiner individuellen Persönlichkeit an. Fichte leitet aus dem einen Sein, das für die Einheit steht und für das es nichts Mannigfaltiges gibt, alles ab, was wirklich ist. So konnte er das Problem der Sünde lösen.

Schleiermacher hingegen qualifiziert die Sünde als einen Makel und das selbstsüchtige Streben des Menschen mündet seiner Meinung nach in ein Scheinleben. Demnach ist die Sünde bei Schleiermacher etwas Nichtseiendes, etwas, das neben dem Absoluten nicht von Bestand ist, eben weil es keine Realität hat. Andererseits ist sie für den Menschen, der sich in die Sünde ‚verstrickt', der Grund für die Trennung von Gott. So wird die Sünde als todbringend verstanden. Die Trennung von Gott, der als Urquell des Lebens gilt, bedeutet bei Schleiermacher zwingend auch die Trennung vom Leben.[3]

5.4.5 Die Anschauung und das Gefühl

Einer der Grundpfeiler der Schleiermacherschen Reden „Über die Religion" ist die strenge Unterscheidung zwischen der Religion und der Moral. Schleiermacher qualifiziert sie mit den folgenden Worten: „Sie entwickelt aus der Natur des Menschen und seines Verhältnisses gegen das Universum ein System der Pflichten, sie gebietet und untersagt Handlungen mit unumschränkter Gewalt". (R, 43)

Die Moral will absolut gelten, um sich alles andere einzuverleiben und unterzuordnen.

Eine völlige Ablehnung der Moral führt Schleiermacher in seiner Religionsphilosophie aber nicht vor. Er lehnt sie nicht grundsätzlich ab, sondern will nur der Gefahr beggenen, daß der Gottesglaube an der Moral gemessen und ihr somit ausgeliefert wird.

---

[1] Vgl. TIMM, Revolution, 71.
[2] Vgl. TIMM, Gott, 452.
[3] Vgl. BEISSER, Lehre, 177.

So soll Jesus Christus nicht lediglich die Ermöglichung unseres sittlichen Handelns gewährleisten, da er in dieser Funktion nur die ‚Krücke' des menschlichen Seins ist.

Bei Schleiermacher umfaßt die Moral als die entscheidende Maßeinheit eine Wirklichkeit, die sich einerseits in der „Kraft der Freiheit und der göttlichen Willkür des Menschen" spiegelt und sich andererseits in einer großen Tätigkeit verwirklicht, die darin besteht, „das Universum [...] fortzubilden und fertig zu machen". (R, 50) Die eigentliche Realität aber besteht nur darin, die Menschheit einer höheren Entwicklung entgegenzuführen, um letztendlich die Weltordnung zu vollenden. Das Handeln des Universums ist deshalb von so herausragender Bedeutung in den Schleiermacherschen Reden „Über die Religion", weil es ihm als Selbstoffenbarung gilt.

Alles Beschränkte und Endliche, jedes Einzelwesen und jede Begebenheit ist als eine solche Offenbarung anzusehen. Das Handeln des Universums wird vom menschlichen Sinn seiner Natur gemäß aufgenommen. So ist die Natur des religiösen Sinnes in jedem Menschen unterschiedlich entwickelt. Demnach sind auch die religiösen Erlebnisse sehr variationsreich. Schleiermacher will hier auf die Eigentümlichkeit der menschlichen Aufnahmefähigkeit hinweisen. Das religiöse Erlebnis, dessen sich der Mensch bewußt wird, erscheint in den Formen der aufnehmenden Tätigkeit, nämlich der Anschauung und dem Gefühl.[1]

Andererseits kann eine sittliche, soziale und kulturelle Weiterentwicklung der Menschheit und also der Welt nicht das alleinige Anliegen der Religion sein, da der Mensch als der eigentliche Ursprung der Welt für Schleiermacher kein Thema der Religion sein kann. Seiner Ansicht zufolge geht die Moral hauptsächlich vom Bewußtsein der Freiheit aus, „deren Reich will sie bis ins Unendliche erweitern und ihr alles unterwürfig machen". (R, 51)

Hier besteht die Gefahr, daß die auf einer solchen Grundlage basierende Welt nur noch aus Gesetzen besteht.

Schleiermachers Ausführungen verdeutlichen, daß er sich weigert, den Menschen einen Gesetzesapparat aufzudoktrinieren, der ihnen das gesetzmäßige und gesetzwidrige Verhalten genau anzeigt. Auch ist zu bemerken, daß Schleiermacher im Falle einer daraus resultierenden vollkommenen Gesellschaft, eine solch geartete Gesetzgebung stets ablehnen muß. Ein solch moralisch ausgestalteter Gesetzesapparat beabsichtigt lediglich ein ‚Gleichmachen', und so ist ihm eine in der Weise ausgearbeitete Gesetzesethik zu statisch und damit zu wenig auf das wirkliche Leben bezogen.

In diesem Sinne ruft er aus: „Wie kommt sie zu der armseligen Einförmigkeit, die nur ein einziges Ideal kennt und diese überall unterlegt"? (R, 53)

Wenn auch durch dieses einzige Ideal eine große Wirkung an die umgebende Welt und ebenso auf das Universum verzeichnet werden kann, so steht der Mensch dennoch als ausführende Randfigur, einer Marionette gleich, an seinem ihm zugewiesenen Platz.

---

[1] Vgl. HAMMER, Bedeutung, 18.

Hingegen ist die menschliche Natur bei Schleiermacher erst vollendet, wenn sie außer der Metaphysik und der Moral auch Religion hat. (R, 52)[1]

Neben den menschlichen Fähigkeiten des denkenden Erkennens und sittlichen Handeln, steht aber die Fähigkeit, religiös zu sein, nicht als ‚schmückendes drittes Anhängsel nebenan'.

Auch verlangt eine vollendete Bildung nicht unbedingt den Dreiklang der aufgezählten Fähigkeiten.

Für Schleiermacher ist allein die Art und Weise entscheidend, in welcher der Mensch auf Gott ausgerichtet ist, und so interessiert ihn in der Hauptsache, die Beziehung die ein Mensch zu Gott haben kann. Weder die Philosophie noch die Ethik sind laut Schleiermacher geeignet der besonderen Gott-Mensch-Beziehung ‚auf den Grund' zu gehen.

Deshalb steht die Betrachtung der Religion und des Religiösen im Mittelpunkt seiner religionsphilosophischen Untersuchungen.

So ist es das ‚An-sich' der Gott-Mensch-Beziehung, was Schleiermacher als Religion bezeichnet. Auch sieht er in der so außergewöhnlichen Beziehung – des Endlichen zu einem Unendlichen – den Kern aller Realität. Der Mensch, die Welt und das Weltganze werden bei Schleiermacher erst infolge der religiösen Erfahrung sichtbar. Seine Reden „Über die Religion" sollen einen Beitrag leisten, sich der Wirklichkeit erkennend zu nähern. Und so ist das Schleiermachersche Werk als Appell zu verstehen, alle Hindernisse ‚bei Seite zu schieben', um letztlich der göttlichen Wahrheit nahe zu sein.

Wolfgang Trillhaas ist zuzustimmen, wenn er behauptet, Schleiermacher setze bei dem an, was sich dem Menschen als Wirkliches biete.[2] Setzt sich der Mensch selbst als Absolutheit, so ist ihm der Weg zu Gott sogleich erschwert. Diese Einstellung führt dazu, daß der Mensch die Welt von sich ableitet. Einen solchen Ansatz lehnt Schleiermacher ab. Für ihn ist die Welt nicht vom Menschen aus geschaffen, sondern der Mensch empfängt etwas von ‚woanders her'.

Das ‚von woanders' liegt aber nicht am geheimen, nebulösen Ort, der sich nur kontemplativ und mit mystischer Begabung finden läßt, sondern bietet sich dem Menschen als Realität, da Schleiermacher das Universum auch im Inneren des Menschen vermutet, ohne daß es je ganz von ihm zu erschließen ist.[3]

Wenn Schleiermacher dazu aufruft, daß der Mensch die Augen öffne, meint er das innere Auge, das sich tief in das menschliche Gemüt versenken kann.

Die sich hier offenbarende Wirklichkeit läßt sich weder unter Zuhilfenahme der Metaphysik noch der Moral erfassen.

Schleiermacher lehnt diese Möglichkeit ab, da ihm das unendliche Universum eine Besonderheit ist, die nicht durch ein menschlich denkendes Erkennen oder seiner sittlichen Gesetzestreue erfahrbar ist. Das denkende menschliche Erken-

---

[1] Vgl. BEISSER, Lehre, 19.
[2] Vgl. TRILLHAAS, Mittelpunkt, 1968.
[3] Vgl. BEISSER, Lehre, 20. Beisser geht demgegenüber von der Erschließbarkeit des Universums aus.

nen wie auch die sittlich-moralische Verhaltensweise, befindet sich stets im Bekannten und bereits Gegebenen.

Das menschliche Erkenntnisvermögen und die Moralität allein verhelfen uns endlichen Wesen zu keinem Sprung aus der Unfähigkeit, weil der Mensch aufgrund seiner Erkenntnis und der Moral die Welt als Summe alles sich ihm Darbietenden ansieht oder darin einen einheitlichen moralischen Zweck erkennt.

Das Universum öffnet sich aber nur dem Menschen, der sich der Analogieschlüsse zwischen dem Universum und dem anderen Seienden enthält und auch keine sittlichen Ansprüche ableitet.

Allein die Religion, die Anschauung und Gefühl ist (R, 50), eröffnet dem Menschen die Möglichkeit, das Universum zu erahnen. Das, was der Mensch mit der Anschauung und dem Gefühl wahrnehmen kann, wird in den Schleiermacherschen Reden „Über die Religion" oft als Universum bezeichnet.

Während der Begegnung des Menschen mit dem Universum befinden sich „Anschauung und Gefühl" in unlöslicher Verbundenheit. (R, 71-73) Dieser Augenblick ist in seinem ‚An-sich' nicht vom menschlichen Wesen erfaßbar, da erst mit der notwendigen Reflexion, die allein dem Vorgang die Bewußtheit im menschlichen Inneren verleiht, die Aufspaltung der ursprünglichen Einheit in Anschauung und Gefühl erfolgt. (R, 72)

Im Vordergrund des Interesses stehen hier nicht die separate Anschauung und das separate Gefühl, sondern die Einheit dieser beiden Pole wie sie in dem Augenblick des Hingerissenseins zustande kommt. Hier ist von zwei Polen zu sprechen, da sich die Anschauung von dem Gefühl streng scheiden läßt.

Die Anschauung vermittelt den Zusammenhang zwischen dem anzuschauenden Gegenstand und dem Ich, das anschaut. So bedient sie sich der Organe der sinnlichen Wahrnehmung. Die Anschauung erfährt hier eine von außen an sie herangetragene passive Beeinträchtigung und steht repräsentativ für die Außenwelt. Nicht jeder Interpret der Schleiermacherschen Reden „Über die Religion" gesteht der Anschauung den hier gesteckten Rahmen zu. Friedrich Hertel sieht die Anschauung „als notwendiges Offenbarmachen des Einzelnen durch das Ganze".[1]

Unerläßlich ist es aber in jedem Fall, daß die Anschauung stets im Zusammenhang mit dem Menschen gesehen wird, gerade weil sie immer mit einem Gefühl verbunden ist, wie es Schleiermacher betont.

„Endlich um das eigene Bild der Religion zu vollenden, erinnert Euch, daß jede Anschauung ihrer Natur nach mit einem Gefühl verbunden ist." (R, 67) Dem hier angedeuteten Zusammenhang zufolge, gelangt das Gefühl in den Vordergrund. Eben daraus resultiert schließlich die ‚Alleinherrschaft' des Gefühls, so daß das Anschauen des Universums als ein ursprüngliches Geschehen im Verstehen des menschlichen Daseins interpretiert werden kann. Demgegenüber sieht Paul Seifert die Begriffe ‚Anschauung und Gefühl' als Hendiadyon.

---

[1] HERTEL, Denken, 67 f.

So geht er in seiner Interpretation so weit, die Reihenfolge der beiden Begriffe zu ändern, und redet entgegen der Schleiermacherschen Weise von ‚Gefühl und Anschauung' und nicht von „Anschauung und Gefühl".[1]

Als sicher kann hier gelten, daß die Anschauung nicht lediglich als eine subjektive Befähigung des Menschen zu sehen ist, wie es noch Fuchs annahm.[2] Das Gefühl ist hier aber für eine Veränderung des inneren Bewußtseins verantwortlich, da das Ich auf die Anregungen der Anschauung reagiert. Demnach zeichnet sich das Gefühl durch eine Aktivität des Ich aus. In diesem Sinne ist die folgende Anmerkung Schleiermachers zu verstehen: „So wie die besondere Art, wie das Universum sich Euch in Euren Anschauungen darstellt, das Eigentümliche Eurer individuellen Religion ausmacht, so bestimmt die Stärke dieser Gefühle den Grad der Religiosität." (R, 68)

Hier sei darauf hingewiesen, daß das Gefühl seine Bestätigung in der Vernunft erfährt. So ist auch das religiöse Gefühl bei Schleiermacher kein Gefühl auf rein emotionaler Ebene, sondern vernunftgründend.[3]

Aber Schleiermacher besteht in der 1. Auflage der Reden „Über die Religion" darauf, daß in der Religion ein besonderes und damit festeres Verhältnis zwischen der Anschauung und dem Gefühl stattfinde und folglich nie eines der beiden so sehr überwiege, daß es zum Verlöschen des anderen führe. (R, 67) Beisser geht in diesem Zusammenhang davon aus, daß die Unterscheidung von Anschauung und Gefühl in gewisser Weise dem Unterschied von Metaphysik und Moral entspreche.[4]

In der „Dialektik" wird Schleiermacher dem religiösen Gefühl den Ort zwischen dem „abbildlichen" und „vorbildlichen" Denken zuweisen. (DOd, 289 ff.) Das religiöse Gefühl ist so zwischen dem Erkennen und dem Wollen angesiedelt, ohne eine Kreuzung von beiden Begriffen zu sein.

Hier ist das religiöse Gefühl in einem solch hohen Grade das Besondere, daß es weder dem Bereich des Erkennens noch dem des Wollens zuzurechnen ist. So könnte man davon ausgehen, daß es von beiden Bereichen das Komprimierteste ist.

Das religiöse Gefühl zeigt auch, daß die Religion in ihrem ‚An-sich' von der Philosophie und der Sittlichkeit grundsätzlich unterscheidbar ist, und nimmt ihre Bestrebungen und Ziele auf höherer Ebene in sich auf. So zeichnet es sich innerhalb des Gefüges durch eine Parallelität zum Denken und Handeln aus, und so sind sowohl die Erkenntnis als auch die Ethik in die Religion involviert.[5]

Wie wir bereits festgestellt haben, sieht Schleiermacher die Religion in einem ‚schneidenden Gegensatz' zur Metaphysik und Moral. (R, 50) So ist er bestrebt, einen neuen Raum für die höhere Sphäre des Religiösen zu erschließen, wo Denken und Handeln auf einer völlig anderen Ebene stehen.

---

[1] SEIFERT, Theologie, 73.
[2] Vgl. FUCHS, Religionsbegriff.
[3] Vgl. HAMMER, Bedeutung, 10.
[4] Vgl. BEISSER, Lehre, 22.
[5] Vgl. BRUNNER, Dogmatik I.

Hier deutet sich aber eine Strukturparallele an, so daß die Religion als der Urgrund des Denkens und Handelns gilt.

Innerhalb des Begegnungsaktes mit dem Göttlichen sind Anschauung und Gefühl nicht unterscheidbar und somit völlig eins – zumindest hinsichtlich der menschlichen Erkenntnisfähigkeit. Wie bereits erwähnt, treten Anschauung und Gefühl nur innerhalb dieses religiösen ‚Urerlebnisses' als Einheit auf.

Besondere Hervorhebung verdient die Ansicht Schleiermachers, daß es sich bei dem religiösen Urerlebnis um ein reales Ereignis handelt, dieser sich verflüchtigende Augenblick für den Menschen aber niemals vollständig erfaßbar ist. Sobald der Mensch versucht, den ‚heiligen' Augenblick denkend zu reflektieren, teilt sich die ursprüngliche Einheit von Anschauung und Gefühl. Hier scheint es so, als ob dem Menschen das spezielle Organ fehlt, das zur Erfaßbarkeit des religiösen Urerlebnisses nötig ist. Gerade die Tatsache, daß diesbezüglich ein Mangel vorliegt, deutet auf die Besonderheit des Glaubens hin, der aufgrund der gefühlsmäßigen Ausgestaltung ein stärkeres Wissen sein kann als das Wissen selbst.

Schleiermacher bedient sich zur Schilderung des religiösen Urerlebnisses metaphorisch geprägter und gefühlsbeladener Worte. Friedrich Beisser geht davon aus, Schleiermacher habe das Bild der menschlichen Liebesvereinigung ‚vor Augen', wenn er diesen Augenblick des religiösen Hingerissenseins beschreibt.[1]

So bezeichnet Schleiermacher den Augenblick des Einswerdens mit dem unendlichen Universum, dem Göttlichen, als „heilig und fruchtbar wie eine bräutliche Umarmung". (R, 74) „So wie sie sich formt die geliebte und immer gesuchte Gestalt, flieht ihr meine Seele entgegen, ich umfange sie nicht wie einen Schatten, sondern wie das heilige Wesen selbst." (R, 74)

Die malerische Gleichsetzung von Religion und Geschlechtsakt, wie Friedrich Beisser es sieht, empfindet Hermann Timm als eine Absurdität. So steht für ihn fest, Schleiermacher meine hier lediglich eine strukturelle Gleichsetzung oder Gleichheit; das Liebesphänomen diene somit nur als exemplarischer Fall.[2] Der religiöse Augenblick wird laut Timm in Analogie „zum erotischen Verhältnis gedacht".[3]

Schleiermacher macht sich hier das biblische Erkennen zunutze, eben weil eine so gestaltete Erkenntnis eine Entschleierung des Objekts und somit eine Klarsichtigkeit verschafft. Auf das religiöse Phänomen angewandt, ist die hier von dem romantischen Schleiermacher vorgestellte Erkenntnis, die analog zur Liebeserfahrung einzuordnen ist, ‚die' Erkenntnis schlechthin.

Nur ‚die' Erkenntnis ermöglicht es den Betroffenen, die Ewigkeit mit dem Göttlichen zu erfahren, wenn auch nur für einen ‚philosophischen Augenblick'. Die meßbare Zeit als Zeiteinheit ist in diesem Augenblick sowieso unwichtig, da der hier beschriebene Augenblick keiner Meßbarkeit unterliegt.

---

[1] Vgl. BEISSER, Lehre, 22.
[2] Vgl. TIMM, Revolution, 55.
[3] TIMM, Revolution, 56.

Schleiermachers Versuch, etwas Unbeschreibliches zu beschreiben, etwas nicht in Worte Faßbares mit Worten zum Ausdruck zu bringen, ist nicht von vornherein zum Scheitern verurteilt. Schleiermacher läßt zwischen den Zeilen erkennen, daß der von ihm angedeutete Augenblick erlebt werden muß und durch keine Beschreibung nachempfindbar ist.

Wir haben gesehen, daß selbst der erlebende Mensch die „bräutliche Umarmung" (R, 73) erst nach der Verwehung erkennt und die vor ihm stehende Anschauung als eine abgesonderte Gestalt wahrnimmt, die sich in seiner offenen Seele spiegelt. Erst danach „arbeitet sich das Gefühl aus der Seele empor" und erst der jetzt eintretende Moment wird als „die höchste Blüte der Religion" bezeichnet. (R, 74) Hier redet Schleiermacher von einem im nachhinein Erlebten, von Nachempfundenen, das zuvor unbewußt im Gemüt vorhanden war.

Der Moment an sich, der Augenblick, in dem die Verbindung mit dem Universum stattfindet, kann nicht als die höchste Blüte der Religion bezeichnet werden, da es dem Menschen in seinem Inneren nicht sogleich bewußt wird und er sich auch außer aller Zeit befindet. So ist das Ich in diesem Augenblick zu tief in der Unendlichkeit des Universums versunken, als daß es den heiligen Moment direkt in der endlichen Welt erleben könnte – auch wenn sich die Unendlichkeit laut Schleiermacher in der Endlichkeit zeigt. (R, 284)[1]

Schleiermachers Bitte um Verzeihung, da er versucht habe, Eleusische Mysterien aufzudecken, zeigt seine Ehrfurcht vor dem durch ihn angedeuteten Augenblick – wie wir bereits feststellen konnten. Er wollte mit seinen Ausführungen nur anklingen lassen, was dem Menschen infolge des Erlebnisses möglich wird. Seine absolute Forderung ist es deshalb, daß ein religiöses Urerlebnis unbedingt von dem einzelnen Menschen selbst erlebt werden muß, da auch eine noch so gefühlvolle Schilderung das Erlebnis in seinem ‚An-sich' nie ersetzen kann.

5.4.6 Die Funktion der Liebe

Schleiermacher will mit den Formulierungen hinsichtlich des heiligen Momentes des Einsseins mit dem Universum, dem Leser den Grund aller Religiosität freilegen und offenbaren.

Der so erkannte Grund aller Religiosität ist für ihn eine mit der schöpferischen Urkraft korrespondierende Energie.

So bringen sowohl die Liebe als auch die Religiosität ein Existenz schaffendes Grundverhältnis zum Ausdruck.

So heißt es in der 1. Auflage der Reden „Über die Religion", die „Sehnsucht nach Religion" sei es, die dem Menschen „zum Genuß der Religion verhelfe". (R, 89) In der 2. Auflage heißt es schließlich, daß die Sehnsucht nach Liebe, die immer erfüllte und immer wieder sich erneuernde, dem Menschen gleichsam zur Religion werde. (R, 94 = Ausgabe Pünjer).

---

[1] Vgl. TIMM, Revolution, 26: Ohnehin kann die Religion „in der Sphäre rechtsförmiger Verhältnisse gar nicht zur Sprache gebracht werden."

Die vorgeschaltete Erwartung ist bereits ausschlaggebend für den nachfolgenden Genuß, so daß Schleiermacher das Eingestimmtsein auf die Religion und die Religiosität voraussetzt.

Auch wird deutlich, daß er das Paradigma der Liebe als Leitsymbol verarbeitet. Der sich in dieser Weise nach Liebe sehnende Mensch ist für Schleiermacher auch zugleich vom Grunde seines Gemütes religiös, ebenso wie der sich nach Religion sehnende zugleich ein Liebhaber ist.[1]

Schleiermacher setzt hier nicht nur ein metaphorisches Stilmittel ein, sondern sieht die Liebe als die entscheidende Kraft, die das gesamte Dasein des Menschen durchdringt.

Aber die eigene Erfahrung ist unersetzbar, weil selbst Schleiermacher als begnadeter Gelehrter lediglich die Anschauungen und Gefühle vergegenwärtigen kann, „die sich aus solchen Momenten entwickeln". (R, 75) Wie gesagt, das eigentliche Erlebnis kann aber auch durch ihn nicht vollständig vergegenwärtigt werden.

Eine solche Möglichkeit entzieht der Religion ‚den Boden' und sie sinkt zu bloßer Nachempfinderei herab.

5.4.7 Der Augenblick des ‚Hingerissenseins' als zeitlose Einheit

Der heiligen Begegnung geht der Augenblick des Hingerissenseins voran, den man zugleich als eine gewisse Neigung der Selbstaufgabe deuten kann. So birgt der Wunsch des Menschen, mit dem unendlichen Universum zu verschmelzen, die Selbstaufgabe in sich. Hier besteht die menschliche Bereitschaft, in das Ganze des Universums noch zusätzlich zu dieser Ganzheit das eigene Ich zu geben.

Solch ein ‚Aufgehen' in der Absolutheit des Universums geschieht, um an der Ganzheit und Vollkommenheit des Göttlichen zu partizipieren.

Warum gelangt der Mensch in den Zustand des Hingerissenseins?

Etwas Bestimmtes aus dem Bereich des Endlichen wird dem Menschen gegenüber plötzlich zum Bild, zur Abspiegelung des Universums. Die Betrachtung eines Baumes oder eines anderen Gegenstandes der Natur kann dem betroffenen Menschen ein Abglanz des Göttlichen sein, so daß er sich aufgrund einer solchen Betrachtung einer höheren Sphäre verbunden fühlt.

Schon in diesem Abglanz des Universums wird dem Menschen zugleich die Gesamtheit des Göttlichen zuteil, weil er aufgrund seiner Endlichkeit mehr als den Abglanz nicht ertragen könnte. Beissers Formulierung zielt diesbezüglich in eine andere Richtung, wenn er sagt: „Es ist ein bestimmter Gegenstand, ein bestimmtes Endliches, aus dem uns nun plötzlich ein Bild des Universums entgegentritt, nein, das dieses selbst wird."[2]

Das Bild des Universums tritt also dem Menschen entgegen und ändert urplötzlich seine Bedeutung, indem es zu eben dem unendlichen Universum selbst wird.

---

[1] Vgl. TIMM, Gott, 292.
[2] BEISSER, Lehre, 23.

Ein Bild von etwas kann aber nicht ohne weiteres zu dem eigentlichen Gegenstand werden, den es ursprünglich nur abbildet, es sei denn, man geht davon aus, das Bild sei dasselbe wie der eigentliche Gegenstand.

Davon kann hier aber keine Rede sein, vielmehr mutiert das Bild des Universums zum ‚eigentlichen Universum' nur im Inneren des Menschen zum Zeitpunkt seines Hingerissenseins, weil er nur das Abbild des Unendlichen ertragen kann und nicht das Unendliche des Universums ‚an sich'.

Aber Schleiermacher spricht von keinem Bild des Universums, wenn er von dem Einswerden, der Vereinigung des Menschen mit dem Universum ausgeht. Selbst wenn ihm die Kraft des Unendlichen erst nach der Vereinigung bewußt wird, war es das Unendliche ‚an sich', daß sich hier – wenn auch nur für einen kurzen Augenblick – mit dem Menschen vereinte und nicht etwa das Bild des Unendlichen, das plötzlich zum eigentlichen Unendlichen wurde.

Warum sollte das Unendliche lediglich zu einem Bild werden, wenn es sogleich wieder zum Unendlichen wird?

Der Mensch muß doch das Unendliche sowieso ertragen, wenn auch nur für ‚kürzeste' Zeit und unbewußt.

Ob es ihm lediglich als Bild erscheint, um dann zum Unendlichen zu werden, oder ob es dem Menschen sogleich als Universum entgegentritt – zu ertragen hat er die göttliche Unendlichkeit des Universums in jedem Fall.

Auch aus dem Blickwinkel des Universums ergibt sich diesbezüglich keine andere Auslegung, weil das unendlich Göttliche nicht zuerst zu seinem eigenen Abglanz werden muß, um sodann wieder als sein Eigentliches dem Endlichen entgegenzutreten.

Sollte das Universum zuerst zu seinem eigenen Bild werden, weil es in seiner komprimierten Kraft nicht in den Bereich des Endlichen eintreten kann?

In diesem Fall wäre das Universum mit einem Mangel behaftet. Aber in den Reden „Über die Religion" findet sich kein Argument, das diese These stützt. Andererseits ist es schon nicht einleuchtend, daß das Universum zunächst zum Bilde seiner selbst mutiert, nur um dem Menschen seine Unendlichkeit nicht sofort zuzumuten, sondern erst in einem zweiten Schritt.

Ohnehin sind die hier benannten Gegebenheiten nur Eingeweihten zugänglich, weshalb Schleiermacher von „Eleusischen Mysterien" (R, 74)[1] spricht. Das Ich geht hier in das Unendliche ein und im Unendlichen auf, indem es wie in einem Schmelzprozeß in das Göttliche übergeht, wie auch das Göttliche in das Ich übergeht.

Der hier vorgestellte Augenblick ist deshalb unaussprechbar, weil er zum Zeitpunkt des Geschehens nicht in das menschliche Bewußtsein gelangt und erst ‚im nachhinein' durch das Gefühl und die Sprache wiederholt und vergegenwärtigt werden muß.

---

[1]. Vgl. TIMM, Revolution, 55: „Schleiermacher selbst wollte ‚mehr als Eleusische Mysterien' aufgedeckt haben. Und das will schon etwas heissen. Aber aufdecken! Es soll die religiöse Totalitätserfahrung zur Sprache gebracht werden, wohl wissend, daß dies nicht in definitorisch exakter Weise geschehen kann."

Der heilige Augenblick wird also nicht allein durch das Gefühl erfahren, da sich dieses erst danach im Inneren des Gemütes emporarbeitet. Das Gefühl ist auch deshalb nicht einschlägig, da es dem herrschenden Denken verbunden ist. Der hier genannte Augenblick ist vom Menschen unbeherrschbar, weil er sich in totaler Selbstvergessenheit befindet.

Hier ist der Begriff der Anschauung entscheidend, der mit dem nachbildenden Denken in Verbindung steht, da im Unbewußten die Grundlage der Nachbildung dieser Vereinigung gesetzt ist, die erst im Bewußtsein des Menschen zum Ausdruck gelangt.

Schleiermacher gibt hier seinem Bestreben zum Geistigen hin Ausdruck, weil hier die Sehnsucht deutlich wird, das eigene Sein zu erhöhen.[1] Der für ihn entscheidende Zustand des Hingerissenseins ist hier außer aller Zeit, und also ist er ‚eigentlich' nicht, wie er auch eigentlich nicht für uns ‚da ist', eben weil er aufhört, sobald das menschliche Bewußtsein einsetzt. (R, 74)

Aus diesem Grunde ist auch das Gefühl nicht imstande, den heiligen Moment ‚an sich' zu erfassen, da auch das Fühlen eine Bewußtseinsform ist und der hier beschriebene heilige Moment ausschließlich vorbewußt erlebbar ist. Aber Schleiermacher bezieht das vorbewußte Leben absichtlich mit ein, weil der Zustand des Hingerissenseins auch nur reflexiv erahnbar ist.[2]

In der 1. Auflage der Reden „Über die Religion" kommt der Anschauung der erkennende Part zu, da sie erst nachdem die „heilige Umarmung" verweht ist, als abgesonderte Gestalt dasteht und sich in der offenen menschlichen Seele widerspiegelt, „wie das Bild der sich entwindenden Geliebten". (R, 75) So spiegelt sich die Anschauung als Bild in der menschlichen Seele und nicht das Universum ‚an sich'.

Die Anschauung ist hier als Nachbildung im Universum zu verstehen, die erst mit dem Gefühl gemeinsam dem Menschen über das vergangene, heilige Geschehen Aufschluß gibt.

An dieser Stelle zeigt sich die Schwierigkeit, von einem Vorher und Nachher bezüglich des Erlebens des heiligen Momentes zu sprechen. Ein Vorher und Nachher gibt es nur im menschlichen Bewußtsein.

Während des Vereinigungsprozesses ist die für uns meßbare Zeit belanglos, da der Vorgang außer aller Zeit geschieht. Erst im Bewußtsein des Menschen wird die meßbare Zeit wieder wichtig. Außer aller Zeit heißt hier, daß die für uns vom meßbaren Zeitgefühl eingeteilte Zeit in Stunden, Minuten etc. zum Stillstand gekommen ist, daß sozusagen eine ‚Auszeit' oder ‚Eigenzeit' begonnen hat.[3]

Vielleicht könnte man in diesem Zusammenhang auch von einer dazwischen geschalteten religiösen Zeiteinheit reden, die der meßbaren Zeit diametral entgegensteht.

---

[1] Der Gedanke der Erhöhung wird auch in der Dialektik bedeutend sein. (DOd, 280)
[2] Vgl. RITZEL, Religionsphilosophie, 124.
[3] In Anlehnung an GADAMER, Aktualität, S. 56/60.

Auch aus diesem Grund ist der viel zitierte Augenblick nicht präzise in Worte zu fassen, gerade weil auch die Umschreibung des Geschehens als Augenblick bezeichnet wird und nicht die eigentliche Gegebenheit erfaßt.

Innerhalb dieses Geschehens geht das Ich im Universum auf, ohne sein Ich gänzlich an das Universum zu verlieren und als Ich zu enden. Obwohl das Ich bestehen bleibt, handelt es sich um ein völliges Versinken im Unendlichen des Universums.[1] Nur durch das völlige Versinken kann es so zu einem Einswerden mit dem Universum kommen.

Diesem Geschehen ist Mystisches eigen. So weisen die Schleiermacherschen Argumentationen hier mystische ‚Züge' auf, weil bei ihm infolge der mystischen Erfahrung, die sich in der Vereinigung mit dem Universum zeigt, die Kluft zwischen dem Menschen und der Gottheit überbrückt wird. So schaut der Eingeweihte ganz im Sinne der Mystik unvermittelt die Gottheit und gelangt so zu Einsichten in das Wesenhafte der transzendenten Wirklichkeit.

Das Ich bleibt aber erhalten, obwohl es im Universum versinkt und mit ihm eins wird. Ebenso wie es im Unendlichen versinkt, kehrt es als das Ich in die endliche Welt zurück – aus der es eigentlich nie fort war, weil das Unendliche dem Menschen in jedem Endlichen begegnet. (R, 146)

So ist das Ich durch das religiöse Urerlebnis unendlich bereichert, aber kein völlig verändertes Ich oder gar ein Ich, das nur noch das Universum abspiegelt. Die Ichheit bleibt in dem ‚An-Sich' bestehen. Die Läuterung des Ich ist hier nicht ‚das' Ziel, obwohl Schleiermacher mit seiner Argumentation stets auf eine Erhöhung des Ich zielt und somit eine Veränderung des Ich in Kauf nimmt. Diesbezüglich geht es ihm hauptsächlich um die religiöse Erfahrung. So wird sich das Ich auch aufgeben, da eine Verschmelzung und ein Einswerden anders nicht denkbar ist.

Als eigenständig verbleibender Bestandteil könnte das Ich mit seinem Gegenüber nicht einswerden – es wäre dann völlig selbständig.

Die Selbstaufgabe des Ich ist also eine Voraussetzung für das Einswerden. Laut Beisser fühlt das Ich innerhalb des Verschmelzungsaktes „sozusagen mit vollem Bewußtsein den Geist der Welt – jetzt ist das Ich eins mit dem waltenden Universum".[2]

Doch ist zu entgegnen, daß das Ich direkt während des Aktes der Verschmelzung diesen nicht bewußt wahrnimmt und sich das Gefühl erst einstellt, nachdem der eigentliche Vorgang bereits vergangen ist.

Andererseits stellt sich die Frage, wie eine Verschmelzung geschehen soll, in der sich das Ich nicht aufgibt.

Natürlich ist hier keine Selbstaufgabe gemeint mit der Folge, daß das Ich auch nach diesem Vorgang kein Ich mehr ist und verloren im Inneren des Universums dahintreibt.

---

[1] Dagegen BEISSER, der das Verstehen als Versinken im Dunkel interpretiert und daran das ‚Aufhören' des Ich koppelt, Schleiermachers Lehre, 23.
[2] BEISSER, Lehre, 23.

So fordert Schleiermacher nie direkt die Selbstaufgabe des Ich, dennoch ist seinen Formulierungen entnehmbar, daß er davon ausgeht, der Mensch solle sein Ich dem Universum hingeben, weil die Hingabe nur dem Zweck dient, den Menschen zu erhöhen. Die Erhöhung geschieht nur durch das Nachempfinden des religiösen Urerlebnisses. Innerhalb der Nachempfindung ist der Mensch wieder ganz Ich und seine Selbstaufgabe ist beendet und nur noch in der Erinnerung gegeben.

Die an dem mystischen Vorgang beteiligten Elemente sind bestimmte Endliche, durch welche sich das Ich dem Universum durch die Aufgabe preisgibt und mit dem Universum zur Einheit verschmilzt. Ein unmittelbarer Zugang vom Ich zum Universum ist hier nicht gegeben, da sich das Ich in diesem Falle in eine andere Sphäre zu begeben hätte. Das Ich zeichnet sich aber nicht durch ‚die' Potentialität aus, die nötig ist, um sich in eine andere, höhere und also göttliche Sphäre erheben zu können.

Laut Schleiermacher besteht dazu auch keine Veranlassung, weil sich das Unendliche stets im Endlichen darbietet und die Zuwendung zum Göttlichen geschieht, indem sich das Ich zu einem endlichen Gegebenen gesellt, das als Brücke zum Universum dient. Inwiefern hier das Ich mit seinem religiösen Erlebnis von größerer Wichtigkeit ist als das Universum, das zunächst passiv erscheint, ist nicht eindeutig zu entscheiden.

Aber auch das Ich ist hier nicht ausschließlich aktiv, eben weil es sich von einem bestimmten Endlichen zum entscheidenden Vereinigungsprozeß hinreißen läßt.

So wird deutlich, daß das Ich nicht nur als der aktive Teil und das Universum als der passive Teil hinsichtlich des Prozesses der Vereinigung zu qualifizieren sind.[1]

Aber letztendlich ist die Frage auch deshalb schwer entscheidbar, weil sich der Mensch bezüglich des religiösen Urerlebnisses innerhalb des Universums – also während des Vereinigungsvorganges – keine Vorstellung machen kann, da er schon sein eigenes religiöses Erlebnis nur im nachhinein empfindet.

Hier sei nur angemerkt, daß das Universum nicht ausschließlich passiv sein kann, da es den Anfang macht und den Menschen dazu auffordert, sein Ich dem Unendlichen zur Verfügung zu stellen. Während des Vereinigungsprozesses muß auch das Universum aktiv sein, weil es dem Ich das religiöse Urerlebnis ermöglicht.

So ist es selbstverständlich, daß ‚irgend etwas' während des Vorgangs auch von dem Universum ausgeht, damit der Erlebniserfolg für das Ich überhaupt eintreten kann.

Der Erfolg des Ich besteht ja gerade darin, daß es an der Unendlichkeit des Universums teilhat und sein eigenes Ich dadurch eine Erweiterung erfährt. Die Unendlichkeit, die es hierdurch in sein eigenes Ich aufnimmt, trägt dazu bei, daß das Ich eine Seite seiner Grenzen erkennt und andererseits über eben diese

---

[1] Vgl. BEISSER, Lehre, 23.

Grenzen hinauswächst und begreift, wie das Unendliche auch oder gerade ausschließlich hier im Endlichen wirkt.

So gibt auch Beisser zu bedenken, daß das Ich nur aufgrund „des Aufleuchtens" eines bestimmten endlich Gegebenen in das Universum ‚hineingezogen' wird.[1]

Hier ist es offensichtlich, daß das Universum nur durch das gegebene Endliche vorstellbar wird. Die verbindende Brücke zwischen dem Endlichen und Unendlichen wird immer durch das Endliche gebildet, das vom Universum dazu auserwählt ist, in seinem Aufleuchten den Menschen in das Universum ‚hineinzuziehen'. Das bestimmte Endliche ist demnach in irgendeiner Weise ausgesucht und bereits zu diesem Akt vorbereitet, da hinter dem bestimmten Endlichen immer das Universum steht.

Ein lediglich Endliches hinter dem aufleuchtenden Endlichen ist nicht anzunehmen, weil ein ‚normales' Endliches nicht in der Lage sein kann, den Menschen auf das Universum und den damit verbundenen religiösen Vereinigungsakt vorzubereiten. So steht auch für Schleiermacher fest, daß im Unendlichen alles Endliche ungestört beieinander stehe, denn „alles ist Eins und alles ist wahr". (R, 64)

So hat der Mensch aufgrund seiner Endlichkeit keine andere Möglichkeit, zum Unendlichen zu gelangen.

„Mitten in der Endlichkeit Eins werden mit dem Unendlichen und ewig sein in einem Augenblick, das ist die Unsterblichkeit der Religion." (R,133) So muß vom Endlichen alles ausgehen, aber das bestimmte Endliche, das den Menschen zum Universum zieht, ist bereits von letzterem vorbereitet, im Sinne einer Präparation. In diesem Sinne treibt es den Menschen aber nicht, zu einem präparierten Endlichen Ausschau zu halten, weshalb Schleiermacher fordert, alle Religion, und also die religiöse Menschheit, strebe nach einer ‚Ahndung' von etwas außer und über ihr Liegendem, um eben von „dem gemeinschaftlichen und höheren in beiden ergriffen zu werden". (R, 105) Hier stellt sich die Frage nach dem Sein des Universums.

Obwohl dem Universum ein Sein zukommt, handelt es sich um ein Sein, das von gänzlich anderer Art ist als alles endliche Sein. Demnach ist auch keine Identität zwischen dem Ich und dem Universum möglich, weil es während des Verschmelzungsaktes nicht mit sich selbst allein ist. Durch das bestimmte Endliche wird das Ich infolge des Hingerissenseins auf die Vereinigung mit dem Universum vorbereitet. Also befindet es sich in einem bestimmten Zustand, der es der Verschmelzung mit dem Universum zugänglich macht. Wie das bestimmte Endliche ist auch das Ich präpariert.[2]

Was dem Ich während der Vereinigung begegnet, ist dann nicht die aus dem bestimmten Endlichen gegebene Macht, sondern das Universum in seinem ‚Ansich'.

---

[1] Vgl. BEISSER, Lehre, 23.
[2] Vgl. BEISSER, Lehre, 36.

So steht das Universum neben der Anschauung und dem Gefühl im Mittelpunkt der Schleiermacherschen Reden „Über die Religion", weil Schleiermacher das Universum als ein Angelpunkt aller Religion sieht. Hier geht es ihm auch nicht darum, das Universum zu erfassen, was für ihn eine Unmöglichkeit schlechthin darstellt. Ihm kommt es darauf an, die Unendlichkeit des Universums auf das Endliche einwirken zu lassen.[1]

Hier ist es entscheidend, daß der Mensch sich dem von außen an ihn Herangetragenen öffnet. Auch hier verhält sich der Mensch nicht rein passiv.[2]

Der Mensch strebt dem Universum aktiv entgegen, eben infolge seines ‚Offenseins'.

So ist der Öffnungsakt an sich auch schon als Aktivität zu verstehen, weil nur aufgrund des Geöffnetseins ein religiöses Urerlebnis erfolgen kann.

Beisser geht diesbezüglich davon aus, die Religion bestehe nicht darin, daß der Mensch Religion habe oder übe, sondern darin, daß er „rein passiv dem von außen auf ihn Zukommenden sich öffne".[3] Wie wir bereits festgestellt haben, ist hier zu entgegnen, daß sich weder der Mensch noch das Universum rein passiv verhält, vielmehr zeichnen sich die am religiösen Geschehen Beteiligten sowohl durch Passivität als auch durch Aktivität aus.

So wird auch das Universum in irgendeiner Weise ein Erlebnis haben, daß dem Menschen verschlossen bleibt, weil letzterer die besondere Erlebnisweise des unendlichen Universums nie nachvollziehen kann.

Wäre das religiöse Erlebnis für das Universum völlig belanglos, so wäre es grundsätzlich auch denkbar, daß es überhaupt kein religiöses Erleben geben könnte. So ist diesbezüglich dem Universum die Absicht zu unterstellen, die dahingehend auslegbar ist, daß es dem unendlichen Universum wichtig ist, dem Ich das religiöse Erlebnis zu ermöglichen und so die Gegebenheit zu schaffen, dem Menschen die Teilhabe an der Unendlichkeit zu ermöglichen.

Aber warum soll es überhaupt zu einer Teilhabe am Universum kommen, wenn doch das Ich auch ohne die Unendlichkeitserfahrung im Endlichen allein leben kann. So gibt es für den Menschen die Anschauung und das Gefühl auch ohne Religion und ohne die Erfahrung des religiösen Verschmelzungserlebnisses mit dem Universum. Zu berücksichtigen ist allerdings, daß das Gefühl, dessen sich der Mensch oft kaum bewußt ist, in einigen Fällen „zu einer solchen Heftigkeit heranwachsen kann" (R, 67), daß er des Gegenstandes und seiner selbst darüber vergißt.

Sein „ganzes Nervensystem kann so davon durchdrungen werden, daß die Sensation lange allein herrscht und lange noch nachklingt und der Wirkung anderer Eindrücke widersteht" (R, 67); aber daß ein Handeln im Inneren des Menschen hervorgebracht wird, das die Selbsttätigkeit des menschlichen Geistes

---

[1] Vgl. HAMMER, Bedeutung, 23.
[2] Friedrich BEISSER geht demgegenüber von der moralischen Passivität aus, Schleiermachers Lehre, 24.
[3] BEISSER, Lehre, 24.

in Bewegung setzt, kann nicht den Einflüssen äußerer Gegenstände zugeschrieben werden.

In diesem Sinne führt Schleiermacher aus: „Ihr werdet doch gestehen, daß das weit außer der Macht auch der stärksten Gefühle liege, und eine ganz andere Quelle haben müsse in Euch. So die Religion; dieselben Handlungen des Universums, durch welche es sich Euch im Endlichen offenbart, bringen es auch in ein neues Verhältnis zu Eurem Gemüt und Eurem Zustand; indem Ihr es anschauet, müßt Ihr notwendig von mancherlei Gefühl ergriffen werden. Nur das in der Religion ein anderes und festeres Verhältnis zwischen der Anschauung und dem Gefühl stattfindet, und nie jene so sehr überwiegt, daß diese beinahe verlöscht wird." (R, 67 f.)

Die Religion ist demnach für Schleiermacher „die Grundfunktion des Menschen", und so kann er ohne Religion auch leben, aber ihm bleibt der Eintritt in das Unendliche und damit die Erhöhung seines Ich verwehrt. Demnach verbleibt der ohne Religion lebende Mensch auf der niedrigsten Stufe seiner Entwicklung.[1]

Schleiermacher sieht das Wesenhafte des Menschen erst dann voll entfaltet, nachdem er die Vereinigung mit dem Universum erlebt hat, weil „jede Form, die es hervorbringt, jedes Wesen, dem es nach der Fülle des Lebens ein abgesondertes Dasein gibt, jede Begebenheit, die es aus seinem reichen immer fruchtbaren Schosse herausschüttet ... ein Handeln desselben auf Uns" ist. (R, 57)

Schleiermacher sieht den Menschen hier in der Weise, daß er nur durch den Vereinigungsakt seine zweite wesentliche Hälfte erhält, er also erst wirklich vollständig infolge des mystisch-religiösen Verschmelzungsaktes ist. Obwohl der Vorgang tief im Inneren des Menschen abläuft, ist aber nicht von einer abgeschlossenen Innerlichkeit auszugehen, da ein gänzlich abgegrenzter Vorgang auch im Unbewußten des Menschen verbleiben könnte.

Demgegenüber will Schleiermacher aber zum Ausdruck bringen, daß der Vorgang auch im menschlichen Bewußtsein präsent und aus dem Unbewußten hervortritt.

Verbliebe die Erfahrung im Unbewußten, so könnte man erstens von keiner wirklichen Erfahrung reden und zweitens wäre eine ‚unbewußte Erfahrung' nicht mitteilbar.

Wie wir bereits festgestellt haben, sind die Mitteilung und die Mitteilbarkeit in der Schleiermacherschen Philosophie – nicht nur in seiner Religionsphilosophie – von großer Bedeutung.

---

[1] Vgl. TIMM, Revolution, 45 f.

5.5. Der Ort der religiösen Erfahrung

Allein durch die Erkenntnis und die daraus resultierende Handlung läßt sich das menschliche Leben nicht erschöpfend beschreiben.

So ist das Wesenhafte des Menschen eine in ihm tief verborgene Anlage. Also ist der Ort der religiösen Erfahrung das Innerste des Menschen und nicht das Innerste des Universums, da letzteres einer direkten Kenntnisnahme des Ich verschlossen bleibt. Zwar wird im Innersten des Menschen das Religiöse produziert, um im Anschluß daran den Menschen zu ergreifen, aber erst das menschliche Erlebnis macht das menschliche Gemüt zu einem Ort der religiösen Begegnung.[1] In anderer Weise läßt sich von keinem Ort der religiösen Begegnung reden, da die im nachhinein erlebte religiöse Erfahrung uns berechtigt, von einem ‚Ort' auszugehen.

Ein Ort, von dem niemand etwas weiß, da die religiöse Erfahrung unbewußt bleibt, kann nicht als ‚Ort' bezeichnet werden, weil er dann außerhalb aller menschlichen Kenntnis liegt.

So haben die seelischen Tiefen des Menschen als Ort der Religion ebenso etwas Mystisch-Geheimnisvolles, wie der kaum vorstellbare Ort des Innersten des Universums. Demnach entzieht sich der Ort der religiösen Begegnung jeder Kennzeichnung, und das Gefühl ist nicht schlechthin ‚der' Ort der religiösen Begegnung in den Reden „Über die Religion".

Auch liegen die Grenzen des Gefühls darin, daß es sich nicht selbst als Gefühl fühlend wahrnehmen kann, weil es so reflexiv wäre und nicht mehr das Gefühl an sich, sondern das dem Gefühl vorausliegende, das die Ursache setzt und Wirkung ist.

Unter der Bedingung, daß das Gefühl und das Reflektieren im Akt der Reflexion zusammen betrachtet werden, sieht man das Gefühl, ohne daß es auf sich selbst bezogen ist als subjektive Seite und das Reflektieren des Gefühls als die objektive Seite – als das, was die Reflexion produziert. So reproduziert sich das Gefüge des Gefühls bei Schleiermacher, und so wäre demnach die Objektivierung des Gefühls das Produkt der Reflexion. Die subjektive Seite ist nun darauf gerichtet, die Tendenz wahrzunehmen, die sich im Gefühl mitteilt.

Die subjektive Seite nimmt so die Bewegung des Bewußtseins mit auf, die scheinbar vom Subjektiven – also Beschränkten – zum Unendlichen geht, doch laut Schleiermacher genau das Gegenteil ist, weil der Bewußtseinsbewegung etwas gegeben sein muß, und daß dieses Gegebene die Urhandlung und Ursache zu sein scheint.

Doch auch durch die Reflexion ist sich des Absoluten nicht zu bemächtigen. Als Grund aller Erkenntnis verleibt es in der Bewußtseinstranszendenz.[2]

So ist der Mensch genötigt, auf die bewußt menschlichen Sinne zu verzichten und so einer totalen Urschicht seiner selbst zur Geltung zu verhelfen. Nur so

---

[1] Vgl. TIMM, Revolution, 45.
[2] Vgl. ARNDT, Gefühl, 123.

kann sich das Göttliche im Menschen auswirken.[1] Mit der religiösen Anlage, die ihm eine solche Einstellung ermöglicht, wird der Mensch geboren „wie mit jeder anderen, und wenn nur sein Sinn nicht gewaltsam unterdrückt, wenn nur nicht jede Gemeinschaft zwischen ihm und dem Universum gesperrt und verrammelt wird – dies sind eingestanden die beiden Elemente der Religion – so müßte sie sich auch in Jedem unfehlbar auf seine eigne Art entwickeln". (R, 144)

Hier wird klar, daß dem Religiösen etwas nicht vollständig Entschlüsselbares eigen ist, und da es im Innersten des Menschen vorgeht, bringt auch die Sprache grundsätzlich keine Übersetzungsmöglichkeit des Religiösen mit sich. Also läßt sich hinsichtlich des religiösen Erlebnisses das meiste nur andeuten, ohne das verschleierte Geheimnis gänzlich oder auch nur annähernd zu enthüllen.

Auch die Lehre zeichnet sich diesbezüglich durch keine besondere Befähigung aus, weil auch sie nicht das religiöse Erlebnis in Worte kleiden kann.[2]

Demnach sind das religiöse Erlebnis und das Universum nur sprachlos auszudrücken; ihnen ist die Sprachlosigkeit eigen. Beide liegen auf einer Stufe, die ihrerseits über der Vernunftstufe liegt, weil die Vernunft hier nicht mehr von Belang ist und als überwunden gilt.

Daraus folgt aber nicht, daß die Vernunft bei Schleiermacher für die Religion unwichtig sei, sondern besagt lediglich, daß die Vernunftstufe bereits verarbeitet und ‚überholt' wurde.

Andererseits stellt sich die Frage, ob Schleiermacher das Universum als Gegenstand sieht. Die Frage ist dahingehend zu beantworten, daß das Universum bei Schleiermacher kein Gegenstand ist, da es sich in einer ununterbrochenen Tätigkeit befindet und sich uns in jedem Augenblick offenbart. (R, 56) Es ist also dynamisch und erscheint dem Menschen nur in der Bewegung, weshalb es auch nur in seinen einzelnen Handlungen erfahrbar ist, die sich aufgrund der Dynamik stets verändern. (R, 58-62)

Bei Schleiermacher wird deutlich, daß der Mensch nicht imstande ist, sich ein solch dynamisches Wesen zu konstruieren, weil er sich dann außerhalb der Begegnung mit dem Universum befindet. So bleibt der Mensch stets darauf verwiesen, durch das Aufleuchten des endlich Bestimmten in das Universum hineingezogen zu werden. Demnach kann er nicht der Konstrukteur des Unendlichen sein.

Auch deutet sich hier bereits das Motiv der Gnade an, indem das Universum dem Menschen gnädig die Möglichkeit einer Teilhabe zukommen läßt. Hier wird die Göttlichkeit des Universums hervorgehoben, das sich ungreifbar und unhaltbar nur in einer sich verflüchtigenden Begegnung darbietet.

Beisser geht in seiner Interpretation der Schleiermacherschen Reden „Über die Religion" sogar so weit und führt bezüglich des Begriffs des Universums

---

[1] Vgl. RITZEL, Religionsphilosophie, 167.
[2] Vgl. TIMM, Revolution, 24; 44: Aber „das Verbalisieren entäußert die Innerlichkeit ihrer nichtssagenden Leere, um sie qualitativ zu verwandeln zur Intimität des selbstreflexiven Wissens um Grund und Grenze alles Sagbaren."

aus: „Es selbst wahrt seine Göttlichkeit gerade darin, daß es sich uns nur in flüchtiger Berührung offenbart."[1]

Einschränkend sei diesbezüglich bemerkt, daß es dem unendlichen Universum nicht ‚darum gehen kann', seine Göttlichkeit zu wahren und aus Furcht vor dem Verlust eben dieser, dem Menschen nur in einem flüchtigen Augenblick begegnet.

Schleiermachers Ausführungen sind dahingehend zu interpretieren, daß sich das Universum dem Menschen nur in einem flüchtigen Augenblick kundtut, aus Rücksicht bezüglich seiner (dem Menschen) Endlichkeit und Beschränktheit.

Demgegenüber geht Beisser davon aus, daß das Universum direkt am ‚menschlichen Endlichen' ausgerichtet ist. Davon kann bei Schleiermacher aber keine Rede sein, auch wenn das Handeln des Universums stets auf den Menschen bezogen ist: Es „ist ein Handeln desselben auf uns." (R, 56)

So steht im Unendlichen „alles Endliche ungestört nebeneinander, alles ist Eins und alles ist wahr". (R, 64)

Abschließend ist hier festzustellen, daß sich in den unendlichen Möglichkeiten des Universums das Göttliche zeigt, das sich jeder Form eines Lehrsatzes entzieht.

Das Universum hat ein Sein, das keinem endlichen Sein vergleichbar ist. So ist das Sein des Universums ein unendliches Sein. Hier sieht Beisser das Überlegene des Universums in einem Sein, das über allem Seienden ist.[2]

Aber das Universum verfügt auch über ein Seiendes, das mit dem endlichen Seienden auf der endlichen Stufe zusammentreffen kann. Wäre ihm nämlich jegliches, mit einem Endlichen in Verbindung stehende Seiende abzusprechen, so könnte es sich dem endlichen Menschen auch in keiner Weise durch das Endliche darbieten.

An dieser Stelle werden bereits die Grenzen der sprachlichen Formulierbarkeit deutlich.

5.5.1 Das Problem der sprachlichen ‚Faßbarkeit'

Schleiermacher beabsichtigt, mit seiner Terminologie aus der sprachlichen Überlieferung herauszutreten, um wiederum in seiner Eigenschaft als Apologet die von ihm eigentlich abgelehnte Terminologie erneut aufzugreifen.[3]

So kommt dem Universum wohl die Qualität des Seins zu, die ein endliches Wesen nicht auszudrücken vermag. Doch bleibt die Möglichkeit bestehen, das Universum ‚hyperseiend' und als in seiner Intensität über allem Seienden stehend zu bezeichnen.

In diesem Sinne ist es auch abwegig, sich das Universum vorzustellen, weil diesbezügliche Versuche von Anfang an zum Scheitern verurteilt sind.

---

[1] BEISSER, Lehre, 25.
[2] Vgl. BEISSER, Lehre, 26
[3] Vgl. WINTSCH, Religiosität, 45.

Ebenso verhält es sich mit der Gottesvorstellung in den Reden „Über die Religion". Die höchstmögliche Gottesvorstellung hat deshalb jede Begrenztheit verloren bzw. überwunden. Der Gott der Schleiermacherschen Reden „Über die Religion" ist allumfassend, gleichsam das Universum selbst.

Aber selbst von der Idee einer höchstmöglichen Gottesvorstellung ist die Religion bei Schleiermacher nicht abhängig.

Ebenso ist der Wert einer Religion von einem Gottesbegriff völlig unabhängig. Schließlich geht Schleiermacher davon aus, „daß eine Religion ohne Gott besser sein kann, als eine andre mit Gott". (R, 126)

Schleiermacher führt hier zur Klärung ein drei Stufen umfassendes System ein, wobei er die Stufe der Götzen- und Fetischverehrer als die niedrigste benennt, um zur polytheistischen Sichtweise der Religion überzugehen, die ihrerseits aber nur auf der niedrigen zweiten Stufe angesiedelt ist.

Auf der dritten und entscheidenden Stufe befindet sich die Religiosität, die das Universum anschaut. Das Göttliche wird als ‚Eins und Alles' angeschaut, als ‚hen kai pan', auch wenn damit die Idee eines Gottes in Verbindung steht.[1]

Fraglich bleibt aber, ob eine atheistische Sichtweise eher in der Lage ist, das Universum zu erfassen. Schleiermacher entscheidet die so gestellte Frage nicht. Seine Äußerungen verdeutlichen, daß auf der höchsten Stufe der Religiosität der Glaube an einen Gott ebenso wie auch die atheistische Einstellung bestehen kann.

Hier zeigt sich deutlich die ‚Angelpunktstellung' des Universums, da selbst der Atheismus das Bestehen des Universums nicht bestreiten kann, sofern er sinnvoll bleiben will.

So ist das Universum die Grundlage jeder religiösen Einstellung, wie auch der atheistischen. „Ihr hoffe ich, werdet es für keine Lästerung halten, daß Glaube an Gott abhängt von der Richtung der Phantasie." (R,129) So besteht die Möglichkeit, auf der höchstmöglichen Stufe der Religiosität zu stehen und zwischen der Gottesvorstellung und der atheistischen Anschauung zu wählen.

So steht der Atheist nicht unbedingt auf einer niedrigeren Stufe der Religiosität als derjenige, der ‚einen Gott hat', gerade weil beide auf der gleichen und höchsten Stufe der Religiosität stehen können und dennoch auf verschiedenen Punkten derselben.

In diesem Sinne hatte Schleiermacher bereits festgestellt, Religion sei Sinn und Geschmack fürs Unendliche. (R, 52)

Der Sinn für das Universum ist hier allentscheidend, da er hier auch den eigentlichen Maßstab der menschlichen Religiosität vermutet. „Welche von diesen Anschauungen des Universums ein Mensch sich zueignet, das hängt ab von seinem Sinn fürs Universum, das ist der eigentliche Maßstab seiner Religiosität." (R, 129)

Nun ist dem Menschen die Möglichkeit gegeben, daß seine Phantasie an dem Bewußtsein der Freiheit hängt. So denkt er sich das, was als ursprünglich wir-

---

[1] Vgl. TIMM, Gott, 10; ders., Revolution, 16 f., 39.

kend gilt, unter der Annahme des freien Willens. So wird er den Geist des Universums der Personifizierung preisgeben. (R, 129) Steht die menschliche Phantasie mit dem Verstand in einer Verbindung, so daß der Mensch stets daran denkt, die Freiheit mache nur einen Sinn „im Einzelnen und fürs Einzelne", so zeigt sich in der Anschauungsweise, daß einem Gott kein Platz zukommt. (R, 129)

Hiermit verdeutlicht Schleiermacher, daß es allein auf die Anschauungsweise des Menschen ankommt, ob er einen Gott hat oder nicht. Schleiermachers diesbezügliche Aussagen, die darauf abzielen, daß eben alles Erfühlte allein von der Richtung der Phantasie abhängt, unterstützen aber keine bloße Phantasterei. Vielmehr gehört die Phantasie zu den elementaren Grundlagen des Ich, in denen auch die Anlagen zum religiösen Erleben angesiedelt sind.

Wir haben festgestellt, daß die Phantasie die schöpferische Energiequelle des Menschen ist, ohne daß sie ‚die' Kraft ist, die sich das Universum selbst erschaffen kann.

Die Grundlage des Ich ist noch ein völlig undifferenziertes Potential, das imstande ist, das Universum für sein eigenes menschliches Ich auszugestalten, es überhaupt einer Gestaltung zu unterziehen.

Die so vorgenommene Ausgestaltung ist für das Ich wichtig, da es nur unter Zuhilfenahme der Gestaltung des Universums seinem eigenen Erscheinen nahe kommt.[1]

Es ist davon auszugehen, daß die menschliche Phantasie besonders durch den ‚Sog' des Universums zu den spezifischen Vorstellungen angeregt wird. Gerade aus diesem Grunde kommt es zu einem Erscheinen des Universums im nachhinein – nachdem der religiöse Verschmelzungsprozeß abgeschlossen ist.

Das Gefühl, das nach dem Vereinigungsprozeß im Innersten des Menschen aufsteigt und ihm die Möglichkeit gibt, die Unendlichkeit nachzuempfinden, erhält durch die Phantasie eine speziell menschliche ‚Note'. Die Phantasie fungiert aber gleichsam als bestimmtes Merkmal der Persönlichkeit und weist dem Gefühl seine bestimmte Richtung.

5.5.2 Die Wahrnehmbarkeit des Wesentlichen des Universums

In jedem Fall zeichnet sich die Phantasie durch keine Willkür aus, weil sie dem Ich zur Verarbeitung und Individualisierung des religiösen Urerlebnisses verhilft. Das Nachempfinden des religiösen Vorganges durch das Gefühl, daß infolge der Individualisierung durch die Phantasie das in anderer Weise Seiende – das Universum – intensiver und menschlich spezifisch nachempfinden kann, bringt es gleichsam mit sich, daß der Zusammenhang zwischen dem Universum und allem Seienden in engster Zusammengehörigkeit wahrgenommen wird.

---

[1] Vgl. TIMM, Revolution, 49: Das Bestreben Schleiermachers ging auch dahin, „den emanzipatorischen Entfremdungsprozeß der Moderne selbstkritisch zu entschärfen durch Innewerden einer heimatlich-häuslichen Friedensfähigkeit aller Individuationen."

So kann das Seiende nicht als ein für sich allein bestehendes Seiendes verstanden werden, vielmehr wird das Universum als Urgrund alles Seienden betrachtet.

Sein Wesen kann nur jenseits der bewußten Wahrnehmbarkeit liegen. Schleiermacher bezieht hier die vorbewußte Ebene mit ein. So bezeichnet das Intellektuelle im gefühlsmäßigen Erfassen ein intuitives Wahrnehmen und Vorfinden des Universums im Endlichen.

Da nun die Welt immer ein Seiendes ist und das Universum sein Sein auf höchster Ebene ‚hat', können sich Ich und Universum nie für immer vereinigen, so daß sie letztlich als jeweils Eins verblieben.

Hier macht Schleiermacher einen wesentlichen Schnitt, da er den religiösen Vorgang nur als kurz und sich verflüchtigend qualifiziert. (R, 74 f.) Es kann also nie zu einem Ineinander und nicht mehr voneinander Unterscheidbaren kommen – und wenn dann nur auf vorbewußter Ebene, am Grund des menschlichen Seins selbst, das ebenso unhintergehbar und unergründbar ist wie das Universum.[1]

Obwohl Schleiermacher dem Ich hier die Potentialität zutraut, sich mit dem unendlichen Universum auf vorbewußter Ebene zu vereinigen, läßt er es aber nicht zu, daß sich der Vorgang auch voll bewußt abspielen könnte. So ist der Mensch nur fähig zu ‚ahnen'.

Gerade hiermit erreicht Schleiermacher zugleich auch die strenge Trennung zwischen Mensch und Universum, selbst wenn die Tendenz zum Göttlichen vorbewußt dem Menschen gegeben ist.

So ist für ihn auch das Universum von der Welt unterscheidbar, eben weil es als Grundlage – als die nicht ‚hintergehbare' Grundlage – der Welt und alles Seienden besteht.[2]

Aus diesem Grunde sind die Aussagen Schleiermachers in der Rede V (R, 235 ff.) seiner Reden „Über die Religion" eingehend zu untersuchen. Hier stellt sich die Frage, ob und inwiefern er die Aussagen, die er bezüglich des durch Anschauung und Gefühl erahnbaren Universums macht, in bezug auf seine Ausführungen zu Gott revidieren muß.

Als Feststellung kann gelten, daß Christus in den Reden „Über die Religion" kein austauschbarer Glaubensartikel ist. Er ist der einzig greifbare Ansatz, von dem der christliche Mensch den Inhalt der Religion christlich sieht. Daß sich der Mensch überhaupt für den christlichen Glauben entscheidet, ist im Zusammenhang mit dem geschichtlichen Augenblick zu sehen, der ihm gerade diese Möglichkeit anbietet. Auf jeden Fall ist „das Prinzip echt christlich, solange es frei ist". (R, 307) Grundsätzlich aber sind alle Religionen vergänglich, so ist „es Zeit, sie zu sammeln als Denkmäler der Vorwelt und niederzulegen im Magazin der Geschichte; ihr Leben ist vorüber und kommt nimmer zurück". (R, 308)

---

[1] Vgl. TIMM, Revolution, 51.
[2] Vgl. ZUMPE, Gottesanschauung, 17 u. ö.

Doch zeigt sich bei Schleiermacher teilweise ein abrupter Perspektivenwechsel, so daß es eine besondere Schwierigkeit ist, den Sinn der Begründung über die verschiedenen Bewußtseinsformen anzuwenden.[1]

Allen Religionen ist aber wesenhaft, daß sie das Universum anschauen und anbeten. (R, 311) Schleiermacher bedient sich hier bewußt des Ausdrucks „angebetet", um auch am Ende seiner Reden „Über die Religion" klar erkenntlich zu machen, daß das Universum als die Grundvoraussetzung jeder Religion gilt. Eine Religion ohne Bezugnahme auf das Universum ist ‚dem Untergang geweiht'.

Der christliche Begriff der Anbetung wird hier zur Verehrung des Universums verwendet.

Die hier vorgestellte Grundanschauung des Christentums ist „die des allgemeinen Entgegenstrebens alles Endlichen gegen die Einheit des Ganzen, und die Art, wie die Gottheit dieses Entgegenstreben behandelt [...]. Das Verderben und die Erlösung, die Feindschaft und die Vermittlung, das sind die beiden unzertrennlich miteinander verbundenen Seiten dieser Anschauung". (R, 291)

Der hier angesprochene Vermittlungsgedanke will sagen, daß das Christentum in der Lage ist, jegliche Gegnerschaft aufzuheben und in sich aufzulösen. So weist Schleiermacher darauf hin, daß das Christentum sich seiner Gottesferne stets bewußt ist und sich in sich selbst entfremdet. Aber es zeichnet sich auch durch einen Vorzug gegenüber allen übrigen Religionen aus. Der Vorzug des Christentums gegenüber allen anderen Religionen besteht nun darin, daß es der Religiosität kritisch gegenübersteht und diese in Frage stellt. Infolge der Selbstinfragestellung der Religion entsteht selbige erneut und zwar nicht im Sinne einer Erneuerung an sich, sondern als immer fortwährendes Sein der Religion.

So ist der Religion bei Schleiermacher ihre eigene Infragestellung inhärent, weil er eine Religion ohne Infragestellung als tote Angelegenheit empfindet, gerade weil er alles Stehende und Statische in der Religion ablehnt.[2]

In diesem Sinne stellt das Universum schlechthin etwas Lebendiges dar, weil es sich in steter Bewegung befindet und sich mit dem Ich innerhalb eines dynamischen Vereinigungsprozesses findet.

Aber der Religion droht immer das Übel, „von irdischem Sinn" verschlungen zu werden. (R, 293) Das irreligiöse Prinzip wird nicht ignoriert, weil immer neue, erhabene Mittler der Irreligiosität entgegentreten. Hier besteht eine der Abgrenzungen des Christentums zu anderen Religionen.

Das irreligiöse Prinzip, das vom Christentum vorausgesetzt wird, macht „einen wesentlichen Teil der Anschauung" aus. (R, 294)

Die Grundanschauung findet ihre Entsprechung in einem Gefühl, das von Schleiermacher als die „heilige Wehmut" bezeichnet wird, und dies ist für ihn

---

[1] So auch LEHNERER, Kunsttheorie, 384.
[2] Vgl. BEISSER, Schleiermachers Lehre, 50: „Es zeigt sich also, daß die Selbständigkeit des christlichen Glaubens nur eine relative ist. Eine volle, die absolute Unabhängigkeit, läßt sich auf diese Weise auch gar nicht erreichen."

„der einzige Name", den ihm die Sprache bietet. (R, 299) Es handelt sich hier um „das Gefühl einer unbefriedigten Sehnsucht", die auf einen großen Gegenstand gerichtet ist und deren Unendlichkeit der christliche Mensch im Bewußtsein trägt.

5.6 Die Funktion der Sehnsucht

Der Mensch wird von einer Stimmung genötigt, „das Heilige mit dem Profanen, das Erhabene mit dem Geringen und Nichtigen aufs innigste gemischt", überall als Voraussetzung anzunehmen und überall nach dieser Mischung zu suchen. (R, 299) Das Gefühl der unbefriedigten Sehnsucht ist der Grundton aller Gefühle und für den Menschen bezeichnend.

Wie die Sehnsucht ihn zum Höheren treibt, so bleibt auch das Gefühl des Nichtigen und Profanen in seinem Inneren immer bestehen. Demnach bleibt es letztlich bei dem Gefühl der unbefriedigten Sehnsucht, die hier ‚in hohem Maße' bedeutungsvoll ist, da der Mensch nur aufgrund der hier beschriebenen Sachlage im Endlichen sein Leben fristen kann.[1]

Eine vollkommene Befriedigung der Sehnsucht hätte zur Folge, daß der Mensch das Endliche verlassen müßte, und so wäre dem Christentum der ‚Boden entzogen'. Im Falle einer völligen gefühlsmäßigen Befriedigung könnte es weder ein sehnsüchtiges Gefühl noch eine heilige Wehmut geben, eben weil das christlich gefühlsmäßige Verlangen gestillt wäre. Ein solcher Mensch befindet sich in absoluter Einigkeit und Einheit mit dem Universum und mit Gott.

Die hier vorgestellte intensive Vereinigung ist bei Schleiermacher nur ein sich verflüchtigender Augenblick und deshalb auch nicht Gegenstand des Christentums. Der Akzent ist in den Schleiermacherschen Reden „Über die Religion" auf das Streben ausgerichtet, und so ist es notwendig undenkbar, daß es in dieser Welt bereits aufhören sollte. In diesem Sinne sagt Schleiermacher: „Die Sehnsucht nach Religion ist es, was [dem Menschen] zum Genuß der Religion verhilft." (R, 89) So ist die Sehnsucht nach Religion von gleich hoher Bedeutung wie die Sehnsucht nach Liebe, die dem Menschen zugleich Religion wird, wie es Schleiermacher in der 2. Auflage der Reden „Über die Religion" ausdrückt. (R, Pünjer, 94) „Um Religion zu haben, muß der Mensch erst die Menschheit gefunden haben, und er findet sie nur in Liebe und durch Liebe. Darum sind beide so innig und unzertrennlich verknüpft." (R, 90)

Hier wird deutlich, daß ihm die Erfahrung der Liebe ein ebenso hohes Ziel ist, wie die Erfahrung der Religion. So ist die Liebe ein theologisches Initialgeschehen.[2]

Das Gefühl der Sehnsucht nach Liebe und Religion wie auch der damit verbundene Schmerz sind bei Schleiermacher die sinnvollen Bestandteile und zugleich die wesentlichen Komponenten des Christentums. Die von ihm diesbe-

---

[1] Vgl. TIMM, Revolution, 42.
[2] Vgl. WINTSCH, Religiosität, 56.

züglich gemachten Ausführungen widersprechen nicht dem zuvor in bezug auf das Universum Ausgeführten.

Deutlich hervorzuheben bleibt, daß Schleiermacher den Begriff des Universums nicht durch den eines persönlichen Gottes ersetzt. Gott wirkt als Vorsehung (R, 292), ohne daß hier eine persönliche Belohnung oder Bestrafung bedeutend ist.

Wie das Universum auf den Menschen ausgerichtet ist, so ist auch die Vorsehung auf den Menschen bezogen. Die menschliche Bedürftigkeit ist in diesem Zusammenhang von großer Bedeutung, da Schleiermacher die christliche Erlösungsreligion als ‚die' Religion schlechthin charakterisieren möchte. So machen die Bedürftigkeit und Sehnsucht die christliche Erlösungslehre erst sinnvoll.

Das absolute Angewiesensein auf etwas Höheres oder – wie Beisser es ausdrückt – die absolute Bedürftigkeit alles Endlichen ist hier für Schleiermacher die Hauptsache der Religion.[1]

Hier mag auch schon der Gedanke des absoluten Abhängigkeitsgefühls vorliegen, der später in der Schleiermacherschen Glaubenslehre zentral ist.

Schleiermacher qualifiziert das Christentum als die Glaubensweise, nach welcher der Mensch sein Leben auszurichten hat, weil für ihn einerseits die Religion die Grundlage des Menschseins ist und er andererseits das Christentum als die Religion einstuft, die der Wahrheit und dem Wesen einer wirklichen Religion am nächsten kommt.

Wie das Christentum der Religion am nächsten steht, so sagt die Vernunft dem Menschen, daß der mit dem Christentum erwählte Glaube der rechte sein muß.[2]

So ist es für Schleiermacher vernünftig und von der Vernunft initiiert, den christlichen Glauben anzunehmen. Die Vernunft ist in den Reden „Über die Religion" kein feindliches Gegenüber in bezug auf den Glauben. Vernunft und Glaube fügen sich innerhalb der Reden „Über die Religion" in der Weise zusammen, daß auch hier schließlich eine Einheit gegeben ist.

Schleiermacher ist also von dem Einheitsgedanken bezüglich des Menschen und dem göttlichen Universum – als Sehnsuchtsgedanke – beseelt, wie er andererseits auch von dem Einheitsgedanken zwischen dem Glauben und der Vernunft angetan ist. Hier zeigt das Schleiermachersche System wiederholt seine Dynamik, sein stetes Streben, das von der nie zu erfüllenden vollständigen Einheit getrieben ist.

Hier entsteht der Eindruck, der christliche Glaube werde durch das Wesen der Religion begründet und sei der Philosophie untergeordnet. Wie bereits erwähnt, ging Friedrich Samuel Gottfried Sack von dem genannten Eindruck aus. So schrieb er: „Ich kann das Buch [die Schleiermacherschen Reden „Über die Religion"], nachdem ich es bedachtsam durchgelesen habe, leider für nichts

---

[1] Vgl. BEISSER, Lehre, 47.
[2] Vgl. OFFERMANN, Einleitung, 299.

weiter erkennen, als für eine geistvolle Apologie des Pantheismus, für eine rednerische Darstellung des Spinozistischen Systems.[1]

Aber Schleiermacher äußert sich verteidigend in seinem Antwortschreiben und betont, er habe den Spinozismus nur gestreift, und bestreitet vehement, Pantheist zu sein.

Außerdem besteht er darauf, er habe nie von dem Glauben an einen persönlichen Gott mit Verachtung gesprochen; Spinoza habe er nur angeführt, weil in seiner Ethik eine Gesinnung herrsche, die man nicht anders als Frömmigkeit benennen könne.

Aber der persönliche Gott hängt lediglich von der Richtung der Phantasie ab.[2] Schleiermacher hebt hervor, daß es ihm in den Reden „Über die Religion" vor allem darauf ankomme, die Unabhängigkeit der Religion gegenüber jeder Metaphysik darzustellen. So gehören für ihn die Aussagen über das Wesen der Religion zur Philosophie – besonders in seinen späteren Werken und vor allem in der Glaubenslehre. Mit den Aussagen, die sich auf das Wesen der Religion beziehen, wendet er sich ausschließlich der Vernunft zu; hier wird kein vorher gegebener christlicher Glaube bemüht, und das, obwohl letzterer mit der Vernunft eine einheitliche Verbindung eingeht. Bei Schleiermacher hat die Philosophie die religiöse Erfahrung bereits verarbeitet und also ‚hinter sich gelassen'.

So ist die Schleiermachersche Philosophie zwar noch nicht der Glaube schlechthin, aber sie befindet sich kurz vor diesem. Doch ist die Philosophie keine Brücke zur Religion in dem Sinne, daß sie als so genanntes ‚Durchgangstor' vor ihr steht.

Schleiermacher sieht die Philosophie vielmehr in dem Lichte, daß sie die Autonomie des denkenden Menschen in den Mittelpunkt stellt und so das Ich als Grundlage bestimmt. Einer so verstandenen Philosophie gegenüber gilt es die Selbständigkeit der Religion zu erstreiten.[3]

So steht er auch der Fichteschen Konzeption des Ich und des Setzens als sich selbst, ablehnend gegenüber. Aber auch Fichte sucht den Grund des Göttlichen – und diesen Grund sieht er innerhalb der Selbstsetzungskonzeption. Beide sind sich demnach in ihren Lehren ähnlicher, als sie es zugegeben hätten.

Aber es ist nicht Schleiermachers Absicht, das menschlich Beschränkte gänzlich zu überwinden. Er strebt nach Erhöhung und nach Vollkommenerem, aber der Akzent verbleibt bei einem Streben.

Die gänzliche Überwindung ist bei Schleiermacher nicht das Ziel, weil sich das Unendliche bereits im Endlichen zeigt und sich die Tätigkeit des Universums hierdurch dem Menschen offenbart.

Kimmerle weist in diesem Zusammenhang darauf hin, daß Schleiermacher nicht im Kantischen Sinne vom Subjekt her denke, „sondern eher im Sinne des Spinoza von einem tätigen Unendlichen her, das in seiner Tätigkeit aber doch

---

[1] Br = Briefe III, 275-280.
[2] Br = Briefe III, 275-280.
[3] Vgl. WAGNER, Dialektik, 226.

auf den Menschen ausgerichtet ist, insofern es sich ihm offenbart und von ihm angeschaut wird."[1]

Das Partizipieren am göttlichen Universum kann als anderer Weg hinsichtlich einer Erkenntnis des Unbewußten interpretiert werden. Innerhalb des religiösen Erlebnisses weiß der beteiligte Mensch aber nicht um die Dinge, die sich ihm bieten.

Hier wird das Surreale bereits in der Schleiermacherschen Religionsphilosophie deutlich.

5.7. Die Einheit von Liebe und Religion

Das Christentum ist nur sinnvoll als Bestandteil der endlichen Welt, und so verzichtet der Glaube bei Schleiermacher auf die Eschatologie. Schleiermacher geht weder von der göttlichen Schöpfermacht, noch von einer Eschatologie innerhalb des Erlösungswerkes oder gar von der göttlichen Weltvollendung aus. Hier ist die Liebe die Kraft, die dem Menschen ‚die' Welt und das Universum eröffnet.

So sah sich bereits Novalis zu der Äußerung veranlaßt, Schleiermacher habe mit den Reden „Über die Religion" „eine Antwort von Liebe verkündet".[2] Liebe und Religion sind ihm „freilich Eins", wie er in einem Brief an seine Braut bekundet.[3] Hinter der Liebe vermutet Schleiermacher noch ein Urphänomen, das durch den Schleier der Liebe noch verdeckt wird.

Die Liebe ist für ihn etwas Zugrundeliegendes und Unergründliches, das ‚die' anthropologische Gegebenheit ist.

Auch wenn Schleiermachers religionsphilosophische Bestrebungen dahin gehen, die Vernunft stets mit dem Glauben und der Liebe einheitlich zu verbinden, so ist aber selbstverständlich, daß das Gefühl auch die rein emotionale Ebene beinhaltet, die eine ‚Herzenssache' ist.

Wie wir gesehen haben, geht es ihm in den Reden „Über die Religion" darum, das verdeckte Universum zu entschleiern und die Religion von jeglicher Metaphysik und Moral zu reinigen. So wird dem Ich die ontologische Unterscheidung zwischen dem Universum und dem eigenen Ich möglich.

6. Ähnlichkeiten und Unterschiede bezüglich Schleiermacherscher und Fichtescher Erahnbarkeit des Göttlichen

Die Schleiermachersche Theorie des Gefühls ist der Angelpunkt der Reden „Über die Religion". (R, 50 ff., 57 ff., 177 ff.)

Wie wir gesehen haben, ging auch Fichte in der Zeit des Atheismusstreites auf das Gefühl als die Basis der Religion zurück. Letztendlich war auch bei

---

[1] KIMMERLE, Hermeneutik, 13.
[2] NOVALIS, Werke, 522.
[3] Schleiermachers Briefwechsel, 184.

Fichte das Gefühl das Fundament der Religion und gilt hier gleichsam als Medium.[1]

Aber Schleiermacher beschwört ferner den „höheren", den „anderen Realismus" herauf, weshalb er die Philosophie Spinozas erwähnt. (R, 54) Der Zustand, der sich im menschlichen Gefühl zum Bewußtsein bringt, setzt als Grundlage wieder das Bewußtsein voraus, daß erst möglich wird, nachdem der Mensch aus der Einheit mit dem göttlichen Ganzen, dem Universum, wieder herausgetreten ist.

Die Beziehung des Menschen zum All, zum göttlichen Universum, ist in den Schleiermacherschen Reden „Über die Religion" bedeutungsvoll, und so gilt sein besonderes ‚Augenmerk' dem Verhältnis ‚Gott und Mensch' bzw. ‚Mensch und Gott'. Von einer mystischen Vereinigung, in welcher das Eine in das All übergeht und umgekehrt, um in einem solchen Zustand zu verbleiben, kann bei Schleiermacher keine Rede sein, selbst wenn auf vorbewußter Ebene die zurückliegende mystische Vereinigung wieder aufgegriffen wird.

Das ‚Noch-einmal-geschehen-Lassen' der vergangenen mystischen Vereinigung ist ausschließlich im Gefühl möglich und deutet auf das Anamnesismotiv Platons hin.

Andererseits erweckt die Rede II der Reden „Über die Religion" den Anschein, daß es sich um eine individuelle Beziehung zum Unendlichen handelt, und so wird der religiöse Zustand zum Genuß, in dem alles Sterbliche bereits weggefallen ist. Doch gleichzeitig verlieren sich „die scharf abgeschnittenen Umrisse unserer Persönlichkeit" und es kommt zu einem allmählichen Sichverlieren „ins Unendliche".

Auch in diesen Formulierungen wird der mystische Vereinigungspunkt zwischen dem Menschen und dem Universum thematisiert, und so erscheint der Tod als ‚die' Möglichkeit schlechthin, um jeglicher Endlichkeit und Beschränktheit zu entfliehen.

Hier zeigt sich in den Schleiermacherschen Reden „Über die Religion" deutlich der Gedanke des Novalis, der seinerseits von einem „Hinüberwallen" redet.

So ist auch die Unsterblichkeit bei Schleiermacher schon in diesem zeitlichen Leben unmittelbar erreichbar. In ähnlicher Weise lehrte auch Fichte, daß die Unsterblichkeit nicht erst nach dem physischen Tod ‚jenseits des Grabes' gegeben sei.

So steht für Ritzel fest, daß Fichte dem Zeitlichen den Ewigkeitsstempel dadurch aufzudrücken versucht, indem er das Ewige in das Zeitliche transferiert.[2]

Schleiermacher wählt demgegenüber ‚den entgegengesetzten Weg', indem er das Zeitliche in das Ewige sich verströmen läßt und er gleichsam ein Zerfließen des Individuellen in das Unendliche fordert. Aber dieser von Ritzel vorgetragenen Ansicht ist nicht uneingeschränkt Folge zu leisten, weil eine Transferierung

---

[1] Vgl. RITZEL, Religionsphilosophie, 125.
[2] Vgl. RITZEL, Religionsphilosophie, 138.

des Ewigen in das Zeitliche nur mit Hilfe einer begrifflichen Bestimmung des Ewigen erfolgen kann.

Die Möglichkeit einer begrifflichen Bestimmung des Ewigen wird aber von Fichte grundsätzlich geleugnet und als undurchführbar empfunden. Hier ist die Fichtesche Gedankenwelt davon bestimmt, daß das Menschliche an dem Göttlichen teilhat, da es seine Basis im Göttlichen findet.

Hingegen ist auch die Schleiermachersche Gefühlslehre im eigentlichen Sinne keine Lehre, sondern eher als Proteron des theoretischen wie praktischen Verhaltens zu sehen. Das als basal geltende Gefühl wird durch etwas ‚Höheres' erregt und daraufhin prägt sich das ganze Sein des Menschen. So hat der Mensch das Wissen von seinem Selbstsein nur mittelbar; er kann – laut Schleiermacher – kein unmittelbares Bewußtsein seiner ursprünglich-unmittelbaren Grundlage haben. (DJ, 153)

Das unmittelbare ‚Sich-Haben' des Selbstbewußtseins liegt dem vermittelten ‚Sich-Selbst-Wissen' immer schon zugrunde.

Auch ermöglicht es die Reflexion nicht, die Unmittelbarkeit der Einheit des Selbstbewußtseins zu begründen, weil die ontologische Einheit von Denken und Sein im unmittelbaren Selbstbewußtsein von dem reflektierten Selbstbewußtsein als ein vorreflexiv mitgesetztes Selbst in Anspruch genommen wird.

So erfährt der Fichtesche Versuch einer reflexiven Selbstbegründung des sich setzenden Ich, die Schleiermachersche Ablehnung, weil für Schleiermacher gilt, daß das menschliche Denken der endlichen Seinsweise angehört und aufgrund der Endlichkeit nicht als die Basis der ‚Dass-Einheit' des menschlichen Seins gelten kann. Somit ist die Frage nach dem, ‚was das menschliche Sein bedingt', nicht durch das menschliche Denken lösbar, da es infolge der Beschränktheit seines Seins für sich selbst nicht zugleich das Fundament seines Seins bieten kann.

Eckert charakterisiert die Fichtesche Ansicht des Selbstbewußtseins demgegenüber als eine Theorie, in welcher das Selbstbewußtsein für sich die Unmittelbarkeit beanspruche.[1] So sei hier eine zirkuläre Bewegung in der reflexiven Selbstbegründung des sich selbst setzenden Ich unübersehbar, womit sogleich die Schwachstelle des Systems offenliege.[2]

Eckert ist zuzustimmen, wenn er davon ausgeht, daß dem Fichteschen Anspruch auf Unmittelbarkeit des Selbstbewußtseins eigentlich infolge des stets vermittelten Selbstbezugs des Ich die Grundlage genommen ist.

Seine Kritik ist in bezug auf die Wissenschaftslehre von 1794 zutreffend, in der Fichte behauptet: „Das Ich setzt ursprünglich schlechthin sein eigenes Sein." „Das Ich setzt sich selbst, schlechthin weil es ist. Es setzt sich durch sein bloßes Sein, und ist durch sein bloßes Gesetzsein." (GA I, 2, 259)

Aber Fichte überarbeitete seine Lehre und erkannte die ihr inhärenten Schwächen, und so formulierte er bereits 1797, daß sich das Ich ‚als' sich selbst set-

---
[1] Vgl. ECKERT, Welt, 287.
[2] Vgl. ECKERT, Welt, 287.

zend setzt. Aber auch hier blieb die Problematik des sich ursprünglich setzenden Ich erhalten, obwohl Fichte gerade dem reflexiven Zirkel zu entkommen versuchte.[1]

Eckert wendet seine Kritik aber allein gegen den Reflexionspunkt.

In diesem Zusammenhang stellt sich die gleiche Frage auch bei Schleiermacher: Wie also kann das unmittelbare Selbstbewußtsein von und um sich selbst wissen.

Das Denken ist hier die Instanz der vermittelnden Reflexion auf sich selbst, in der Schleiermacher das ontologische Selbstbewußtsein als das ‚unmittelbare Selbstbewußtsein' und somit als Grundlage voraussetzt.

So fungiert bei Schleiermacher das Gefühl als das unmittelbare Selbstbewußtsein. Dieses so unmittelbare Selbstbewußtsein ist auch der Ort im Gefühl, an dem das Mitgesetztsein Gottes im Menschen gegeben ist.[2] Die unbedingte göttliche Einheit ist in der Einheit der Unmittelbarkeit zu finden.

Ebenso steht das Ich bei Fichte, auch wenn es sich als sich selbst setzt, auf der Grundlage des unmittelbar Göttlichen, wo sich Menschliches und Göttliches begegnen und das, obwohl Fichte nie ausdrücklich von einem Mitgesetztsein Gottes im Menschen spricht. Eine dahingehende Interpretation ist begründbar, weil Fichte die letzte Urschicht im Menschen von dem Göttlichem mit ableitet. Das Selbst des Menschen und das Göttliche stehen sich hier gegenüber und das ‚Sich-selbst-Setzen-als-sich-selbst' hat als Antriebsquelle etwas Göttliches.

Die hier angesprochenen Gemeinsamkeiten verdecken aber die bedeutsamen Verschiedenheiten nicht. Das Fichtesche Gottesverständnis verdankt dem konstruktiven Erkennen sein Dasein; Fichte legt der sittlichen Freiheit die Erfahrung zugrunde. Schleiermacher hingegen bezieht sich ganz auf die Erfahrung, soweit er sich über das Göttliche ausspricht. Schleiermachers diesbezügliche Darstellung ist eine Beschreibung des Gemütszustandes, der sich so in jedem menschlichen Gemüt grundsätzlich zeigen kann.

Obwohl sich das Göttliche auch bei Fichte in keinem abstrakten Pflichtgedanken erschöpft, verlegt sich Schleiermacher hinsichtlich des Versuchs das Göttliche zu beschreiben, mehr auf das unendliche, mannigfaltige Innenleben des sittlichen Gemütes, das seine Gesamtheit an Besonderem im göttlichen Wesen wiederfindet. Andererseits kann Fichte weder der Natur noch der Kunst eine göttliche Seite ‚abgewinnen'. Demgegenüber billigt Schleiermacher auch der Kunst den Ort des göttlichen Wirkens zu.

Jeder Mensch ist den Fichteschen Ausführungen zufolge mächtig, seinen sittlichen Geist zu aktivieren, auch wenn letzterer erst durch ein plötzliches Erlebnis erzeugt werden muß.

So ist hier deutlich erkennbar, daß das Göttliche in den Menschenseelen nicht als etwas Fertiges vorhanden ist, sondern erst durch einen prozeßhaften Ablauf – und dann plötzlich – zur vollen Entfaltung gelangen kann. Bei Schleiermacher

---

[1] Vgl. GLOY, Selbstbewußtsein, 46 f.
[2] Vgl. OFFERMANN, Einleitung, 39.

ist der Mensch darauf angewiesen, dem Göttlichen infolge eines Prozesses in sich Einlaß zu gewähren.

Aber das Schleiermachersche Universum ist bereits als harmonische Einheit vorhanden, die sich auch infolge eines tief im menschlichen Gemüt sich abspielenden Prozesses entfaltet. So zeigen sich im ewigen Universum die überindividuellen Werte des Menschen.

Einen in diese Richtung abzielenden Interpretationsvorschlag machte bereits Wieneke im Jahr 1914.[1]

Ferner stellte er die Frage, warum Schleiermacher nicht überall dort von einem religiösen Gefühl ausging, wo neue Erkenntnisse, neue Schönheit, ein neues sittliches Verständnis oder neuer Wille zum Guten sich zeigten und den Menschen aufgrund dieser Gegebenheiten in seinem Gemüt zutiefst ergriffen.

Warum also ging Schleiermacher nicht davon aus, das Wirken des Göttlichen sei allgemein und somit das Sichselbstenthüllen des geistigen Wesens der Menschheit?

Bei Schleiermacher ist der Glaube der alles entscheidende Faktor, der sich auf eine Örtlichkeit bezieht, die als transzendentaler Raum zu bezeichnen ist. So versteht er in der Glaubenslehre die christliche Frömmigkeit als Phänomen, das sich durch einen anthropologischen Pol auszeichnet, der sich ausschließlich vom Glauben erschließen läßt. Dem anthropologischen Pol gegenüber steht der kerygmatische Pol, der in der Sphäre des Übergangs zum Gottesbewußtsein begründet ist.[2]

Auch der so bezeichnete Übergang zeichnet sich durch einen anthropologischen Gesichtspunkt aus.

Hier stellt sich die Frage, inwieweit es sich um ausschließlich Menschliches handelt und von einem Gottesbewußtsein überhaupt die Rede sein kann? Aus diesem Grunde hat Schleiermacher das Motiv des transzendentalen Raumes geschaffen.

Hier ergibt sich die Problematik, die danach fragt, wie eine Sprache beschaffen sein muß, die den Glauben, der bei Schleiermacher eine Glaubenserfahrung und damit ein geschichtsbildendes Subjekt ist, auszudrücken vermag.

Eine ‚dementsprechende' Sprache verlangt nach einer besonderen Sprachebene. Wichtig ist hier das Vermitteln des ‚logos' gegenüber dem Glauben, obwohl sich letzterer unabhängig vom ‚logos' konstituiert, ist er auch offen hinsichtlich einer hermeneutischen Überprüfung des Verstehens. Der Glaube, der als glaubende Erfahrung einen transzendentalen Raum besitzt, gewährt der Sprache Einlaß. Sorrentino spricht in diesem Zusammenhang von einem doxologischen Bereich der Äußerung und also der Umsetzung des Glaubens in einem Bereich der Religionsphilosophie.[3]

---

[1] Vgl. WIENEKE, Gottesbegriff, 80.
[2] Vgl. SORRENTINO, Glaube, 333.
[3] Vgl. SORRENTINO, Glaube, 335.

Der doxologische Bereich bezeichnet hier zugleich den Ursprung der theologischen Sprache und ist ‚die' Mitteilung schlechthin, die sich durch das gesamte Schleiermachersche Werk ‚zieht'.

So zeigt Schleiermacher in der Glaubenslehre, daß ihm der Begriff „Subjekt" als philosophischer Ausgangspunkt ungeeignet ist. Der Schwachpunkt des Subjekts liegt seiner Meinung nach darin, daß es immer nur in einer Relation zu etwas steht und dann erst einen Sinn ergibt. Daß nun das Subjekt um seine Realition weiß, ist zwar eine Leistung, aber eine „deren Realgrund es nicht sich selbst zuschreiben kann".[1]

Das Selbstbewußtsein wird erst in seiner Unmittelbarkeit nach seinem Seinsgrund erkannt. Das Identitätsgefühl kommt so in seiner absoluten Innerlichkeit „nur in dem Subjekt zustande", wird aber „nicht von dem Subjekt bewirkt".[2] In § 8 Leitsatz (LS) der Glaubenslehre aus dem Jahr 1821/22 stellt Schleiermacher auf das Gefühl der Frömmigkeit ab und verdeutlicht hier bereits, daß wohl aus ihr ein Wissen oder Tun hervorgehen könne, eben als Äußerung oder Wirkung derselben. Die Frömmigkeit aber ist keines von beiden. Die Frömmigkeit bezeichnet er als Neigung und Bestimmtheit des Gefühls. Das Gefühl ist imstande, sich auf eine höhere Sphäre zu begeben, um eben das Göttliche zu erfahren. Also wird die Thematik der Reden „Über die Religion" auch hier weitergeführt.

Die Sprache ist imstande, auf das Göttliche zu verweisen. Sie ist ein individuelles Allgemeines und verändert ihren Gesamtsinn mit jeder einzelnen Redehandlung. Sie besteht als universelles Gefüge nur wegen der grundsätzlich widerrufbaren Übereinkünfte der Sprecher, wie es Manfred Frank feststellt.[3]

So verbleibt in jedem einzelnen Sinnentwurf laut Schleiermacher „etwas nicht zu Beschreibendes [...] was nur als Harmonie kann bezeichnet werden". (HuK, 177)[4]

Jedes gesprochene oder jedes niedergeschriebene Wort ist zugleich von einem Schweigen umgeben. Ebenso wie lernende Kleinkinder den Wortsinn ursprünglich erfassen müssen, so hat auch der Mensch sein Selbst und sein Gegründetsein in Gott ursprünglich zu erfassen und zu erfahren. Fichte und Schleiermacher gehen beide von der hier vorgestellten Ursprünglichkeit aus.

Um jedoch den ‚Sprung' aus dem bloßen Sprachvermögen zur Einlösung des jeweiligen Wortsinnes zu vollziehen, ist man gezwungen, eine „divinatorische Kühnheit" anzunehmen, von der Schleiermacher in seiner Hermeneutik spricht. (HuK, 327)

Ein solcher ‚Sprung' ist stets notwendig, wenn uns etwas nicht klar werden will und wir keinen Sinn in die Aneinanderreihung der Wörter bekommen.

Das Divinatorische zeichnet sich laut Schleiermacher durch ein „ahnendes Wesen" aus, das sich die menschliche Seele bewahrt. (HuK, 327) Doch ist die

---

[1] FRANK, Sagbare, 18.
[2] Der christliche Glaube, GL 1830, Bd. 1 (§ 3, 3, S. 18, GL 1830).
[3] Vgl. FRANK, Sagbare, 27.
[4] Vgl. FRANK, Hermeneutik.

Schleiermachersche Hermeneutik nicht auf die Auslegung von Texten beschränkt, sondern eine Analyse des Verstehens schlechthin.

So versucht das Divinatorische das Individuelle der Sprache in einer Unmittelbarkeit zu erfassen. In diesem Sinne stellte schon Gadamer fest, die Hermeneutik habe eigentlich kein Verfahren des Verstehens zu entwickeln, sondern „Bedingungen aufzuklären, unter denen Verstehen geschieht".[1]

Die Hermeneutik Schleiermachers beschäftigt sich mit der Vermittlung zwischen Allgemeinem und Individuellem und ist durch das Motiv „für die Verbindung des Spekulativen mit dem Empirischen und Geschichtlichen" bestimmt. (HuK, 234)

Das Verstehen erreicht hier nie die absolute Identität, sondern kann sich dem Wissen nur annähern, mit der Folge, daß ein unverstandener Rest verbleibt (HuK 327 f.), der zudem ‚die' Spannung erhält, aus der sich schließlich die Energie des dialektischen Prozesses herleitet.

In diesem Sinne bleibt auch ein Restbestand des Selbstbewußtseins bezüglich der Beziehung zu Gott bestehen. Das Verstehen bleibt hier stets in Bewegung und kommt nie zu einem Abschluß. So verweist das Verstehen des Ganzen stets auch auf das Verstehen des Einzelnen und umgekehrt.

Hier zeigt sich das Motiv der Wechselseitigkeit erneut, das für das Schleiermachersche Werk bezeichnend ist. Auch das vollkommene Wissen ist in diesem scheinbaren Kreise befangen, „daß jedes Besondere nur aus dem Allgemeinen, dessen Teil es ist, verstanden werden kann und umgekehrt". (HuK, 95) Die Zirkelhaftigkeit ist also dem Wissensprozeß inhärent, gerade weil es zwischen den Polen des Individuellen und Allgemeinen zu einem Schwanken kommt.[2] Infolge dieser Zirkularität wird das Verstehen zu einer unendlichen Aufgabe. Ebenso besteht sie in der Annäherung des Selbst und also der Erkenntnis des Selbstbewußtseins und seiner Beziehung und Gegründetheit im Göttlichen.

Wie die potentielle Unendlichkeit des Verstehens dazu führt, daß beispielsweise das Verstehen eines Textes über das Selbstverständnis von dessen Autor hinaus führt, so ist auch das Verständnis von der Beziehung des Selbst-Ich zu Gott nie abgeschlossen, selbst wenn das Ich – das Selbstbewußtsein – reflektierend sein eigener Beurteiler wird.

In der Beziehung zwischen dem Göttlichen und Menschlichen bleibt vieles unbewußt, wie auch dem Autor eines Textes vieles unbewußt geblieben ist und sich darauf bezieht, daß es durch den Leser bewußt gemacht wird. (HuK, 94)[3]

Letztlich ist festzustellen, daß das Göttliche stets ‚das' andere Höhere ist, das der Mensch nur durch die Liebe erfährt.

Die eben vorgestellte Feststellung ist so auch auf das Fichtesche Werk zur Zeit des Atheismusstreites zu beziehen. Ihm geht es in seiner ersten Schaffensperiode darum, das göttliche Wesen von jeder Verendlichung zu befreien, da es

---

[1] GADAMER, Wahrheit, 279.
[2] Vgl. RIEGER, Interpretation, 304.
[3] Vgl. RIEGER, Interpretation, 304.

durch die Beilegung eines Prädikates zu einem Endlichen und also zu einem menschlichen Wesen, „zu einem Wesen eures gleichen" würde. (GA I, 5, 355)

In den Jahren nach 1800 haben sich beide Positionen einander genähert, obwohl sie vormals nicht in dem Sinne diametral gegeneinander abgesetzt waren, wie es Schleiermacher und Fichte empfanden.

2. Teil

I Schleiermacher und das religionsphilosophische Hauptwerk – Die Glaubenslehre (GL)

Wie erwähnt, ging bereits Windelband davon aus, das Fichtesche System sei in seiner zweiten Schaffensperiode von Schleiermacherschem Gedankengut der Reden „Über die Religion" beeinflußt worden.

In diesem Zusammenhang soll auch die Gefühlstheorie Schleiermachers, die er in seiner Glaubenlehre 1821/22 entwickelte, analysiert werden. Vergleichsweise wird zum Teil auch die GL aus dem Jahre 1830 berücksichtigt. Hier stellt sich die Frage, ob er seine Theorie des Gefühls, die er in den Reden „Über die Religion" vorstellte, revidierte.

In der Hauptsache sei hier aber die GL 1821/22 als Grundlage genutzt, da Schleiermacher hier seiner Religionslehre den prägnantesten Ausdruck verleiht und in der GL von 1830 keinen grundsätzlich neuen Sachinhalt zufügt.

So schrieb Schleiermacher in einer brieflichen Notiz am 12. November 1829: „ich schreibe alles durchaus neu. In der Sache bleibt freilich alles dasselbe."[1]

Ebenso betont Schleiermacher in seinem Vorwort zur 2. Auflage von 1830, daß bei allen Unterschieden der neuen Fassung „kein Hauptsatz aufgegeben oder in seinem eigentlichen Inhalt verändert worden" sei.

Hans-Joachim Birkner weist in seinem Vorwort zur GL 1821/22 darauf hin, daß sich die GL in ihrer 1. Fassung dem Leser leichter erschließe, da sie der späteren Ausgabe in formaler Hinsicht überlegen sei.[2]

So war Schleiermacher in der späteren Fassung aus dem Jahre 1830 darum bemüht, Einwände abzuwehren und Mißverständnisse zu vermeiden. Ob und inwieweit es ihm gelungen ist, soll nicht der Gegenstand der folgenden Ausführungen sein. In dieser Hinsicht sei auf die Ausführungen Hayo Gerdes verwiesen.[3]

Den religionsphilosophischen Wert der 1. Auflage charakterisierte Carl Stange wie folgt: „Ist ... schon das rein exegetische Verständnis der zweiten Auflage ohne Inanspruchnahme der ersten Auflage nicht zu gewinnen, so bedarf es keines besonderen Nachweises, daß die erste Auflage auch sachlich es nicht verdient, durch die zweite Auflage in den Hintergrund gedrängt zu werden. [...] Aber der Vorzug der ersten Auflage besteht darin, daß sie, wie sie in ihrer grossartigen Geschlossenheit das vollendetste Zeugnis seines wissenschaftlichen Geistes ist, so zugleich auch diejenige Form seiner Theologie darbietet, in welcher dieselbe auf die Geschichte der Theologie am stärksten eingewirkt hat."[4]

---

[1] Briefwechsel mit J. Chr. Gass, 200.
[2] Vgl. SCHLEIERMACHER, Glaube, VII.
[3] Hayo Gerdes zitiert in: GL 1821/22, , S. VIII.
[4] Hayo Gerdes zitiert in: GL 1821/22, , S. VIII.

1. Das religiöse Erlebnis als Bestimmtheit des Gefühls

Das religiöse Erlebnis ist bei Schleiermacher in den späteren Auflagen der Reden „Über die Religion" und besonders in der GL als Bestimmtheit des Gefühls charakterisiert. Der philosophisch-theologische Standort der Reden „Über die Religion" und der Standort der GL sind somit zunächst identisch.

Aber die Schleiermachersche Gefühlstheorie erfährt in der GL eine Differenzierung. Für Schleiermacher ist hier nicht jedes Gefühl an sich von einer Wertigkeit, die imstande ist, dem Menschen die Ahnung des Göttlichen zu gewähren. Zumindest geht Schultz von dieser Annahme aus.[1] Daraus ist zu folgern, daß Schleiermacher in den Reden „Über die Religion" doch potentiell jedem Gefühl die Möglichkeit einräumt, sich in der Weise entwickeln zu können, daß es den Menschen in die Sphäre des Göttlichen geleitet.

Einer solchen Annahme ist aber zu widersprechen, denn auch in den Reden „Über die Religion" war nicht jedes irgendwie erregte Gefühl geeignet, das religiöse Ereignis im nachhinein zu erleben.

Bezüglich der Selbstanschauung ändert Schleiermacher seine Auffassung, da diese, wie Schultz resümierend feststellt,[2] nicht mehr wie selbstverständlich mit der Anschauung des Universums identisch ist. Auch einer so vorgebrachten Feststellung ist nicht unbedingt Folge zu leisten.

Demgegenüber ist festzustellen, daß Schleiermacher aber bereits in den Reden „Über die Religion" eine deutliche Trennung zwischen dem unendlichen Universum und dem endlichen Menschen durchführt. Die vom Menschen durchgeführte Selbstanschauung war nie gänzlich mit der Anschauung des Universums identisch. Problematisch indessen bleibt die hier bestehende Zirkelhaftigkeit aber auch in der GL.

Doch durch die Feststellung, Schleiermachers Ausführungen seien in einem hermeneutischen Zirkel befangen, ist nichts gewonnen. Das Zirkelproblem verdient lediglich deshalb Erwähnung, weil es bezüglich der Interpretation Schleiermacherscher Texte entscheidend war und ist.

Schleiermacher sucht die Religiosität überall, was soviel bedeuten soll, als daß er sie nicht auf das Gebiet der Religionsphilosophie allein beschränkt, sondern auch in das Gebiet der Ästhetik, der Ethik, der Dialektik und also seiner gesamten Philosophie mit aufnimmt. So findet er die Religiosität überall, mit der Folge, daß er sich schließlich mit seinen diesbezüglichen Ausführungen in einem Zirkel befindet.

Heidegger zufolge gehört der „Zirkel" im Verstehen zur Struktur des Sinns.[3] So ist der Zirkel nur der Ausdruck der „existentialen Vor-Struktur des Daseins selbst".[4]

---

[1] Vgl. SCHULTZ, Theorie, 84.
[2] Vgl. SCHULTZ, Theorie, 84.
[3] Vgl. HEIDEGGER, Sein, 153.
[4] HEIDEGGER, Sein, 153.

Letztendlich besteht die hier vorgestellte Problematik innerhalb der Schleiermacherschen Sprache, und so ist sein hier verwendeter Wortgebrauch als ‚Hürde' zu verstehen.

So scheint die Sprache Schleiermachers geradezu ‚das' Verständnis zu blockieren, das der Leser aufbringen muß, um das Gemeinte zu erfassen.

Ein berühmtes Beispiel bietet die Goethesche Reaktion. So teilte Friedrich Schlegel mit: „Goethe hat sich mein prächtiges Exemplar [sc. der Reden „Über die Religion"] geben lassen und konnte nach dem ersten begierigen Lesen von zwei oder drei Reden gegen Wilhelm die Bildung und die Vielseitigkeit dieser Erscheinung nicht genug rühmen. Je nachlässiger indessen der Stil und je christlicher die Religion wurde, je mehr verwandelte sich dieser Effekt in sein Gegenteil und zuletzt endigte das Ganze in einer gesunden und fröhlichen Abneigung." (Br III, 125)

Doch sind die christlichen Aussagen der Reden „Über die Religion" nicht ihr ‚eigentlicher' Gehalt.

Um die transzendentale Religiosität aufzudecken, ist es wichtig, die zwei verschiedenen Verstehenszirkel zu erkennen.

So bleibt der sprachliche Zirkel dem Wort verhaftet. Demgegenüber betrifft der eigentliche Verstehenszirkel die Sache selbst und hat das Anliegen, sich mit der ursprünglichen Vorhabe zu beschäftigten, die so der Sache einen neuen Sinn vermittelt.

Schleiermacher verfolgt hier das Ziel, die Grundlage des menschlichreligiösen Bewußtseins klar herauszustellen. Seine Frage geht dahin, wie sich das religiöse Bewußtsein konstituiert. Für ihn übernimmt der christliche Glaube die Funktion einer schlechthinnigen Grundaussage, welcher er ein ‚neues Kleid' überstreifen möchte. Paul Seifert spricht in diesem Zusammenhang von alten Buchstaben, die Schleiermacher in ein neues Gewand zu hüllen beabsichtige.[1]

In dieser Hinsicht wird Schleiermacher oft nur als ‚der Gefühlsphilosoph' beurteilt, obwohl er die Religiosität und die Religion nicht ausschließlich als Resultat des schlechthinnigen Abhängigkeitsgefühls verstand. Dennoch ist die Aussage bezüglich des Gefühls der schlechthinnigen Abhängigkeit der GL von grundlegender Bedeutung. Allerdings bedient sich Schleiermacher einer solchen Formulierung – schlechthinniges Abhängigkeitsgefühl – nicht in den Reden „Über die Religion". Aber auch hier stehen die Religiosität und das ‚Haben-der-Religion' grundsätzlich mit dem Gefühl in engster Verbindung; sie gründen zumindest teilweise in einem Gefühl.

Schließlich stellt Schleiermacher in den Reden „Über die Religion" die Anschauung und das Gefühl schlechthin in den Mittelpunkt seiner Untersuchung. Im Gegensatz hierzu geht er in der GL von dem „Gefühl schlechthinniger Abhängigkeit" sogleich aus.

Aber in beiden Schleiermacherschen Werken bleibt die Begegnung des Menschen mit der Welt die Grundlage des religiösen Verhaltens. So stellt

---
[1] Vgl. SEIFERT, Theologie, 199.

Schleiermacher in den Reden „Über die Religion" fest: „Was ist Individualität und Einheit? Diese Begriffe, wodurch sich die Natur erst im eigentlichen Sinne Anschauung der Welt wird, habt Ihr sie aus der Natur? Stammen sie nicht ursprünglich aus dem Innern des Gemüts her ..." (R, 88)

Auch die besondere Verstehensproblematik der GL besteht darin, daß Schleiermacher hier davon ausgeht, das Wesen der religiösen Erregung bestehe in dem Gefühl einer absoluten Abhängigkeit.

Das Substrat der religiösen Erregung in der GL ist somit die Bestimmtheit des sinnlichen Selbstbewußtseins.

Zwei Gefühlszustände wirken zusammen und zwar in der Weise, daß das religiöse Gefühl als Ganzes passiv eingestimmt ist und auf die absolute Abhängigkeit zum Göttlichen hin ausgerichtet ist. Andererseits steht das Gefühl auch der Welt aktiv entgegen und setzt sich frei den Dingen gegenüber.

Freiheit und Abhängigkeit schließen sich einander nicht aus, weil beide Gefühlszustände in der Bestimmtheit des sinnlichen Selbstbewußtseins gründen. So ist das einzelne Seiende immer im Zusammenhang mit dem universalen Ganzen zu sehen.

Also ist der Mensch insofern aus seinem 'In-der-Welt-gebunden-Sein' befreit, weil er tendenziell auf der Ebene der schlechthinigen Abhängigkeit seine Basis findet, die ihm erst die Möglichkeit eröffnet, sich in einem Verhältnis zu sich selbst und mithin zur Welt zu sehen.

So ist die schlechthinige Abhängigkeit der Ausdruck, in welchem das menschliche Sein erst ist und wodurch „das Dasein erst eigentlich ins Freie gesetzt wird".[1]

Auch Ebeling stellt sich die Frage, „was das Wort Gefühl nach Schleiermacher leisten soll?"[2] Für ihn steht fest, daß Schleiermacher „den Quellgrund innerer Lebendigkeit" so zum Ausdruck bringen wollte. Der Mensch ist also durch das Gefühl als Ganzes bestimmt. Ebeling geht hier davon aus, daß das Gefühl den Dimensionen des Erkennens und Handelns vorausliegt, so daß es demnach einer vorbewußten Ebene angehört, die zwischen der bewußten und unbewußten bzw. vorbewußten Ebene vermittelt.

Demnach weist das Gefühl über sein ‚Selbst' hinaus und verweist „auf eine ihm externe Bedingung seiner selbst".[3]

Die so benannte externe Bedingung müßte das Göttliche sein, zu welchem sich der Mensch in einem Gefühl der schlechthinigen Abhängigkeit in einer Beziehung befindet. Der Mensch ist so im Innersten seines Seins auf das außer ihm Liegende fixiert und wird von ihm angezogen, so daß das grundsätzlich Menschliche in dieser Beziehung besteht.

Hier zeigt sich das Motiv des ganzheitlichen Erfassens, das sich auch bei Fichte in der „Anweisung zum seligen Leben" in abgewandelter Form findet.

---

[1] WINTSCH, Religiosität, 34.
[2] EBELING, Luther, 30.
[3] EBELING, Luther, 30.

Darüber hinaus kommt es bei Schleiermacher auf die unterschiedliche Wertigkeit des Gefühls an. Hier ist die erste Stufe des Gefühls dem Tierischen verwandt und zeichnet sich durch die gegenseitige Verworrenheit von Gefühl und Anschauung aus.

Das Gefühl der zweiten Stufe ist das sinnliche Selbstbewußtsein, das durch den Gegensatz von Gefühl und Anschauung bestimmt ist. Der sich auf dieser Stufe befindende Mensch ist nicht völlig frei und unabhängig, sondern noch zum Teil in der Abhängigkeit befangen.

Die folgende Stufe ist die höchste, die das Gefühl erreichen kann, weil auf der dritten Stufe das Gefühl zum frommen Gefühl wird. So lautet das Wesenhafte der Frömmigkeit: „Daß wir uns unsrer selbst als schlechthin abhängig bewußt sind, daß heißt, daß wir uns abhängig fühlen von Gott." (GL 1821/22, § 9, I, 33, S. 31) Im Jahre 1830 formuliert Schleiermacher diesbezüglich: „daß wir uns unsrer selbst als schlechthin abhängig oder, was dasselbe sagen will, als in Beziehung mit Gott bewußt sind." (GL 1830, § 4)

Die Formulierungen sind fast gleich und umschreiben die Beziehung zwischen Gott und Mensch als ein Abhängigkeitsverhältnis. Daß der Mensch von Gott schlechthin abhängig ist, besagt, daß es zwischen Mensch und Gott nur das Verhältnis der Abhängigkeit geben kann, und zwar der schlechthinnigen.[1]

In diesem Zusammenhang ist das Wort ‚schlechthin' von nicht zu unterschätzender Aussagekraft, weil hierdurch zum Ausdruck kommt, daß es einfach, durchaus und geradezu nichts anderes für den Menschen gibt, als von Gott in der hier angesprochenen unbedingten Weise abhängig zu sein.

Die aufwärts strebende Tendenz des Gefühls ist für die GL ebenso bezeichnend wie das Gefühl schlechthinniger Abhängigkeit an sich. Erst die dritte Gefühlsstufe, die das fromme Gefühl zum Ausdruck bringt, zeigt das Wesentliche und also die Wahrheit.

Der Wert des Gefühls bestimmt sich danach, inwieweit es sich zum Absoluten in Bewußtsein und Willen in schlechthinniger Einheit verbunden fühlt. So ist der Wille des empirischen Ich auf der höchsten Stufe verstummt. Jener Wille war nur auf der ersten Stufe von besonderer Bedeutung. Auf der zweiten Gefühlsstufe verlor der empirische Wille bereits seine Wichtigkeit, um schließlich auf der höchsten Stufe keine Berechtigung mehr zu haben.

Bei Schleiermacher tritt so das Selbst zugunsten des Absoluten zurück. Aber diesbezüglich kann von keiner völligen Negierung des menschlichen Selbstbewußtseins die Rede sein.

Das totale Aufgehen in dem Absoluten führt erst zur eigentlichen Konstituierung des Selbstbewußtseins. Die Dynamik des Gefühls ist in der GL demnach der dynamischen Macht der Liebe in den Reden „Über die Religion" vergleichbar. Aber die Gefühle der Demut und Ehrfurcht stehen hier in der GL noch mehr im Vordergrund als in den Schleiermacherschen Reden „Über die Religion".

---

[1] Vgl. WAGNER, Dialektik, 186.

Schleiermacher verlangt geradezu nach einem Hineinhorchen in die ‚tiefsten Winkel' des menschlichen Gemüts, weil sich nur so die Verbindung zum Göttlichen zeigt.

Auch Rudolf Otto interpretierte bereits, der Weg in die Tiefe der Seele sei zugleich der Weg zum Göttlichen.[1] Wichtig ist hier, daß sich im Inneren des menschlichen Gemütes nicht etwa das Göttliche an sich bereits vorfindet, sondern hier lediglich der Weg zum Höheren besteht. So wird deutlich, daß Schleiermacher ebenso wie in den Reden „Über die Religion" auch in der GL streng zwischen Göttlichem und Menschlichem unterscheidet und sogar im letzteren Werk die trennende Linie deutlicher markiert.

Das Gefühl gehorcht hier aber keinem göttlichen Aufruf, der von außen an den Menschen trifft. Auf ein äußeres Geschehen könnte das Gefühl auch nicht reagieren, weil es gänzlich in sich bleibt. So erfaßt das Selbst sich selbst im Gefühl der objektiven Bestimmtheit schlechthinniger Abhängigkeit. Das Gefühl erreicht auf seiner höchsten Stufe, daß das Selbst dem Göttlichen analog ist. Schultz geht hier davon aus, das menschliche Gefühl werde auf der letztmöglichen Stufe selbst göttlich.[2]

Aber hier ist zu entgegnen, daß das Menschliche letztendlich im Menschlichen verbleibt und auch der GL zufolge bestenfalls eine Ahnung des Göttlichen erlangen kann. Das höchstmöglich Erreichbare ist somit, daß der Mensch auf der Gefühlsebene dem Göttlichen in analoger Weise vergleichbar ist.

Zwar ist Gott dem Menschen im Gefühl „auf eine ursprüngliche Weise" mitgegeben und der Ausdruck Gott besagt nichts anderes „als ... das Aussprechen des schlechthinnigen Abhängigkeitsgefühls" (GL 1830, § 4, 4a), aber hier wird deutlich, daß das menschliche Gefühl nie – auf welch hoher Stufe auch immer – zu einem göttlichen Gefühl an sich wird.

Daß Gott dem Menschen im Gefühl mitgegeben ist, besagt lediglich, daß der Mensch die Möglichkeit besitzt, dem Göttlichen entgegen zu streben und sich ihm analog angleichen kann.

In der GL von 1830 geht Schleiermacher so weit und behauptet, das schlechthinnige Abhängigkeitsgefühl sei „nur als ein Mitgesetztsein Gottes als der absoluten ungeteilten Einheit" aufzufassen. (§ 32, II, 173)

Das menschliche Sein und das unendliche Sein Gottes können also aufgrund des Gefühls der Abhängigkeit im menschlichen Selbstbewußtsein Eins werden.[3] Aber Gott ist das Ursprüngliche – das A priori schlechthin für alles Menschliche. Somit werden Beweise für ein Dasein Gottes nicht mehr benötigt, weil das Ewige im Menschen bereits anlagebedingt vorhanden ist. (§ 30, I, S. 187 ff., GL 1830)

---

[1] Vgl. OTTO, Mystik, 336.
[2] Vgl. SCHULTZ, Theorie, 85.
[3] Vgl. OFFERMANN, Einleitung, 42.

2. Der Begriff des höchsten Selbstbewußtseins

Schleiermacher sieht das schlechthinnige Abhängigkeitsgefühl als ein wesentliches Element der menschlichen Natur. Das Wesentliche des Menschen hat seinen Spiegel im Göttlichen.

In diesem Sinne bemerkte Schleiermacher schon in den Reden „Über die Religion": „Je mehr sich Jeder dem Universum nähert, je mehr sich jeder dem Anderen mitteilt, desto vollkommener werden sie Eins, keiner hat ein Bewußtsein für sich, Jeder hat zugleich das des Andern, ... über sich selbst triumphierend sind sie auf dem Wege zur wahren Unsterblichkeit und Ewigkeit." (R, 234)

So wie das höchste Selbstbewußtsein, das Göttliche, im Ich des Menschen auch sinnlich ist, ist es doch mit letzterem nicht verschmolzen, sondern steht lediglich in einer Beziehung zu ihm. Das höchste Selbstbewußtsein setzt hier zugleich auch das sinnliche Selbstbewußtsein, und so ist ersteres im menschlichen Gemüt nicht isoliert von letzterem zu sehen.

Das höchste Gefühl steht gleichsam in einer Dauerbeziehung zum sinnlichen Gefühl – in einer Dauerkonfrontation, die es schließlich ermöglicht, eine klare Abgrenzung zwischen beiden zu verdeutlichen.

Da nun die Einsetzung des Wortes ‚Gott' bei Schleiermacher bedeutet, daß Gott im schlechthinnigen Abhängigkeitsgefühl als mitgesetzt gilt, ist innerhalb des unmittelbaren Selbstbewußtseins auch das Gottesbewußtsein gegeben, gerade weil es hier zum göttlichen Bewußtsein wird – und zwar in analoger Weise.[1]

Geht man davon aus, daß das unmittelbare Selbstbewußtsein schlechthinniger Abhängigkeit zum Gottesbewußtsein wird, so hat ein Prozeß stattgefunden, in dem sich der Vorgang vollzog.

Für Schleiermacher ist die Prozeßhaftigkeit eine Notwendigkeit, weil das schlechthinnige Abhängigkeitsgefühl nur so zu einem klar erfaßbaren Selbstbewußtsein wird, dem das Gottesbewußtsein inhärent ist.

Die Inhärenz des Gottesbewußtseins ist ein basaler Baustein der GL, weshalb Schleiermacher 1830 ausführt: „Wenn aber schlechthinnige Abhängigkeit und Beziehung mit Gott in unserem Satze gleich gestellt wird: so ist dies so zu verstehen, daß eben das in diesem Selbstbewußtsein mitgesetzte Woher unseres empfänglichen und selbsttätigen Daseins durch den Ausdruck Gott bezeichnet werden soll, und dieses für uns die wahrhaft ursprüngliche Bedeutung desselben ist." (§ 4, 4, I, S. 28 f., GL 1830)

Ähnlich sprach sich Schleiermacher schon in der GL 1821/22 aus: „Das gemeinsame aller frommen Erregungen, also das Wesen der Frömmigkeit ist dieses, daß wir uns unsrer selbst als schlechthin abhängig bewußt sind, das heißt, daß wir uns abhängig fühlen von Gott." Und so gibt es „kein als zeiterfüllend hervortretendes reines Selbstbewußtsein, worin einer sich nur seines reinen Ich an sich bewußt würde, sondern immer in Beziehung auf etwas" (§ 9 I, 33, S. 31, GL 1821/22)

---

[1] Christ geht von keiner Analogie aus. Vgl. CHRIST, Menschlich, 195.

Hier wird deutlich, daß jeder Mensch von der schlechthinnigen Abhängigkeit betroffen ist, auch derjenige, der nicht fromm ist. Das Bewußtsein seiner schlechthinnigen Abhängigkeit zeigt sich, indem der Mensch den Wunsch verspürt, sich bezüglich seiner schlechthinnigen Abhängigkeit mitzuteilen und so sein Bewußtsein von der Beziehung zu Gott kund tut.

Mit dem Wort ‚Gott' ist dem Menschen etwas widerfahren, das als schlechthinnige Abhängigkeit innerhalb des unmittelbaren Selbstbewußtseins zum Ausdruck gelangt.

So findet die menschliche Frömmigkeit in dem Wort ‚Gott' den allumfassenden Ausdruck. Demgegenüber wird sich der nicht fromme Mensch nie über sein Selbstbewußtsein vollständig Klarheit verschaffen können, da ihm das schlechthinnige Abhängigkeitsverhältnis zu Gott nicht bewußt wird, obwohl auch er es grundsätzlich hat. Schließlich verschafft nur das Gefühl schlechthinniger Abhängigkeit dem Menschen die Gewißheit seines ‚Woher'.

Für Schleiermacher ist das Wort ‚Gott' „das Aussprechen des schlechthinnigen Abhängigkeitsgefühls, die unmittelbarste Reflexion über dasselbe, die ursprünglichste Vorstellung". (§ 4, 4, I, S. 29 f., GL 1830)[1] Die Reflexion, die an sich nicht unmittelbar ist, wird allein durch das Wort ‚Gott' vom Gefühl durch die Reflexion getrennt. So birgt das Wort auch immer die Vergegenständlichung. Im Gegensatz hierzu stellt Schleiermacher auf die ursprüngliche Vorstellung ab, also auf das im schlechthinnigen Abhängigkeitsgefühl Mitbestimmende.

Auch hier wird klar, daß das Subjekt bei Schleiermacher seine Identität nicht durch ein Selbstsetzen wie im subjektiven Idealismus des frühen Fichte erreicht, sondern indem es den basisbestimmenden Unterschied zum eigenen Grund annimmt und auf diese Weise seine Identität als Subjekt findet.

Wenn Fichte demgegenüber im Jahre 1794 von dem absoluten ‚Sich-selbst-Setzen des Ich' ausgeht (GA I, 2, 259), ist bei Schleiermacher das Subjekt nach wie vor nicht befähigt, die Vereinigung von theoretischer und praktischer Vernunft aus eigener Kraft hervorzubringen. Er findet den Setzungspunkt in einem ‚etwas', das dem Subjekt zugrunde liegt und auf dessen Grundlage es erst befähigt ist, die geforderte Synthese von theoretischer und praktischer Vernunft zu leisten.

Das unmittelbare Selbstbewußtsein ist als Gefühl schlechthinniger Abhängigkeit der Konstitutionspunkt, durch welchen das Subjekt zur Vereinigung von theoretischer und praktischer Vernunft befähigt wird. Folglich ist die Einheit der Vernunft keine Eigenleistung des Subjekts, sondern eine besondere Gabe, die innerhalb des Gefühls erfahren wird.[2]

Das Gefühl ist schlechthin die Basis des Bewußtseins und insofern nicht als unbewußter Zustand beschreibbar, sondern als vorbewußter, eben dem Bewußtsein voraus- und zugrundeliegender. Erwähnenswert ist hier auch, daß das from-

---

[1] Vgl. OFFERMANN, Einleitung, 60.
[2] Vgl. RIEGER, Interpretation, 223.

me Gefühl als reines Gefühl der Abhängigkeit von Gott, „nie ein Verhältnis der Wechselwirkung bezeichnen kann, dies wird vorausgenommen als ein nicht abzuleugnendes". (§ 9, 3, I, 35, S. 32, GL 1821/22)

Das Göttliche behält also auch innerhalb der GL seine ‚Extrastellung'. Göttliches und Menschliches sind nie ganz ‚eins' und also auch nie untrennbar. Das fromme und sinnliche Gefühl steht hier als Einheit innerhalb des religiösen Selbstbewußtseins und ist in das unterscheidende Denken miteinbezogen. In der Einheit des Gottesglaubens kann so das Gottesbewußtsein vom Bewußtsein der Welt unterschieden werden.

So offenbart sich der religiöse Gottesglaube als schlechthinniges Abhängigkeitsgefühl im menschlichen Bewußtsein im reflexiven Denkprozeß, in welchem das fromme Selbstbewußtsein in das endliche Selbstbewußtsein hineingebildet wird.

Das Gefühl ist so als Einheit vermittelter Unmittelbarkeit zu interpretieren, in welchem der Glaube an Gott, das ‚Glauben-Wissen' und das Wissen von Gott einheitlich verbunden sind und als das religiöse Selbstbewußtsein zur Geltung kommen.

In diesem Sinne betont Schleiermacher in der 2. Auflage der GL aus dem Jahre 1830 die Gleichursprünglichkeit von Glauben und Wissen. (§ 4, 4, I, S. 29) So bedingen auch unterschiedliche Vorstellungen kein unterschiedenes religiöses Selbstbewußtsein, so daß die Frömmigkeit eines Pantheisten durchaus mit der eines Monotheisten identisch sein kann.

Wichtig ist in diesem Zusammenhang, daß das menschliche Fühlen völlig eigenständig ist und, wie es Offermann und Flückiger ausdrücken, „als singuläre Grundform neben Tun und Wissen" besteht.[1]

Andererseits ist das Gefühl neben dem Wissen und Tun eine der drei Grundfunktionen der Seele. In diesem Zusammenhang ist zu erwähnen, daß die Frömmigkeit dem Bereich der Empfänglichkeit angehört und demzufolge „nicht von dem Subjekt bewirkt" wird. Offermann weist entschieden darauf hin, daß Schleiermacher die Frömmigkeit „als etwas für sich ohne allen Einfluß auf die übrigen geistigen Lebensverrichtungen" hinstellen will.[2] So ist von keiner Singularität des Gefühls an sich auszugehen, weil es immer schon als unmittelbares Selbstbewußtsein einzuordnen ist, das schließlich die Vermittlungsfunktion zwischen Menschlichem und Göttlichem übernimmt.

Die Beziehung zwischen dem höchsten Gefühl und dem sinnlichen Selbstbewußtsein läßt das schlechthinnige Abhängigkeitsgefühl zu einem die Zeit erfüllenden Bewußtsein werden.

Erst infolge der Bezogenheit erfährt das schlechthinnige Abhängigkeitsgefühl seine Konkretheit, um auf diese Weise eine „besonders fromme Erregung" zu werden. An Hand der Bezogenheit auf die Freude oder den Schmerz sei dies beispielhaft hier angeführt. Auch das höchste Gefühl als das höhere Selbstbewußt-

---

[1] FLÜCKIGER, Philosophie, 24; OFFERMANN, Einleitung, 45.
[2] OFFERMANN, Einleitung, 45.

sein trägt Freude und Schmerz in sich und zwar erst, wenn es eine zeitliche Erscheinung wird und mit dem sinnlichen Selbstbewußtsein zusammengeht.

Aber Freude und Schmerz des höheren Selbstbewußtseins, des höchsten Gefühls, sind nicht mit der Polarität von Freude und Schmerz innerhalb des sinnlichen Selbstbewußtseins identisch. Der Wechsel von Freude und Schmerz erfolgt innerhalb des höchsten Gefühls plötzlich in dem Moment, wo der Wechsel in Erscheinung tritt und auf das sinnliche Selbstbewußtsein trifft. Teilweise tritt das höhere Selbstbewußtsein von der Freude geprägt hervor, wie es auch vom Schmerz geprägt hervortritt.

So zeichnet sich das höchste Gefühl durch keine Gleichmäßigkeit aus, in der nur ein Gefühlszustand vorherrschend ist oder zwei Gefühle stets im Gleichgewicht stehen.

Auch dem Gottesbewußtsein ist also die Oszillation eigen. Das höchste Gefühl, das als Gottesbewußtsein zwischen den Extrempunkten der Freude und des Schmerzes pendelt, teilt „die Ungleichheiten des zeitlichen Lebens". (§ 62, I, 380, S. 342, GL 1830).[1] So kann es für den Menschen eine absolute Seligkeit ebenso wenig geben wie eine absolute Nullität des Gottesbewußtseins.

In der GL ist das ‚An-sich' des menschlichen Seins nicht mehr als Individualität der unmittelbare Ausdruck des Universums, sondern das höhere Selbstbewußtsein, das zugleich das höchstmögliche Gefühl ist. So ist auch das Gottesbewußtsein, in seinem ‚An-sich-Sein' in allen Menschen als Basis vorhanden.

Wie läßt sich nun das Gottesbewußtsein vom menschlichen Selbstbewußtsein klar unterscheiden?

Das Subjekt ist in seiner unmittelbaren Selbstbeziehung das Fundament des objektiven wie subjektiven Bewußtseins.

Das Wissen, das Wollen und das Fühlen haben ihre Einheit in eben diesem einen Bewußtsein, das von Schleiermacher als Gefühl wie auch als unmittelbares Selbstbewußtsein bezeichnet wird. „Unter Gefühl verstehe ich das unmittelbare Selbstbewußtsein" (§ 8, I, 26, S. 26, GL 1821/22). Das so bezeichnete Gefühl ist aber von den sinnlichen Gefühlen streng zu unterscheiden.

So stellt das Erfassen des transzendenten Grundes eine besondere Schwierigkeit dar, weil sich im Denken keine Formel finden läßt, die geeignet wäre, den Urgrund adäquat auszudrücken. (DOd, 297) Denken und Wollen setzen die Identität von Denken und Sein und damit des Subjektes voraus, da beide identisch als gegensätzlich im Subjekt fungierend von Schleiermacher bestimmt werden.

Die Gegensätzlichkeit ihrer Bestimmung zeigt, daß sie in ihren Funktionen identisch sind. Will man sich des transzendenten Grundes „bemächtigen" (DOd, 297), so ist dies nur an dem Ort der genannten Identität möglich.

Wie Denken und Wollen jeweils nur einen Grund haben können, so können sie auch zusammen nur den einen Grund haben. So führt Schleiermacher in der Dialektik aus dem Jahre 1814 aus: „Verschieden können beide deshalb nicht

---

[1] Vgl. OFFERMANN, Einleitung, 61.

sein, weil sonst nicht nur Denken und Wollen verschieden begründet wären, sondern auch jedes zweifach, insofern jedes zugleich das andere ist." (Dial. § 214, 2, 150)

Also wird der Selbstbewußtseinsbegriff bei Schleiermacher an dem Ort festgelegt, den er als „Übergang" bezeichnet. (DOd, 288)[1] Der Übergang ist hier als der Begriff zu verstehen, den bereits Platon im Dialog „Parmenides" initiierte. (155e3-157b5)

„Das Seiende Eins-Seiende ist weder noch ist es nicht, es bewegt sich weder noch ruht es. Das Seiende Eins-Seiende als der Übergang und der Augenblick als sein Ort." (Parmenides, 155e)

„Geht es aber über: so geht es im Augenblick über, und indem es übergeht, ist es in gar keiner Zeit und bewegt sich alsdann weder noch ruht." (156e)

Auch für Schleiermacher ist bezeichnend, daß von einer Gedankenreihe des Denkens in eine andere das Übergehen durch das Wollen vermittelt ist. Das Wollen ist, sofern es bei dem Entwurf des Zweckbegriffs etwas beabsichtigen will, auf das Denken angewiesen.

Hier ist davon auszugehen, daß ein solcher Übergang nie einseitig betrieben werden kann, sondern daß stets ein beiderseitiger Übergang gegeben sein muß. Aus diesem Grunde muß, wie Wagner feststellt, „die Möglichkeit des Übergangs für das Denken ins Wollen und des Wollens ins Denken identisch sein".[2]

Das unmittelbare Selbstbewußtsein kann hier nicht als die bloße „Identität des Denkens und Wollens" (DOd, 288) bezeichnet werden, weil es dann das „reflektierende Selbstbewußtsein" = Ich wäre, das nur die Identität des Subjekts in der Differenz der Momente ausdrückt. (DOd, 288)

Demnach muß das unmittelbare Selbstbewußtsein einerseits dem lebendigen Subjekt inhärent sein, andererseits aber auch ihr basaler Bestandteil. Ganz in diesem Sinne sagt Schleiermacher, in dem Übergang sei das ganze Leben gesetzt: „In diesem Wechsel von Denken und Wollen ist nun das zeitliche Leben. Doch gibt es eigentlich gar keinen Wechsel, sondern nur einen Übergang von einem zum anderen." (DOd, 286)

Hier ist der Übergang nicht mit dem unmittelbaren Selbstbewußtsein identisch, da er an dem außer der Zeit bestimmten Ort das Subjekt ist, eben solange das Leben als Lebensfluss in einer Abfolge von Momenten des Denkens und Wollens gesehen wird.

Der Übergang erfolgt hier innerhalb eines ‚platonischen Augenblicks'. Doris Offermann identifiziert den Übergang direkt mit dem unmittelbaren Selbstbewußtsein, verkennt so aber, wie Falk Wagner bemerkt, daß das unmittelbare Selbstbewußtsein dem Denken und Wollen schon zugrunde liegen muß, um den Übergang zu ermöglichen.[3]

Schleiermacher setzte das Gefühl bzw. das unmittelbare Selbstbewußtsein nicht mit dem Übergang gleich; in seiner Dialektik-Vorlesungsnachschrift aus

---
[1] Vgl. OFFERMANN, Einleitung, 55.
[2] WAGNER, Dialektik, 138.
[3] Vgl. WAGNER, Dialektik, 138.

dem Jahre 1818 berührte er das Thema des Übergangs lediglich in der Verkleidung einer Frage. (DJ, 152; DOd, 287)

Aber wenn das Denken im Wollen und das Wollen im Denken mitgesetzt sein soll, kann eine solche Argumentation nicht aufrecht erhalten werden, da das wechselseitige Mitgesetztsein der Möglichkeit eines Übergangs zugrunde liegt.

Klare Herausstellung verdient auch die Ansicht, daß das menschliche Denken und Wollen als solches nicht über die Fähigkeit verfügt, den transzendenten Grund adäquat zu erfassen.

Das unmittelbare Selbstbewußtsein und also das Gefühl ist gleichsam die Bedingung der Möglichkeit von Denken und Wollen und steht analog zum transzendenten Grund. Die hier hervortretende innere Verbundenheit von unmittelbarem Selbstbewußtsein, Gefühl und dem transzendenten Grund, verdeutlichte Schleiermacher in seinem Entwurf zur Dialektik des Jahres 1822.[1]

Schleiermacher grenzt hier das „Haben" des transzendenten Grundes im unmittelbaren Selbstbewußtsein/Gefühl vom „Haben" des transzendenten Grundes im religiösen Gefühl = allgemeines Abhängigkeitsgefühl klar ab.

Die in diesen Zeitraum fallende Ausarbeitung der 1. Auflage der GL dürfte Schleiermacher zu seiner differenzierten Betrachtungsweise veranlaßt haben.

Die Analogie zwischen dem Gefühl und dem transzendenten Grund besteht nun darin, daß das Denken und Wollen als abbildliches und vorbildliches Denken im unmittelbaren Selbstbewußtsein/Gefühl als Identität auftreten. Diese Einheit stellt das unmittelbare Selbstbewußtsein als eine Einheit von Denken und Sein dar.

So führt Schleiermacher aus: „Die Identität des Seins und Denkens tragen wir in uns selbst; wir selbst sind Sein und Denken [...]." (DOd, 270) Hier wird das unmittelbare Selbstbewußtsein vom menschlichen Bewußtsein als Einheit von Denken und Wollen erfaßt. Die so bezeichnete Einheit von Denken und Wollen macht die zwischen dem unmittelbaren Selbstbewußtsein und dem transzendenten Grund bestehende Analogie aus; ja in dieser Einheit besteht die Analogie.

Schleiermacher führt sie zwischen dem unmittelbaren Selbstbewußtsein und dem transzendenten Grund ein, um ein Verhältnis zu schaffen, damit auch als Analogon die Einheit von Denken und Sein herausgestellt werden kann. Er benötigt hier die Ebene des Entsprechenden, um überhaupt zwischen dem unmittelbaren Selbstbewußtsein und dem transzendenten Grund eine Beziehung herzustellen, da der transzendente Grund als das Fundament des unmittelbaren Selbstbewußtseins fungiert.

Also eröffnet das einander Entsprechende erst die Möglichkeit, das unmittelbare Selbstbewußtsein und den transzendenten Grund nicht unerklärbar und unreflektiert nebeneinander ‚herlaufen zu lassen'.

Ohne die Analogieebene wären sie – das unmittelbare Selbstbewußtsein und der transzendente Grund – zwar auch vorhanden, aber ohne daß es ein

---

[1] Vgl. OFFERMANN, Einleitung, 75 f.

‚Zwischen' geben könnte. Somit handelte es sich dann um zwei beziehungslose Linien, die sich nie treffen könnten.

Erst auf der Grundlage der Einheit von Denken und Sein kann es zu einem Entsprechen und zu einer Beziehung zwischen dem transzendenten Grund und dem unmittelbaren Selbstbewußtsein kommen, ebenso wie die Einheit von Denken und Sein dem transzendenten Grund wie auch dem unmittelbaren Selbstbewußtsein als einheitlicher Moment zukommt.

2.1 Das ‚Sich-schlechthin-abhängig-Setzen'

Eine klare Differenzierung erfährt das höhere Selbstbewußtsein, sobald es in die Zeit kommt. Der Zeitpunkt ist entscheidend für das ‚Sichdurchsetzen' in der menschlichen Existenz.

Schleiermacher sieht das ‚Sichdurchsetzen' des höheren Selbstbewußtseins als ein befreiendes Entfalten des Selbst oder auch als selbständige Setzung des Subjekts, um desto frömmer zu sein, je mehr es sich als schlechthin abhängig setzt.[1]

Das Vermögen, sich als schlechthin abhängig zu setzen, trägt jedes menschliche Individuum in seinem Gemüt, gerade weil es ein Teil des göttlichen Ganzen ist – wenn es auch nie ganz mit dem Göttlichen identisch ist. In den Reden „Über die Religion" hatte Schleiermacher noch erwähnt, daß der Mensch ein Teil des Universums sei.

So zeigt sich das Wesentliche des Menschen in seinem Potential, sich ganz als schlechthin abhängig zu setzen. Aber in der Zeit ist ‚das' unmöglich. Hier bleibt die Spannung von dem Wesenhaften und der Erscheinung des Wesenhaften bestehen. Also gibt es keinen Menschen, der in der Lage wäre, das höchste Gefühl in seiner Wesentlichkeit ganz zu erreichen. Hier ist nur eine Ausnahme denkbar – Jesus Christus.

So wie der Mensch nie imstande ist, die höchste Stufe des Gefühls zu ‚erklimmen', weil ihm die Zeitlichkeit und die Erscheinung das Wahre an sich verstellen, so ist er aber auch nie ganz ohne Frömmigkeit. In diesem Sinne betont Schleiermacher, daß die Nullexistenz hier eine Unmöglichkeit sei: „Allein eben das unsere gesamte Selbsttätigkeit, also auch, weil diese niemals Null ist ..." (§ 4, I, 21 f., S. 28, GL 1830)

Bei Schleiermacher ist das fromme Selbstbewußtsein aus absolutem Abhängigkeits- und relativem Freiheitsgefühl „zusammengesetzt". Darüber hinaus entsteht „in Bezug auf die Abhängigkeit von Gott kein Unterschied des Mehr oder Weniger daraus, ob einem endlich Wirkenden der höchste Grad der Lebendigkeit, die Freiheit, zukommt, oder ob es auf dem niedrigsten, dem sogenannten Naturmechanismus, zurückgehalten ist". (§ 63, LS I, 260, S. 184, GL 1821/22)

---

[1] Vgl. OFFERMANN, Einleitung, 43, 51.

Diese Innerlichkeit des Gefühls hat sich über die Äußerlichkeit der Reflexion zu vermitteln, und so ist die Reflexion nur das negativ Allgemeine.[1]

Demnach kann das Gefühl nie anders als in der Reflexion erscheinen, wie es sich ja auch in den Reden „Über die Religion" erst im nachhinein, nachdem das religiöse Urerlebnis abgeschlossen war, im Inneren des Menschen ‚emporarbeitete'. (R, 74)

Fest steht, daß das Gefühl wahrgenommen werden muß, da es ohne Wahrnehmung nicht als Gefühl identifiziert werden kann und man von ihm nichts weiß – nichts wissen kann.

Die Reflexion verweist auf das Gefühl, und so wird dem Bewußtsein, die sich manifestierende Einheit von Denken und Sein in seiner relativen Einheit mit den hier zur Verfügung stehenden Ausdrucksmöglichkeiten nicht klar.

Will man hier zu einer zirkelfreien Erklärung gelangen, so daß das Subjekt, daß unmittelbare Selbstbewußtsein und der transzendente Grund nicht unentwirrbar aufeinander verweisen, so ist man wie Schleiermacher gezwungen, jede Selbstherrschaft – wie die Fichtesche – abzulehnen. Demnach ist das Gefühl in seiner religiösen Einstellung bei Schleiermacher nicht darauf ausgerichtet, die Basis seiner Bestimmung zu liefern und sich selbst einholen und begründen zu wollen.

Die menschliche Seinsweise wird hier als transzendente Bestimmung angenommen. (DOd, 229) Hier ist der Mensch stets auf seine transzendente Bestimmung bezogen.[2]

Die hier angesprochene Trennung zwischen dem Wesen und der Erscheinung gab es in ‚der' Ausdrücklichkeit in den Schleiermacherschen Reden „Über die Religion" noch nicht, da hier alles auf das Einswerden mit dem Universum ausgerichtet war. Zwar war in den Reden „Über die Religion" nicht direkt von einem mystischen Einheitserlebnis zwischen Mensch und Universum die Rede, aber von einem Vereinigungserlebnis.

Wenn Schleiermacher bekennt, er sei in dem Augenblick der Vereinigung die Seele der unendlichen Welt (R, 74), zeigt sich hier ein völliges ‚Ineinanderverwobensein'.

Demgegenüber gibt es ein völliges Ineinanderaufgehen zwischen Menschlichem und Göttlichem in der GL nicht mehr, weil hier die höchste Stufe des Gefühls untrennbar mit der zweiten Stufe, dem sinnlichen Selbstbewußtsein, verbunden bleibt.

In den Reden „Über die Religion" war eine in dem Maße feste Verbundenheit zum Sinnlichen nicht ständig vorhanden, vielmehr kam das Ineinanderaufgehen prozeßartig für einen kurzen und außerzeitlichen Augenblick ‚auf den Menschen'. Eigentlich handelt es sich hier auch um keinen kurzen Augenblick, sondern ausschließlich um etwas, daß der Meßbarkeit entzogen ist und sich erst im

---

[1] Vgl. FRANK, Allgemeine, 107.
[2] Vgl. BEISSER, Lehre, 247.

nachhinein als kurzer Augenblick darstellt, der infolge des Gefühls nachempfunden wird.

In den Reden „Über die Religion" gab es nur das eine Gefühl, das im nachhinein den Menschen über seine Verbundenheit mit dem Universum in ‚Kenntnis' setzte. Demgegenüber geht es Schleiermacher in der GL darum, die stufenweise Einteilung des Gefühls vorzustellen. Die Dreistufung des Gefühls verdeutlicht hier die Schwierigkeit, die darin besteht, daß das höchste Gefühl nur im schwachen Abglanz im Inneren des Menschen zur Erscheinung gelangen kann.

Obwohl auch in den Reden „Über die Religion" die Stufung des Gefühls thematisiert wird und auf der höchsten Stufe der Religion das Universum als Totalität erfahrbar ist, zeigt sich das Gefühl in der GL differenzierter.

2.2 Das Selbstbewußtsein in bezug auf den höchstmöglichen Zustand der Religion

Auch in der GL geht Schleiermacher von der Dreistufung der Religionen aus. „Zu denjenigen Gestalten der Frömmigkeit, welche alle frommen Erregungen auf die Abhängigkeit alles Endlichen von einem Höchsten und Unendlichen zurückführen, verhalten sich alle übrigen wie untergeordnete Entwicklungsstufen." (§ 15, I 61, S. 49, GL 1821/22)

So ist der höchste Zustand der Religion erreicht, wenn der Mensch die ganze Welt mit der Einheit seines Bewußtseins aufnehmen kann.

Schleiermacher kommt es besonders darauf an, daß der Mensch erkennt, Gott sei für uns nicht etwas, das einschätzbar sei, und so kann ein Nachweis Gottes auch nie allgemein belegt werden. Daraus folgt, daß der ‚noch so fromme Mensch' über Gott in seinem ‚An-sich' weder etwas weiß noch jemals etwas wissen kann und auch nicht wissen will. Höchstwahrscheinlich empfindet Schleiermacher die Begrenztheit des Menschen in dem Sinne als hinderlich, da das menschliche Wollen nicht auf die eigentliche Erkenntnis Gottes ausgerichtet sein kann. Die menschlichen Erkenntnismöglichkeiten sind endlich und diesseitig und also begrenzt, mit der Folge, daß die Ahnung des Göttlichen, eine bereits ins Menschliche – auf die ‚menschliche Wellenlänge' – übertragene Ahnung ist.

Aber Gott ist hier nicht nur eine Vorstellung des Menschen und demnach nur eine „objektivierende Produktion seines menschlichen Selbstbewußtseins", wie es Senft interpretiert.[1]

Der Mensch weiß in der Schleiermacherschen GL nur soviel von Gott, als er sich schlechthin bedingt fühlt. Das sich ‚bedingt Fühlen' besagt, daß er von seiner in Gott gegründeten Basis intuitiv und unvermittelt weiß, da erst infolge eines solchen Wissens sein menschliches Bewußtsein klar geworden und das Bewußtsein von Gott darin mitenthalten ist.

---

[1] Vgl. SENFT, Wahrhaftigkeit.

In diesem Sinne ist das Gottesbewußtsein im Menschen gegeben, ohne daß Schleiermacher damit zum Ausdruck bringen will, Gott selbst sei dem Menschen inhärent.

Fraglich bleibt, wie sich das Freiheitsgefühl und das schlechthinnige Abhängigkeitsgefühl zueinander verhalten.

„Ohne alles Freiheitsgefühl aber wäre ein schlechthinniges Abhängigkeitsgefühl nicht möglich." (§ 4, 3, S. 28, GL 1830)

Senft sieht sich bezüglich dieser Aussage dazu veranlaßt, auch in der schlechthinnigen Abhängigkeit das Gefühl der Freiheit anzunehmen.[1] So geht Senft davon aus, die hier gemeinte Freiheit manifestiere sich in der Liebe.

Aber Schleiermacher redet hier von keiner Freiheit, die von „anderer Art" wäre und legt auch eine solche nicht zugrunde, wie Offermann bemerkt.[2]

Also erliegt Senft hier einer Überinterpretation, da schließlich Schleiermacher vom relativen Abhängigkeitsgefühl ausgeht und demnach auch nur das relative Freiheitsgefühl hier bedeutungsvoll ist. Nur weil der Mensch sich frei fühlt, ist er sich der schlechthinnigen Abhängigkeit bewußt. Das relative Freiheitsgefühl ist hier fundamental hinsichtlich eines Bewußtseins des schlechthinnigen Abhängigkeitsgefühls.

Ähnlich wie Senft ist demgegenüber auch Schultz der Meinung, das Abhängigkeitsgefühl sei zunächst „allgemein identisch mit Liebe".[3]

Aus diesem Grund steht für Schultz fest, daß auch nur im Christentum „das schlechthinnige Abhängigkeitsgefühl in vollendeter Reinheit zur Auswirkung" komme, „weil das Wesen seines Gottes Liebe" sei.[4]

Die Religionen unterliegen demzufolge einer Abstufung hinsichtlich des jeweils möglichen Abhängigkeitsgefühls, so daß das Christentum die Spitze einnimmt, da es zu einem „schlechthinnigen, unbedingten Abhängigkeitsgefühl" kommen kann, obwohl selbst hier nicht das „totale Abhängigkeitsgefühl" erreichbar ist – ein solches ist ohnehin nie erreichbar.[5]

So hat das Freiheitsgefühl mit einem „Mitgesetztsein Gottes in demselben" nichts zu tun.

Schleiermacher äußert sich wie folgt: „Denn weder gibt es in Beziehung auf Gott unmittelbar ein Freiheitsgefühl, noch ist das Abhängigkeitsgefühl das einer solchen Notwendigkeit, welcher ein Freiheitsgefühl als Gegenstück zukommen kann." (§ 36,2. I, 174, S. 124, GL 1821/22)

Schleiermacher bezieht sich besonders auf die Realität des Freiheitsgefühls und hält das „Auseinanderhalten der Ideen Gott und Welt" für unbedingt notwendig. (§ 32,2, GL 1830)

Soweit man einer Unterscheidung eines unmittelbaren Selbstbewußtseins vom sinnlichen, also auf die Welt bezogenen Bewußtseins, wie es Schleiermacher

---

[1] Vgl. SENFT, Wahrhaftigkeit.
[2] Vgl. OFFERMANN, Einleitung, 64.
[3] SCHULTZ, Deutung, 28 f.
[4] SCHULTZ, Deutung, 76 f.
[5] Vgl. SCHULTZ, Deutung, 28 ff.

vorgenommen hat, zustimmt, kommt man bei der Interpretation der ethischen Lehnsätze in der GL dazu, das unmittelbare Selbstbewußtsein mit dem schlecthinnigen Abhängigkeitsgefühl gleichzusetzen.[1]

Dem zeitlosen schlechthinnigen Abhängigkeitsgefühl ist so eine Religionsstufe zuzuordnen, die nicht geschichtlich ist. Also könnte der religionsphilosophischen Arbeit Schleiermachers unterstellt werden, sie lege es auf eine Überwindung des Monotheismus an. In diesem Sinne sagt Schultz, daß erst die höchste Stufe der monotheistischen Religionen das Geistige als einzigartigen Wert erfasse.[2]

Demgegenüber geht Schleiermacher von einer zeitgegebenen Bewußtseinsstufe aus, so daß der von Schultz favorisierte Aspekt des Freiwerdens „von dem Sinnlich-zeitlichen", woraufhin sich der „Maßstab für die Höhe der Religionen" behaupten lasse, ‚der Boden entzogen' ist.

Bemerkenswert ist in diesem Zusammenhang auch Schleiermachers Äußerung gegenüber Lücke, mit welcher er feststellt, es handle sich um ein „Mißverständnis", die Behauptung von der „Hemmung des höheren Lebens" dahingehend aufzufassen, „als ob ich das zeitliche Dasein an und für sich für den Abfall erklärte, da ich doch diesen immer nur darin finde, wenn das Gottesbewußtsein ausgeschlossen wird".[3]

Die Zeitlosigkeit des unmittelbaren Selbstbewußtseins umschließt aber die zeitlose Identität von Denken und Sein, womit das Wollen auch einbezogen ist, wie es Eckert ausdrückt.[4]

Die hier alles entscheidende Frage betrifft den Zusammenhang zwischen dem zeitlosen transzendentalen Grund und das Für-sich-Sein des Denkenden. Wie soll ersteres das letztere auf zeitlose Weise begleiten?

Für Schleiermacher ist bezeichnend, daß die zeitlose Identität von Denken und Sein immer den Vollzug des Übergangs begleitet, in welchem das zeitliche Leben real wird.

Hier scheint ein nicht lösbarer problematischer Zusammenhang zwischen dem unmittelbaren Selbstbewußtsein und dem reflexiv vermittelnden Denken vorzuliegen. Die ‚zeitlose Begleitung' des transzendenten Grundes ist im unmittelbaren Selbstbewußtsein/Gefühl gegeben. Somit muß bereits innerhalb eines solchen Gedankenspiels die Idee des transzendenten Grundes Einlaß finden, obwohl sie doch eigentlich dem unmittelbaren Selbstbewußtsein, wegen der zeitlosen Unmittelbarkeit, eigen ist.

Die Einheit von Bewußtsein (Denken) und Sein begründet Schleiermacher in der unbedingten Einheit des transzendenten Grundes. So nimmt er im Sein ‚etwas Zusätzliches' an, das sich als Gefühl erkennen läßt und auf den jenseits des menschlichen Seins liegenden Grund verweist.

---

[1] Vgl. FLÜCKIGER, Philosophie, 42.
[2] Vgl. SCHULTZ, Schleiermacher, 61.
[3] Schleiermachers Sendschreiben über seine Glaubenslehre an Lücke (Mul. 20/593).
[4] Vgl. ECKERT, Gott, 104.

Hier entwirft Schleiermacher eine transzendental-ontologische Anthropologie, die mit seiner Gotteslehre im Zusammenhang steht, ohne daß eine direkte Wechselwirkung zwischen dem göttlichen Grund und dem menschlichen Sein bestehen könnte.

Das unmittelbare Selbstbewußtsein/Gefühl steht auf der Seite der transzendental-ontologischen Anthropologie, während demgegenüber das religiöse Gefühl den Bereich des rein Transzendentalen zu erahnen sucht.

2.3 Das schlechthinnige Abhängigkeitsgefühl und das endliche Freiheitsgefühl

Bei Schleiermacher stellt sich eindringlich die Frage, „wie die Abhängigkeit aller Wirkungen des endlichen Geistes von seiner Selbsttätigkeit mit der Abhängigkeit alles Endlichen von Gott in Übereinstimmung zu bringen sei". (§ 63,1 I 261, S. 185, GL 1821/22). Wie läßt sich die endliche Freiheit des Menschen mit der gleichzeitigen Abhängigkeit von Gott in Einklang bringen?[1]

Vordergründig läßt sich hier eine einfache Antwort herleiten, indem man die Freiheit des Menschen als eben nur endlich und also als mangelhaft erkennt und demgegenüber alles von Gott Gegebene in der Weise weit überordnet, daß es nur ein besonderes Privileg der endlichen menschlichen Freiheit sein kann, in ein Abhängigkeitsverhältnis gestellt zu sein, das sich auf die Unendlichkeit bezieht und daher ein Abhängigkeitsverhältnis besonderer Art ist, das sich jeder endlichen Meßbarkeit und Erfaßbarkeit entzieht. Andererseits befindet sich der Mensch in einer steten Abhängigkeit zur Welt, ebenso wie er ihr gegenüber auch frei ist.

Für den Menschen ergibt sich daraus die Konsequenz, daß sein ‚In-der-Welt-Sein' nur als wechselseitiges Ineinander von Abhängigkeit und Freiheit gegeben ist. Legt man das Weltgefüge zugrunde, sind Begriffe wie Abhängigkeit und Freiheit auch klar trennbar, obwohl es teilweise eine stärkere Betonung der Freiheit und andererseits eine Betonung der Abhängigkeit geben kann.

Das menschliche Dasein bezieht sich auf das Dasein, das in der Welt ist, also auf das In-der-Welt-Sein.

Aber das fromme Selbstbewußtsein geht von keiner Teilung bezüglich einer Abhängigkeit und Freiheit aus, da es hiervon nichts wissen kann. So führt Schleiermacher in der GL 1821/22 aus: „Das nun alle mitlebende Teile in Wechselwirkung miteinander stehen: so teilt sich dieses Gefühl in jedem solcher Teile wesentlich in das Gefühl der Freiheit und in das Gefühl der Notwendigkeit, sofern andere Teile selbsttätig auf ihn einwirken. Das fromme Selbstbewußtsein aber weiß von einer solchen Teilung nichts. Denn weder gibt es in Beziehung

---

[1] Vgl. BEISSER, Lehre, 167; ähnlich wie bei Molina: „Tatsächlich fallen Gottes Vorherwissen und das freie Handeln des Menschen faktisch zusammen, so wie göttliche Kausalität und Naturzusammenhang zusammenfallen. ... Gott ist ja nicht handelndes Subjekt, dessen Taten mit den unsrigen in Konkurrenz treten könnten."

auf Gott unmittelbar ein Freiheitsgefühl, noch ist das Abhängigkeitsgefühl das einer solchen Notwendigkeit, welcher ein Freiheitsgefühl als Gegenstück zukommen kann." (§ 36, 2 I 174, S. 124, GL 1821/22)

Erklärend sei hierzu bemerkt, daß Gott in der Schleiermacherschen Philosophie die ungeteilte, absolute Einheit ist, im Gegensatz zur Welt, die als die geteilte Einheit alles Endlichen gilt. Daraus folgt hier, daß das schlechthinnige Abhängigkeitsgefühl von einer solchen Qualität ist, daß es kein ihm entgegengebrachtes Freiheitsgefühl benötigt.[1]

Das schlechthinnige Abhängigkeitsgefühl begründet ja keine Abhängigkeit im menschlich-endlichen Sinne.

Das Freiheitsgefühl ist nur in bezug auf das Weltbewußtsein von Belang und findet auf der Transzendentalebene keinen Gegenpol und somit keine Notwendigkeit. Die Benennung des ‚schlechthinnigen Abhängigkeitsgefühls' hat unweigerlich die Note, daß der Mensch von etwas abhängig sei. Aber die hier vorgestellte Abhängigkeit ist als Aufwertung zu erkennen, da das menschliche Wesen erst infolge der von Schleiermacher vorgebrachten Abhängigkeit vollständig ist und sich als vollständig erfaßt. So könnte man auch von einem schlechthinnigen Gefühl des ‚In-das-Göttliche-Aufgehen' oder ‚An-dem-Göttlichen-Teilhaben' sprechen.

Die Freiheit des Menschen bleibt hier unberührt und uneingeschränkt erhalten – auch innerhalb des schlechthinnigen Abhängigkeitsgefühls, eben weil es hier zu keiner Unfreiheit oder Einschränkung der Freiheit kommen kann.

Die Freiheit ist schlechthin die Grundlage des schlechthinnigen Abhängigkeitsgefühls. Das Göttliche ist aber nie mit der geteilten Einheit des Endlichen zu identifizieren, was zwangsläufig geschieht, wenn man das schlechthinnige Abhängigkeitsgefühl als Einschränkung der menschlichen Freiheit einstuft.

Hier stehen sich die Qualität der Welt und die Qualität des Transzendenten/Göttlichen gegenüber. Doch hat die Freiheit hier im schlechthinnigen Abhängigkeitsgefühl ihre wesentliche Grundlage erst gefunden, und so ist es nicht nötig, daß sie in eine unmittelbare Beziehung zu Gott tritt.

Eckert geht davon aus, daß die Freiheit „als menschliche Selbsttätigkeit als zum Ganzen von Welt gehörig nicht unmittelbar in Beziehung zu Gott treten" könne.[2]

Aber hier ist noch ein Schritt weiter zu gehen, da die Freiheit es unterläßt, in eine Beziehung zu Gott zu kommen, weil sie es überhaupt nicht nötig hat, eine solche Beziehung aufzunehmen.

Andererseits aber geht die Abhängigkeit der Freiheit und der Selbsttätigkeit des Menschen voraus.

Die menschliche Freiheit verdeutlicht gleichsam, daß sie selbst auf die diesseitige Welt bezogen und mit ihrer Freiheit auch auf diese unsre Welt begrenzt ist. Die so verstandene diesseitige Freiheit bezieht sich eben nicht auf eine trans-

---

[1] Vgl. WAGNER, Dialektik, 191; OFFERMANN, Einleitung, 59.
[2] Vgl. ECKERT, Gott, 186.

zendente Welt und auf Gott, da es von Gott – bei Schleiermacher – nichts zu befreien gibt.

So braucht sich der Mensch nicht in Freiheit abzusetzen, weil er seine Freiheit erst in einer schlechthinnigen, absoluten Abhängigkeit von Gott erfährt.

Die grundsätzliche Abhängigkeit von Gott und die Möglichkeit, daß der Mensch diese Abhängigkeit überhaupt erlebt und sie innerhalb des Frömmigkeitsgefühls empfängt, ist hier allentscheidend, weil wir uns „nicht als eines von uns selbst hervorgebrachten und vorgebildeten bewußt (sind); sondern mit dem bestimmten Selbstbewußtsein ist unmittelbar verbunden die Zurückschiebung unseres Soseins auf ein etwas als mitwirkende Ursache, d. h. das Bewußtsein, es sei etwas von uns unterschiedenes, ohne welches unser Selbstbewußtsein jetzt nicht so sein würde; jedoch wird deshalb das Selbstbewußtsein nicht Bewußtsein eines Gegenstandes, sondern es bleibt Selbstbewußtsein". (§ 9, 1, I, 33-34, S. 31, GL 1821/22)

Schon aus dem hier Vorgebrachten folgt, daß es ein absolutes Freiheitsgefühl des Menschen nicht geben kann. So ist dem menschlichen Selbstbewußtsein die schlechthinnige Freiheit unmöglich, wie ihm demgegenüber das schlechthinnige Abhängigkeitsgefühl inhärent ist.

Auch Eckert interpretiert diesbezüglich, die Anerkenntnis des schlechthinnigen Abhängigkeitsgefühls impliziere ein „schon gegebenes Sein von Gott".[1] Die hier vorgestellte Interpretation scheint etwas weit zu gehen, da bei Schleiermacher eher von einem gegebenen Gefühl auszugehen ist, das den Menschen in ‚den Stand setzt', sein in Gott Gegründetsein zu erahnen.

So ist auch das Sein Gottes ‚an sich' dem schlechthinnigen Abhängigkeitsgefühl nicht inhärent. So äußert sich Schleiermacher in § 4, 3, I, S. 27, GL 1830: „Ein schlechthinniges Freiheitsgefühl kann es demnach für uns gar nicht geben."

Noch deutlicher wird Schleiermacher in seiner folgenden Äußerung: „Daher in keinem zeitlichen Sein ein schlechthinniges Freiheitsgefühl seinen Ort haben kann." (§ 4, 3, I, S. 28, GL 1830)

Der Mensch erahnt das Göttliche ausschließlich über die Vermittlungsinstanz des Gefühls, und so bedient sich Schleiermacher einer analogen Formulierungsart. „Insofern man wohl auch sagen kann, Gott sei uns gegeben im Gefühl auf eine ursprüngliche Weise." (§ 4, 4, S. 30, GL 1830)

Wie soll man sich das Gegebensein Gottes im Gefühl vorstellen und wie soll es sich mitteilen, oder entzieht es sich der menschlichen Vorstellung vollständig?

So stellt sich auch Manfred Frank die Frage, wie sich ein ewiges Wesen einem Zeitlichen mitteilen soll, „ohne daß entweder die zeitliche différence aufgehoben oder das Außerzeitliche rückhaltlos verzeitlicht würde?"[2]

Ist das unmittelbare Selbstbewußtsein in der Zeit gegeben, als etwas, das in der Zeit mitgesetzt wird? Kein Mensch kann aber die Forderung erfüllen, „er

---

[1] ECKERT, Gott, 186.
[2] FRANK, Allgemeine, 117.

solle sein mittelbares Bewußtsein ganz auslöschen, so daß nichts bleibe als das (unmittelbare) Selbstbewußtsein". (DOd, 292) So besteht „in der Selbsttätigkeit des denkend wollenden" zugleich die „gesetzte Abhängigkeit vom transzendenten Grunde". (DJ 474 f.)

Kommt dem Gefühl als unmittelbarem Selbstbewußtsein die Thematisierung eines Ortes als zeitlos-zeitlicher Selbstvermittlung des Identischen mit dem Nach- bzw. Nebeneinander Differenzierten zu? Das unmittelbare Selbstbewußtsein ist bei Schleiermacher auch als „allgemeines Endlichkeitsbewußtsein" bezeichnet. Demnach ist es nicht nur ein die Zeit hinter sich lassendes und ausgrenzendes Bewußtsein, von dem Gadamer in seiner Schleiermacherkritik seinen Ausgang nimmt.[1]

So ist das „allgemeine Endlichkeitsbewußtsein" dasjenige, das als Bewußtsein bezüglich des Seins überhaupt absolut ist und in bezug des „Seins in der Welt" (§ 4, 2, S. 26, GL 1830) in relativer Abhängigkeit steht. In diesem Sinne spricht Schleiermacher in den §§ 3-5 der GL 1830 von einer „partiellen", „begrenzten", „bezüglichen", „beziehungsweisen" oder „mitgesetzten" Abhängigkeit. Außerdem hängt es mit dem Charakter reiner Abhängigkeit zusammen, daß dasjenige, wovon wir uns in den frommen Erregungen abhängig fühlen, nie kann auf eine äußerliche Weise uns gegenüberstehend gegeben werden". (§ 9, 4 I, 36, S. 33, GL 1821/22) Das Erreichen des Vollendungspunktes des Selbstbewußtseins ist nie erreichbar, und so kann der Mensch lediglich ein Bewußtsein einer nicht überschreitbaren Folge haben.

Hier fühlt er, daß er von dem anderen, dem, was außer seiner selbst ist, fundamental beeinflußt wird.

So ist auch das höhere menschliche Selbstbewußtsein in der Lage, die ersten beiden niederen Gefühlsstufen zu überstehen, bleibt aber den sinnlichen Selbstbewußtseinsstufen stets verbunden, um ebenso andererseits von jenen mit Bestimmtheit geschieden zu sein.

Hier zeigt sich ein unaufhaltsames Streben, da auch das höchste Gefühl ‚darauf aus ist', sich ganz zu entfalten. Obwohl nun die vollständige Entfaltung nie möglich ist, eben weil auch das höchste Gefühl mit den sinnlichen Selbstbewußtseinsebenen verbunden bleibt, ist dem höchsten Gefühl dennoch ein Streben zur vollkommenen Entfaltung eigen.

So zeigt sich auch in der GL ein steter Prozeß, der nie zum Abschluß kommt, und so hat nichts Statisches in der Schleiermacherschen GL seinen Platz. Alles strebt in unaufhaltsamer, nie endender Entwicklung vom Niederen zum Höheren und Höchsten, ohne letzteres je ganz erreichen zu können.

Ob Schleiermacher hier der stoischen Lehre vom logos spermatikos folgt, wie es Schultz annimmt,[2] sei hier nicht entschieden.

An dieser Stelle sei aber abschließend bemerkt, daß keine der Religionsstufen ohne Frömmigkeit sein kann und Schleiermacher das Christentum als ‚die'

---
[1] Vgl. GADAMER, Wahrheit, 137/348.
[2] Vgl. SCHULTZ, Theorie, 89.

Religion schlechthin an die Spitze aller Religionen stellt und als die reinste in der Geschichte hervorgetretene Gestaltung des Monotheismus benennt. Das Christentum ist für Schleiermacher die vollkommenste unter den am meisten entwickelten Religionsformen. „Solange das Christentum noch nicht über das ganze menschliche Geschlecht verbreitet ist, werden auch die veralteten oder unvollkommenen Religionsformen, welche neben denselben bestehen, sich gegen dasselbe erhalten wollen" (§ 173, 1, II, 620, S. 313, GL 1821/22; § 157, 1, S. 408, GL 1830).

Selbstverständlich ist Schleiermacher hier gezwungen, Einschränkungen vorzunehmen, weil auch der Christ das schlechthinnige Abhängigkeitsgefühl nie ganz in seinem Inneren zur Entfaltung bringen kann, da auch der Mensch christlichen Glaubens dem sinnlichen Selbstbewußtsein verbunden bleibt.

2.4. Das ursprüngliche Abhängigkeitsgefühl als ‚wesentliches Lebenselement'

Wir haben festgestellt, daß das schlechthinnige Abhängigkeitsgefühl das Grundsätzliche innerhalb der Gefühlsstufungen und das Wesentliche des menschlichen Seins ist, wie es Schleiermacher in beiden Auflagen der GL hervorhebt.

„Dies ursprüngliche Abhängigkeitsgefühl ist nicht zufällig, sondern ein wesentliches Lebenselement, ja nicht einmal persönlich verschieden, sondern gemeinsam in allem entwickelten Bewußtsein dasselbige". (§ 37, I, 175, S. 124, GL 1821/22) In § 33 der GL 1830 äußert sich Schleiermacher wie folgt: „Die Anerkennung, daß dieses schlechthinnige Abhängigkeitsgefühl, indem darin unser Selbstbewußtsein die Endlichkeit des Seins im allgemeinen vertritt (vgl. § 8, 2) nicht etwas Zufälliges ist, noch auch etwas persönlich Verschiedenes, sondern ein allgemeines Lebenselement, ersetzt für die Glaubenslehre vollständig alle sogenannten Beweise für das Dasein Gottes". (§ 33, LS, S. 174, GL 1830)

Das Dasein Gottes ist aber im menschlichen Gefühl zumindest teilweise erfahrbar und also mit Hilfe einer wissenschaftlichen Methode nie beweisbar. Das Wesenhafte des Göttlichen und seine Erscheinung ist auch hier das Zugrundeliegende, das Schleiermacher bereits in den Reden „Über die Religion" anwandte. So schließen sich auch den Ausführungen der GL zufolge Gefühl und Wissenschaft gegenseitig aus. Auch in der GL geht Schleiermacher davon aus, daß Gott für den Menschen unerkennbar bleibt. Der Mensch nimmt lediglich wahr, wie das Göttliche auf ihn einwirkt – hier zeigt sich die menschliche Beschränktheit bezüglich der Gotteserkenntnis.

In diesem Sinne geht er auch von der Unaussprechlichkeit des göttlichen Wesens aus,[1] da „wenn man das Auffinden der göttlichen Eigenschaften auf Prinzipien zurückbringen und systematisch verfolgen könnte, alsdann eine schulgerechte Erklärung Gottes an die Stelle seiner Unaussprechlichkeit treten und eine

---

[1] Vgl. BEISSER, Lehre, 61.

vollständige Erkenntnis Gottes durch Begriffe möglich sein müßte, welches aber unmöglich ist, indem ein so beschriebenes göttliches Wesen auch den Forderungen der Vernunft nicht angemessen wäre". (§ 64, 1, I, 265-266, S. 188, GL 1821/22)

Das unmittelbare und ursprüngliche Sein Gottes beabsichtigt Schleiermacher dem Menschen erkenntlich zu machen, obwohl er sich bewußt ist, daß eine solche Darstellung immer unvollkommen bleiben muß und der Mensch lediglich einen Abglanz der Göttlichkeit erahnen kann. Aber damit ist im Schleiermacherschen Sinne bereits viel erreicht, da alle Eigenschaften, die der Mensch Gott beilegt, „nicht etwas besonderes in Gott bezeichnen, sondern nur etwas besonderes in der Art, wie wir unser absolutes Abhängigkeitsgefühl auf Gott beziehen". (§ 64, I, 265, S. 188, GL 1821/22) Für ihn ist entscheidend, daß etwas hinter der Abhängigkeit Gegebenes als Gott wahrgenommen wird.

2.4.1 Die Vereinbarkeit des Abhängigkeitsgefühls mit dem endlichen Gefühl der Freiheit

Ohne das Freiheitsgefühl ist grundsätzlich auch kein Gefühl der Abhängigkeit möglich. (§ 4, 3, S. 28, GL 1830) Der Schleiermacherschen Argumentation zufolge befindet sich der Mensch in keiner Abhängigkeit, sondern ist zuerst und vor allem frei.

In diesem Sinne legt auch Manfred Frank in seinen Ausführungen zugrunde, Schleiermacher favorisiere mit der Umschreibung einer „schlechthinnigen Abhängigkeit" nicht das Gefühl der Demut, vielmehr sei Schleiermachers „Interesse der menschlichen Freiheit" diesbezüglich der Angelpunkt seiner Rede, wie § 5, 3, GL 1830 verdeutliche.[1] So sind das absolute Abhängigkeitsgefühl und das Freiheitsgefühl als Grundlage ausgewiesen.

Hier ist auch die Meinung Wolfgang Jankes erwähnenswert, der mit seinen Ausführungen zum Ausdruck bringt, Schleiermacher habe „das Sich-in-Gott-Empfinden unter Aufgabe von Reflexion und Freiheit durch ein Eingehen auf die absolute Indifferenz des Seins und des Denkens" heraufbeschworen.[2]

Ein „Sich-in-Gott-Empfinden" besagt aber nichts bezüglich der Aufgabe jeglicher menschlicher Freiheit.

Wie wir gesehen haben, ist die schlechthinnige Abhängigkeit eine Abhängigkeit, die als Teilhabe am Höchsten zu sehen ist. Für Nicolai Hartmann konnte die von Schleiermacher betonte schlechthinnige Abhängigkeit nur bedeuten, daß er der menschlichen Freiheit keinen Raum zugestand.[3] Hier ist interessant, inwieweit Schleiermacher das Gefühl der schlechthinnigen Abhängigkeit ableitet.

In diesem Zusammenhang sei erwähnt, daß Fichte ein „Gefühl der Abhängigkeit und Bedingtheit" in der WL aus dem Jahre 1801 hervorhebt, weshalb Hirsch Veranlassung zu der Behauptung sah, Schleiermacher sei durch Fichte

---

[1] Vgl. FRANK, Allgemeine, 112.
[2] JANKE, Sein, 286.
[3] Vgl. HARTMANN, Philosophie, 239.

beeinflußt. Demnach wäre das Schleiermachersche Gefühl schlechthinniger Abhängigkeit durch das Fichtesche Modell des Gefühls der Abhängigkeit und Bedingtheit hervorgerufen.[1]

Wahrscheinlicher ist jedoch die Lösung, die diesbezüglich Manfred Frank vorschlägt, Schleiermacher sei von Novalis und Friedrich Schlegel beeinflußt, da die WL 1801 erst im Jahre 1845/46 durch Fichtes Sohn Immanuel Hermann publiziert wurde.[2]

Laut Manfred Frank besteht die Schleiermachersche Freiheit aber nicht, weil sie sich selbst so gesetzt habe und daher ihr Bestehen sich selbst verdanke. So wurde laut Frank hierdurch etwas vorausgesetzt, was nicht zwangsläufig bedeutet, daß die Freiheit „inhaltlich gebunden wäre".[3]

Obwohl ihr Sein abhängig ist, ist ihr Wesen frei. Dem Subjekt liegt also eine „selbstsignifikante Leere" zugrunde, die zugleich eine Offenheit bedeutet.[4] Das „Geöffnetsein", von dem Schleiermacher auch in seiner „Psychologie" spricht, erweist sich hier als ‚der' Raum, um etwas zu ermöglichen und zwar ‚etwas', worin das Subjekt sein Fundament findet. Das so beschriebene Geöffnetsein ist demnach eine Leere, die zugleich ein Gegründetsein in und auf etwas ermöglicht. Hier kann der Ort des frommen Gefühls angesiedelt sein, der eine Ahnung in Form des schlechthinnigen Abhängigkeitsgefühls von Gott zuläßt.

Auch der Glaube wird sich im Ort dieses Geöffnetseins – der Leere – entwickeln können, der besonders die im Selbstbewußtsein gesetzte „Gewißheit von dem Mitgesetzten" aufweist. (§ 4, 4, S. 28, GL 1830)

Das Mitgesetzte ist ein ‚Etwas', das von dem Subjekt differenziert ist und als ‚Anderes' aufgefaßt wird. Das Andere will sagen, daß es nichts vom Menschen selbst Initiiertes ist, in Form einer Vorstellung oder Projektion, sondern von etwas anderem stammt, von Gott.[5]

So bleibt Gott im Menschen unbewußt, als Grund der jenseitig der menschlichen Seele fundamental ist und somit als transzendentaler Grund sein Wesen hat. In diesem Sinne ist Gott die Ergänzung der fehlenden Einheit des Menschen. Der Mangel ist so von vornherein gesetzt und also konstitutiv für das Wesen des Menschen. Das fromme Gefühl, als das unmittelbare Existentialverhältnis, von dem Schleiermacher in seinem Sendschreiben an Lücke spricht, besagt, daß noch etwas anderes ist als der Mensch selbst.

Das, was hier erahnt wird – Frank geht hier weiter und nimmt diesbezüglich eine Erkenntnis an –[6], ist das „außer uns gesetzte Wesen". (§ 14, 1, GL 1830)

Doch gilt der Unmittelbarkeit des Gefühls das besondere Schleiermachersche Interesse und nicht dem außer uns gesetzten Wesen, da die Unmittelbarkeit über die Wahrheit des religiösen Gefühls entscheidet. So ist die Unmittelbarkeit der

---

[1] Vgl. HIRSCH, Geschichte, Bd. 4, 564.
[2] Vgl. FRANK, Problem, 163 ff.
[3] FRANK, Allgemeine, 113.
[4] Vgl. FRANK, Allgemeine, 113, Fn 78.
[5] Vgl. LAIST, Problem, 71 ff.
[6] Vgl. FRANK, Allgemeine, 114.

einzige Gesichtspunkt, der bezüglich der Wahrheit des religiösen Gefühls bedeutsam ist. Da jedoch jeder Fromme weiß, daß man im Sprechen über Gott menschliche Ausdrucksformen benutzt, kann der Unmittelbarkeit des religiösen Gefühls kein entsprechend unmittelbarer Ausdruck zukommen.

Lediglich im unmittelbaren Bewußtsein des Menschen scheidet sich der Gegenstand des Gefühls von seiner Darstellungsart. In diesem Zusammenhang sei bemerkt, daß auch das Christentum auf jeden Beweis der Wahrheit verzichten muß, gerade weil der Mensch in seinem inneren Gemüt die Gewißheit trägt.

So entscheidet die Potentialität des Gefühls, ob sich der Mensch der Religiosität zuwendet. Bei Schleiermacher ‚verzichtet' das Gefühl darauf innerhalb der religiösen Einstellung, den Grund der eigenen Bestimmtheit selbst zu legen. In diesem Sinne formuliert Frank, das Gefühl verzichtet darauf, „den Grund seiner Bestimmtheit als sich selbst einholen zu wollen".[1] Außerdem stellt Schleiermacher fest, es bestehe „die Unmöglichkeit, im unmittelbaren Selbstbewußtsein den transzendentalen Grund darzustellen". (DOd, 296)

Weiter zeigt sich, daß das Gefühl nur eingeschränkt funktionsfähig ist, da in ihm immer schon die fehlende Einheit angezeigt wird.

Wie das spekulative Bewußtsein für Schleiermacher die höchste Funktion des menschlichen Geistes ist, ist demgegenüber das fromme Selbstbewußtsein die höchste subjektive Funktion und trägt ihre Gültigkeit in sich selbst.

2.4.2 *Das Mitgesetztsein Gottes*

In der GL gibt es eine ‚bestimmte Gewißheit' von Gott, die deshalb über jeden Zweifel erhaben ist, weil es eben eine „unmittelbare innere Gewißheit von Gott" ist. Aus der unmittelbar inneren Gewißheit wird der Inhalt des Glaubens entwickelt.

Wie ist die unmittelbare innere Gewißheit im Inneren des Menschen angelegt und ausgestaltet und wie erkennt er, daß es sich nicht um etwas rein Menschliches handelt und die Gewißheit von Gott nur aufgrund einer menschlichen Einbildung besteht?

Schleiermacher beabsichtigt, vor allem das unmittelbare Selbstbewußtsein als ‚die' ursprüngliche Einheit herauszustellen und auf die Unterschiedenheit zum reflektierten Selbstbewußtsein aufmerksam zu machen.

Wie bereits mehrfach angedeutet, ist der Unterschied zu Fichte offensichtlich, da Schleiermacher nicht das Ich als selbstsetzend denkt, sondern das „reine" Sein des Menschen als „setzend" behauptet. Ebenso „ist kein Ich-Setzen denkbar, wo nicht Gefühl gesetzt wird, und umgekehrt kein Gefühl denkbar, wo das Ich-Setzen nicht sein kann. Wir finden dies in unserer eigenen Erfahrung. Wir haben keine Vorstellung vom Ich ohne Reflexion. [...] Jede Zeit ohne Selbstbewußtsein ist Null; so ist es also der Träger aller anderen Funktionen." (DOd, 290 f.)

---

[1] FRANK, Allgemeine, 108.

Als setzendes Sein ist das unmittelbare Selbstbewußtsein, das was den Menschen in seiner unmittelbaren Einheit ausmacht. Von dieser seiner unmittelbaren Einheit weiß der Mensch infolge des vermittelt reflektiven Selbstbewußtseins als Ich-Bewußtsein.[1]

Hier wird das, was den Menschen als seine unmittelbare Einheit bestimmt, die Grundlage seines Seins, schon vorausgesetzt, auf welcher überhaupt nur ein Wissen von den eigenen Grundlagen möglich ist. Zwischen dem denkenden Bewußtsein und dem gegenständlichen Sein ist somit zu differenzieren.

Das reflektierte Selbstbewußtsein ist als die subjektiv ermöglichende Bedingung zu sehen, daß das Denken bezüglich seines Seins eine Beziehung haben kann.

Ohne ein reflektiertes Selbstbewußtsein könnte der Mensch kein Wissen bezüglich seines Gegenstandsbewußtseins haben.

Nur auf der hier vorgestellten Grundlage des reflektierten Selbstbewußtseins ist überhaupt ein Glaube an ‚etwas' anderes als das Selbstbewußtsein möglich.

Das reflektierte Selbstbewußtsein ist als Ergebnis der Reflexion, das Wissen von sich selbst und ist darauf angewiesen, um seinen eigenen Reflexionsprozeß vor sich zu haben, sich des reinen Seins, seiner Grundlage, zu vergewissern.

Schleiermacher geht mit seinen Überlegungen davon aus, daß das Selbstsein in einem unmittelbaren ‚Sich-Haben' besteht und so dem vermittelten Sich-Selbst-Wissen als Grund vorausgeht.

Rothert spricht diesbezüglich von dem „Sein-vom-Grund-her, dem das Sein-zum-Ziel" entspreche.[2]

In Nr. 215 der Dialektik aus dem Jahre 1814/15 führt Schleiermacher aus: „Dem gemäß nun haben wir auch den transzendentalen Grund nur in der relativen Identität des Denkens und Wollens nämlich im Gefühl." Die Begriffe ‚transzendent' und ‚transzendental' sind hier nicht streng voneinander geschieden.

Wichtig ist auch, daß ein „Haben" kein ‚in Besitz genommen haben' meint, da es dem Sein – und hier legt Schleiermacher das reine Sein zugrunde – wie dem Denken nur um sich selbst geht. Also geht es dem reinen Sein nur um sich selbst und um nichts anderes.

Aber das unmittelbare Selbstbewußtsein bildet schlechthin die Essenz hinsichtlich einer Einheit von Denken und Sein.

Die ursprünglich-unmittelbare Essentialität des Seins benennt Schleiermacher als die „höchste Lebenseinheit" (DJ 153), die der Mensch nie erreichen kann, da sein Wissen von seinem Selbstbewußtsein stets vermittelt ist.

Auch der Selbstbezug innerhalb der Reflexion vermag die Einheit des Selbstseins nicht zu begründen, eben weil die ontologische Einheit von Denken und Sein im unmittelbaren Selbstbewußtsein von dem im Reflexionsprozeß reflektierten Selbstbewußtsein als vorreflexiv mitgesetztes ‚Etwas' bereits genutzt wurde.

---

[1] Vgl. WAGNER, Dialektik, 191; OFFERMANN, Einleitung, 49.
[2] Vgl. ROTHERT, Dialektik, 203.

Also kann durch die Reflexion keine die Einheit des Selbstbewußtseins begründende Unmittelbarkeit ‚im Grunde' entstehen.

Demgegenüber ist die unbedingte Einheit Gottes in der Einheit der Unmittelbarkeit nachempfindbar.

Die direkte Auffindbarkeit der unbedingten göttlichen Einheit ist für den Menschen aber auch hier nicht möglich – im Gegensatz zur Meinung Eckerts, der hiervon ausgeht.[1]

Diesbezüglich äußert sich Schleiermacher in der Dialektik recht eindeutig: „Wir wissen nun um das Sein Gottes in uns und in den Dingen, gar nicht um ein Sein Gottes außer der Welt oder an sich." 1. „Das Sein der Ideen in uns ist ein Sein Gottes in uns [...] – Ebenso ist das Sein des Gewissens in uns ein Sein Gottes. 2. [...] Das uns eingeborene Sein Gottes in uns konstituiert unser eigentliches Wesen, denn ohne Ideen und ohne Gewissen würden wir zum Tierischen herabsinken." (Dial. 1814/15, 216)

Andererseits steht auch in der Dialektik Schleiermachers bereits fest, daß die Auffindbarkeit des Göttlichen in seinem ‚An-sich' vom Menschen nie vollzogen werden kann, auch durch kein noch so tief empfundenes religiöses Gefühl, da es „zwar ein wirklich Vollzogenes [ist] aber [...] nie rein, denn das Bewußtsein Gottes ist darin immer an einem anderen; nur an einem Einzelnen ist man sich der Totalität, nur an einem Gegensatz (zwischen dem eigenen Sein und dem außer uns gesetzten) ist man sich der Einheit bewußt." (Dial. 1814/15, 215, 2)

Der Mensch hat von Gott überhaupt nur insofern eine Ahnung und einen Begriff, soweit er selbst Gott ist, was bei Schleiermacher heißt, soweit er Gott in sich hat. (Dial. 1814/15, 216, 8)

So kann das Setzen selbst oder auch die beginnende Begriffsbildung in der Form des Urteils nicht von vornherein mit dem Fichteschen „thetischen Urteil" gleichgesetzt werden, wie es Wagner vorschlägt.[2] Zwar steht sowohl das leere Urteil als auch das thetische Urteil „allein auf dem Setzen selbst", das hier also basal wäre. Aber in der Schleiermacherschen Denkweise kommt es auf die dem Gefühl innewohnende Möglichkeit an. Das sich setzende Setzen Schleiermachers ist noch insoweit indifferent als es auch geöffnet ist und so vom transzendenten Grund noch zu unterscheiden ist.

Demgegenüber ist der Gegensatz des thetischen Urteils bei Fichte abgeschlossen, in sich ruhend und – wie Frank es interpretiert – „opak".[3]

Im Gegensatz dazu kommt es Schleiermacher darauf an, daß das Sehen sich selbst sieht, wodurch er aber der Gefahr des Zirkels nicht entgeht.

Das ‚Sich-selbst-Sehen' soll dem Glauben die inhaltliche Gewißheit verleihen.

---

[1] Vgl. ECKERT, Gott, 101.
[2] Vgl. WAGNER, Dialektik, 143.
[3] FRANK, Allgemeine, 103, Fn 53.

3. Das Gefühl der schlechthinnigen Abhängigkeit ‚an sich'

Schleiermacher bezieht sich in der GL hauptsächlich auf das hier alleinentscheidende Gefühl der schlechthinnigen Abhängigkeit, das als Grundgefühl schlechthin fungiert. In diesem Sinne geht auch die Frömmigkeit „aus der inneren Wahrheit des Wesens" hervor, wie „das Wesen der Frömmigkeit im Gefühl ist" (§ 38, 2, I, 30, S. 29, GL 1821/22) und der Glaube als etwas fungiert, was den frommen Erregungen die innewohnende Gewißheit ist.[1]

Die Sätze, die eine Beziehung zu Christus zum Ausdruck bringen sollen, sind nur aufgrund ihres steten Gottesbewußtseins anzuerkennen. In diesem Sinne ist es für Schleiermacher auch in der GL selbstverständlich, daß sich das menschliche Verhältnis zu Christus als dem Erlöser jeder Beweisbarkeit entzieht, da ein solches Verhältnis seine Grundlage ebenfalls in einer inneren Erfahrung hat.

So steht auch der Glaube an die Fortdauer der Persönlichkeit nach dem physischen Tode in unmittelbarem Zusammenhang mit dem Erlöserglauben. Vernunftbeweise hinsichtlich der Unsterblichkeit sind hier nicht der Gegenstand der Untersuchung in der GL.

Die GL stellt das göttliche Bewußtsein im Menschen als das Höchste dar. Das hier propagierte Gottesbewußtsein ist sich seiner Gültigkeit aufgrund der völligen Unmittelbarkeit gewiss.

Keine noch so objektive wissenschaftliche Untersuchung könnte je in der Lage sein, eine solche Gewißheit und Wahrheit anzubieten. Hier stellt sich die Frage, ob es sich demnach nur um eine willkürliche Subjektivität handelt, die Schleiermacher der absoluten Gewißheit von Gott zugrunde legt.

Wie bereits erwähnt, bestand sein Hauptanliegen darin – sowohl in den Reden „Über die Religion" als auch in der GL –, die Unabhängigkeit der Religion von jedweder Wissenschaft und Metaphysik zu zeigen.

So hat der Mensch allein aufgrund der Tatsache, daß er eine Religion hat, die Fähigkeit, sich durch das Gefühl – eben durch das religiöse, fromme Gefühl – in einen unmittelbaren Kontakt zum Göttlichen zu bringen. Die Kontaktaufnahme des Menschlichen zum Göttlichen verringert die Göttlichkeit in keiner Weise, weil sie keiner Vergegenständlichung unterliegt und keiner je unterliegen könnte.

Die Vollkommenheit und Heiligkeit des Göttlichen bleibt also stets gewahrt.

Aber das höchste Gefühl wird als das Gottesbewußtsein nicht selbstverständlich von jedem Menschen in gleicher Intensität in sich getragen, vielmehr ist der Mensch nur an sich und als Teil des göttlichen Ganzen der Träger des göttlichen Bewußtseins.

So ist für Schleiermacher hier auch der Zusammenhang des einzelnen Menschen mit der Gemeinschaft wichtig. Der Mensch ‚an sich' ist bei Schleiermacher immer der Mensch, der einer religiösen Gemeinschaft angehört, eben weil

---

[1] Vgl. BEISSER, Lehre, 87.

er nur auf ihn seine Theorie des religiösen Gefühls und Gottesbewußtseins bezieht.[1]

So gilt sein Interesse der Überprüfung der gefühlsmäßigen Gegebenheiten des Menschen und er fragt, inwieweit diese geeignet seien, mit dem Göttlichen in eine Kommunikation zu treten. Daß dem endlichen Menschen diesbezüglich keine unendlichen Möglichkeiten gegeben sind, ist offensichtlich. Der Mensch kann eine endliche Gewißheit von Gott haben, eben weil ihn das Gefühl der schlechthinnigen Abhängigkeit dazu befähigt und ihn als Teil des Göttlichen ausweist. So partizipiert der Mensch allein auf der Grundlage des Gefühls der schlechthinnigen Abhängigkeit an der göttlichen Totalität.

Die menschlichen Grenzen des gefühlsmäßigen Erfassens sind aber nicht zu übersehen, eben weil Gott nie Gegenstand des allgemeingültigen Wissens werden kann. Ein allgemeingültiges Wissen bezüglich der Gottheit stellt eine Unmöglichkeit dar, da das Wesentliche des Göttlichen auf diese Weise zwar nicht beeinträchtigt werden kann, aber jedweder Erahnbarkeit entzogen ist.

3.1 Reflexion und philosophisch/religiöses Gefühl

Innerhalb der Reflexion ist das Gefühl auf sich selbst zurückgeworfen und auf sich selbst angewiesen, weil es „nicht entbehrt werden" kann, wie es Schleiermacher ausdrückt. (DOd, 294)

So ist das Gefühl bezüglich des göttlichen Erfassens zunächst auf eine Eigenkommunikation verwiesen.

Das religiöse Gefühl kommt hier auch nicht ohne weiteres im Inneren des Menschen zur Geltung; es tritt als die Einheit vermittelter Unmittelbarkeit des „schlechthinnigen Abhängigkeitsgefühls" in Erscheinung.

Die Einheit des unmittelbaren Selbstbewußtseins=Gefühl wird von dem bedingten, endlichen Wissen bezüglich der Gottheit nie erreicht.

Aber die Einheit des unmittelbaren Selbstbewußtseins kann den fundamentalen transzendenten Grund nicht partiell betrachten und isolieren, obwohl das subjektive Gottesbewußtsein nicht auf das partielle, unterscheidende Denken verzichten kann.

Das religiöse Selbstbewußtsein muß von einer solchen Qualität sein, die sich in einer Kritikfähigkeit äußert, die der Orientierung dient und vor Verirrungen bewahrt.[2]

Das schlechthinnige Abhängigkeitsbewußtsein muß somit die Wahlmöglichkeit der Orientierung haben. Innerhalb dieser Orientierung entscheidet es, ob es sich von einer Täuschung abhängig glaubt oder von dem einen Gott als dem transzendenten Grund allen Seins. Innerhalb der religiösen Reflexion ist das Bewußtsein von Gott im religiösen Gefühl isoliert zu betrachten. Das dem religiösen Gefühl immanente Gottesbewußtsein ist für eine ‚philosophische Sekun-

---
[1] Vgl. OFFERMANN, Einleitung, 295.
[2] Vgl. WAGNER, Dialektik, 190.

de' aus dem religiösen Gefühl herauszutrennen, um dem religiösen Gefühl durch die Reflexion Sicherheit bezüglich eines Erahnens und des sich schlechthinnig ‚Abhängig-Fühlens' von Gott zu geben. (DOd, 292) Schleiermacher redet auch hier von keinem sicheren Wissen hinsichtlich eines schlechthinnigen Abhängigkeitsgefühls von Gott, sondern von einem sich abhängig glauben.

3.2 Ein „Gefühl von Gott" als das Wissen von Gott

Ein „Gefühl von Gott" ist zugleich ein Wissen von Gott, und zwar in dem Sinne, daß es das einzig mögliche ‚Wissen' von Gott ist.[1] So ist Gott nur im Gefühl ‚wissbar', da das Göttliche kein Postulat ist, „was gegeben werden müßte, um reales Wissen wirklich zustande zu bringen". (Dial. 1811, 15, 2) Außerdem bekundet Schleiermacher in der Dialektik 1811, daß man von Gott kein reales Wissen haben könne. (ebd.) Nur mit Hilfe des Gefühls der schlechthinnigen Abhängigkeit weiß der Mensch etwas von Gott, eben vermittelt durch das Gefühl.

So ist das Gefühl die Ebene und Kraft zugleich, die dem Menschen die Gewißheit von Gott bringt, daß ein Gott ‚da' ist. Demnach denkt sich der Mensch keinen Gott, sondern erfühlt ihn innerhalb des Gefühls; erst im nachhinein geht das Erfühlte in sein Denken über. In der Form des objektiven Bewußtseins kann ein Wissen von Gott nie aufgefaßt werden wie auch ein absolutes Wissen von Gott dem Menschen nie möglich sein wird, gerade weil er nur ein Teil des göttlichen Ganzen ist.

Aber es gibt laut Schleiermacher auch keine isolierte Betrachtung der Gottheit, da der Mensch sie stets „mit dem gesamten System der Anschauung" schaut. „Die Gottheit ist ebenso gewiß unbegreiflich als ihre Erkenntnis die Basis aller Erkenntnis ist. Es ist auch ebenso auf der Seite des Gefühls." (Dial. 1811, 17, Zusatz 4)

Schleiermacher geht von einer Identität des Denkens und Seins aus, welche den transzendenten Grund für das objektive Bewußtsein bezüglich der Philosophie und also auch des Denkens schlechthin liefert. Das Gefühl hat das Entgegengesetzte bereits in sich und sorgt so für die Einheit. Gottesbewußtsein und Weltbewußtsein gehen so ineinander über, ja müssen ineinander übergehen, da „unser Wissen um Gott" erst „mit der Weltanschauung" vollendet ist. (Dial. 1811, 18)

Das religiöse Gefühl betrifft hier die Identität des menschlichen Seins, was in der Sprache Schleiermachers heißt, daß es ohne ein religiöses Gefühl schlechthin auch kein ‚an sich' menschliches Sein gibt, sondern nur ‚etwas', das auf einer noch nicht menschlich seienden Stufe vor sich hin lebt.

Doch zeichnet sich das religiöse Gefühl durch ein Entgegengesetztes aus und zwar in dem Sinne, daß es sowohl Göttliches als auch Menschliches enthält und die göttliche und menschliche Ebene vereint. Eine solch menschlich-göttliche

---

[1] Vgl. WAGNER, Theologie, 936.

Ebene ist durch kein Denken ersetzbar.[1] „Es gibt freilich über das unmittelbare Selbstbewußtsein und über das Religiöse eine Reflexion, aber diese ist nicht die Analyse der Denkfunktion in Bezug auf den transzendentalen Grund". (DOd, 296)

Auch das Denken versucht diese Einheit zu erreichen, ihrer habhaft zu werden, was als Unterfangen zu bezeichnen ist, da kein Denkprozeß ausreicht, diese Einheit zu erreichen. Allein das Gefühl bringt die Einheit des Menschlichen und Göttlichen im Inneren des Menschen zum Vorschein.

Hier könnte man der Annahme erliegen, das Gefühl sei selbst etwas Göttliches und also die eigentlich göttliche Komponente des Menschen, ohne daß sich Göttliches und Menschliches untrennbar miteinander vermischen. So birgt auch die vermittelte Unmittelbarkeit eigentlich einen Widerspruch in sich, da die Unmittelbarkeit des Göttlichen in seinem ‚An-sich' nicht vermittelt werden kann.

Einzig die Gefühlsebene, die das Göttliche bereits ursprünglich als Abglanz enthält, ist imstande, eine Vermittlungsebene herbeizuführen.

Daraus folgt, daß Gott nur unter der Voraussetzung denkbar ist, daß sich zu dem Denkprozeß das religiöse Gefühl als Träger des Prozesses mit einstellt. Schleiermacher geht davon aus, daß im Gefühl das Bewußtsein Gottes in der Verknüpfung zu einem endlich bestimmten und entgegengesetzten Bewußtsein besteht. (DOd, 290, 293 f.)

Aus diesem Grunde sieht er es als eine Notwendigkeit, die Ebenen des göttlichen Bewußtseins und die des menschlichen Selbstbewußtseins zu unterscheiden. Das religiöse menschliche Selbstbewußtsein zeichnet sich durch ein Ineinander von Gottesbewußtsein und Selbstbewußtsein aus, da unser menschliches Wissen bezüglich Gott und der Göttlichkeit erst mit der Weltanschauung vollendet ist. (Dial. 1811, 18) „In dem Maße als die Weltanschauung mangelhaft ist, bleibt die Idee der Gottheit mythisch". (Dial. 1811, 18) Gott ist also von der Welt nicht zu trennen. (Dial. 1811, 24, 2)

Der hier auftretende Gedanke der Dialektik zeigte sich bereits in den Schleiermacherschen Reden „Über die Religion". Hier war ihm daran gelegen, das Unendliche im Endlichen zu erblicken und der Phantasie, welche „sich den höchsten Gegenstand der Religion individualisiert" Raum zu geben. (R, 185)

So ist Gott nicht nur von der Welt untrennbar, sondern, vom menschlichen Standpunkt aus, ohne die Welt auch undenkbar. Problematisch erscheint hier die Isolierung des göttlichen Bewußtseins.

Gerade durch die reflexive Vermittlung soll es möglich sein, die Ergänzung zu erreichen, die notwendig ist, um die Einheit des Göttlichen und Menschlichen im menschlichen Selbstbewußtsein herzustellen. Das so ‚gefühlte Gefühl' von Gott kann nur das Unmittelbare und da es vom Menschen gefühlt wird, das vermittelte Unmittelbare sein.

Innerhalb der „religiösen Reflexion" (DOd, 298) kommt es zur Isolierung des Gottesbewußtseins, wenn auch nicht in der Intensität wie innerhalb der philoso-

---
[1] Vgl. ECKERT, Gott, 124.

phischen Reflexion. (DOd, 294) Die hier erfolgte Ergänzung ist demnach gegenseitig zwischen dem Göttlichen und Menschlichen. Eine so beschriebene religiöse Reflexion vollzieht sich im religiösen Selbstbewußtsein. Eckert geht allerdings, wie er betont, nicht von einem Aufsteigen zum transzendenten Grund aus, wie es seiner Meinung zufolge Stalder unternimmt.[1]

Ihm zufolge vollzieht sich die religiöse Reflexion in der Weise, daß sie das religiöse Wissen von Gott ermöglicht, „daß in der Bestimmung des religiösen Selbstbewußtseins als Einheit vermittelter Unmittelbarkeit miteinbegriffen sein muß".[2]

Michael Eckert argumentiert, Wissen und religiöser Glaube könne nicht gänzlich innerhalb einer philosophischen und einer religiösen Reflexion voneinander getrennt werden, und so sei der diesbezügliche Versuch Schleiermachers als fehlgeschlagen zu betrachten.[3]

3.3 Die menschlichen Grenzen bezüglich des gefühlsmäßigen Erfassens des Göttlichen

Schleiermacher versucht die Einheit von Bewußtsein und Denken/Sein in der unbedingten Einheit des transzendenten Grundes zu belegen. Sein Ansatz verrät den Entwurf einer transzendental-ontologischen Anthropologie. Der transzendente Grund und dessen Repräsentation im Gefühl unterliegt bei Schleiermacher einer ‚strikten' Trennung. Der transzendente Grund repräsentiert sich allein im Gefühl. So äußert Schleiermacher in der Dialektik auf dem Jahre 1818, hier sei die „Repräsentation des Höchsten" gemeint". (DJ 157 Anm.) Die Repräsentation des Höchsten im menschlichen Gefühl ist „das Göttliche" in uns". (DJ 155 Anm.) Die also keiner Bedingung unterliegende Einheit des transzendenten Grundes soll laut Schleiermacher die Grundlage der Einheit von Bewußtsein (Denken) und Sein bilden. Das Gefühl ist als ‚Etwas' in der Lage, zwischen Gott, der Welt und dem Menschen als Vermittlungsbasis zu fungieren.

Eckert spricht in diesem Zusammenhang von einer „anthropologischen Vermittlung" aufgrund des Gefühlsbegriffes.[4]

Die religiöse Dimension des Gefühlsbegriffs und die philosophisch-wissenschaftliche Nachvollziehbarkeit sind hier entscheidend. Aber Schleiermacher geht davon aus, daß der transzendente Grund immer außerhalb des Denkens und wirklichen Seins verbleibe. „Der transzendente Grund bleibt immer außerhalb des Denkens und wirklichen Seins, aber ist immer die transzendente Begleitung und der Grund beider." (DOd, 307) Demnach erfaßt die religiöse Dimension des Gefühlsbegriffs nicht den transzendenten Grund.

Aber das unmittelbare Selbstbewußtsein stellt als das keiner Zeit unterworfene religiöse Gefühl eine Verbindung zur zeitlosen Einheit Gottes her. So führt

---

[1] Vgl. ECKERT, Gott, 124.
[2] Vgl. ECKERT, Gott, 125.
[3] Vgl. ECKERT, Gott, 125.
[4] ECKERT, Gott, 288.

Schleiermacher aus: „Die eigentliche Wahrheit daran ist nur das Interesse an der Sache, das sich darin ausspricht, und das selbst nur ein Ausdruck davon ist, daß es das Wesen des Geistes konstituiert, sich des Transzendenten zu bemächtigen, daß alle Wahrheit des Selbstbewußtseins in seiner Zeitlosigkeit betrachtet, alle Wahrheit des Denkens und alle Realität des Wollens von dem Gesetztsein des Transzendenten in uns abhängt." (DJ, 167)

Also wird das Wesen des Geistes in der Weise gesetzt, daß es das Transzendente aufnehmen kann oder zumindest in der Lage ist, eine Annäherung herbeizuführen. Zugleich wird hier die Abhängigkeit des Menschen deutlich, die darin besteht, daß das Transzendente der bestimmende Faktor bezüglich aller Wahrheit des Denkens und aller Realität des Wollens ist.

So ist das Fundamentale des menschlichen Wesens das Transzendentale. Gesetzt ist es von Gott und so hängt alle Wahrheit des Denkens und alle Realität des Wollens letztlich von Gott ab.

Das unmittelbare Selbstbewußtsein repräsentiert hier die Idee des Göttlichen. So sind das ‚Sein' Gottes und das Sein der Welt innerhalb der Gefühlsebene untrennbar und eine zeitlose Einheit im Zeitlichen, Endlichen des Menschen.

In diesem Sinne äußert sich Schleiermacher wie folgt: „Wir wissen um das Sein Gottes in uns und in den Dingen, gar nicht aber um ein Sein Gottes außer der Welt oder an sich." (DJ, 154) Hier wird ein weiteres Mal deutlich, daß Schleiermacher ein ‚Sein' Gottes „in uns" vermutet, und zwar aufgrund der zeitlosen Einheit Gottes und einer gedachten zeitlosen philosophischen Einheit der Welt im menschlichen Inneren. Es ist eine Zeitlosigkeit, von der auch Eckert in seiner Untersuchung seinen Ausgang nimmt.[1] In diesem Sinne äußert sich Schleiermacher auch bezüglich des unmittelbaren Selbstbewußtseins: „Wir haben also im unmittelbaren Selbstbewußtsein das Gefühl auf zeitlose Weise." (DOd, 292)

Schleiermacher geht sowohl von einer Identität als auch von einer Differenz des Menschen zu Gott aus.

Die Identität zwischen Mensch und Gott ist ebenso wie die Differenz unzweifelhaft dadurch gegeben, daß das Sein Gottes bereits im Inneren des Menschen mitbegründet ist.

Aber Schleiermacher nimmt zwischen dem Gefühl und dem transzendenten Grund keine Identität an, vielmehr behauptet er lediglich „eine Analogie mit dem transzendenten Grunde". (DJ, 154)

Wie ist nun die Analogie zwischen dem Gefühl und dem transzendenten Grund in der Schleiermacherschen Argumentation formuliert? Die Schleiermachersche Religionsphilosophie gestaltet das Verhältnis der Analogie mit dem transzendenten Grund als zeitlose Gegebenheit. Daß im menschlichen Sein ein x als etwas vorhanden ist, steht für Schleiermacher unzweifelhaft fest, und so sagt er, „daß in jeder Bestimmtheit des Selbstbewußtseins zugleich die Abhängigkeit von Gott gesetzt ist." (§ 10, 5, I, 43 S. 37 GL 1821/22)

---

[1] Vgl. ECKERT, Gott, 290.

So ist die zeitlose Einheit von Denken und Sein das unmittelbare Selbstbewußtsein, wie das zeitlose „Mitgesetztsein Gottes" das zeitlose Verhältnis der Abhängigkeit der Welt von Gott im Menschen – und also die Abhängigkeit des Menschen von Gott – darlegt.[1] „Indem im unmittelbaren Selbstbewußtsein wir uns als schlechthin abhängig finden, ist darin mit dem eigenen Sein als endlichen das unendliche Sein Gottes mitgesetzt". (§ 36, LS I, 173, S. 123 GL 1821/22) „Das schlechthinnige Abhängigkeitsgefühl ... ist ... nur als ein Mitgesetztsein Gottes als der absoluten ungeteilten Einheit" zu sehen. (§ 32 2 b, S. 173, GL 1830)

Für das unmittelbare Selbstbewußtsein ist die Zeitlosigkeit auch bestimmend, und so wird jene Zeitlosigkeit von Schleiermacher als die Grundlage angesehen, die für die Wirklichkeit des zeitlichen Übergangs vom Denken und Wollen in ihrem Verhältnis zum Sein besteht.

Die Zeitlosigkeit als Grund, als Rahmenbedingung für etwas Zeitliches – anders läßt sich das Verhältnis zwischen Menschlichem und Göttlichem bei Schleiermacher nicht ausdrücken.[2]

Hier ist das zeitlose x im zeitlichen Sein bedeutend.

Ebenso vermittelt sich das Göttliche bei Schleiermacher in der Sphäre des Unmittelbaren, wie es sich eben auch zeitlos innerhalb des Zeitlichen im Menschlichen kundtut. So muß das unmittelbare Selbstbewußtsein die Vermittlung zwischen dem zeitlosen ‚Sein' Gottes und dem zeitlichen Sein des Menschen leisten.

Für Schleiermacher stellt sich die Aufgabe, die zwischen dem unmittelbaren Selbstbewußtsein und dem Endlichen bestehende Vermittlung zu beschreiben.

Eine so geartete Vermittlungsbasis bietet sich an, gerade weil das endliche Selbstbewußtsein von seiner unmittelbaren Grundlage Kenntnis haben soll bzw. eine Kenntnis haben muß. Demnach ist im Gefühl sogleich ein ‚Wissen' bezüglich des Transzendentalen mitverankert und der Mensch hat von einem Mitgesetztsein Gottes ein so genanntes ‚Wissen'.

In diesem Sinne führt Manfred Frank aus: „Das Gefühl verzichtet in der religiösen Einstellung ausdrücklich darauf, den Grund seiner Bestimmtheit als sich selbst einholen zu wollen ..., sondern nimmt sie hin als unverfügbares Widerfahrnis einer ‚transzendentalen Bestimmtheit' (DOd, 290), der die umgangssprachliche Konvention den Ausdruck ‚Gott' vorbehält. In dem Maße freilich, wie es nicht selbst das ist, was ihm mangelt (Gott), entdeckt es eine Vernetzung in sich, die der Erkenntnisgrund ist für die Wirkung des Signifikanten."[3]

Demzufolge ist der Mensch stets imstande, zwischen seinem Sein und dem göttlichen Sein eine klare Trennungslinie zu ziehen; schließlich erfährt er so

---

[1] Vgl. OFFERMANN, Einleitung, 78.
[2] Schleiermacher bekräftigt, daß „Gott selbst nicht in die Zeit gesetzt werde". (§ 49, I, 199, S. 141, GL 1821/22) In diesem Sinne ist das Wort Ewigkeit allein nicht geeignet, „die spezifische Eigenart der göttlichen Ursächlichkeit" erschöpfend zu beschreiben, die „Allgegenwart" ist ihr ergänzend „an die Seite zu stellen". TROWITZSCH, Zeit, 51.
[3] FRANK, Allgemeine, 108.

vom Mitgesetztsein Gottes in seinem Selbstbewußtsein. Er unterscheidet demnach klar sein Ich von dem ‚gänzlich Anderen', dem Göttlichen. Auch hier ist nochmals die sich zeigende Problematik des Zeitlichen anzuführen.

Als zeitlich wird hier die Subjektivierung des Zeiterlebnisses verstanden. Bereits Augustinus brachte die Subjektivierung des Zeitgeschehens und die damit zusammenhängende Problematik in Gang.[1] Die Zeitlosigkeit des Göttlichen ist für das Schleiermachersche Verständnis selbstverständlich. Das Göttliche wird bei ihm mit der Zeitlosigkeit in Zusammenhang gebracht, weil ein göttliches Bestehen hier nicht in der Zeit ‚ist', sondern, wenn nicht außer aller Zeit, so doch über aller Zeit. Die Benennung einer Spanne als Zeit ist sowieso nur sinnvoll, wenn sie einer Meßbarkeit unterliegt. Redet man aber von dem zeitlosen Sein Gottes, wird klar, daß jede Meßbarkeit bedeutungslos sein muß und so auch die Zeit, die in Vergangenheit, Gegenwart und Zukunft eingeteilt ist.[2]

Die subjektive Zeit, wie sie vom Menschen wahrgenommen wird, ist in den Ablauf unseres Erlebens und Verhaltens eingebettet und also an der Endlichkeit ausgerichtet.

Die Zeitlosigkeit, wie sie Schleiermacher auch in seiner Dialektik und seiner GL zugrunde legt, ist mit der Ewigkeit gleichzusetzen. Im Schleiermacherschen Sinne bezeichnet die Zeitlosigkeit die göttliche Dimension, in welcher sich das rein Göttliche ‚abspielt', sozusagen das göttliche Vacuum besteht. Ebenso haben wir „im unmittelbaren Selbstbewußtsein das Gefühl auf zeitlose Weise. ... Doch leugnen wir nicht, daß das unmittelbare Selbstbewußtsein in der Zeit gegeben ist, nur nicht für sich allein, sondern mit einem andern. Ebenso deshalb können wir seine Zeitlosigkeit an und für sich nicht leugnen. Es muß also möglich sein, daß wir die zeitlose Begleitung des transzendenten Grundes auf irgendeine Art erhalten. Dies geschieht nun im religiösen Bewußtsein." (DOd, 292)[3]

4. Das Wesenhafte des religiösen Gefühls – Ausblick zur Dialektik

In § 8 der GL 1821/22 sagt Schleiermacher, die Frömmigkeit sei an sich weder ein Wissen noch ein Tun, sondern eine Neigung und Bestimmtheit des Gefühls. (§ 8, I 26, S. 26, GL 1821/22)

So ist die Subjektivität des Gefühls in der GL stets der mitbestimmende Faktor und läßt sich nicht ausscheiden, da gerade die Subjektivität dem religiösen Akt Echtheitscharakter verleiht.

---

[1] Vgl. LÜKE, Anfang, 62.
[2] Fest steht, daß auch bei Schleiermacher die intelligible Welt nicht ohne die sinnliche sein kann. Die Zeit ist hier in dem Maße bedeutungslos, weil es auch unmöglich ist, daß durch die Zeit „in einem sinnlichen Universum etwas Nichtsinnliches" möglich wird, wie es demgegenüber bei Fichte möglich sein kann. ROHS, Zeit, 116.
[3] „Auf zeitlose Weise" heißt bei Schleiermacher: „es soll dieses Begleiten nicht in der Zeit erscheinen und daher nicht wahrgenommen, also auch nicht nachgewiesen werden können, d. h. es soll kein Korrelat in der organischen Funktion zu finden sein." (DOd, 291 f.)

In der Vorlesung über Dialektik 1822, also unmittelbar nach dem Erscheinen der GL, widmete sich Schleiermacher ebenfalls der Subjektivität des religiösen Gefühls.

Auch hier bearbeitet er das Wesenhafte des religiösen Gefühls intensiv. (DOd, 286)[1]

Ein Wechsel von Denken und Wollen bestimmt den Schleiermacherschen Ausführungen zufolge das zeitliche Leben des Menschen.

Das „reine unmittelbare Selbstbewußtsein" ist infolge der beiden Funktionen gesetzt. Denken und Wollen sind dann identisch. Das unmittelbare Selbstbewußtsein wird ebenso wie in der GL als Gefühl bezeichnet. (DOd, 287)

Das Gefühl „ist die allgemeine Form des Sich-selbst-habens" und nichts lediglich Subjektives. (DOd, 288) Das hier vorgestellte Gefühl, das sich durch die Identität von Denken und Wollen auszeichnet, weiß nichts bezüglich eines Gegensatzes von Subjekt und Objekt.

Doch muß das unmittelbare Selbstbewußtsein als Gefühl von der analogen Beziehung zum transzendentalen Grund wissen.

So stellt sich die Frage, wer von der Analogie des Gefühls zum transzendentalen Grund weiß.

Schleiermacher geht davon aus, daß „wir" die Analogie zum transzendentalen Grund spüren und also ‚haben'.

Das Wort ‚wir' macht deutlich, daß Schleiermacher jedem Menschen zutraut, ‚die' Analogie nachzuvollziehen. Im Gefühl ist demnach das Gespür für eine solche Analogie mit dem transzendenten Grund vorhanden.

So fragt auch Falk Wagner, „worin die Analogate Gefühl und transzendentaler Grund analog" seien.[2] Das, was als analog zwischen dem Gefühl und dem transzendenten Grund gegeben ist, stellt sich laut Schleiermacher als „die aufhebende Verknüpfung der relativen Gegensätze" dar. Die Basis einer solch „aufhebenden Verknüpfung" ist die „Einheit des denkend wollenden und wollend denkenden Seins". (DOd, 289 = DJ 429) So ist die Grundlage dieser Verknüpfung auch die Einheit von Denken und Sein.

Die Analogie, die Schleiermacher zwischen dem unmittelbaren Selbstbewußtsein und dem transzendentalen Grund annimmt, beruht auf dem Analogon der Einheit von Denken und Sein. Aufgrund der Einheit ergibt sich im Schleiermacherschen Sinne überhaupt erst die Möglichkeit, daß es zu einem dazwischen bestehenden ‚Aufeinanderbezogensein' – eben zwischen dem unmittelbaren Selbstbewußtsein und dem transzendentalen Grund – kommt.

In diesem Zusammenhang stellt Wagner fest, daß es weder dem menschlichen Verstandesdenken noch dem Wollen zufolge möglich sei, einen dem transzendenten Grunde adäquaten Begriff zu bilden.[3] Da das unmittelbare Selbstbewußtsein die Analogie zwischen sich und dem transzendenten Grund nicht selbst nachvollziehen könne, da es dann die Unmittelbarkeit einbüssen müsse, so

---

[1] Vgl. ODEBRECHT, Gefühl, 284-301.
[2] WAGNER, Dialektik, 153 f.
[3] Vgl. WAGNER, Dialektik, 154.

könne das Analogon der Einheit von Denken und Sein „als Bedingung der Möglichkeit des Analogisierens und damit der Analogie selbst nur von Gnaden der Schleiermacherschen Reflexion sein."[1]

Schleiermacher benötigt also die von ihm favorisierte Reflexion, damit das unmittelbare Selbstbewußtsein den transzendentalen Grund ‚bemerkt'. Wagner legt zugrunde, daß die von Schleiermacher berufene Reflexion für den transzendentalen Grund konstitutive Bedeutung habe.[2]

Doch hier ist zu entgegnen, daß sie nicht konstitutiv zu sein braucht, eben weil Schleiermacher zugrunde legt, daß sie sowieso schon vorhanden ist und nicht erst konstituiert werden müsse.

4.1 Das unmittelbare Selbstbewußtsein

Daß das unmittelbare Selbstbewußtsein die Einheit von Denken und Wollen mit benötigt, um sich dem transzendentalen Grund zu nähern, hat zur Folge, daß Schleiermacher ein Wissen des Menschen hinsichtlich des transzendenten Grundes geradezu voraussetzen muß.

Es muß gleichsam ein Bewußtsein bezüglich des transzendenten Grundes vorhanden sein. Das Konstitutive basiert demnach auf der Reflexion, die den zwar immer vorhandenen aber noch unbewußten transzendenten Grund zum Bewußtsein bringt. So kann das Wissen nie allein in einem reinen Fühlen bestehen, wo das Denken nicht doch der Angelpunkt bezüglich der Verbindung zwischen dem unmittelbaren Selbstbewußtsein und dem transzendenten Grund sein muß.

Das Wissen verbunden mit dem Akt des Denkens ist von voraussetzender Wichtigkeit, da es demnach auch in der Schleiermacherschen Dialektik kein bewußtes Fühlen ohne ein Denken geben kann. So soll das unmittelbare Selbstbewußtsein nach Schleiermacher eine „Abspiegelung des transzendenten Grundes" sein. (DOd, 285)

Seiner Meinung zufolge ist es ihm gelungen, eine Beziehung zwischen dem unmittelbaren Selbstbewußtsein und dem transzendentalen Grund herzustellen und zwar aufgrund des von ihm eingeführten Analogiedenkens. Schleiermacher sagt selbst, daß „die aufhebende Verknüpfung der relativen Gegensätze" gerade auf „der Einheit des denkend wollenden und wollend denkenden Seins" beruhe (DJ 429). Insofern ist Wagner zuzustimmen, daß Schleiermacher in der Dialektik dem Denken weiterhin einen Platz zubilligen muß und das Gefühl ohne das Denken nie imstande sein könnte, den transzendenten Grund in irgendeiner Weise auszudrücken oder sich diesbezüglich in irgendeiner Weise zu artikulieren.[3]

So zeigt sich, daß das unmittelbare Selbstbewußtsein, das als das ‚religiöse Gefühl' den transzendenten Grund repräsentieren soll und so als das allgemeine

---
[1] WAGNER, Dialektik, 154.
[2] Vgl. WAGNER, Dialektik, 155.
[3] Vgl. WAGNER, Dialektik, 155.

Abhängigkeitsgefühl in der GL bestimmt ist, nicht auf der Grundlage der Schleiermacherschen Ausführungen in der Dialektik beruhen kann.[1]

Das unmittelbare Selbstbewußtsein als die Einheit von Denken und Wollen/ von Denken und Sein ‚hat sich'.

Aber dieses ‚sich Haben' reicht nicht aus, da es sich darüber hinaus auch denken muß, weil es nur infolge des Denkens von seinem ‚sich Haben' weiß. Demnach vermittelt sich das unmittelbare Selbstbewußtsein, weshalb von einer vermittelten Unmittelbarkeit auszugehen ist.

Das Gefühl büßt in der Schleiermacherschen Dialektik seine eigentlich beabsichtigte Vormachtstellung ein, da auch das Gefühl an sich gewußt und gedacht werden muß. So repräsentiert das religiöse Gefühl bei Schleiermacher den transzendenten Grund in anderer Weise, als es der Gefühlsbegriff der Dialektik leistet.

In der Dialektik ist eine analoge Beziehung gegeben, im Gegensatz zur Schleiermacherschen GL, wo dem Gefühl ein direktes Verhältnis, ohne jede Analogiebrücke zum transzendenten Grund zugebilligt wird.

In der GL wird das Denken als die Vermittlungsinstanz zwischen dem Gefühl und dem transzendenten Grund nicht mehr benötigt. Das unmittelbare Selbstbewußtsein verändert sich zu einem religiösen Gefühl, da es durch den transzendenten Grund selbst bedingt und bestimmt ist. So äußert sich Schleiermacher bezüglich des religiösen Gefühls wie folgt: „Diese transzendente Bestimmtheit des Selbstbewußtseins nun ist die religiöse Seite desselben oder das religiöse Gefühl, und in diesem also ist der transzendente Grund oder das höchste Wesen selbst repräsentiert." (DOd, 289 f. = DJ 430)

Erfolgt die Bestimmung des unmittelbaren Selbstbewußtseins als religiöses Gefühl durch den transzendenten Grund, um letzteren zu repräsentieren, so ist nicht grundsätzlich eine Veränderung zu Schleiermachers Analogiedenken anzunehmen.

Schleiermacher weist hier dem Abhängigkeitsgefühl die Kraft/Potentialität zu, dem unmittelbaren Selbstbewußtsein zur grundsätzlichen Entfaltung seines Wesens zu verhelfen.

So geht es ihm in der GL um die Klarstellung, daß die Überwindung des Gegensatzes zwischen Denken und Wollen innerhalb des unmittelbaren Selbstbewußtseins sich nicht mehr im menschlichen Bewußtsein vollzieht, wenn sich der Mensch nicht selbst im unmittelbaren Selbstbewußtsein ein „bedingtes und bestimmtes" wäre und würde.[2]

Fraglich ist, ob Schleiermacher seine diesbezüglichen Aussagen nur als eine besondere Darlegung des unmittelbaren Selbstbewußtseins auffaßt.

So ist das unmittelbare Selbstbewußtsein in der Dialektik und auch in der Schleiermacherschen GL von solch basaler Bedeutung, daß es als ein ‚Selbst-Setzen' und ein ‚Sich-selbst-Haben' interpretierbar ist. Sogleich eröffnet sich

---

[1] Vgl. OFFERMANN, Einleitung, 81 f.
[2] Vgl. WAGNER, Dialektik, 160.

hier laut Wagner eine Aporie, da das Selbstbewußtsein, um überhaupt sein ‚Selbst-Setzen' registrieren zu können, sein ‚Selbst-Setzen' schon vorher einbringen und also voraussetzen muß.[1]

Das sich selbst setzende Selbstbewußtsein zeigt sich erstens durch das Setzen des Selbstsetzungsaktes aktiv, ferner geriert es sich als rein annehmend, indem es sich als das Gesetzte setzt. Das Selbstbewußtsein wird sich über sein Selbst-Sein erst klar, da es sich infolge des ‚Sich-selbst-setzens' als Einheit des Setzens und Gesetztseins begreift. Bezüglich des Selbstsetzungsaktes setzt das Selbstbewußtsein die Einheit des Produzierens und des Produktes voraus.

So ist das Selbstbewußtsein schon innerhalb des Setzungsaktes als Selbstbewußtsein vorhanden, ohne daß der Akt des Selbst-Setzens hierfür verantwortlich wäre. Demnach ist das Selbstbewußtsein als die sich-selbst-setzende Produktion bereits vorausgesetzt. Die selbst-setzende Tätigkeit setzt sich repräsentierend als Selbstbewußtsein und setzt dadurch die entscheidende Grundlage voraus und kann nicht verdeutlichen, woher das Selbstbewußtsein die Befähigung nimmt, wenn nicht allein durch sich selbst, sich selbst zu setzen.

Dem Selbstbewußtsein muß eine Grundlage gegeben sein, da sich das Selbst-Setzen das Selbst-Setzen nicht gegeben hat, sich also nicht selbst zum Selbst-Setzenden gemacht hat.

Doch führt Schleiermacher das Selbstbewußtsein von vornherein als Selbst-Setzen und völlig unabhängige Tätigkeit ein.

Auch hier könnte eine Verbindungslinie des Schleiermacherschen Denkens zur Fichteschen Auffassung der WL 1797 erkennbar sein, da sich das Ich laut Fichte als sich selbst setzend setzt. (GA I, 4, 276) Der Schleiermacherschen wie der Fichteschen Auffassung ist somit eine Aporie beschieden.[2]

Auch Schleiermacher muß die sich anbahnende Aporie bemerkt haben, die sich hinsichtlich eines sich selbst setzenden Selbstbewußtseins ergibt, da die Aufgabe, die er dem transzendenten Grund zuwies, nebulös blieb.[3]

Die so benannte Aporie erfaßte Schleiermacher nicht direkt als Problematik in seinen religionsphilosophischen Schriften. Doch ist es ihm wichtig, das Abhängigkeitsgefühl vom unmittelbaren Selbstbewußtsein nicht ganz zu scheiden. So steht das Abhängigkeitsgefühl nicht als eine neue Gegebenheit dem unmittelbaren Selbstbewußtsein gegenüber. Das Selbstbewußtsein reflektiert sich selbst, ist so ganz auf sich bezogen und in der Schleiermacherschen Argumentation stellt es gleichsam die Brücke zum Abhängigkeitsgefühl dar, gerade durch das auf sich Zurückgeworfensein. Es ist die Beziehung des Selbstbewußtseins mit sich selbst, die Schleiermacher auch für seine Form des Abhängigkeitsgefühls als grundlegend erachtet.

---

[1] Vgl. WAGNER, Dialektik, 160.
[2] In diesem Sinne fragt bereits Herbart, was dieses ‚Sich' bedeute und wer „denn am Ende eigentlich der Vorgestellte sei? So kann wiederum keine andere Antwort erfolgen, als durch die Auflösung des Sich in sein Ich, und des Ich in das Sich vorstellen." (HERBART, Werke, V, 242 f.)
[3] Vgl. WAGNER, Theologie, 937.

Das Selbstbewußtsein begreift sich als bedingt und bestimmt durch die Aufhebung von Denken und Wollen. Fraglich bleibt aber, wer oder was diese Aufhebung veranlaßt und also von wem oder von was es sich letztlich als bedingt und bestimmt begreift.

In diesem Sinne bedingt und bestimmt sich das Selbstbewußtsein durch sich selbst, da es sich auch in seinem Selbst-Setzungsprozeß selbst setzt. Das Selbstbewußtsein muß sich selbst als solches als ein ‚Sich-Gegebenes' begreifen und zwar muß es das Sich-Gegebensein als den nicht von ihm gesetzten Moment erkennen. Weiter ist es erforderlich, daß der von ihm nicht gesetzte Moment für die Erkenntnis des Selbstbewußtseins bestimmend ist. So ist es durch das Sich-Gegebensein als Selbst-Setzen bestimmt.

Die Bestimmtheit des Selbstbewußtseins hat bei Schleiermacher auf etwas Bezug zu nehmen, das in keinem Zusammenhang zu einem irgendwie bereits gegebenen Seienden steht. So leitet das Selbstbewußtsein das eigene Bestimmtsein nicht von etwas ab, das unter der Bedingung des Gegensatzes von Denken und Wollen besteht, weil es schon durch seinen Selbstsetzungsakt den Gegensatz aufhebt.[1]

Im Schleiermacherschen Sinne kann das Selbstbewußtsein somit nur durch etwas bestimmt werden, das selbst gegenüber dem Gegensatz völlig unabhängig ist und darüber hinaus den besagten Gegensatz ebenfalls bestimmt.

Das ‚Sich-Gegebensein' kann seine Grundlage nur von etwas herleiten, das dem Selbst-setzen – das wiederum den Gegensatz von Denken und Sein und von Wollen und Sein aufhebt – gleichgestellt ist. Aus diesem Grunde geht Schleiermacher davon aus, daß der Gegensatz von Denken und Wollen im unmittelbaren Selbstbewußtsein aufgehoben ist, und „zwar durch etwas selbst im Gegensatz Begriffenes", daß „bedingt und bestimmt" sein kann; „denn insofern sind darin die Gegensätze nicht aufgehoben, sondern durch dasjenige, worin allein das Denkend-wollende und das Wollend-denkende mit seiner Beziehung auf alles übrige Eins sein kann, also durch den transzendenten Grund selbst". (DOd, 289 = DJ 430)

Das Bedingt- und Bestimmtsein allein läßt somit noch nicht den Schluß zu, die Gegensätze des Denkend-wollenden und Wollend-denkenden seien nicht aufgehoben.

Durch das im Gegensatz Begriffene kann es nicht bedingt und bestimmt sein, da vom inneren Standpunkt aus betrachtet, die Gegensätze nicht aufgehoben sind. Die Aufhebung der Gegensätze kann im Sinne Schleiermachers ausschließlich durch den transzendenten Grund erfolgen. Das Selbstbewußtsein, das sich aufgrund seiner Selbsttätigkeit als sich selbst setzende Gegebenheit bemerkt, führt seine Selbsttätigkeit auf ‚die' Basis seiner Bestimmung zurück, durch die das Selbstbewußtsein und alles Seiende seine Bestimmung erfährt.

So leitet das Selbstbewußtsein seine Bestimmung vom transzendenten Grund her, wird also durch diesen bestimmt als ‚die' Einheit von Denken und Sein, wie

---

[1] Vgl. RIEGER, Interpretation, 223.

von Wollen und Sein. In diesem Sinne ist der transzendente Grund die schlechthinnige Einheit von Denken und Sein und von Wollen und Sein.

Aus dem so Gefolgerten läßt sich schließen, daß der transzendente Grund schon deshalb die bestimmende Basis schlechthin ist, da bei Schleiermacher die gesamte Welt von diesem Grund abhängig ist.[1] Demnach erhebt sich das Selbstbewußtsein auf dem Fundament des transzendenten Grundes. So entgeht Schleiermacher einer völligen Selbstbestimmung des Selbst-setzenden Selbstbewußtseins, indem er den transzendenten Grund als Konstruktionsbasis von allem Gegebenen annimmt und so die „transzendente Bestimmtheit des Selbstbewußtseins" erklärt, die wiederum als „das religiöse Gefühl" in der Schleiermacherschen Terminologie seine Verwendung findet.

Als Resümee ist hier festzustellen, daß der transzendente Grund den religiösen Teil des Selbstbewußtseins in den Mittelpunkt befördert. Das religiöse Gefühl repräsentiert so den transzendenten Grund „oder das höchste Wesen selbst". (DOd, 290 = DJ 430)

Das die Welt mit all ihren Erscheinungen und auch dem Selbstbewußtsein vom transzendenten Grund abhängt, deutet für Schleiermacher geradezu auf das religiöse Gefühl hin, das infolge seines Sich-Gegebenseins das so bestimmte Selbstbewußtsein ist und innerhalb der Schleiermacherschen Psychologie und der GL als absolutes bzw. schlechthinniges Abhängigkeitsverhältnis bezeichnet wird. (Psych. 522, 547)[2]

4.2 Die Problematik des Abhängigkeitsgefühls hinsichtlich der Herleitung aus der Selbstbeziehung

Das mit seinem Sich-Gegebensein bestimmte Selbstbewußtsein benennt Schleiermacher in der Dialektik „als allgemeines Abhängigkeitsgefühl". (DOd, 290 = DJ 430) Die Problematik besteht hier darin, daß das religiöse Gefühl als Abhängigkeitsgefühl keine Erklärung des transzendenten Grundes bietet, weil sich letzterer im Selbstbewußtsein unmittelbar repräsentiert.

So sagt Schleiermacher: „Diese Art das Transzendente zu haben im Selbstbewußtsein ist eine unmittelbare." (DJ 475)

Die Beziehung, die das Zurückgeworfensein des Selbstbewußtseins auf sich selbst mit sich bringt, fördert das Abhängigkeitsgefühl hervor, und so ist letzteres aus der Selbstbeziehung abgeleitet. Die ‚Mit-sich-selbst-Beziehung' des Selbstbewußtseins vermittelt also durch ihre Selbstbeziehung das Abhängigkeitsgefühl und die Repräsentation des transzendenten Grundes im Gefühl.[3]

Von einer Unmittelbarkeit des Abhängigkeitsgefühls kann also nicht die Rede sein. Wie bereits erwähnt, ist hier von einer vermittelten Unmittelbarkeit auszugehen, weil das Abhängigkeitsgefühl das Sich-Gegebensein des Selbstbewußt-

---

[1] Vgl. RIEGER, Interpretation, 230: „Die Beziehung des Subjekts zu Gott als der Vorstellung des transzendenten Grundes ist die Grundbeziehung, die alle anderen Beziehungen erst ermöglicht."
[2] SCHLEIERMACHER, Psychologie 1818/1830/1833.
[3] Vgl. WAGNER, Theologie, 942.

seins zum Ausdruck bringt und sich so durch eine Unmittelbarkeit auszeichnet, da sich das Selbstbewußtsein vom Ursprung her nicht zu einem sich selbst bestimmenden Selbstbewußtsein gemacht hat.

Die Unmittelbarkeit des Abhängigkeitsgefühls ist nun dadurch in Frage gestellt, daß Schleiermacher es aus der Selbstbeziehung des Selbstbewußtseins herleiten möchte. Die Beziehung des Selbstbewußtseins auf sich selbst hat aber entgegen der Meinung Schleiermachers zur Folge, daß das Abhängigkeitsgefühl eine Vermittlung erfährt und so für das Selbstbewußtsein als setzendes Moment erkennbar ist.[1] So ist der transzendente Grund nicht unabhängig vom Selbstbewußtsein, da letzterer sich selbst dem transzendenten Grund vorausdenkt, welcher so von dem Selbstbewußtsein abhängig ist.

Die Bedeutung des transzendenten Grundes kann – in Verbindung mit dem Selbstbewußtsein stehend – nicht aufgehellt werden, da sich lediglich für das Selbstbewußtsein die Möglichkeit ergibt, die sich selbst gegebene Selbsttätigkeit zu erfassen.

Hier besteht die Schwierigkeit darin, daß das religiöse Gefühl laut Schleiermacher durch den transzendenten Grund bestimmt sein soll und es demnach auch eindeutig zu bestimmen ist. Nur so kann Schleiermacher sicher sein, daß das religiöse Gefühl wirklich ausschließlich vom transzendenten Grund seine Bestimmung erhält und nicht durch irgendeine x-beliebige andere Gegebenheit. Infolge der Repräsentation des transzendenten Grundes im religiösen Gefühl stellt sich die Frage nach dem, was repräsentiert und also abgespiegelt werden soll. (DOd, 295)

Innerhalb der Dialektik thematisiert Schleiermacher nicht die Verschiedenheit zwischen Repräsentation und dem dadurch Repräsentierten, der Abspiegelung und dem dadurch Abgespiegelten. Der speziellen Thematisierung dieses Bereichs widmet er sich erst in der GL 1821/22.

So erfaßt er den transzendenten Grund nicht als die Begründung seines Selbst und somit nicht als causa sui, sondern setzt ersteren mit dem Abhängigkeitsgefühl als Grund und Ursache der Abhängigkeit.

An dieser Stelle stellt Wagner fest, Schleiermacher verkehre den transzendenten Grund in eine endliche Bestimmtheit, weil „er als Ursache der Abhängigkeit ohne das Abhängigsein als seine Wirkung nicht gedacht werden" könne.[2] Somit wird seiner Meinung zufolge eine endliche Kategorie auf den transzendenten Grund angewandt.[3]

Wenn das von Schleiermacher eingeführte Selbstbewußtsein als Gefühl bezeichnet wird, ist damit nicht gesagt, daß das unbeschränkte Persönliche des Einzelwesens hiermit repräsentiert werden könnte. Es ist vielmehr „die allgemeine Form des Sich-selbst-habens". (DOd, 288).

So ist ‚das Gefühl der Schleiermacherschen Dialektik' nicht sogleich mit ‚dem Gefühl der GL' gleichzusetzen. Diesbezüglich betont Schleiermacher in

---

[1] Vgl. WAGNER, Dialektik, 163.
[2] WAGNER, Dialektik, 167.
[3] Vgl. WAGNER, Dialektik, 167.

der GL: „Daß aber das Gefühl immer nur begleitend sein sollte, ist gegen die Erfahrung." (§ 8, I, 26, S. 26, GL 1821/22).

Der Dialektik zufolge hat der Mensch „im unmittelbaren Selbstbewußtsein das Gefühl auf zeitlose Weise." (DOd, 292)

Nur aufgrund der Annahme der Zeitlosigkeit kann hier die „Begleitung des transzendenten Grundes" beibehalten werden. (DOd, 292) Hervorzuheben ist auch, daß das religiöse Gefühl nie nur „unmittelbar einen Moment" erfüllt. (DOd, 292) So müßte dem Gefühl eine eigene Zeit oder eine Eigenzeit zugestanden werden, da es nicht nur in ‚der' Zeit mitgesetzt wird, die uns durch Vergangenheit, Gegenwart und Zukunft definitionsgemäß vertraut ist und so einen Zeitfluss darstellt.

Hier kann eine Parallele zur Zeitlichkeit des Festes festgestellt werden.

Ähnlich wie in der Eigenzeit des Festes gibt es auch innerhalb der Gefühlswelt nichts Berechnendes, Disponierendes. Die Zeit ist hier gleichsam zum Stillstand gebracht.[1]

Das Wesenhafte einer solchen Zeiterfahrung ist, daß man – wie innerhalb der Zeiterfahrung der Kunst – „zu weilen lernt".

In diesem Sinne führt H. G. Gadamer aus: „Das ist vielleicht die uns zugemessene Entsprechung zudem, was man Ewigkeit nennt."[2]

Festzuhalten ist, daß auch innerhalb des schlechthinnigen Abhängigkeitsgefühls die Zeit still steht.

Das schlechthinnige Abhängigkeitsgefühl der GL ist als die „Bestimmtheit" des unmittelbaren Selbstbewußtseins das Tatsetzende. Doch erschöpft sich die Konstitutivität des schlechthinnigen Abhängigkeitsgefühls nicht allein hierin. So verfolgt das Wesenhafte der Frömmigkeit, das durch das schlechthinnige Abhängigkeitsgefühl in der GL getragen wird, gegenüber der Dialektik eine eigene Absicht. Es ist die postulierte Bestimmtheit des Selbstbewußtseins. (§ 37, 1, I, 176, S. 125, GL 1821/22)

Aber hier ist die Problematik nicht zu übersehen, die damit zusammenhängt, daß die Konstruktion des wirklichen Seins in der Zeitlosigkeit dem Menschen die Aufgabe stellt, sein mittelbares, in der Zeit eingebundenes Bewußtsein völlig auszuschalten. Kein Mensch wird diese Fähigkeit aufbringen. „Jedes Gefühl ist stets von einer Affektion begleitet und [...] nicht von den wechselnden Affektionen zu trennen. Könnten wir hiervon abstrahieren, so hätten wir das reine Selbstbewußtsein als ein Beharrliches, wo also keine Zeit, Vergangenheit, Gegenwart oder Zukunft gesetzt ist" (DOd, 292)

Aber die zeitlose Begleitung des transzendenten Grundes oder des unmittelbaren Selbstbewußtseins darf nicht gänzlich verschwinden, da die Preisgabe des wirklichen Menschseins die Folge wäre. So bleibt der transzendente Grund bei Schleiermacher im religiösen Bewußtsein immer bestehen.[3] Das Gefühl ist im religiösen Bewußtsein stets auf den transzendenten Grund gerichtet. Doch sieht

---
[1] Vgl. GADAMER, Aktualität, 56-60.
[2] GADAMER, Aktualität, 60.
[3] Vgl. ECKERT, Gott, 118.

sich Schleiermacher auch diesbezüglich zu einer Einschränkung veranlaßt, da eine völlig reine Beziehung des Gefühls zum transzendenten Grund in einem bewußten Moment nicht möglich ist. Das Gefühl ist seiner Meinung zufolge auch stets von einer äußeren Mannigfaltigkeit und von dem transzendenten Grund an sich begleitet, der wiederum alle Mannigfaltigkeit potentiell wieder aufhebt.

Hier dominieren wieder die zwei bei Schleiermacher stets vorliegenden Seiten des ‚sowohl – aber auch'.

So ist den Ausführungen Schleiermachers entnehmbar, daß das Gefühl nie einseitig abzuleiten ist und auch als ‚Brücke' zwischen Bewußtem und Unbewußtem fungiert. (§ 3, 2, GL 1830; DOd, 289) Das höchste Selbstbewußtsein ist für Schleiermacher nur denkbar, sofern es mit dem sinnlichen Selbstbewußtsein zugleich gesetzt ist. So ist der Mensch sich seines reinen Ich nie an sich bewußt, „sondern immer in Beziehung auf etwas". (§ 9, 1, I, 34, S. 31, GL 1821/22) Das sinnliche Selbstbewußtsein und das höchste Selbstbewußtsein sind in einem steten „Aufeinanderbezogensein" zu sehen. Daß das Bewußtsein hier von größter Wichtigkeit ist, läßt sich bei Schleiermacher nicht leugnen. So ist in dem wirklichen Bewußtsein und dem Ablauf eines Denkprozesses auch das Komplementäre (das Handeln) gegeben. Zwischen beiden besteht das Gefühl als vermittelnde Instanz. Die hier angesprochene gefühlsmäßige Vermittlungsinstanz ist zugleich mitgesetzt.

Aber Schleiermacher entgeht nicht der Ausweglosigkeit, die darin besteht, daß die Innerlichkeit des Gefühls ausschließlich über die Äußerlichkeit der Reflexion vermittelt wird und auf eben diese Vermittlung angewiesen ist.

Also existiert das absolute Abhängigkeitsgefühl als Bewußtsein von etwas Unbegründbarem.[1] Die Reflexion, die auf das Gefühl gerichtet ist, verdeutlicht dem Bewußtsein, daß es seine Einheit nicht durch sein eigenes Selbst erklären kann.

„Jedes irgendwie Gegebensein Gottes" bleibt laut Schleiermacher „völlig ausgeschlossen", „weil alles äußerlich Gegebene immer auch als Gegenstand einer wenn auch noch so geringen Gegenwirkung (sc.: des Bewußtseins oder der Freiheit) gegeben sein muß." (§ 4, 4, GL 1830). Ebenso drückt Schleiermacher in der GL 1821/22 den Charakter reiner Abhängigkeit folgendermassen aus: Das „wovon wir uns in den frommen Erregungen abhängig fühlen" kann nie „auf eine äußerliche Weise uns gegenüberstehend gegeben werden." (§ 9, I, 36, S. 33, GL 1821/22) Folglich ist Gott nie Glied in irgendeiner Kette.

Wie wir gesehen haben, übernimmt das Gefühl bei Schleiermacher auch die Funktion des unmittelbaren Selbstbewußtseins. Wenn er die Denkfunktion hier gegenüberstellt, geht es ihm nicht um die unterschiedliche Wertigkeit der Denkfunktion und des unmittelbaren Selbstbewußtseins, denn er erkennt beide Funktionen als gleichrangig an.

Zwar steht das Gefühl als Einheit auf einer höheren Ebene als die Funktion des Denkens und Wollens, aber das Gefühl steht auch hier nie allein, sondern

---

[1] Vgl. OFFERMANN, Einleitung, 315.

bleibt in einem Verbund mit den anderen Funktionen bestehen. Obwohl nun die Denk- und Willensfunktion den transzendenten Grund in sich mitträgt, ist ihre Ausdrucksmöglichkeit in Hinsicht auf das Transzendente nicht angemessen.

Also ist die Gefühls- wie auch die Willensfunktion in ihrer speziellen Art unvollständig und demnach mit einem Mangel behaftet. Der hier erkennbare Mangel ist auf die Vermenschlichung des transzendenten Grundes und der anderen Funktionen zurückzuführen. In diesem Sinne führte Schleiermacher in der GL an, daß sich eine gewisse Vermenschlichung nicht vermeiden lasse. Die Aussage bezüglich des höchsten Wesens ist nie recht passend, eben weil alles bildlich bleibt, „wenn es auch noch so absolut erscheint, weil alle Prädikate verknüpft sind mit dem Endlichen, das dem Selbstbewußtsein unzertrennlich innewohnt"[1] (DOd, 297)

Es steht aber fest, daß das letzte Zugrundelegen des Gefühls weder in der Dialektik noch in der GL völlig aufgehellt und klar beschrieben wird.

So ist das Gefühl bzw. das unmittelbare Selbstbewußtsein einerseits identisch mit dem absoluten transzendenten Grund, steht also über allen anderen Funktionen (DOd, 298 f.) und ist zeitlos und unwandelbar. Andererseits besteht es nur in einer Antwortreaktion auf das absolute Sein und kann es demnach auch nur abspiegeln und nie in seinem ‚an sich' ausdrücken. Hier ist es nur wirklich in der zeitlichen Verbindung mit den anderen Funktionen des Bewußtseins und steht deshalb nicht über ihnen, sondern ist ihnen lediglich gleichgeordnet.

Das Bewußtsein Gottes ist im Gefühl stets mit dem endlichen Bewußtsein verbunden. Im Unterschied zur GL ist in der Dialektik von einer Stufung des Gefühls aber keine Rede. Hier eröffnen sich zwei Möglichkeiten. Entweder ist das religiöse Gefühl das absolute Sein an sich oder es ist die Abspiegelung eines Absoluten und demnach durch die Funktionen des Denkens und Wollens bestimmt. Ähnlich wie in der GL stehen auch in der Dialektik zwei miteinander nicht vereinbare Tendenzen in einem nicht zu überwindenden Spannungsverhältnis. So besteht einerseits die Tendenz, die auf eine Totalisierung des Gefühls strebt und andererseits jene, die die Grenzen des Gefühls zu bestimmen versucht.

4.3 Das Gefühl als ‚der Ort' der Frömmigkeit

Für Schleiermacher gilt die Feststellung, daß das Subjekt seine Identität dadurch wahrnimmt, daß es sich als sich selbst zu seinem Grund in deutlicher Differenz sieht.

Die Einheit der Vernunft wird dem Subjekt geschenkt und daß etwas geschenkt wurde, wird dem menschlichen Subjekt ausschließlich auf der Gefühlsebene deutlich. In diesem Sinne identifiziert Reinhold Rieger das Gefühl als das unmittelbare Selbstbewußtsein, so wie es Schleiermacher in § 8, I, 26, S. 26, GL

---

[1] OFFERMANN, Einleitung, 314.

1821/22 ausführt: „Unter Gefühl verstehe ich das unmittelbare Selbstbewußtsein."[1]

Das Fühlen bleibt immer „gänzlich ein Insichbleiben", ohne von dem Subjekt selbst bewirkt zu werden, kommt jedoch „nur in dem Subjekt zustande". (§ 3, 3, S. 18, GL 1830) Andererseits ist das Gefühl „durchaus nichts Subjektives, wie man gewöhnlich annimmt [...] Es ist die allgemeine Form des Sich-selbsthabens". (DOd, 288)

In diesem Sinne gilt Schleiermacher das Gefühl auch als „Sitz der Frömmigkeit". (§ 8, I, 26, S. 26, GL 1821/22) und schließlich ist es das religiöse Gefühl, in welchem „der transzendente Grund oder das höchste Wesen" repräsentiert ist. (DOd, 290)

Die absolute Schöpferkraft des Subjekts, die Fichte in seiner ersten Schaffensperiode anklingen ließ – nicht ausschließlich, aber doch mit starker Tendenz propagierte –, weist Schleiermacher entschieden zurück. Aber auch bei Schleiermacher verzichtet das Subjekt nicht auf jegliche schöpferische Gestaltungskraft, denn es ist dazu befähigt, Vorgegebenes zu gestalten.

Hierdurch grenzt sich Schleiermachers Position deutlich gegen die Fichtesche ab. So sieht Schleiermacher das Subjekt auch nie in absoluter Freiheit, da es für ihn nichts Absolutes innerhalb des menschlichen Subjektes gibt, wie es auch keine absolute „Phantasie" für das Subjekt geben kann, da es sich sein Selbst nicht gegeben hat.

Das Bewußtsein von der Abhängigkeit der Freiheit schlechthin ist bei Schleiermacher das schlechthinnige Abhängigkeitsverhältnis. Die Freiheit kann hier für den Menschen nie absolut gegeben sein, eben weil sie sich ihre eigene Grundlage laut Schleiermacher nicht geben kann. Schleiermacher zufolge besteht im Inneren des Menschen „das Bewußtsein, es sei etwas von uns unterschiedenes, ohne welches unser Selbstbewußtsein jetzt nicht so sein würde". (§ 9, 1, I, 34, S. 31, GL 1821/22) Letztlich ist es für ihn selbstverständlich, daß die „ganze Selbständigkeit des Menschen von anderwärts her" ist.[2]

Demgegenüber ist ein schlechthinniges Freiheitsgefühl ganz aus sich herzuleiten. Wie wir gesehen haben, steht aber für Schleiermacher fest, daß der Mensch keine absolute Freiheit haben kann, weil er letztlich seinem Sein nicht selbst zugrunde liegt, sondern seine Selbsttätigkeit und das menschlich Wesentliche von ‚dem' Grund herleitet, den er als „anderwärts" und uns „Unterschiedenes" bezeichnet. So „daß in jeder Bestimmtheit des Selbstbewußtseins zugleich die Abhängigkeit von Gott gesetzt ist". (§ 10, 3, I, 43, S. 37, GL 1821/22)

---

[1] RIEGER, Interpretation, 223.
[2] WAGNER, Theologie, 935.

5. *Der Gedanke der Erlösung*

Die Gefühlstheorie des ersten Abschnitts der GL unterscheidet das Wesen und die Erscheinung, im Gegensatz zur Gefühlstheorie der Reden „Über die Religion", in welchen die Anschauung und das Gefühl als Angelpunkt fungierten. (R, 55; 65)

Ebenso ist die Thematik der Erlösung in der GL ein Hauptpunkt. So ist hier für Schleiermacher die Erlösungsthematik aus dem Grunde zentral, weil sie auch eine der religiösen Hauptaussagen des Christentums ist.

Warum ist die Erlösung innerhalb der Schleiermacherschen GL von so außerordentlicher Wichtigkeit, wo andererseits das Göttliche an sich das Gute ist und die Negationen, die eine Erlösung nötig machen, dem Bereich der bloßen Erscheinungen angehören und folglich als unwirklich eingestuft werden?

Das Wesen ‚an sich' stellt auch das Gute im Menschen dar, wodurch dieser schon zugleich erlöst sein könnte. Aber diesbezüglich vertritt Schleiermacher, wie bereits ausgeführt, die These des unmittelbaren Selbstbewußtseins, das nur in steter Verbindung mit dem sinnlichen Selbstbewußtsein seine Wirklichkeit hat. Die Erlösung ist also kein grundloser Gedanke, gerade weil der dem Sinnlichen verbundene Mensch – und damit im christlichen Sinne auch potentiell sündhafte Mensch – einer Erlösung bedarf.

Schultz stellt bezüglich der hier angesprochenen Thematik fest, eine Erlösung sei nicht unbedingt notwendig, da sich bereits Aristoteles mit der Problematik von Wesen und Erscheinung auseinander setzte, ohne daß er je auf die Idee gekommen wäre, die Frage nach der Erlösung zu stellen.[1] Schultz geht davon aus, Schleiermacher denke im Sinne der „alten Griechen", wenn er konstatiere, das Subjekt sei umso frömmer, je mehr es sich in seinem sinnlichen Selbstbewußtsein als schlechthin abhängig setze, und soweit er in seinen religionsphilosophischen Ausführungen bemerke, wie sich das höhere Gefühl gegenüber den niederen Gefühlen verhalte und sich durchsetze.[2]

Die Erlösung stellt aber bei Schleiermacher einen wesentlichen Punkt innerhalb seiner GL dar, und so ist seine Argumentation nicht wie selbstverständlich aus dem Blickwinkel der „alten Griechen" zu bewerten.

Gerade aufgrund der Erlösungsthematik war Schleiermacher gleichsam gezwungen, seine erste Gefühlstheorie einer Überarbeitung zu unterziehen. Doch ist die Erlösung für ihn zunächst noch keine völlige „Umschaffung im eigentlichen Sinne", sondern ein „Übergang aus einem schlechten Zustande, der als Gebundensein vorgestellt wird, in einen besseren" verbunden mit einer „von einem andern geleisteten Hilfe". (§ 11, 2, GL 1830)

Der erste Teil der GL ist so mit seiner früheren Gefühlstheorie noch vereinbar. So soll das Gottesbewußtsein durch die Möglichkeit einer Erlösung mit den wirksamen Lebensmomenten in einen Zusammenhang gebracht werden.

---

[1] Vgl. SCHULTZ, Theorie, 95.
[2] Vgl. SCHULTZ, Theorie, 95.

Hier bildet die Person Jesu Christi den eigentlichen Anfangspunkt (§ 18, I, 80, S. 61, GL 1821/22), „so muß in ihm das Fürsichgesetztsein oder das sinnliche Selbstbewußtsein und das Mitgesetztsein Gottes oder das höhere Selbstbewußtsein völlig dasselbe sein; denn wo noch Verschiedenheit ist, da ist auch noch gegenseitige Hemmung". (§ 18, 4, I, 88, S. 66, GL 1821/22)

Erlösung bedeutet also auch hier, die völlige Aufgabe der gegenseitigen Hemmung und das Ineinanderaufgehen des sinnlichen Selbstbewußtseins mit dem Fürsichgesetztsein, dem Mitgesetztsein Gottes und dem höheren Selbstbewußtsein. Der sinnlichen, sündigen Ebene soll infolge der Erlösung der Makel genommen werden.

Der gläubige Mensch empfängt einen Eindruck von Christus, wodurch bereits der Anfang des Glaubens gesetzt ist und darüber hinaus auch die ‚unbestimmte Ahndung' beginnt, die die ‚Aufhebung des Zustandes der Erlösungsbedürftigkeit' beinhaltet. (§ 21, 2, I, 116, S. 84, GL 1821/22)

Das fromme Selbstbewußtsein ist insofern eine Erlösungsbedürftigkeit, als Schleiermacher an die Entstehung der ersten christlichen Gemeinschaft erinnert und daran, daß nur diejenigen hinein treten konnten, „deren frommes Selbstbewußtsein als Erlösungsbedürftigkeit ausgeprägt war, und welche der erlösenden Kraft Christi bei sich gewiß wurden" (§ 21, 1, I, 112, S. 82, GL 1821/22)

So weiß sich der Gläubige an den irdischen Jesus zurückverwiesen. Ein solcher Eindruck wird durch die Erfahrung vervollständigt, da der Gläubige, der in Christus mitgeteilten Erlösung „bei sich gewiss" wird. Eine so beschriebene Erfahrung kennzeichnet sich durch eine vollkommene Innerlichkeit, ohne ihre Tatsächlichkeit einzubüssen. Offermann führt diesbezüglich aus, hier handle es sich um keine Gegebenheit, die „wie eine dem gegenständlichen Bewußtsein greifbare Faktizität zu haben oder zu wissen" sei.[1]

Die Erfahrung an sich ist aber nicht ‚der' Grund des Glaubens an die Offenbarung in Christo und an die Erlösung, vielmehr zeigt die Erfahrung den ursprünglichen Weg zu diesem Glauben.

Die von Jesus Christus gespendete erlösende Kraft ist bei Schleiermacher mit dem irdischen und historisch gewordenen Jesus verbunden, und so zeigt sich der ‚typische' Gemeinschaftsaspekt, der besonders in den religionsphilosophischen Schriften von überragender Bedeutung ist. Also ist das Zeugnis Christi von bestimmender Kontinuität der christlichen Gemeinschaft.

Über das Erlöstsein eine Gewißheit zu erlangen gründet auf dem Eindruck, den der Gläubige von Christus empfängt. Der so bezeichnete Grund des Glaubens verringert sich durch keinen zeitlichen Abstand. Schleiermacher geht es hier stets darum, die Beziehung zwischen dem historisch-irdischen Jesus und der Gegenwart des christlichen Glaubens festzustellen. Der ‚Glaube an Christus' macht zugleich die Beziehung deutlich, die zwischen der Person Jesu Christi und dem Gläubigen besteht.

---

[1] OFFERMANN, Einleitung, 320.

Das Wort ‚an' macht die Besonderheit des Glaubens deutlich, da hier an etwas geglaubt wird, und das ‚Etwas' ist Jesus Christus als der Erlöser. Die von ihm ausgehende erlösende Kraft initiiert den menschlichen Glauben, der sich auf etwas richtet.

Dadurch ist der Glaube an Gott für Schleiermacher nicht innerhalb des frommen Gefühls sogleich offensichtlich. Entgegen der Auffassung Flückigers ist Gott bei Schleiermacher eben nicht der Gott, der als „ein Erzeugnis des menschlichen Bewußtseins, das über gegebene Natursachen reflektiert", besteht.[1]

In seinem zweiten Teil beschäftigt sich Schleiermacher nochmals mit der Erlösungsthematik und setzt sich mit den Begriffen der Sünde und Gnade auseinander. (§§ 78ff., GL 1821/22)

Die Gemeinschaft mit Gott und also die Erlösung ist nicht auf eine einzelne Lebenskraft des Menschen zurückzuführen, sondern besteht darin, daß das Gefühl „zur Hoffnung und Ahnung" aufsteigt, „daß die Erlösung von oben kommen werde, und so entspringt aus dem Bewußtsein der Sünde die Empfänglichkeit für den Geist der Weissagung". (§ 93, 1, II, 41, S. 281, GL 1821/22)

Kommen nun die Störungen des frommen Selbstbewußtseins nur von außen, so daß die Erlösung einen Zweck hat, der darin liegt, die äußeren Gegebenheiten der Störungen zu eliminieren oder zu blockieren, so ist der Mangel bezüglich einer Gemeinschaft mit Gott rein zufällig. Demnach hätte die Thematik der Erlösung, wie die der Gnade und der Sünde ihre Berechtigung verloren, da sie von einem Zufall mit abhängig wären. In der Folge käme es zu einem Verlust der Erlösung, aber auch zugleich zu einem Verlust der Sünde und der Gnade.

Sünde und Gnade sind nur dann belanglos, sofern sinnliches Selbstbewußtsein und höheres Selbstbewußtsein der natürliche Grundzustand des Menschen geworden sind, es also keine gegenseitige Hemmung mehr gibt und eine vollendete Frömmigkeit eingetreten ist, die so nur für Jesus Christus bezeichnend ist. (§ 18, 4, I, 88, S. 66, GL 1821/22)

Das Gottesbewußtsein ist aber in seiner Intensität innerhalb des wirklichen Selbstbewußtseins nie als das Größte oder das Stetige zu bezeichnen, und so ist das höhere Selbstbewußtsein im Inneren des Menschen nie imstande, das sinnliche Selbstbewußtsein aus sich selbst heraus zu neutralisieren. Schleiermacher ist sich hier der Begrenzung des Menschen voll bewußt, eben weil diese Begrenzung seinen Grundzustand bezeichnet, der schließlich das schlechthinnige Abhängigkeitsgefühl der GL erklärt.[2]

Die ursprüngliche menschliche Vollkommenheit besteht ja gerade im Bewußtsein der schlechthinnigen Abhängigkeit, einer Bewußtheit, die davon weiß, daß das höhere Selbstbewußtsein mit dem sinnlichen in steter Verbundenheit besteht und nie imstande ist, die Vollkommenheit des höheren Selbstbewußtseins allein zu erreichen.

---

[1] FLÜCKIGER, Philosophie, 119.
[2] Vgl. OFFERMANN, Einleitung, 310.

Festzuhalten ist, daß nicht das Gefühl in einer Abhängigkeit oder Beziehung zu Gott steht, so daß der Mensch die Möglichkeit hätte, aufgrund des Gefühls als ‚dem' kausalen Hinweis auf Gott schließen zu können. Das Gefühl ist sich vielmehr unmittelbar dessen bewußt und vermittelt dem menschlichen Wesen das Bewußtsein, daß es schlechthin abhängig und darum in einer Beziehung zu Gott steht.

So ist Gott auch nicht einfach als das ‚Woher' des schlechthinnigen Abhängigkeitsgefühls zu benennen. Sich seiner selbst in Beziehung zu Gott bewußt sein ist nicht mit dem ‚Schlechthin-abhängig-Fühlen' gleichzusetzen.[1]

Außerdem beabsichtigt Schleiermacher, das Woher des schlechthinnigen Abhängigkeitsgefühls mit Hilfe der Reflexion zu erschließen, um auf diesem Wege dem Gottesgedanken näher zu kommen. Thimme ging davon aus, daß Schleiermacher die Unmittelbarkeit der Gottesbeziehung im Gefühl argumentativ verdeutlichen konnte.[2]

Doch wie bereits ausgeführt, sah sich Schleiermacher der Problematik des reflexiven Zirkels ausgesetzt und konnte letztlich nur mit Hilfe der vermittelten Unmittelbarkeit versuchen, der Zirkelhaftigkeit zu entgehen.

5.1 Die Sünde

Die Sünde wird bei Schleiermacher zunächst noch als das bestimmt, „was die freie Entwicklung des Gottesbewußtseins gehemmt hat". (§ 66, 1, GL 1830) In der GL 1821/22 führte Schleiermacher in ähnlicher Weise aus, die Sünde sei „die in der Selbsttätigkeit des Menschen begründete Hemmung des Gottesbewußtseins" und also „eine Abkehr des Menschen von Gott". (§ 85, 1, II, 15, S. 262, GL 1821/22) So bleibt die Sünde stets mit dem Wesenhaften des Menschen verbunden und ist auch noch in den höchsten Augenblicken der Frömmigkeit vorhanden. Ebenso kann sie aber die ursprüngliche Vollkommenheit und Einheit des Menschen nicht aufheben (§ 89, GL 1821/22), denn ohne Vollkommenheit ist die Sünde nicht denkbar. Die Sünde setzt die Vollkommenheit als Leit- und Orientierungsbild voraus, da sie durch die Vollkommenheit auch mitbedingt ist. Schleiermacher greift hier den Gegensatz von Fleisch und Geist auf. (§ 86, GL 1821/22)

Doch bezeichnet der Begriff ‚Sünde' kein Gefühl, sondern ist hier ein Seelenzustand, der entweder im unmittelbaren Selbstbewußtsein empfunden wird und sich als objektiver Tatbestand im subjektiven Bewußtsein, im Gefühl, abspiegelt und dennoch mehr ist als das Gefühl.[3]

In der Gefühlstheorie der Reden „Über die Religion", die vordergründig vom Wesen und der Erscheinung geprägt war, kam der Sünde keine Bedeutung zu. So war der Sachverhalt der Sünde der ersten Schleiermacherschen Gefühls-

---

[1] Vgl. THIMME, Gottesgedanke, 372.
[2] Vgl. THIMME, Gottesgedanke, 373.
[3] Vgl. LEMPP, Gotteslehre, 51.

theorie sogar völlig fremd; hier wurde das Wesenhafte des Menschen mit dem Göttlichen identifiziert.

Demgegenüber hat die Sünde als Voraussetzung, daß zwischen Menschlichem und Göttlichem eine Distanz besteht.

So sieht sich Schleiermacher veranlaßt, seine erste Gefühlstheorie zu überarbeiten. Deutlich erkennbar wird dies in seinen Ausführungen zur Erbsünde.

In § 91 GL 1821/22 bemerkt Schleiermacher, daß die „vor jeder Tat in jedem Einzelnen begründete Sündhaftigkeit [...] in jedem eine, wenn wir von dem Zusammenhang mit der Erlösung absehen, vollkommene Unfähigkeit zum Guten" ist. (§ 91, II, 30, S. 273, GL 1821/22) Auch die Sünde hat ihren Ort im inneren intelligiblen Sein des Menschen, obwohl „wir uns der Sünde [...] teils als in uns selbst gegründet, teils als ihren Grund jenseits unseres eigenen Daseins habend" bewußt sind. (§ 90, II, 25, S. 270, GL 1821/22) Die Tat des Einzelnen zeichnet sich aber dadurch aus, daß er durch das Fortschreiten einer sinnlichen Erregung das Ziel der Sündhaftigkeit erlangt, ohne sich mit dem höheren Bewußtsein zu vereinigen und also „die Sünde eines jeden [...] in ihm selbst" begründet ist. (§ 90, 1, II, 26, S. 270, GL 1821/22)

Auch der Mensch, der gänzlich in der Gemeinschaft mit der Erlösung lebt, bleibt innerhalb seines Bewußtseins nicht von der Sünde verschont, eben weil sie auch durch die Kraft der Erlösung nie ganz getilgt wird, und so ist die Sündhaftigkeit als wahrhaft unendlich zu bezeichnen.

Die Sündhaftigkeit hat somit laut Schleiermacher ihren Grund in der letzten Wesensschicht des Menschen, des menschlichen Seins. Für Schleiermacher ist die Sünde als ‚der' Grund auch verantwortlich für den im Menschen verankerten steten Kampf zwischen dem Geistigen und Fleischlichen, wie zwischen dem höheren und niederen Selbstbewußtsein.

Die so aufgefaßte Sündhaftigkeit muß schon vor der ersten Sünde in der menschlichen Natur ansässig gewesen sein. Die darauf folgenden wirklich begangenen sündhaften Taten des Menschen sind lediglich die Erscheinungen der im Menschen verankerten Ursünde. Schließlich bewertet Schleiermacher den sündhaften Zustand als eine „Unfähigkeit zum Guten". (§ 72, 5, GL 1830)

Wenn Schleiermacher auch hier in seiner zweiten Gefühlstheorie die ursprüngliche menschliche Vollkommenheit erwähnt, so erfährt die ehemals machtvolle ursprüngliche Vollkommenheit, die er in den Reden „Über die Religion" erwähnte, hier keine Unterstützung.

Die Vollkommenheit wird hier auch nicht mehr als Gegensatz zur Sündhaftigkeit vorgestellt, so daß man von einem steten Schaukelmotiv ausgehen könnte.[1] Der Oszillationsgedanke hat hier keine Grundlage. Demgegenüber wächst die Sünde hier immer weiter an. Also gewinnt der Gedanke des Erlösers eine immer größere Bedeutung, eben weil das Anwachsen der Sündhaftigkeit so nachhaltig und konstant ist, daß der Mensch ohne das Eintreten der Erlösung dem Niederen rettungslos ausgeliefert wäre.

---

[1] Vgl. OFFERMANN, Einleitung, 312; BRUNNER, Mystik, 130; ECKERT, Gott, 175.

So ist der Aufstieg zum Höchsten nur durch die Erlösung möglich. Nur infolge der Erlösung verzeichnet der Mensch einen Fortschritt bezüglich seines menschlichen Seins. Ohne die Erlösung gibt es demnach nur einen Fortgang vom Niederen zum Niedrigeren und ein steter Abstieg ist die Folge. Schleiermacher sieht hier die Sünde als immanenten Teil des menschlichen Seins, als „Teil des Erscheinens und Zeitlichwerdens der Ursünde". (§ 73, 1, GL 1830)[1]

Nur aufgrund der Ursünde ist überhaupt von einer Sündhaftigkeit des Menschen zu reden, mit der Folge, daß es auch keinen einzigen reinen Moment und keine einzige wirklich gute Handlung geben kann. Die grundsätzlich bedingte Sündhaftigkeit ist ein Phänomen, dem der Mensch auch infolge der Erlösung nicht entrinnt.

Doch erfährt die erste Gefühlstheorie hier keine grundsätzliche Aufhebung, wie es vergleichsweise die Rede V der Reden „Über die Religion" verdeutlichte. Aber Schleiermacher hat seiner zweiten Gefühlstheorie einen anderen Akzent verliehen, da er das Wesenhafte des Menschen nun nicht mehr ausschließlich als das Gute hervorhebt, das allein vom transzendenten Grund und dem unmittelbar höheren Selbstbewußtsein beeinflußt ist. Schultz geht davon aus, Schleiermacher habe das Wesen des Menschen grundsätzlich als transzendenten Grund und höheres, unmittelbares Selbstbewußtsein vorgestellt[2]; dem ist zu widersprechen. Der transzendente Grund lag dem Wesenhaften des Menschen zugrunde, und so bestand die besondere Problematik bei Schleiermacher stets darin, woher der allentscheidende transzendente Grund seine Kraft herleite.

Andererseits zeigt der Weg zur letztbegründeten Urschicht des Menschen auch das Ungöttliche und die im Inneren verankerte Ursünde.

In diesem Sinne sind die §§ 86 ff., GL 1821/22 mit der Überschrift „Die Sünde als Zustand des Menschen" betitelt. Schleiermacher stellt hier gleichsam „das Unvermögen des Menschen" als sein Wesenhaftes dar. (§ 86 2, II, 19, S. 265, GL 1821/22) Erst durch die Erlösung kann er sich dieses Unvermögens entledigen – wenn auch nie vollständig.

In diesem Sinne führt er die Textstelle Röm 7,18 an: „Wir wissen genau: In uns selbst, so wie wir von Natur aus sind, ist nichts Gutes zu finden. Wir bringen es zwar fertig, das Rechte zu wollen; aber wir sind zu schwach, es zu tun."

Offensichtlich steht das Gute des Menschen hier nicht mehr im Mittelpunkt der Schleiermacherschen Betrachtung, und so wird das Gute in dem Maße von der Sünde bedrängt, daß letztere das Übergewicht erringt. Wie bereits festgestellt, wird ein Eingreifen des Erlösers so überaus nötig, obwohl auch er keine vollständige Wegnahme und Aufhebung der Sünde erreichen kann. „Sogar in dem Leben dessen, der in die Gemeinschaft der Erlösung aufgenommen ist", sieht Schleiermacher „keinen Augenblick", „in welchem nicht Bewußtsein der Sünde als ein wesentlicher Bestandteil des vollkommenen Bewußtseins gesetzt sei". (§ 91, 1, II, 32, S. 274, GL 1821/22)

---

[1] § 91.1.II.32, S. 274 GL 1821/22.
[2] Vgl. SCHULTZ, Theorie, 99.

So ist auch der Erlöser lediglich fähig, die Sünde zurückzudrängen, auf das sie im Menschen nicht übermächtig werde.[1]

Von großer Wichtigkeit ist hier der Gedanke, daß die Macht des Erlösers nicht ausreicht, das Erbe der Ursünde im Inneren des Menschen zu tilgen. Obwohl Schleiermacher seinem Muster vom Wesen und der Erscheinung grundsätzlich treu bleibt, erhält seine Gefühlstheorie eine entscheidende Wende, da das unanfechtbar hohe Gefühl seiner ersten Gefühlstheorie, das den Weg zum Gottesbewußtsein wies, hier nicht mehr mit seiner ausschließlichen Kraft gegeben ist. Den Ausführungen der GL zufolge kann der Mensch nicht allein zum göttlichen Bewußtsein gelangen. Die aufsteigende Bewegung, die der ersten Theorie – innerhalb der ersten Reden „Über die Religion" – immanent war und die direkt zur Vereinigung mit dem Universum führte, ist hier nicht mehr gegeben. Der Aufstieg bleibt hier immer auf halbem Wege stehen und die immanente Sündhaftigkeit fungiert hier als Schranke.

Die menschliche Sündhaftigkeit zeichnet sich hier durch eine Eigendynamik aus, die der Macht des Erlösers entgegensteht.

So bedarf es hier der Handlung von außen, damit der Mensch zumindest eine Ahnung von seinem wahren und guten Selbst erhält.

Aber auch Schultz geht davon aus, der Eingriff von außen sei nicht ganz ausreichend, um dem Menschen sein wahres Selbst zu erschließen.[2]

Im Grunde ist so das Selbst des Menschen böse und verdorben, also mit einem Niederen angefüllt, mit der Folge, daß der Mensch seine eigentliche höhere Bestimmung nie erreichen kann.

Aber wenn selbst der Heilige sein eigenes Selbst nie ganz ergründen kann und die Sündhaftigkeit aus seinem Inneren nie vollständig getilgt wird, so ist die allgemeine Aussichtslosigkeit des Menschen offensichtlich. Die ursprüngliche Verstrickung scheint jedem Aufstieg entgegen zu stehen.

Aber da es keine Nullität des höheren Selbstbewußtseins im Menschen gibt, sind die Spuren der ersten Gefühlstheorie auch hier noch auffindbar. Auch hier bleibt also das ‚obwohl-dennoch' der ersten Gefühlstheorie bestehen, denn obwohl die Sünde immer größer werden kann, bleibt dennoch immer ein Rest des „ursprünglichen Guten in der menschlichen Natur" zurück. (§ 91, GL 1821/22; § 70, 2, GL 1830)

Obwohl nun der Mensch nie vollkommen gut werden kann, ist seine ‚sündige Natur' dennoch nie ganz der Sünde verfallen. So bleibt auch in der menschlich-sündhaften Natur das Sein Gottes immer mitgeteilt, da das Böse nur an dem Guten sichtbar wird. (§ 103, GL 1821/22)

5.1.1 Die Sündenlosigkeit des Erlösers

Hier stellt sich ein Problem bezüglich der absoluten Sündenlosigkeit des Erlösers, der als Mensch lebt und demnach der menschlichen sündhaften Natur ange-

---
[1] Vgl. BEISSER, Lehre, 209.
[2] Vgl. SCHULTZ, Theorie, 99.

hört. Schleiermacher sieht sich diesbezüglich veranlaßt, auf die erste Gefühlstheorie zurückzugreifen, indem er diametral zur zweiten Gefühlstheorie ausführt: „Man kann nicht sagen, daß durch die Sünde, so wie sie hier gefaßt ist, irgendeiner von den wesentlichen Bestandteilen in dem Begriff der ursprünglichen Vollkommenheit des Menschen aufgehoben würde, nicht einmal die religiöse Seite derselben." (§ 89, 1, II, 23, S. 268, GL 1821/22)

In der zweiten Auflage der GL formuliert Schleiermacher: „Die Sünde gehört so wenig zum Menschen, das wir sie immer nur als eine Störung der Natur ansehen können; woraus folgt, das die Möglichkeit einer unsündlichen Entwicklung mit dem Begriff der menschlichen Natur an und für sich nicht unverträglich ist". (§ 94, 1, GL 1830)

Wie kann die unsündliche Entwicklung mit der Entwicklung der menschlichen Natur in eine Übereinstimmung gebracht werden, wenn doch die Ursünde grundsätzlich in jedem menschlichen Inneren schon von vornherein als Gegebenheit zu akzeptieren ist?

Der Rückgriff Schleiermachers auf seine erste Gefühlstheorie könnte als ‚Ehrenrettung' bezüglich der Erlöserthematik aufgefaßt werden. Fast ist man geneigt anzunehmen, Schleiermacher sei an dieser Stelle bestrebt, den Erlöser ‚auf jeden Fall' von dem menschlichen Makel der Sünde frei zu halten.[1] In diesem Sinne ist auch seine folgende Äußerung zu bewerten: „Wir finden die Sünde in uns als die Kraft und das Werk einer Zeit, in welcher die Richtung auf das Gottesbewußtsein noch nicht in uns erschien." So setzt er noch hinzu, daß „in jener Zeit selbst die Sünde, so wie wir sie jetzt in uns fühlen, nicht gesetzt war". (§ 87, II, 19, S. 266, GL 1821/22)

Demgegenüber ist die Richtung auf das Gottesbewußtsein ‚im Erlöser' stets selbst gesetzt; er ist somit von der Sündhaftigkeit verschont.

5.1.2 Das Entstehen der ‚Sündhaftigkeit'

Die Sünde ist an sich der menschlichen Natur nicht wesentlich, so daß Schleiermacher sagt, vielmehr sei „in unserm ursprünglichen Bewußtsein der menschlichen Natur die Möglichkeit einer unsündlichen Entwicklung mit enthalten". (§ 116, 1, II, 193, S. 27, 2. Bd., GL 1821/22)

Für die Schleiermachersche Auffassung ist hier bezeichnend, daß er die Anlage zur Sünde wiederum in jedem Menschen als Möglichkeit annimmt, auch bezüglich des ersten Menschen.

So kann er sich zwar den ersten Menschen, als in einer Zeit ohne erscheinende Sünde denken. Aber die Anlage zur Sündhaftigkeit war auch in ihm bereits immanent. (§ 116, GL 1821/22)

Demnach ist die Sünde auch „auf die göttliche Einhaltung und Mitwirkung" zurückzuführen. Nur besteht diesbezüglich die Besonderheit, „daß sie von Gott nicht hervorgebracht wird als Sünde, sondern nur [als] die für sich gesetzte

---

[1] Vgl. BEISSER, Lehre, 215.

Äußerung eines die menschliche Natur mit konstituierenden Triebes von Gott hervorgebracht" wird. (§ 105, 2, II, 134, S. 345, GL 1821/22)

Sofern Schleiermacher von einem aller Dinge zugrundeliegenden Denken Gottes ausgeht, „wenn wir etwas so nennen dürfen", so ist das Böse hier nicht mitgedacht, weil nur die speziell eigene Entwicklung des sinnlichen Selbstbewußtseins „und das in Erwartung des Erlösers verborgene Gottesbewußtsein" gedacht wird. (ebd.)

Der Erlöser ist hier ‚die' außergewöhnliche Person, da in ihm das Göttliche „die innerste Grundkraft" ist. (§ 117, 3, II, 208, S. 37, Bd. 2, GL 1821/22) Hier liegt ein absolutes Menschgewordensein Gottes vor, wodurch der Absolutheit Gottes kein Abbruch getan wird.

Wurde die Sünde als dem menschlichen Sein innewohnende Gegebenheit bezeichnet, so ist andererseits die göttliche Heiligkeit als besondere Kraft im Inneren des Erlösers präsent.[1]

Schleiermachers deutliche Modifizierung seiner zweiten Gefühlstheorie bedeutet somit keinesfalls, daß er die erste Theorie völlig aufgibt, eben weil er grundsätzlich seiner Theorie vom Wesen und der Erscheinung auch hier treu bleibt. Von einer absoluten Trennung der beiden Gefühlstheorien kann auch innerhalb der GL keine Rede sein.

Und obwohl beide Theorien nicht miteinander vermischt werden, bleibt doch die erste Theorie als tendenzieller Unterton bezüglich der Erklärung der Sündenlosigkeit des Erlösers erhalten.

Das Sein Gottes, das Christus in sich ‚hat', zeigt laut Wagner, daß die „Beziehung Gottes zu einem anderen" die entscheidende Thematik ist, im Gegensatz zu der vom menschlichen Bewußtsein ausgehenden Beziehung zu Gott.[2]

Aber auch das Sein Gottes in Christo wie allgemeine Aussagen über Gott, lassen sich nur unter der Voraussetzung des frommen Selbstbewußtseins machen, soweit sie durch das menschliche Gottesbewußtsein vermittelt sind. Über das Sein Gottes ‚an sich' ist eben aufgrund des vermittelten menschlichen Gottesbewußtseins keine Aussage machbar. Also kann auch das Sein Gottes in Christo nicht direkt dem Menschen zur Kenntnis gebracht werden; vielmehr stellt sich die Frage, durch welches Gefüge, das allein Gott zukommt, dem Menschen die Möglichkeit eröffnet ist, in einem anderen zu sein.

Hier zeigt sich, daß das Sein Gottes als Thematik ebenso wenig faßbar ist wie auch das Sein Gottes in Christo, und so sinkt die Beschreibung zur bloßen Metapher herab, wie es Wagner ausdrückt.[3]

5.2 Der Raum der Glaubenserfahrung

Schleiermacher zeigt deutlich, daß die GL mit keiner wissenschaftlichen Untersuchung gleichzusetzen ist. So ist er bestrebt, eine deutlich trennende Linie

---
[1] Vgl. BEISSER, Lehre, 194; BRUNNER, Lehre.
[2] Vgl. WAGNER, Theologie, 939.
[3] Vgl. WAGNER, Theologie, 940

zwischen der Wissenschaft und der Lehre vom Glauben zu vollbringen. Doch trotz der Trennung ist es für Schleiermacher wichtig, die beiden ‚Disziplinen' nicht völlig isoliert voneinander zu sehen. So darf sich die theologische Dogmatik nicht ausschließlich auf das subjektive Bewußtsein beziehen.

So steht eine theologische Dogmatik, die nicht zugleich auch der Geschichtlichkeit verbunden ist, dem Schleiermacherschen Gedanken des ‚Miteinander' entgegen. Die GL verzichtet lediglich auf den Anspruch der Wissenschaftlichkeit und beabsichtigt, nicht die Lehre des Glaubens in irgendeiner Weise abschließend zu begründen.

Der Raum der Glaubenserfahrung ist für Schleiermacher der transzendentale Raum. Aber das Objekt der GL bleibt eher verschleiert. So ist die christliche Frömmigkeit, wie sie von Schleiermacher in der GL begrifflich eingeordnet wird, ein Phänomen, das sich durch zwei Seiten auszeichnet. So kann die eine Seite von den Menschen erfahren werden, und zwar die, welche den Übergang zur Sphäre des Gottbewußtseins kennzeichnet.[1] Zweifellos muß ein solcher Übergang einen anthropologischen Aspekt aufweisen, da ohne einen solchen die Problematik des Endlich-Menschlichen erst gar nicht besteht.

Andererseits ist die GL aber auch auf die Begriffe der Wissenschaft angewiesen, weil sie sich nur so sprachlich präzise darbieten kann.

So gelten auch in der GL die Sätze, die der Vernunft gemäß sind, in denen das unmittelbare Selbstbewußtsein zum Ausdruck gelangt und wie jedes gesprochene Wort den Gesetzen der Vernunft unterworfen ist.

Aber der Inhalt des Selbstbewußtseins ist insoweit der Vernunft übergeordnet, sofern er nicht auf die Tätigkeit der Vernunft beruht. Die Voraussetzung für eine Annahme der Sätze, die der Vernunft übergeordnet sind, besteht darin, daß sie in einer übervernünftigen Erfahrung stehen und also eine Übervernünftigkeit voraussetzen.

Auch hier zeigt sich das Bemühen Schleiermachers, die Grenze zwischen Wissenschaft und Religion herauszustellen. Andererseits ist er ebenso bemüht, eine unüberbrückbare Kluft zwischen der Wissenschaft und der Religion zu vermeiden. So geht hier sein Bestreben in die Richtung, beide Gebiete völlig unabhängig voneinander darzustellen, um sie andererseits in eine wenn auch schwache, wechselseitige Beziehung zu bringen. Zwischen beiden Gebieten gibt es kein ‚entweder-oder', sondern eher ein ‚obwohl-dennoch'. Ihre Gleichrangigkeit und Gleichwertigkeit stellt Schleiermacher nicht in Frage. In diesem Sinne äußert er sich in seinem Sendschreiben an Lücke: Der eigentliche Standpunkt seiner GL bestehe in der Darlegung der Zusammenstimmung „zwischen dem lebendigen christlichen Glauben und der nach allen Seiten freigelassenen, unabhängig für sich arbeitenden wissenschaftlichen Forschung".[2] Hier spricht Schleiermacher bewußt von der Zusammenstimmung und nicht von der gegenseitigen Ergänzung. Für eine gegenseitige Ergänzung fehlt beiden Gebieten nun

---

[1] Vgl. SORRENTINO, Glaube, 333.
[2] Schleiermachers Sendschreiben, 40.

doch die Grundlage, da sich der subjektive Bereich der GL nicht durch den objektiven Bereich der Wissenschaft ergänzen läßt.

Die Gebiete Religion und Wissenschaft stimmen in der Weise überein, daß Schleiermacher die Systematik der Wissenschaften als Gerüst zur Verständigung benutzt.

In diesem Sinne äußert er sich wie folgt: „Ich muß die tiefsten spekulativen Gedanken denken, und die sind mir völlig eins mit den innigsten religiösen Empfindungen." (Br. II, 511 f.)

Die Erkenntnis ‚an sich' ist für Schleiermacher Religion, denn „wo wahres Erkennen ist, da ist auch Religion". (Randbemerkung ethischer Entwurf 1805/6, Braun I, 178)[1]

So sind auch die Philosophie und die Religion nicht in dem Sinne zu scheiden, daß jeder Bereich in vollständiger Selbständigkeit bestehen könnte. Schleiermacher tendiert auch hier zu einer oft angewandten harmonisierenden Einheitsschau.[2]

Doch ist das Gefühl in der Religion hier kein selbständiger Träger mehr, sondern weist sich durch die Qualität des Scheins aus. So kann das Gefühl die philosophisch-wissenschaftliche Diktion nicht ignorieren und erringt nur durch sie die Gültigkeit und Nachvollziehbarkeit. Auch zeichnet sich das menschliche Gefühl durch keine selbständige Gesetzlichkeit aus.

Die Vernunft fungiert auch im Bereich des Gefühls als Maßstab. So bemerkte bereits Hirsch zu dieser Problematik, daß bei Schleiermacher auch im Gefühl die Vernunft tätig sei.[3]

In diesem Zusammenhang sei angemerkt, daß die Gedanken des hoch geschätzten orthodoxen Theologen Sigmund Jacob Baumgarten (1706-1757), der sich darüber hinaus darauf verstand, auch die zu seiner Zeit als modern geltende Leibniz-Wolffsche Schulphilosophie in sein theologisches System einzubauen, zur Zeit seiner Lehrtätigkeit in Halle dem an theologischen Fragen interessierten Publikum gut bekannt war. Es ist davon auszugehen, daß auch Schleiermacher mit der Theologie Baumgartens vertraut war.[4]

Baumgarten verband die von Christian Wolff entwickelte natürliche Vernunfttheorie mit der orthodoxen Offenbarungstheorie und unternahm den Versuch, Gott als reine Vernunftwahrheit zu erklären. So ist Gott für ihn das höchste vollkommene Wesen, das in seiner notwendigen Wirklichkeit von der Welt unterschieden ist. Gott enthält – als selbständiges Wesen – den Grund seiner selbst in sich, wie demgegenüber alles Zufällige den Grund nicht in sich hat, sondern in Gott.[5]

Auch Jacobi sei hier erwähnt, der den Begriff eines außerweltlichen, persönlichen Gottes verteidigte, der nach seiner Auffassung nicht vom Vernunftdenken

---

[1] Vgl. SCHLEIERMACHER, Brouillon.
[2] Vgl. WAGNER, Dialektik, 261.
[3] Vgl. HIRSCH, Geschichte, 557.
[4] Sein Lehrer Johann August Eberhard las die Metaphysik nach Baumgarten. EBERHARD, Abriss.
[5] Vgl. BAUMGARTEN, Gotteslehre I, 180 f.

erreicht werden konnte. So macht er der Philosophie den Vorwurf, ihr Denken habe die Leugnung des persönlichen Gottes zur Folge. Demzufolge sucht er das Heil in einem ‚Salto mortale' aus der Vernunft in den Glauben.[1]

In diesem Sinne wählte Schleiermacher einen Mittelweg, da die Glaubens- und Gefühlsthematik bei ihm nie ‚in der Vernunft unterging'.

So bemerkte Schleiermacher, daß das Gefühl wie der Gedanke Ausdruck der Vernunft in der Natur sei. „Was wir Gefühl nennen insgesamt, ist eben wie der Gedanke Ausdruck der Vernunft. Es ist eine in der Natur gewordene Lebenstätigkeit aber nur durch die Vernunft geworden, und dies gilt nicht nur von dem sittlichen und religiösen Gefühl, sondern auch von dem leiblichen Gefühl, wenn es nur als ein menschliches und als ein ganzer Moment des Gefühls eingesetzt wird." (E 1812/13, 589, 52)[2]

Ist somit auch die Vernunft dem Gefühl übergeordnet? Wohl kaum, gerade weil Schleiermacher unter einer solchen Voraussetzung nie die gefühlsmäßigen Grundlagen seiner Religionsphilosophie hervorgehoben hätte.

Innerhalb seiner ersten Gefühlstheorie sah er den Menschen als ein vom Wesen und der Erscheinung getragenes ‚Etwas', das weder ein Nichts noch den Nullpunkt kennt. Ebenso ist die auf Erlösung hoffende Sündhaftigkeit hier noch kein Thema, und in diesem Zusammenhang wird auch die neutestamentliche Liebe, die Agape, nicht thematisiert.

Aber die Vernunft zeichnet sich als der stete Begleiter des Gefühls aus. Diese Ansicht vertritt auch Schultz.[3]

In den späteren Auflagen der Reden „Über die Religion" und in der GL sieht Schleiermacher das religiöse Erlebnis in einer ‚Bestimmtheit des Gefühls', und so ist es der Raum der Glaubenserfahrung.

5.3 Die Frömmigkeit als Bestimmtheit des Gefühls

Bereits zu Beginn seiner GL betont Schleiermacher: „Die Frömmigkeit an sich ist weder ein Wissen noch ein Tun, sondern eine Neigung und Bestimmtheit des Gefühls." (§ 8, I, 26, S. 26, GL 1821/22) Wie bereits festgestellt, blieb er hier der Grundanschauung seiner ersten Schaffensperiode verbunden. Schleiermacher bestimmt als Ort der Frömmigkeit eindeutig das Gefühl. Erst in der Anmerkung erklärt er das Gefühl als unmittelbares Selbstbewußtsein.

Das Wesenhafte der Frömmigkeit ist also innerhalb des Gefühls auffindbar, wie die Frömmigkeit wesentlich als Gefühlszustand zu bezeichnen ist.

„Unter Gefühl verstehe ich das unmittelbare Selbstbewußtsein, wie es, wenn nicht ausschließend, doch vorzüglich einen Zeitteil erfüllt" (§ 8, I, 26, S. 26, GL 1821/22) Die hier von Schleiermacher vorgetragene Formulierung der GL 1821/22 wird von ihm nicht in der zweiten Auflage der GL 1830 wiederholt. In der zweiten Auflage stellt er schließlich das Gefühl und das Selbstbewußtsein

---

[1] Vgl. JACOBI, Werke, 70.
[2] SCHLEIERMACHER, Ethik.
[3] Vgl. SCHULTZ, Theorie, 103.

gleichbedeutend nebeneinander. „Die Frömmigkeit, welche die Basis aller kirchlichen Gemeinschaften ausmacht, ist rein für sich betrachtet weder ein Wissen noch ein Tun, sondern eine Bestimmtheit des Gefühls oder des unmittelbaren Selbstbewußtseins." (§ 3, LS, S. 14, GL 1830)

Doch auch die Formulierung der ersten Auflage läßt nicht unbedingt auf eine Zweitrangigkeit des unmittelbaren Selbstbewußtseins gegenüber dem Gefühl schließen, wie es Offermann zumindest tendenziell für möglich hält.[1]

Fest steht, daß Schleiermacher neben der Trias Wissen, Tun und Gefühl kein Viertes mehr einführt. Die Einheit der Trias ist als solche aber nicht unproblematisch, da ihr Zusammenschluß ‚das Wesen des Subjekts selbst' und ihr ‚gemeinschaftlicher Grund' ist. Innerhalb des gemeinschaftlichen Grundes weist sich je nach den Umständen die eine oder andere Form als vorrangig aus. So legt Schleiermacher auch Wert darauf, die Formen gegeneinander abzugrenzen.

Das Tun will dem Ideellen zur Realität verhelfen. Auch beim Wissen geht der Geist aus seiner Innerlichkeit hervor. So muß es sich mit dem Objekt in Einheit setzen, um es zu erkennen, um sich erst danach in seiner Innerlichkeit zurückzuziehen.

Die Spitze der Trias stellt nun eindeutig das Gefühl dar. Aber es hat eine Verwandtschaft mit dem Wissen. Ist nun die Frömmigkeit auch ein Wissen und ihr Inhalt entscheidend, so ist das Maß des Wissens auch zugleich das Maß der Frömmigkeit.

Obwohl dem Gefühl die Spitze der Trias zusteht, ist es nicht völlig vom Wissen und Tun isoliert. „... und jeder Moment, in welchem überwiegend die Frömmigkeit hervortritt, wird beides oder eines von beiden als Keime in sich schließen." (§ 3, 4, S. 19, GL 1830) Doch bleibt schließlich „als das eigentümliche und ursprüngliche Gebiet der Frömmigkeit das Gefühl übrig". (§ 8, 3, I, 33, S. 30, GL 1821/22)

Andererseits ist die reine Innerlichkeit des Subjekts bei Schleiermacher durch das Selbstbewußtsein erläutert, da es als unmittelbar und als vermittelt und also gegenständlich vorkommen kann.

Die Besonderheit des vermittelten Selbstbewußtseins besagt, daß hier der Geist sich selbst der Gegenstand ist. So besteht eine Ähnlichkeit zum Wissen, mit dem Unterschied, daß das Objekt kein Äußeres ist.

Im Gegensatz dazu kennt das unmittelbare Selbstbewußtsein nicht die Ausrichtung auf einen Gegenstand, da es sich hier um ein völliges Insichruhen des Subjekts handelt.[2]

---

[1] Vgl. OFFERMANN, Einleitung, 39.
[2] Vgl. ECKERT, Gott, 115: „Schleiermacher macht deutlich, „daß ein Sein Gottes in uns im ‚Gefühl' so von ihm gedacht wird, daß unter ‚Gefühl' die reine Form, d. i. der Begriff der Wahrheit des Wissens von Gott thematisiert ist als unmittelbares Selbstbewußtsein."

6. Das Spannungsverhältnis zwischen dem unmittelbaren Selbstbewußtseinsbegriff der Dialektik zu dem der GL

Schleiermacher verwendet den Begriff des unmittelbaren Selbstbewußtseins in der zweiten Auflage der GL öfter als den Begriff ‚Gefühl' oder ‚schlechthinniges Abhängigkeitsgefühl'. Demgegenüber ist in der ersten Auflage auch die begleitende Funktion des Selbstbewußtseins bedeutungsvoll, womit auf ein Zeitkontinuum hingewiesen wird.

Jeder Mensch ist demnach in der Lage, sich daran zu erinnern, „daß es Augenblicke gibt, in denen hinter einem irgendwie bestimmten Selbstbewußtsein alles Denken und Wollen zurücktritt". (§ 8, I, 26, S. 26, GL 1821/22) Hier wird deutlich, daß dem Selbstbewußtsein eine bestimmende Funktion zukommt, wenn alles Denken und Wollen hinter ersterem zurücktritt.

Wir haben festgestellt, daß die Bestimmung des Begriffs ‚unmittelbares Selbstbewußtsein' nicht so ohne weiteres aus der Schleiermacherschen Dialektik zu übernehmen ist, da der Begriff dort im veränderten Gedankenzusammenhang zur Darstellung gelangt.[1]

Schon Rudolf Odebrecht wies darauf hin, daß die Begriffsbestimmung der Dialektik gesondert zu beurteilen sei.

Außerdem betonte er, die Dialektik weise sich durch eine größere Klarheit vor der Glaubenslehre aus.[2] Demzufolge kann die Dialektik hilfreich sein, wenn es darum geht, einzelne Begriffe – denen eine Schlüsselfunktion auch innerhalb der GL zukommt – einer genaueren Untersuchung zu unterziehen.

Fest steht, daß das unmittelbare Selbstbewußtsein als Gefühl weder durch das Denken noch im Wollen vermittelt wird, sondern schlechthin unabhängig und also von keiner anderen Größe ableitbar ist – und also allein für sich besteht.

So ist das Gefühl als „unmittelbare Gegenwart des ganzen ungeteilten Daseins" für Schleiermacher ‚der' Ort der Frömmigkeit, wo sich das Frommsein vollzieht. Soweit man überhaupt von einem Ort der Frömmigkeit reden kann, so nur hier, wo der Mensch „sich selbst" innerhalb des unmittelbaren Selbstbewußtseins hat, das als Träger aller anderen Funktionen fungiert. (DOd, 289) Ebenso ist „das sogenannte Gefühl [...] ein überall durchgehendes und begleitendes". (DOd, 288) Im Gegensatz zum unmittelbaren Selbstbewußtsein spricht Schleiermacher in der GL 1821/22 von der „begleitenden" Funktion des „frommen Gefühls".[3] Aber er behauptet auch in § 8 GL, daß das Gefühl nicht nur begleitend sein könne, da eine solche Auffassung gegen jede Erfahrung sei. (§ 8, I, 26, S. 26, GL 1821/22)

Ferner geht Schleiermacher von dem „wirklichen Bewußtsein" aus, das „zeiterfüllend" hervorkommt. (ebd.)

Aber es gibt „kein als zeiterfüllend hervortretendes reines Selbstbewußtsein, worin einer sich nur seines reinen Ich bewußt würde, sondern immer in Bezie-

---

[1] Vgl. OFFERMANN, Einleitung, 42.
[2] Vgl. ODEBRECHT, Gefühl, 284-301.
[3] OFFERMANN, Einleitung, 47, Fn 12.

hung auf etwas, mag das nun eins sein oder vieles oder bestimmt zusammengefaßt oder unbestimmt (§ 9, 1, I, 34, S. 31, GL 1821/22) Jedes Selbstbewußtsein ist hier „zugleich das eines veränderlichen Soseins", womit Schleiermacher ausdrückt, daß er den zeitlichen Verlauf mit berücksichtigt. So zeigt sich das Selbstbewußtsein als ein ‚Etwas', das sich nicht selbst gesetzt hat und ‚eben' irgendwie so geworden ist. Aber warum ist es ‚so' geworden?

Schleiermacher weist auch hier dem Subjekt eine Duplizität zu, die sich aus Empfänglichkeit und Selbsttätigkeit zusammensetzt.

Hervorzuheben ist, daß zwischen unmittelbarem Selbstbewußtsein, höherem Selbstbewußtsein und schlechthinnigem Abhängigkeitsgefühl keine direkte und ausschließliche Verbindung besteht.

Auch trifft Schleiermacher, laut Offermann, diesbezüglich keine genaue Unterscheidung.[1]

Nicht zuletzt daraus ergibt sich die nicht zu lösende Aufgabe, ein Gegründetsein des Menschen in Gott nachzuweisen. So kann der Nachweis auch deshalb nicht geführt werden, weil auch der noch so fromme Mensch es weder kann noch ‚wollen kann'.

Demzufolge ist auch ein Wissen von Gott nie möglich. Der Fromme wird sich bestenfalls „mit allem endlichen Sein durch ihn (Gott) schlechthin bedingt" fühlen.[2]

6.1 Der das „Ich" bestimmende Grund

Wie bereits erwähnt, ist für Schleiermacher bezeichnend, daß er dem Ich nicht ‚die' schöpferische Kraft zugesteht, sich selbst zu setzen und sich selbst zu bestimmen.

Es gibt den ‚Grund', der das Ich bestimmt, und diesen bestimmenden Grund sucht Schleiermacher jenseits des Selbstbewußtseins im transzendenten Grund, welcher das Selbstbewußtsein erst ermöglicht.

Auch der ‚späte Fichte' geht davon aus, daß das Zustandekommen des Wissens von sich in seiner Einheit auch nicht mehr durch das Ich begründet wird, sondern von dem, was dem Ich als Absolutem vorausgeht.[3]

Aber bei Schleiermacher ist demgegenüber immer noch ein Unterschied feststellbar, da er das Selbstbewußtsein in seiner schlechthinnigen Endlichkeit begreift, die stets zum Unendlichen tendiert. Der Vereinigungsgedanke mit dem Unendlichen ist also bei Schleiermacher in den Reden „Über die Religion" wie auch in seiner GL offensichtlich.

Ebenso ist das unmittelbare Selbstbewußtsein wie auch das absolute Abhängigkeitsgefühl nur relevant im Medium religiöser Gefühle. So ist es weder im Wissen noch in realen Handlungen erfaßbar. Festzuhalten ist in diesem Zusam-

---

[1] Vgl. OFFERMANN, Einleitung, 55.
[2] Vgl. OFFERMANN, Einleitung, 63.
[3] Vgl. POTEPA, Wissenschaftslehre, 293.

menhang, daß das die Religion konstituierende Bewußtsein bei Schleiermacher stets in Verbindung zu seinem philosophischen Gesamtentwurf steht.

Die schlechthinnige Abhängigkeit ist so ein das Ich ebenfalls mitbestimmender Grund.

Doch ist auch das Gefühl der Abhängigkeit davon bestimmt, daß es sich auf etwas bezieht, ‚wovon es abhängig ist'. Das ‚Abhängigsein von Etwas' betrifft ‚das', was den transzendenten Grund bestimmt. Allgemein betrachtet befindet sich Schleiermacher hier in der alles umgreifenden Sphäre des Gefühls und fordert als Voraussetzung, daß sich der Mensch in jedem Moment mitsamt der Natur und Menschheit ‚als Welt' bestimmt weiß. „... wenn die Natur als ein ganzes lebendiger Kräfte aufgefaßt wird, ist auch unser Naturgefühl im Selbstbewußtsein am reinsten, aber eben dann auch das Bewußtsein Gottes am lebendigsten damit verbunden." (§ 40, 2, I, 185, S. 131, GL 1821/22) So weiß sich der Mensch von vornherein als ein Etwas, das sich von etwas anderem abhängig wissen kann und also mit etwas anderem eine Beziehung ‚haben kann'.

„In derjenigen frommen Gemütsregung, worin das Abhängigkeitsgefühl auf unser Gesetztsein in den allgemeinen Naturzusammenhang bezogen ist, stellt unser Selbstbewußtsein zugleich die Gesamtheit alles endlichen Seins dar." (§ 41, LS, S. 131 f., GL 1821/22)

In diesem Sinne ist das Abhängigkeitsgefühl zugleich ein Beziehungsgefühl. Für Schleiermacher besteht die menschliche Bestimmung eben darin, sich schlechthin abhängig zu fühlen, um dem letztlich Vollkommenen und Ganzen entgegen zu streben, mit der Folge der menschlichen Vollkommenheit.

So ist ein steter Übergang vom sinnlichen Selbstbewußtsein zum schlechthinnigen Abhängigkeitsgefühl für Schleiermacher ‚der' erstrebenswerte menschliche Zustand. Das begleitende sinnliche Selbstbewußtsein muß sich seiner Abhängigkeit von etwas Höherem stets bewußt sein, weil nur dann der tiefere Gehalt des frommen Gefühls im Inneren des Menschen hervortritt.

Aber das Einswerden des sinnlichen Selbstbewußtseins mit dem frommen Gefühl hat nicht zur Folge, daß das Weltbewußtsein sich auflöst, da innerhalb des religiösen Erlebnisses das Bewußtsein der Welt stets mitgesetzt ist. Auch eine noch so hohe Erregung vermag den Menschen nicht aus seinem Welt- und Naturzusammenhang herauszulösen.

6.2 Das Erleben Gottes als Abhängigkeit

In der Dialektik führt Schleiermacher aus: „Der religiöse Mensch hat kein Arg, das Bewußtsein Gottes nur zu haben an dem frischen und lebendigen Bewußtsein eines Irdischen." (DJ 153).

Das Erleben Gottes besteht gerade in dem Erleben dieser Abhängigkeit, die zugleich eine Beziehung darstellt.

Infolge des Abhängigkeits- und also Beziehungsverhältnisses zu Gott – wird dem Menschen bewußt, daß die Welt wie auch er selbst von einer absoluten Ursächlichkeit gewirkt ist.

Im frommen Selbstbewußtsein wird also die Frage nach dem Woher der absoluten Ursächlichkeit gleichsam mitgesetzt, es ist das „mitgesetzte Woher unseres empfänglichen und selbsttätigen Daseins", und soll durch „den Ausdruck Gott bezeichnet werden". (§ 4, 4 a, S. 28 f., GL 1830)

Die Frömmigkeit erschöpft sich bei Schleiermacher somit nicht in einer bloßen Kontemplation und ist kein verzücktes ‚In-sich-versunken-Sein'. Die Frömmigkeit ist eher als ‚Rückgrat' des Menschen aufzufassen, die ihm gleichermaßen Trost, Zuflucht, Veredelung und Erhöhung seines Selbst ermöglicht.

Der Frömmigkeit und dem absoluten Abhängigkeitsgefühl haftet also nichts Einschränkendes an, und so ist auch das Gefühl der Freiheit nicht beeinträchtigt.[1] Das schlechthinnige Abhängigkeitsgefühl der GL ist als besondere Bestimmtheit des unmittelbaren Selbstbewußtseins einzuschätzen und verfügt darüber hinaus über ein setzendes Moment.

So wird das Denken als Bezug auf den Urgrund angenommen. In ebenso wichtiger Funktion, wie sich das Denken auf den Urgrund bezieht, nimmt das Gefühl das Abhängigsein auf.[2]

Fest steht, daß das Bewußtsein der Abhängigkeit etwas höchst Beglückendes ist.

Hier besteht keine Abhängigkeit von einem anderen Individuum, sondern von dem Höchsten, und so ist das Abhängigsein bei Schleiermacher nur eine Erweiterung und Veredelung des Menschen.

Das Fluidum der ersten Auflage der Reden „Über die Religion" zielte bereits in die gleiche Richtung, da auch hier ‚Frommsein' und ‚Seligsein' gleichgestellt waren.

Hier wird deutlich, daß Schleiermacher den basalen Gedanken aus den Reden „Über die Religion" als voraussetzende Grundlage der GL verarbeitet. So ist für ihn der Gedanke völlig abwegig, daß Frommsein könne eine Belastung für den Menschen sein. Der Fromme ist selig, es mangelt ihm an nichts. Der Weg zum Fühlen des unendlich Göttlichen ist auch in der GL ein Weg, der einen erheblichen geistigen wie seelischen Aufwand erfordert. So reicht es nicht aus, daß wir uns unserer Abhängigkeit von Gott bewußt sind, da das alleinige Bewußtsein der Abhängigkeit noch nicht dazu führt, hinter dem Weltgeschehen das eigentliche göttliche Wesen zu erahnen.

Schon das Tier empfindet seine Abhängigkeit rein instinktiv, ohne irgendeine Religion zu haben. Hier wird deutlich, daß die ‚Gedankenwelt' der Reden „Über die Religion" auch für die GL von höchster Wichtigkeit ist.

---

[1] Vgl. BEISSER, Lehre, 62.
[2] Vgl. FICHTE, Schriften, 363.

6.3 Die letztmögliche Grundlage

Unser menschlicher Geist fühlt sich laut Schleiermacher vom Endlichen zum Unendlichen unbewußt getrieben, fast genötigt.

Das menschliche Ich wird hier zunächst auf seinen absoluten Grund bezogen. Fraglich ist, ob sich hier gedankliche Verbindungen zur phänomenologischen Reduktion ergeben.

Husserl spricht von „letzturprünglichen Erfahrungsevidenzen".[1]

Die von ihm eingeführte, „letzturprüngliche Erfahrungsevidenz" nennt er eine „wirkliche Urstiftung vorprädikativer Evidenz im Aufbau auf ganz ursprüngliche, ursprünglich gestiftete Erfahrungsevidenz."[2]

So ist auch das der Welt überzogene „Ideenkleid" dafür verantwortlich, „daß wir für wahres Sein nehmen, was eine Methode ist."[3]

Aus diesem Grunde nimmt Wintsch an, Schleiermacher gehe hier von einer transzendental-phänomenologischen Betrachtungsweise aus, um auf diese Weise den Weg zum Universum und schließlich zu Gott zu finden.[4] Ähnlich wie Schelling versuchte Schleiermacher schon in den Reden „Über die Religion" ‚die' seelischen Tiefen zu finden, die einen solchen Zugang ermöglichen. „Die unaufhebbare Leiblichkeit gehört" hingegen „auch zum Wesen der transzendenten Subjektivität". Der Leib fungiert bei Husserl wie auch bei Fichte und Schleiermacher als „transzendentale Hand des Bewußtseins".[5]

Schleiermacher möchte die letzte aller möglichen Grundlagen der menschlichen Seele ergründen, eine Vorstufe auffinden, die einer Urstiftung vorprädikativer Evidenz vergleichbar scheint.

In diesem Zusammenhang sei auch Schelling erwähnt, der bezüglich der seelischen Tiefen von einem „wunderbaren Vermögen" ausging, auf dessen Grundlage es möglich schien, sich in sein „entkleidetes Selbst zurückzuziehen", um „da unter der Form der Umwandelbarkeit das Ewige anzuschauen".[6]

Aber Schleiermacher ging es nicht lediglich um eine vertiefte Selbstanschauung; er wollte das Gegründetsein des Menschen innerhalb der seelischen Tiefen als ein Hinweisendes auf Gott erkennen. Derjenige, der sich „durch Genuß in Ruhe versenken" (R, 167) kann, zeigt sich als Anschauender kontemplativ passiv; diese Passivität zeigt sich auch – wenn nicht vordergründig, so doch der Tendenz gemäß – in der GL.

Die von Schleiermacher gewählte intellektuelle Anschauung ist so deutlich von einer aktivisch geprägten Fichteschen Art der intellektuellen Anschauung geschieden.[7] Wie wir gesehen haben, wendet sich Schleiermacher in den

---

[1] HUSSERL, Erfahrung, § 10, 38. Husserl strebt ein Wissen an, „das bemüht ist, die Subjektivität selbst vom Wissen auszumerzen". TIETJEN, Fichte, 277.
[2] HUSSERL, Erfahrung, 38.
[3] HUSSERL, Krisis, 124 ff.
[4] Vgl. WINTSCH, Religiosität, 37.
[5] SIEMEK, Husserl, 150.
[6] SCHELLING, Briefe, Bd. I, 318.
[7] Vgl. JANKE, Anschauung, 27.

späteren Auflagen der Reden „Über die Religion" und in der GL vermehrt dem religiösen Gefühl zu, da er offensichtlich unter allen Umständen vermeiden wollte, daß der Begriff der „intellektuellen Anschauung" Schellings mit ‚seiner' Art der Anschauung zusammenfallen könnte.

Ein starker intellektueller Akzent hätte ohnehin nur die missliche Form nach sich gezogen, das religiöse Erlebnis zu schmälern.

So ist die Anschauung bei Schelling von überragender Bedeutung, was seine diesbezüglichen Aussagen beweisen. „Diese Anschauung ist die innerste, eigenste Erfahrung, von welcher allein alles abhängt, was wir von einer übersinnlichen Welt wissen und glauben [...]. Diese intellektuelle Anschauung tritt dann ein, wo wir für uns aufhören, Objekt zu sein, wo in sich selbst zurückgezogen, das anschauende Selbst mit dem Angeschauten identisch ist. Innerhalb oder während der Anschauung empfindet der Mensch weder Zeit noch Dauer, ihm fehlt während des Anschauungsprozesses das diesbezügliche Bewußtsein. ... nicht wir sind in der Zeit, sondern die Zeit – oder vielmehr nicht sie, sondern die reine absolute Ewigkeit ist in uns."[1]

Für Schelling war offensichtlich, daß die so vorgestellte intellektuelle Anschauung zur Gotteserkenntnis führt.

Aber Schleiermacher wollte mit seinem Anschauungsbegriff eine ganz andere Aussage machen. Auch Schleiermacher sucht die höchste Funktion im Inneren des Menschen, die ihn zur Ruhe kommen läßt und die auch jeden Widerstreit auflöst.

Er sah die Religion als mütterlichen Leib, „in dessen heiligem Dunkel" sein junges Leben „genährt und auf die ihm noch verschlossene Welt vorbereitet wurde". (R, 14) Die höchste Funktion konnte bei Schleiermacher nur ‚das Sicheinsfühlen' mit dem Göttlichen sein, da sein Geist bereits die Religion atmete, „ehe er noch seine äußeren Gegenstände, Erfahrung und Wissenschaft gefunden hatte". (R, 14)[2]

In den Reden „Über die Religion" entsteht noch der Eindruck einer Gegensätzlichkeit, da Schleiermacher hier noch von der Anschauung und dem Gefühl, im Sinne von zwei zueinander in Beziehung stehenden Elementen spricht. Obwohl sich später die Anschauung und das Gefühl verbinden und so die Schau des Unendlichen und das Aufgehen in das göttliche Universum ermöglichen, konnte Schleiermacher dennoch den Eindruck der Gegensätzlichkeit nie ganz tilgen. Schließlich ging er dazu über, dem Gefühl an sich den Vorrang einzuräumen. Um nun jedem Hauch einer Gegensätzlichkeit zu entgehen, ‚setzte'

---

[1] SCHELLING, Briefe, I, 318.
[2] SCHULTZ, Grundlagen, 160. In diesem Zusammenhang sei auch erwähnt, daß Schleiermacher „die platonische Theorie der Anamnesis, wonach die Vernunft das höchste Sein im Menschen ist und in sich selbst die Formen und Prinzipien findet, ... von Plato übernommen hat. An der Voraussetzung, daß eine Deduktion der Religion nicht von etwas außer uns, sondern vom subjektiven Selbstbewußtsein und dem darin entspringenden Glauben auszugehen habe, hat Schleiermacher sowohl in den Reden wie in der Glaubenslehre wie selbstverständlich festgehalten." Ebd.

Schleiermacher in der GL auf den Begriff des schlechthinnigen Abhängigkeitsgefühls.

So gibt es in der GL die Unterteilung zwischen dem Subjekt und dem Objekt nicht mehr und innerhalb des schlechthinnigen Abhängigkeitsgefühls ist jeder Zwiespalt zwischen partiellem Freiheits- und Abhängigkeitsgefühl überwunden, und dass, obwohl der Zwiespalt noch im höchsten Wissen und Tun vorhanden ist. (§ 5, 2, S. 33, GL 1830)

7. Die Beziehung des Abhängigkeitsgefühls zum Freiheitsgefühl

Für Schleiermacher ist das Freiheitsgefühl das Gefühl, das ein „Mitgesetztsein der Welt in unserem Selbstbewußtsein" aufnimmt und mit dem „Mitgesetztsein Gottes in demselben" nicht in direkter Weise in Zusammenhang steht. Ihm kommt es aber vor allem auf das Auseinanderhalten der Ideen ‚Gott und Welt' an. (§ 32, 2, S. 173, GL 1830) Das schlechthinnige Abhängigkeitsgefühl ist hingegen in seinem „wirklichen Vorkommen" stets auf die „mittlere Stufe" des Selbstbewußtseins bezogen. Das ‚Abhängigkeitsgefühl' ist bei Schleiermacher eine besondere Leistung, da wir uns nur schlechthin abhängig fühlen und uns dieser Abhängigkeit nur bewußt sind, weil wir uns relativ frei fühlen.

Das schlechthinnige Abhängigkeitsgefühl liegt außerhalb jeder Reflexivität, und so muß die Vorreflexivität des schlechthinnigen Abhängigkeitsgefühls vom Menschen ‚gewusst werden'. Trotz der Unmittelbarkeit muß das schlechthinnige Abhängigkeitsgefühl dadurch vermittelt sein, daß es nur aufgrund des sich frei fühlenden Selbstbewußtseins hervorkommen kann.

Das Selbstbewußtsein hingegen leitet wiederum eine Bestimmtheit von dem transzendenten Grund her, welcher als die absolute Einheit des Idealen und Realen für ein völliges Anderssein steht.[1] Ein solches Bestimmtsein durch den transzendenten Grund zeigt sich im allgemeinen Abhängigkeitsgefühl (DOd, 290/DJ, 430), so daß dem religiösen Gefühl die Aufgabe zukommt, die als Voraussetzung geltende Einheit des Selbstbewußtseins zu explizieren.

Ebenso geht Schleiermacher in der GL davon aus, daß das Bewußtsein des schlechthinnigen Abhängigkeitsgefühls das faktische Sich-Gegebensein des selbsttätigen Selbstbewußtseins ist, das durch das Freiheitsgefühl seine Vermittlung erfährt. (§ 4, 3, S. 27 f., GL 1830)

Die Kapazitäten der relativ freien Selbsttätigkeit des Selbstbewußtseins können aufgrund der Einführung des Begriffes eines absoluten Abhängigkeitsgefühls aufgezeigt werden.

Wie wir festgestellt haben, bleibt aber auch in der GL der Grundsatz bestehen, daß das Selbstbewußtsein das Sich-Gegebensein seiner freien Selbsttätigkeit nicht auf seine eigene Initiative zurückführen kann.

---

[1] Vgl. OFFERMANN, Einleitung, 47. In diesem Sinne äußert sich Schleiermacher in der GL 1830 wie folgt: „Wenn aber schlechthinnige Abhängigkeit und Beziehung mit Gott in unserm Satze gleichgestellt wird: so ist dies so zu verstehen, daß eben das in diesem Selbstbewußtsein mitgesetzte Woher unseres ... Daseins durch den Ausdruck Gott bezeichnet werden soll". (§ 4, 4, S. 28, GL 1830)

Die Abhängigkeit des sich gegebenen Selbstbewußtseins soll mit Hilfe des Abhängigkeitsgefühls einer Klärung zugeführt werden. Hier wird deutlich, daß das Gefühl, auf Gott bezogen zu sein, und das Gefühl der Abhängigkeit ein und dasselbe sind und somit zusammenfallen, weil uns Gott im Gefühl „auf ursprüngliche Weise" (§ 4, 4 a, S. 28, GL 1830) gegeben ist. (§ 9, I, 33, S. 31, GL 1821/22).

Freiheitsgefühl, Abhängigkeitsgefühl und Gottesbewußtsein zeichnen sich hier durch eine vom Menschen ausgehende, einseitige Beziehung des fühlenden Bewußtseins zu Gott aus.

Gott wird als Grund des frommen Selbstbewußtseins zugleich durch sich selbst – eben als ‚der' Grund – begründet, so daß das Begründete auch begründet.

Andererseits ist die schlechthinnige Abhängigkeit als die höchste Funktion des Menschen nie rein zufällig erreichbar, da das schlechthinnige Abhängigkeitsgefühl stufenmäßig den a priori-Formen des Erkennens und des kategorischen Imperativs vergleichbar ist.

So ist das schlechthinnige Abhängigkeitsgefühl etwas Notwendiges, das als Anlage in keinem Menschen fehlen kann, da er nur infolge des Gefühls sein vollendetes Menschsein erhält.

Schleiermacher war der Überzeugung, durch die Einführung des Begriffes der schlechthinnigen Abhängigkeit, einen Fortschritt gegenüber der Begrifflichkeit der Reden „Über die Religion" erlangt zu haben.[1]

Doch sind die Schleiermacherschen Reden „Über die Religion" die unerläßliche Lektüre, um das Verständnis bezüglich der GL zu erreichen.

In der GL sah sich Schleiermacher ferner mit einer weiteren Schwierigkeit konfrontiert, da der Begriff der Anschauung hier keine grundlegende Bedeutung mehr hatte. So konnte er die Begriffe Religion und Sittlichkeit nur ‚mit Mühe' in eine zusammenstimmende Kombination bringen. In den Reden „Über die Religion" verdeutlichte der Begriff der Anschauung die Zusammengehörigkeit von sittlicher Handlung und Religion.

In der GL hingegen betont er, das absolute Abhängigkeitsgefühl sei schon immer mit einem Tun verbunden und schließe demnach einen Keim zum Handeln in sich. (§ 3, 4, GL 1830)

Zweifellos ist mit dem hier angesprochenen Handeln die sittliche Handlung gemeint. So fühlt sich erst der Fromme eins mit Gott, der schließlich als das lebenstragende Element schlechthin gilt. Eine schlechte, unsittliche Tat ist als schwere Störung zu qualifizieren, weil sich ein schlecht und unsittlich handelnder Mensch gegen die Absichten Gottes stellt, der bei Schleiermacher nur das Gute wollen kann.[2]

Ist der Mensch also von der Frömmigkeit durchdrungen, so ist auch das sittliche Handeln mitgesetzt. Ebenso handelt der Mensch im Sinne Gottes, der

---

[1] Vgl. OFFERMANN, Einleitung, 58: „daß unsere ganze Selbsttätigkeit ... von anderwärts her ist".
[2] Von WIENEKE schon 1914 vertreten, Gottesbegriff, 92.

sich von seinen unsittlichen Absichten distanziert, um sich der sittlichen Handlungsweise zuzuwenden. Die gute Tat ist hier zugleich fromm, weil sie aus dem frommen Gemüt entsteht. Darüber hinaus sind hier das Gefühl und die Handlung in untrennbarem Zusammenhang zu sehen, wie Schleiermacher in § 8 GL verdeutlicht. „Ja, sehen wir ein Gefühl wie das, was wir Andacht nennen, ganz allein ohne ein dazu gehöriges Handeln: so nennen wir diesen Zustand doch fromm, wir müßten dann annehmen, daß es gar kein dazu gehöriges Handeln gebe, in welchem Falle wir aber auch sagen werden, das Gefühl selbst sei nicht wahr. Von beiden Punkten kommen wir also darauf zurück, daß das Wesen der Frömmigkeit im Gefühl ist, und dass, wie fern auch Wissen und Tun zur Frömmigkeit gehören, sie sich doch nur erhalten, wie der äußere Umfang zu dem inneren Mittelpunkt und Herz des Lebens, in dem sowohl das Wissen, was zur Frömmigkeit unmittelbar gehört, nämlich das in der Glaubenslehre Dargestellte, als auch das Tun, nämlich zunächst alles, was wir unter dem Namen Gottesdienst begreifen, ihren frommen Gehalt nach dem Gefühl abhängig sind." (§ 8, 2, I, 30, S. 29, GL 1821/22)

Andererseits heben sich im schlechthinnigen Abhängigkeitsgefühl alle Gegensätze im Menschen auf, da sich das menschlich Wesenhafte erst hier deutlich zeigt.[1]

Festzuhalten ist, daß die Verbindung des Menschen zu Gott ausschließlich in seiner Abhängigkeit besteht – eine andere Möglichkeit der Verbindung vom Endlichen und Unendlichen gibt es bei Schleiermacher nicht. Für ihn ist es selbstverständlich, daß eine solche Verbindung auf der Grundlage der Abhängigkeit nie etwas Unangenehmes, Einschränkendes sein kann. „Als solche könnte sie nie unangenehm sein, weil diese Verbindung keine Hemmung des Lebens in sich schließt." (§ 11, 1, I, 45, S. 38, GL 1821/82)

Der Gedanke von Gott ist im Inneren des Menschen entstanden, und so legt Schleiermacher besonderen Wert darauf, daß ein solch hoher Begriff nicht von „anderswoher entstanden vorauszusetzen" ist. Wenn er nämlich ausschließlich im Inneren des Menschen auffindbar und gegeben ist, muß nur das Denken an sich weit genug entwickelt sein, um „aus der Betrachtung jener Erregungen das Bestreben entstehen" zu lassen, „den Gedanken des höchsten Wesens zu bilden". (§ 9, Zusatz, I, 36, S. 32/33, GL 1821/22)

Hier handelt es sich um eine in jedem Menschen angelegte, verborgene und deshalb entwicklungsbedürftige Anlage, der Ewigkeitswert zukommt und der Schleiermacher zur Entfaltung verhelfen will. So besteht für den Menschen die Möglichkeit, sich in jedem Moment seines Lebens mit dem Göttlichen zu verbinden. In diesem Sinne sagt Schleiermacher schon in der Dialektik: „Das Sein der Ideen in uns ist ein Sein Gottes in uns, nicht inwiefern sie als bestimmte Vorstellungen einen Moment im Bewußtsein erfüllen, sondern inwiefern sie in uns allen auf gleiche Weise (also auch im Sein Gottes in der menschlichen Natur) das Wesen des Seins ausdrücken und in ihrer Gewißheit die Identität des

---

[1] Vgl. OFFERMANN, Einleitung, 60.

Idealen und Realen aussprechen, welche weder in uns als Einzelnen noch in uns als Gattung gesetzt ist. – Ebenso ist das Sein des Gewissens in uns ein Sein Gottes." (Dial. 1814/15, 216,1)

So verbindet Schleiermacher jede Persönlichkeit in seinem System mit dem unendlichen Geist, der zugleich die Grundlage zur sittlichen Tat wie zum sittlichen Charakter bestimmt.[1]

Die Bestrebungen zur Vollkommenheit des Göttlichen umfassen zugleich auch die sittlichen Handlungen, und so ist die strenge Trennlinie, die Schleiermacher zwischen der Religion und der Moral aufbaut, teilweise transparent.

7.1 Moral und Religion

Aber auch das Hervorheben der sittlichen Tat hat nicht zur Folge, daß sich Religion und Moral in irgendeiner Weise vermischen. Beide bleiben bei Schleiermacher etwas völlig Unterschiedenes, da die Religion eine Bestimmtheit des Gefühls oder des unmittelbaren Selbstbewußtseins ist, die Moral hingegen eine Bestimmtheit des Tuns.

Das Sittliche soll hier mit Geistigem durchdrungen sein, und so steht auch die Sittlichkeit der Sinnlichkeit nicht als Gegensatz gegenüber, sondern fungiert als versöhnende Kraft zwischen Natur und Geist. Durch die Sittlichkeit gelangt der Geist in die Natur. Doch ist innerhalb der religiösen Einstellung von besonderer Wichtigkeit, daß das fromme und sinnliche Selbstbewußtsein vollkommen aufeinander bezogen sind. Das schlechthinnige Abhängigkeitsgefühl fungiert somit auch nicht als Maß der Religiosität.

7.2 Das Bewußtsein des schlechthinnigen Abhängigkeitsgefühls in religiös-sittlicher Gemeinschaft

Für Schleiermacher ist die Individualität etwas von Gott Gewolltes, das der Mensch annehmen soll, um es zum sittlichen Charakter auszugestalten. So erfaßt der Mensch sein eigenes Wesen durch die sittliche Anschauung. Hier ist die Erkenntnis des eigenen Selbst ebenso unentbehrlich wie auch das Verständnis und das Erkennen der Mitmenschen.

„Die menschliche Natur als Gattung" weist sich durch „eine ausgedrückte Einheit von Vernunftkraft und Naturmasse" aus. (Ethik, 1812/13, 99) Demnach wird auch das fromme Gefühl, das Schleiermacher in der GL zur Sprache bringt, nicht in totaler Abgeschiedenheit der einzelnen Individuen gebildet, sondern im Zusammenhang mit anderen religiösen Geistern.

Wie das Sinnliche und das Sittliche zusammengehören, so gehört der einzelne Mensch in die religiös-sittliche Gemeinschaft, da Schleiermacher nur innerhalb der Gemeinschaft die Möglichkeit sieht, daß sich der Mensch des schlechthinni-

---

[1] Rudolf HAYM vertrat die Meinung bereits am 12. Februar im Preussischen Jahrbuch, Bd. 3, 1859, 185.

gen Abhängigkeitsgefühls bewußt wird.[1] Nur infolge des Bewußtwerdens des schlechthinnigen Abhängigkeitsgefühls wird sich das Allerhöchste im menschlichen Sein durchsetzen.

Die Tatsache, daß der Mensch in der Regel nicht allein lebt, sondern in einer Gemeinschaft mit anderen Menschen im Verbund, deutet darauf hin, daß er selbstverständlich auch gesellige Gefühle entwickelt. Damit steht aber nicht von vornherein fest, „daß das religiöse Gefühl selbst im gesellig-gesellschaftlichen Verkehr gründet".[2]

So ist das gesellige Gefühl vor allem ein vermitteltes Gefühl, das sich durch eine Erhebung zum Gottesbewußtsein auszeichnet. Das Gefühl gewährleistet ein Heraustreten des menschlichen Inneren als eine „Äußerung des Gefühls", weshalb es auch im Wesentlichen ein die Gemeinschaft unterstützendes und prägendes Element ist.[3]

Sobald nun der Mensch das ‚Sich-Durchsetzen' von etwas Höherem in seinem Selbst bemerkt, könnte damit zugleich ein Heraustreten aus jeglichem frommen Selbstbewußtsein gemeint sein.

Aber das religiöse Gefühl kommt zwar im Inneren des Menschen zur Wirkung, um als göttliches Wirken erkannt zu werden. So ist es dem menschlichen Sein bewußt, daß ein anderes Sein in ihm wirkt. Andererseits obliegt dem menschlichen Gefühl die Entscheidung, ob es das in ihm durchbrechende Gefühl als Göttliches identifiziert. So bleibt es stets dabei, daß man nur beschreiben kann, was sich im menschlichen Inneren abspiegelt, obwohl das Wesen Gottes in seinem ‚an sich' unerkennbar bleibt.

Daraus folgt, daß sich alle religiösen Aussagen der GL aus dem schlechthinnigen Abhängigkeitsgefühl ergeben.

Schon in der Dialektik kommt Schleiermacher zu einem ähnlichen Ergebnis. Auch hier ist eine wirkliche Erkenntnis nur deshalb möglich, weil Denken und Sein zusammenstimmen. Dem Gebiet des Denkens entspricht hier das Reale; dem Gebiet des Seins ist das Ideale entsprechend. Dem Denken kommt die organische Funktion zu, während dem Sein die intellektuelle Funktion zugeteilt ist.

Das Denken an sich ist ja immer schon vollzogen, wenn der Denkende als der Denkende hinzutritt. Schleiermacher empfindet somit das Denken als Denkprozeß, als ein im Gang befindliches Denken, und so widmet er sich in der Dialektik der Reflexion des Denkens an sich.

Für Schleiermacher ist das Denken hier ein reines Denken, ein Denken, dem es nur um sich selbst geht. Demgegenüber gilt ihm das endliche Denken als „sprechendes Denken". Bereits hier zeigt sich die deutliche Verbindung zur Hermeneutik.

Die Vernunft ist sich selbst ein Rätsel, weshalb niemand der denkt sagen kann und sagen darf, was Vernunft und was das Seiende ist. Die hier vorgestellte

---

[1] Vgl. OFFERMANN, Einleitung, 321.
[2] WAGNER, Theologie, 929.
[3] Vgl. OFFERMANN, Einleitung, 307.

unlösbare Rätselhaftigkeit will Schleiermacher auch an Hand des Abhängigkeitsbegriffs verdeutlichen.

Die Begriffe ‚Denken, Sein und Vernunft' sind ihm nur im Bereich des Abhängigkeitsgefühls erklärbar, das wiederum weder ableitbar noch begründbar ist, womit Schleiermacher laut Rothert auf die „letzte Basis der Argumentation" verweist.[1]

7.3 Der Grund jeglicher Gewißheit als wirkliches Wissen und als Glaube

Das wirkliche Wissen liegt als unerreichbares Ziel im Unendlichen, dem der Mensch entgegen strebt, ohne das Ziel je erreichen zu können. Hier zeigt sich, daß es sich eigentlich um kein Ziel handeln kann, da es ohnehin nie erreichbar ist, sondern eher um ein ‚Etwas', weit jenseits des Endlichen liegend.

Ähnlichkeiten zur Fichteschen WL seiner ersten Schaffensperiode sind hier anzunehmen, da sich auch dort das Ich in einem unendlichen Strebeprozeß befand, um seine Selbstverwirklichung zu erreichen. (GA I, 2, 259; GA II, 6, 150)

Dem unerreichbaren ‚Ziel' und dem sinnlosen Abmühen versucht Schleiermacher durch die Postulierung einer absoluten Identität von Realem und Idealem im transzendenten Grund entgegenzuwirken. Eine solche absolute Identität muß geglaubt werden, und so bezeichnet der Glaube eine Gewißheit, die der letzte Grund aller Tätigkeit ist, wie die Annahme einer solchen Gewißheit den Grund allen Wissens bezeichnet. „Insofern sehn wir hier die relative Wahrheit der Behauptung ein, daß der Glaube über dem Wissen stehe." (Dial. 1811, 6., S. 10)

Die absolute Identität von Realem und Idealem ist bei Schleiermacher der höchste metaphysische Begriff, der Gott genannt wird. Auch vom Wollen aus gelangt er zu demselben Ergebnis. Bezieht sich das Denken auf ein vorausgehendes Sein, so bezieht sich demgegenüber das Wollen auf ein nachfolgendes. Daß das menschliche Tun ‚aus dem Menschen hinaus' nach außen gelangt und das äußere Sein der Vernunft gegenüber empfänglich ist und so das „ideale Gepräge unseres Willens" aufnimmt, hat seinen Grund nur „in der rein transzendenten Identität des Idealen und Realen". (Dial. 1814/15, § 214, 1) Die absoluten Einheiten des Denkens und Wollens können mit dem Sein nicht verschieden sein.

So stellt Schleiermacher fest, daß es nur ein Absolutes geben kann. Er nimmt hier in etwa den Spinozischen Gottesbegriff[2] und den Gottesbegriff Schellings an, wie man ihn aus seinen kurz nach 1800 entstandenen Schriften kennt.

In diesem Sinne nähern sich auch nach 1800 die Gottesbegriffe Schleiermachers und Fichtes einander ‚in etwa an'.

Doch läßt sich die absolute Identität bei Schleiermacher nicht enthüllen, da sie im transzendenten Grund liegt. Erwähnenswert ist, daß das Transzendente und

---
[1] Vgl. ROTHERT, Dialektik, 200.
[2] Vgl. MECKENSTOCK, Ethik, 205.

die Transzendenz bei Schleiermacher für keine Weltentrücktheit stehen, sondern bezüglich des Gottesbegriffs nur zeigen, daß Gott jede menschliche Erkenntnis überfordert.

Aus diesem Grunde will Schleiermacher die Herleitung des schlechthinnigen Abhängigkeitsgefühls aufgrund des vorgegebenen ‚Wissens' von Gott herausstellen. Aus dem anderwärts gegebenen Wissen um Gott entsteht das Abhängigkeitsgefühl gerade nicht, wie er in einem handschriftlichen Zusatz anführt. (§ 4, 4, I, 29, GL 1830, Notiz I, 29) Außerdem differenziert Schleiermacher, trotz der engen Zusammengehörigkeit, zwischen den Begriffen ‚Gefühl' und ‚Selbstbewußtsein'. (§ 3, 2, I, 16 f., GL 1830) Das Gefühl ist für ihn „die unmittelbare Gegenwart des ganzen ungeteilten Daseins". (§ 3, 2, Anm. I, 17, 13 f., GL 1830)[1]

Hier macht sich erneut die Sprachlosigkeit des Gefühls bemerkbar, da es etwas ‚ist', worüber man eigentlich nicht reden kann. So muß es ‚erfühlt' werden und kann auch mit Hilfe einer noch so eindringlichen Formulierung nicht nachvollzogen werden, wie Schleiermacher es bereits in den Reden „Über die Religion" andeutete. (R, 75 f.)

Hier zeigt sich auch die Problematik um den Ursprung der Sprache. Das schlechthinnige Abhängigkeitsgefühl zeichnet sich seinerseits durch den Drang aus, zum Selbstbewußtsein gelangen zu wollen und in diesem präsent zu sein. Der Vorgang „hat die Vorstellung von Gott zur Folge", weshalb auch die Benennung als Gott entsteht. Das Wort ist zugleich der Anspruch dessen, was in dem schlechthinnigen Abhängigkeitsgefühl von Anfang an mitgesetzt ist.

Hier wird das unmittelbare Selbstbewußtsein zum Gottesbewußtsein. Aber trotz der Unterschiedenheit zum Wissen und Tun ist das schlechthinnige Abhängigkeitsgefühl nichts Separates, das von jedem Wissen und Tun trennbar wäre. Andererseits ist das Abhängigkeitsgefühl durch kein „vorheriges Wissen um Gott" bedingt. (§ 4, 4. S. 29, GL 1830)

Wichtig ist in diesem Zusammenhang auch die Feststellung, daß Schleiermacher keine Zerstörung der traditionellen Gotteslehre beabsichtigt, sondern sich lediglich gegen eine unbedenklich betriebene Lehre von den göttlichen Eigenschaften wendet.

So ist ihm die unbedenklich angewandte Lehre von den göttlichen Eigenschaften „ein Gemisch Leibnizisch-Wölfischer rationaler Theologie und von sublimierten alttestamentischen Ansprüchen, unter welchen beiden sich das wahrhaft Christliche fast nur verliert."[2]

Eine Darstellung Gottes ist für Schleiermacher die Grundlage und der Nährboden des Atheismus, eben weil eine Darstellung des unendlich Göttlichen von vornherein zum Scheitern verurteilt ist.[3]

---

[1] Übrigens ein Zitat Henrik Steffens'.
[2] Schleiermachers Sendschreiben, 28.
[3] Vgl. Schleiermachers Sendschreiben, 29.

Demnach ist es nicht vermessen zu behaupten, daß Schleiermacher eine Neugestaltung der Gotteslehre wagte.

Der Ausgangspunkt der Schleiermacherschen Lehre von Gott ist als Beziehung zwischen Gott und Mensch erkennbar, der sich ständig an der Erfahrung des frommen Selbstbewußtseins orientiert.

„Denn es gibt keine andere Art zu Begriffen göttlicher Eigenschaften zu kommen, als indem wir, was in uns begegnet, auf die göttliche Ursächlichkeit zurückführen. Nun schreibt unser Selbstbewußtsein das Aufgehobenwerden der Sünde durch die Erlösung der göttlichen Ursächlichkeit zu; und die göttlichen Eigenschaften, welche hierbei als tätig gedacht werden, beziehen sich allerdings auch auf die Sünde." (§ 101, 1, II, 103, S. 324, GL 1821/22). Wie bereits erwähnt, können in Schleiermachers Argumentation Vernunftsbegriffe keine Erkenntnis des göttlichen Wesens begründen und sind in dieser Hinsicht also schlechthin unbrauchbar. (§ 50, 3, S. 258, GL 1830)

Daraus folgt, daß es für Schleiermacher undenkbar ist, durch eine Summierung göttlicher Eigenschaften zu einer Erkenntnis bezüglich des Göttlichen zu gelangen. Gott wäre dann nur etwas Zusammengesetztes. (§ 50, 2, S. 257, GL 1830) In dieser Hinsicht stellt sich auch bei Schleiermacher Gott und seine Unaussprechlichkeit als Sprachproblem dar. Das Reden von Gott und das zugleich bestehende Wissen um die Unaussprechlichkeit des essentiell Göttlichen, steht in einem wechselseitigen Spannungsverhältnis und ist das Grundlegende der Schleiermacherschen Religionsphilosophie und ein Problem seiner Hermeneutik.

7.4 Die ‚Unaussprechlichkeit' und grundsätzliche Unerkennbarkeit des Göttlichen

In rechter Weise von Gott reden heißt bei Schleiermacher auch des Göttlichen gedenken. Zugleich muß aber das Sein Gottes in irgendeiner Weise aussagbar sein. Die völlige ‚Unsagbarkeit' Gottes ist aber zugleich ein vergessenes Schweigen und also atheistisch.

So versucht Schleiermacher, einer elementaren Sprachlehre in bezug auf das Reden von Gott Gestalt zu geben. Die Lehre von den göttlichen Eigenschaften ist hier als Botschaft von dem Göttlichen und so als Hermeneutik des Redens von Gott zu bezeichnen.

Die Hermeneutik fungiert hier gleichsam als Translationsbasis, mit welcher Botschaften zum Ausdruck gebracht werden.

In diesem Sinne äußert sich Schleiermacher auch hinsichtlich des Zusammenhanges zwischen der Theologie und der Philosophie, die trotz ihrer Divergenz sich prinzipiell nicht widersprechen, sondern „zusammenstimmen" müssen.[1] Also glaubt er, daß auch die Religion und die Philosophie „sehr gut in demselben Objekt bestehen" können. Somit kann „ein wahrer Philosoph auch ein wah-

---
[1] Schleiermachers Sendschreiben, 28.

rer Gläubiger sein und bleiben" wie man auch „von Herzen fromm sein [kann] ... und doch den Mut haben und behalten, sich in die tiefsten Tiefen der Spekulation hineinzugraben".[1]

Schleiermachers hermeneutische Position besteht in einer Balance, die zwischen spekulativer Universalisierung philosophischer Empirie angesiedelt ist, und zwar obwohl er sie ursprünglich als ausdrücklich ‚nicht-universale' Disziplin konzipierte. Aber hier ist ebenso fraglich und gleichzeitig unbeantwortbar, ob die Hermeneutik dem zu erfassenden Göttlichen in irgendeiner Weise nahe kommt, da sie als bloße Kunst des Verstehens und Kunstlehre des Streitens gilt.

Aufgrund der Hermeneutik kann kein Wahrheitskriterium ermittelt werden, wie es bereits Hans Georg Gadamer feststellte, um mit seiner Aussage einer tendenziösen Überspannung des hermeneutischen Ansatzes entgegenzuwirken.[2]

Schleiermacher geht es hauptsächlich darum, die Idee einer absoluten Einheit des Seins erreichbar zu machen, indem er es ermöglichen will, in der Begriffsbildung so hoch ‚es geht' aufzusteigen.

Aber die absolute Einheit des Seins ist kein Begriff mehr, weil von einer solchen Einheit keine Aussage mehr möglich ist. Sie ist vielmehr eine bloße Satzung, „die aber nicht in einer Mannigfaltigkeit in ein System von Gegenständen zerlegt werden kann". Die so vorgestellte absolute Einheit „kann nicht angesehen werden als aus einem System von Urteilen entstanden, in dem von dem Sein nichts kann ausgesagt werden". (Dial. 1814/15, 149) Ferner ist die „Idee des absoluten Seins als Identität von Begriff und Gegenstand „also kein Wissen". (Dial. 1814/15, 153)

Begriff und Urteil enden in der Idee des absoluten Seins.

Auch eine Anschauung Gottes kann so nie wirklich vollzogen werden, weshalb diesbezüglich nur ein indirekter Schematismus anzunehmen ist, weil die Idee der höchsten Einheit und die Identität des Idealen und Realen nur Schemata sind.

So bleibt die Gottheit an sich immer verhüllt, so daß sich die Erwähnung fast erübrigt, daß Gott den Schleiermacherschen Ausführungen zufolge weder eine Persönlichkeit noch ein Einzelwesen sei. Der Mensch kann aufgrund des Denkens und Wollens die Gottheit nie erahnen.

Demgegenüber ist es dem Gefühl möglich, eine solche Leistung zu vollbringen, gerade weil im Gefühl die im Denken und Wollen bloß vorausgesetzte Einheit des Idealen und Realen wirklich vollzogen wird. Die absolute Einheit besteht so innerhalb des unmittelbaren Bewußtseins, und so sind auch im religiösen Gefühl alle Gegensätze aufgehoben. Das Absolute wirkt in ihm und der transzendente Grund ist mit dem höchsten Wesen im religiösen Gefühl präsent.

So ist die Schleiermachersche GL aus der Orientierung am frommen Selbstbewußtsein entwickelt.[3] Schleiermacher verwirft hier alle überkommenen und untereinander stark verschiedenen Versuche einer vollständigen Erfassung und

---

[1] Schleiermachers Sendschreiben, 65.
[2] Vgl. GADAMER, Replik, 300.
[3] Vgl. OFFERMANN, Einleitung, 85.

sinnvollen Auflistung der göttlichen Eigenschaften, obwohl er die traditionellen Schemata in veränderter Interpretation auf sein Verständnis anwendet. In diesem Sinne ist seine folgende Äußerung zu verstehen: „Doch aber werden auch wir von manchen dieser Formeln nach unserer Weise Gebrauch machen können". (§ 50, 4, S. 263, GL 1830)

Andererseits ist die GL die Lehre von der Liebe Gottes. So ist die Liebe hier als Bewegung zu verstehen, die sich in die völlige Ruhe und unbewegte Einheit begibt.[1] „Der Weg des theologischen Denkens, dessen Anfang „Liebe Gottes" und dessen Ziel „Erlösung des Menschen" heißt, beginnt ohne das Thema „Zeit".[2]

So stellt Schleiermachers Postulat der absoluten Identität des Denkens und Seins das Heil an sich dar. Es steht dem Menschen als etwas Fertiges gegenüber, daß ihm aber auch im Gefühl nur als Spiegelung des wahrhaft Unendlichen erscheint.

Schon Windelband fand bewundernde Worte für die Schleiermachersche Darstellung: „Sie trägt zugleich die klaren Züge der Kantischen Erkenntnistheorie und ist die vollkommenste unter den positiven Synthesen, welche der Kritizismus mit dem Spinozismus gefunden hat."[3]

Die Quintessenz der GL ist, daß Gott trotz seiner grundsätzlichen Unerkennbarkeit im frommen Selbstbewußtsein des Menschen wirkt.

7.5 Das Abhängigkeitsgefühl und die sich selbst setzende Identität

Ist das absolute Abhängigkeitsgefühl der höchste Punkt der aufsteigenden Kurve, der nicht mehr zu überbieten ist und demnach als das Höchste im Menschen besteht?

Zunächst ergibt sich daraus die Möglichkeit, daß der von dem religiösen Gefühl durchdrungene Mensch das ‚Woher' des Gefühls als ein über sich stehendes Seiendes identifiziert.

Das unmittelbare Selbstbewußtsein, das das Selbstsein des Subjekts ausmacht, ist einerseits frei, aufgrund einer sich selbst setzenden Identität, womit es sich seiner im Gegensatz begriffenen objektiven wie subjektiven Funktionen bewußt ist und andererseits ist es ein Gesetztes, da es sich als Identität gesetzt sieht und von der Setzung weiß.

Als das Gesetzte ist es durch den transzendenten Grund gesetzt und nicht durch sich oder eine andere Gegebenheit. Von dem transzendenten Grund ist es sich in seinem unmittelbaren Selbstsein als schlechthin und also absolut abhängig bewußt.

Das unmittelbare Selbstbewußtsein ist somit erst als Analogie zum transzendenten Grund und außerdem als seine Repräsentation denkbar. (DOd, 289)[4] In

---

[1] Vgl. MILLER, Übergang, 182.
[2] TROWITZSCH, Zeit, 50.
[3] WINDELBAND, Geschichte, Bd. 2, 289.
[4] Vgl. WAGNER, Dialektik, 177; ders., Theologie, 932.

jedem Gefühl ist sich der Mensch seiner wechselnden Bestimmtheit und seiner selbst bewußt. Das, was das Subjekt bestimmt, ist ein völlig unerklärbarer Grund. So stellt sich für Schleiermacher die Aufgabe, das absolute Abhängigkeitsgefühl auf eine für uns nachvollziehbare Ebene zu transferieren, so daß es einem empirisch vorkommenden Gefühl zumindest ähnlich oder analog vergleichbar ist.

Das Gefühl ist nicht konkret bestimmbar. Aus diesem Grunde fühlt sich der Mensch auch lediglich als tätiges Subjekt und zugleich als absolut bestimmt und abhängig – und das, ohne etwas Bestimmtes zu fühlen.

Die rein selbstbezügliche Seite des Gefühls hat Schleiermacher als das absolute Abhängigkeitsgefühl bestimmt. Das rein unmittelbare und bestimmungslose Selbstbewußtsein ist ein abstraktes Gefühl. Aber das Gefühl muß auch etwas konkret erfüllen können, und so nennt Schleiermacher ein solches Bewußtsein Frömmigkeit.[1] So wird das absolute Abhängigkeitsgefühl hier mit wirklichen Gefühlsinhalten zu einer Einheit verbunden.

8. Der Pantheismus als Problem der Beurteilung Schleiermacherscher Arbeit

Wie sind Gott und Naturzusammenhang bei Schleiermacher nach 1800 zu denken? Sind für ihn der Naturzusammenhang und die absolute Kausalität ein und dasselbe? In der GL äußert er sich diesbezüglich in dem Abschnitt von den göttlichen Eigenschaften. (§ 65, GL 1821/22; § 51, GL 1830)

Zunächst sei hier nochmals betont, daß der Glaube ‚an' Gott für Schleiermacher einer der zentralen Punkte in der GL ist und das, obwohl Gott in keiner Weise eine Gegebenheit im Schleiermacherschen System darstellt. So ist über Gott auch keine Aussage möglich, die dem Anspruch objektiver Gültigkeit gerecht werden könnte.

Demnach ist auch fraglich, ob Schleiermachers Ausführungen überhaupt von einer Gleichsetzung von Gott und Welt nach 1800 ausgehen können. Schleiermacher behauptet doch, Gott und Welt seien auf eine bestimmte Art geschieden. Das mitgesetzte Woher (sc. der schlechthinnigen Abhängigkeit) soll laut Schleiermacher mit dem Ausdruck ‚Gott' bezeichnet werden. (§ 4, 4, S. 28, GL 1830)

Daraus läßt sich ableiten, daß er keine Gleichsetzung von Gott und Welt beabsichtigt. So folgert Offermann, daß eine Gegenüberstellung von Gott und Welt unverständlich wäre, wenn es ihm auf eine Gleichstellung beider ankäme.[2]

Eindeutig zeigt auch seine Randbemerkung zu § 4, 4, S. 29, GL 1830, daß er den pantheistischen Ideen nicht verbunden ist: „Fast unbegreiflich, wie man mir hat Pantheismus zuschreiben können, da ich das schlechthinnige Abhängigkeitsgefühl von der Beziehung auf die Welt ganz sondere." So kommt es ihm darauf an, den Begriff ‚Welt' von dem Begriff ‚Gott' zu unterscheiden.

---

[1] Vgl. WAGNER, Dialektik, 177; ders., Theologie, 932.
[2] Vgl. OFFERMANN, Einleitung, 186.

Darüber hinaus läßt Schleiermacher sogar ein Spannungsverhältnis bezüglich der Bestimmungen ‚Gott' und ‚Welt' erkennen.

Aber die göttliche Kausalität weist sich durch keine Wechselwirkung aus, und so steht sie schon aus diesem Grund dem Naturzusammenhang entgegen. Entweder man geht davon aus, Gott wirke in dem Naturzusammenhang – und zwar nur in diesem. Erblickt man hierin das Ewige, ist er als göttliche Kausalität anzusehen. Sieht man hingegen den Naturzusammenhang als das Gebiet der Wechselwirkung räumlich-zeitlichen Geschehens und der Veränderung, kann von einer göttlichen Kausalität nicht mehr die Rede sein. So ging z. B. Zeller in seiner Interpretation von dieser Sichtweise aus.[1]

Schleiermacher selbst stand, wie bereits erwähnt, einer solchen Auffassung stets ablehnend gegenüber. So betont er, der Naturzusammenhang und die göttliche Kausalität zeichneten sich durch verschiedene Ursächlichkeiten der Art nach aus. (§ 51, 1, GL 1830) Vor allem empfindet Schleiermacher das Wort ‚Pantheist', sofern es auf seine Arbeit bezogen wird, als Schimpf- und Necknamen.

Aber auch die spinozistisch ‚angehauchten' Abschnitte der GL, in denen der Unterschied zwischen Wirklichem und Möglichem, zwischen Können und Wirken in Gott geleugnet wird, können in die von Schleiermacher verhasste Richtung zielen.

Der Naturzusammenhang besteht aber nur infolge der göttlichen Allmacht, die der Mensch nur als „ewig und allgegenwärtig denken" kann. (§ 68 a, 1, I, 288, S. 204, GL 1821/22)

In der Dialektik äußert sich Schleiermacher wie folgt: Wir ‚wissen' um das Sein Gottes in uns, können aber um ein Sein Gottes außer der Welt gar nichts wissen. Gott ist uns als Bestandteil unseres menschlichen Wesens gegeben und „das uns eingegorene Sein Gottes in uns konstituiert unser eigentliches Wesen, denn ohne Ideen und ohne Gewissen würden wir zum Tierischen herabsinken". (Dial. 1814/15, 216, 2)[2]

Hier wird deutlich, daß Schleiermacher zwischen Gott und Welt einen Zusammenhang annimmt, den er erklären möchte. So gilt Gott als Einheit von Denken und Sein.

Auch in der Ethik 1812/13 äußert sich Schleiermacher zu dieser Problematik: „Der höchste Gegensatz, unter dem uns alle anderen Begriffe vorschweben, ist der des dinglichen und geistigen Seins." „Das Ineinander aller unter diesem höchsten begriffenen Gegensätze, auf dingliche Weise angesehen, oder das Ineinander alles dinglichen und geistigen Seins als Dingliches, d. h. Gewusstes, ist die Natur. Und das Ineinander alles Dinglichen und Geistigen als Geistiges d. h. Wissendes ist die Vernunft." (Ethik, letzte Bearbeitung, 1812/13, 47, 532). Jedes irdische Sein weist sich durch die Dualität aus. Also ist das Geistige, wenn auch in unterschiedlichen Abstufungen, überall vorhanden. Selbst dem anorganischen

---
[1] Vgl. ZELLER, Erinnerung, 275.
[2] Vgl. WAGNER, Dialektik, 169.

und vegetabilischen Sein kommt diese Dualität zu, wie schließlich im höheren Grad dem Tier und im höchsten Grad dem Menschen.

Daraus folgt, daß man die gesamte Natur als eine verminderte Ethik interpretieren kann. Doch strebt der Prozeß in die Richtung des immer vollkommener werdenden Einswerdens von Vernunft und Natur.

Hier ist bei Schleiermacher der sittliche Mensch der Mensch, der die höchstmögliche irdische Steigerung erklommen hat.

Aber die Vernunft ist hier nicht der allein wertvolle Faktor, wie er demgegenüber in der Lehre Fichtes zumindest von höherer Bedeutung ist. Andererseits soll das Sittliche bei Schleiermacher das Physische einer Idealisierung zuführen. Allerdings wies in diesem Zusammenhang bereits Lipsius im Jahre 1869 darauf hin, daß der Schleiermachersche Identitätsgedanke dabei „ins Wanken" gerate.[1]

Fest steht, daß die Welt von Schleiermacher als Einheit gesehen wird, und zwar als eine Einheit „des endlichen Seins als Ineinander von Natur und Vernunft in einem alles in sich schließenden Organismus". (Ethik, Braun, 54, 534). Die Idee dieser Welt und die Idee Gottes stehen hier in wechselhafter Beziehung zueinander.

„Beide Ideen Welt und Gott sind Korrelata." (Dial. 1814/15, § 219) Aber von einer Identität von Gott und Welt kann keine Rede sein, da die Welt die Totalität der Gegensätze ist, die Gottheit hingegen die reale Negation derselben.

Die Welt erfüllt Raum und Zeit. Demgegenüber ist die Gottheit raum- und zeitlos. (Dial. 1914/15, § 219, 1) Die Idee der Gottheit und Welt identifizieren bedeutet demgegenüber, die pantheistische Formel heraufbeschwören.

Die pantheistische Formel hätte aber zur Folge, daß nicht mehr die ursprüngliche Einheit gegeben ist, sondern eine, die aus dem Zusammenfassen der Gegenstände entsteht. Die Welt wäre die volle und Gott die leere Einheit und damit nur ein Nichts. Demgegenüber steht für Schleiermacher fest, daß Gott die volle Einheit, die Welt aber in sich eine Vielzahl ist. Doch wie bereits erwähnt, sind Gott und Welt nicht ohne einander denkbar.

„Das Sein Gottes ist uns in den Dingen gegeben, insofern in jedem Einzelnen vermöge des Seins und Zusammenseins die Totalität gesetzt ist, und also auch der transzendente Grund derselben mit." (Dial. 1814/15, 216, 5) Den Zusammenhang zwischen Gott und Welt unterstreicht Schleiermacher auch mit der folgenden Äußerung: „Wenn uns ein Sein Gottes außer der Welt gegeben wäre: so wären also Welt und Gott für uns vorläufig getrennt, und dadurch wird auf jede Weise die Idee Gottes oder die Idee der Welt aufgehoben." (Dial. 1814/15, 216, 7) Ferner heißt die Welt ohne Gott denken, auf das Schicksal vertrauen und die Materie als Grund des Seins anzunehmen.

Aber wie bereits durch die Äußerung der Dialektik verdeutlicht, ist ein Gott ohne Welt dem Prinzip des Nichtseins ausgesetzt und die Welt dem Zufall ausgeliefert.

---

[1] LIPSIUS, Zeitschrift, 56 f.

So ist letztlich für Schleiermacher das Zusammensein von Gott und der Welt das einzig plausibel erscheinende Verhältnis.

Spinozas Bestrebungen gingen tendenziell dahin, das ganze Weltsein in das göttliche Sein zu versenken und in ihm aufzulösen, weil es für ihn ein nicht für sich Seiendes und nichts in sich Seiendes war. Aber Schleiermacher wollte innerhalb des Verhältnisses zwischen Gott und der Welt doch an dem Unterschied zwischen beiden festhalten. Seine Bestrebungen gehen demnach dahin, einen Dualismus der Immanenz durchzuführen.[1]

Allerdings könnte man der Ansicht sein, Schleiermacher habe seine Bestrebungen weder in der Dialektik noch in der GL umsetzen können. Also könnte man die Idee Gottes und die Idee der Welt als nur zwei verschiedene Fassungen desselben Seins bezeichnen. Demnach ging Schleiermacher nur von zwei verschiedenen Standpunkten aus. Also liegt die Vermutung nahe, daß Schleiermacher pantheistisch begann und nicht den Mut fand, seine Ideen in diesem Sinne zu Ende zu bringen.

Demgegenüber war Schelling konsequent: „Gott und Universum sind eins oder nur verschiedene Ansichten eines und desselben. Gott ist das Universum von der Seite der Identität betrachtet, er ist Alles, weil er das allein Reale, außer ihm also nichts ist, das Universum ist Gott von Seiten der Totalität aufgefaßt." (SW I, 5, 366)

Aber bei Schelling kommt das religiöse Gefühl nicht in den Vordergrund und ist hier also nicht in dem Sinne das Fundament wie bei Schleiermacher. Schleiermachers Betonung, Gott sei nicht mit der Welt identisch, geschah, um die Alleinheitslehre zu umgehen, in welcher er die Gefährdung aller Religiosität sah. Tendenziell ist die GL aber mit pantheistischen Ideen ‚angehaucht', so daß man behaupten darf, auch in der GL (wie übrigens auch in den Reden „Über die Religion") sei ein zartes pantheistisches Fluidum bemerkbar.

Auch bleibt Schleiermacher in seiner GL dem „Hen" verbunden, das als solches – wie schon in den Reden „Über die Religion" – „die alles erschöpfende Gefühlsqualität des Religiösen" darstellt.[2]

So ist das Göttliche im Menschen und also in der Welt erfahrbar und das so erlebte religiöse Erlebnis ist das Einzige, was der Mensch über das Göttliche erfahren kann. Die Immanenztheorie der Dialektik scheint hier die Bestätigung zu liefern. Doch gibt Schleiermacher zu bedenken: „Von allem, was vom höchsten Wesen ausgesagt werden kann, paßt nichts recht, sondern alles bleibt bildlich, wenn es auch noch so absolut erscheint, weil alle Prädikate verknüpft sind mit dem Endlichen." (DOd, 297)

Das Identitätssystem stand der Schleiermacherschen Dogmatik entgegen. Er selbst bemerkte die Gefahr des Widerspruchs innerhalb seiner Philosophie und Dogmatik. So schreibt er an Jacobi: „Meine Philosophie und meine Dogmatik sind fest entschlossen, sich nicht zu widersprechen, aber eben darum wollen

---

[1] Vgl. P. SCHMIDT, Spinoza, 133 ff.
[2] TIMM, Revolution, 39.

auch beide niemals fertig sein, und solange ich denken kann, haben sie immer gegenseitig aneinander gestimmt und sich auch immer mehr angenähert."[1]

Selbstverständlich dringt seine so vorgestellte philosophische Anschauung auch in seine GL ein, wenn er dort Gott und Naturzusammenhang in Einklang bringt. Das fromme Gefühl ist hier in der GL auch nicht der Träger der Verbindung von göttlicher und endlicher Kausalität. Gott ist vielmehr der Urquell allen Lebens und eine lebendig schaffende Weltkraft.

Aus diesem Grund sah sich bereits Windelband dazu veranlaßt, von einem „vitalistischen Pantheismus" im Sinne des Neospinozismus auszugehen.[2]

Doch ist das Pantheistische bei Schleiermacher nur in der Tendenz vorhanden und bildet innerhalb seiner religiösen Anschauungen nur einen ‚schleierhaften' Einschlag.

Aber die Idee Gottes und der Welt war bei Schleiermacher in der GL doch in dem Maße zusammengefallen, daß er sich darüber täuschte, er sei dieser Gefahr gänzlich ausgewichen.

Diese Täuschung kam bei ihm zustande, da er das religiöse Erlebnis in seiner GL zentral verankerte und diesem Gedanken seine Hauptaufmerksamkeit widmete. Das gefühlsmäßige Erfassen des Göttlichen ist das schlechthinnige Zentrum seiner GL.

Wie wir gesehen haben, wurde diese Grundlage von ihm bereits in den Reden „Über die Religion" gelegt, um sie in der GL einer differenzierten Betrachtung zu unterziehen.

---

[1] Zitiert bei LIPSIUS, Zeitschrift, 42.
[2] Vgl. WINDELBAND, Geschichte, Bd. 2, 290.

II. Fichtes Bemerkungen bezüglich des Göttlichen am Beispiel der Anweisung zum seligen Leben (ASL)

Wie bereits erwähnt, weist auch die Fichtesche Lehre nach 1800 eine Veränderung auf. Legt man die Meinung Windelbands zugrunde, so war Fichte ebenfalls vom Spinozischen Gedankengut beeinflußt – und zwar mehr als Fichte es ahnte.[1]

Wenn Windelband hier Recht behielte, so könnte der Fichtesche Gottesbegriff sich dem Schleiermacherschen mehr angenähert haben, als man hinsichtlich der ersten Schaffensperiode vermuten durfte.

1. Der Einfluß Spinozas auf die ASL

Fichte interpretiert den ‚Spinozischen Gott' als „Gott, der seiner nie bewußt wird". (GA I, 2, 263) So stellt er fest: „Man hat gestritten, ob es [sc. dieses System] Atheismus sei. Es ist es. Denn es gibt da kein gemeinschaftliches Bewußtsein und kann keines geben, in welchem die speziellen vereinigt würden." (GA II, 4, 245) Fichte bemängelt am Spinozischen System, daß Gott hier keine Intelligenz mit Bewußtsein und Freiheit sei, und so denke der Spinozische Gott „nicht für sich, sondern alle endlichen Wesen denken in ihm." (GA IV, 1, 369)

Für Fichte ist es bezeichnend, daß er zwischen Sein und Erscheinung stets streng scheidet. Das Absolute erscheint eben, und so geht er von der absoluten Faktizität der Erscheinung aus.

In diesem Zusammenhang ist interessant, daß laut Schmid der Gedanke der Faktizität sogleich den Gedanken der ‚schlechthinnigen Abhängigkeit' mit einschließt, die „das konkurrenzlose Durchsichselbstsein Gottes" sicherstellt.[2] So ist außer Gott nichts als seine Erscheinung, die nichts durch sich selbst ist, sondern alles durch Gott.

Doch macht die Fichtesche Spätphilosophie deutlich, daß die Erscheinung und das Absolute zusammengehören. Wenn bei Spinoza das Denken selbst zum Absoluten gehört, ist somit laut Fichte das Absolute um seine Absolutheit gebracht, gerade wenn die Denkbestimmungen zum Absoluten gehören und sie dann nicht mehr von jenem zu unterscheiden sind. Das Absolute ist der Fichteschen Ansicht zufolge bei Spinoza in seinem Sein als Denken und Ausdehnung durch ein notwendiges Gesetz bestimmt.

Aber trotz einiger nicht übersehbarer Differenzen zwischen Fichteschem und Spinozischem Gedankengut bezieht sich Fichte in einigen entscheidenden Äußerungen recht positiv auf die Spinozische Lehre. So beabsichtigt ja auch Fichte, alles Mannigfaltige auf die absolute Einheit zurückzuführen. Diese absolute Einheit, wie Fichte sie denkt, muß das Wissen von sich selbst hervorbringen, da ihre Annahme sonst in den Dogmatismus mündet.

---

[1] Vgl. WINDELBAND, Geschichte, Bd. 2, 290.
[2] SCHMID, Religion, 69.

Wie wir festgestellt haben, ist die Fichtesche Spinozakritik darauf bezogen, „daß er den Übergang der einen Substanz zu ihren (zwei) Attributen und (mannigfaltigen) Modi nicht erklärt habe".[1]

Andererseits ist Fichte der Meinung, Spinoza sei nicht imstande, das Wissen von der absoluten Substanz zu erklären, und so handle es sich um ein Sein ohne Wissen.

In den „Rückerinnerungen" hatte Fichte noch betont, für ihn sei „das Leben das System der Gefühle und des Begehrens" und bedeute ihm das Höchste, der Erkenntnis bliebe demgegenüber überall nur das Zusehen. (GA II, 5, 137) Auch das Wissen konnte demnach nur dann der Kritik standhalten, soweit es sich auf eine äußere oder innere Wahrnehmung gründete. (GA II, 5, 114)

In der ASL setzt Fichte diesem Erkennen ein höheres Denken entgegen, welches sein Objekt aus sich heraus erschafft.

Das höhere Denken ‚leuchtet dem Menschen' als absolut Wahres ein, um seine Seele mit unwiderstehlicher Geistheit zu ergreifen, da diesem Denken das allein Mögliche, Wirkliche und Notwendige von selbst kommt. (GA I, 9, 78; 15; 89) Später wird sich zeigen, daß der Grund dieser Offensichtlichkeit darin besteht, daß Gott sich innerhalb des höchsten menschlichen Erkennens selbst denkt.

2. Die Tendenz der ASL

Vor dem Jahre 1800 galt die durch innere Anschauung gewonnene sittliche Freiheit des Menschen und die durch den Glauben erschlossene tätige moralische Ordnung als der Höhepunkt der Erkenntnis. In der ASL ist das reiche Denken nun der Punkt, für den eine innere Wahrnehmung keine ausreichende Grundlage liefern kann, da sich jenes reiche Denken nur dem höchsten Aufschwung des Denkens erschließt; dem absoluten Sein. „Das eigentliche und wahre Sein wird nicht, entsteht nicht, geht nicht hervor aus dem Nichtsein". (GA I, 9, 85)

So ist für Fiche die ASL populär in ihrer Darstellungsweise und nicht eine Frage des Philosophierens an sich. Der hier vertretene populär-philosophische Ansatz wurde von dem „gemeinen" philosophischen Standpunkt aus entwickelt. In diesem Sinne äußert er sich in einem an Schiller gerichteten Brief wie folgt: „[Ich] knüpfe an eine gemeinsame Erfahrung an." (GA III, 2, Nr. 292)

Doch ist hier bezeichnend, daß die Fichtesche Populärphilosophie wie auch seine wissenschaftliche Philosophie von vorreflexiven Vernunftformen bestimmt ist und also auf dem Wahrheitsgefühl und dem natürlichen Wahrheitssinn gründet.[2]

Innerhalb der Fichteschen Populärphilosophie erfährt das Gefühl die Thematisierung als Angelpunkt. Bereits der wissenschaftlichen Philosophie Fichtes lag

---

[1] SIEP, Fichtekritik, 16.
[2] Vgl. TRAUB, Populärphilosophie, 275, Fn 188.

die Thematisierung des Gefühls zugrunde, um es innerhalb eines konkreten Existenzvollzuges sozusagen beispielhaft am individuellen Dasein zu bewerten.

In der ASL schließlich werden die Philosophie und die Lebenswelt miteinander verbunden und so in eine direkte Beziehung zueinander gebracht. Entgegen der Kritik Schellings kommt es der Populärphilosophie Fichtes wesentlich darauf an, „die Integration von wissenschaftlicher Philosophie und lebensweltlicher Geschichte" zu erreichen.[1] So ist die ASL der Fichtesche Versuch, einen unmittelbaren Zugang zur Wahrheitseinsicht zu erlangen. Es geht ihm um die Verdeutlichung eines Translationsprozesses.

So soll die Erfahrung des Bewußtseins gleichsam in die Lebensidee und das Leben an sich überführt werden.

Die Erfahrung, die der Mensch in seiner sinnlichen Existenz vorfindet, soll zum klaren Bewußtsein gebracht werden, um so Welt- und Lebensanschauung verständlich zu machen.

Hervorzuheben ist auch, daß Fichte vor dem Jahr 1800 der Überzeugung war, es sei unmöglich, durch einen „Schluß vom Begründeten auf den Grund noch ein besonderes Wesen, als die Ursache desselben" annehmen zu können, denn das hieße, ein Herausgehen über das in der inneren Erfahrung unmittelbar Gegebene. (GA I, 5, 354) In der ASL zieht er diesen Schluß selbst, da sich nur hierdurch der Weg zum Göttlichen ebne. (GA I, 9, 85)

Aber seiner grundlegenden Tendenz ist Fichte treu geblieben. In diesem Sinne ist die Fichtesche Äußerung der ASL erwähnenswert: „Eine allgemeine Bemerkung, welche für alle folgende Gesichtspunkte mit gilt, will ich gleich bei diesem, wo sie sich am klarsten machen läßt, beibringen. Nämlich dazu, daß man überhaupt keinen festen Standpunkt seiner Weltansicht habe, gehört, daß man das Reale, das Selbständige und die Wurzel der Welt in einen bestimmten und unveränderlichen Grundpunkt setze" (GA I, 9, 108). Alles Übrige ist aus dem gesetzten Grundpunkt schließlich ableitbar. So ist die angeführte Stelle auch zugleich ein Argument für die Fichtesche Meinung, innerhalb seiner Philosophie gebe es keinen Bruch und keine völlige Neuorientierung, sondern seine Philosophie sei „in keinem Stücke eine andere geworden". (GA I, 9, 47)

Schon Immanuel Hermann Fichte hatte aus diesem Grunde seinen Vater zu ‚den' Denkern gezählt, deren System als der innerste Ausdruck ihrer Persönlichkeit zu bezeichnen sei.[2] Inwiefern es sich hier um eine Leerformel handeln könnte, sei dahingestellt, eben weil jedes selbst entwickelte System eines Denkers mit seiner Persönlichkeit konform geht, da nur das, was im Innern gedacht und gefühlt wird, auch Ausdruck eines Denksystems sein kann.

Laut Fichte ist die Philosophie, die man wählt, zugleich der eigene seelische Ausdruck. (GA I, 4, 195)

---

[1] TRAUB, Ich, 56.
[2] Vgl. FICHTE, Schriften, Bd. 1, 346.

Der gewählte unveränderliche Grundpunkt, von dem Fichte in der ASL ausgeht (GA I, 9, 108), liegt aber nicht innerhalb des sich selbst anschauenden Ich, sondern im absoluten Sein.[1]

„Immer müssen sie zuletzt auf ein Sein kommen, das da nicht geworden ist, und da eben darum keines andern für sein Sein bedarf, sondern das da schlechthin durch sich selbst, von sich und aus sich, selbst, ist." (GA I, 9, 85) Es geht ihm um das eine, ewige und unveränderliche Sein.

Das göttliche Sein, als das Absolute steht fortan im Mittelpunkt des Fichteschen Interesses. Demzufolge ist es die erste Aufgabe des Denkens, dieses „Sein scharf" zu erfassen. (GA I, 9, 85)

Hier ist auch die neue Erkenntnis der Wissenschaftslehre (WL) 1804 interessant, die besagt, daß das absolute Wissen nicht in der Weise immanent ist, daß es für sich selbst das Absolute ist. So kann es sich nur von dem wahren Absoluten aus als solches setzen, „indem das Absolute sich für es selbst in der Urevidenz als Wahres bewährt."[2]

Das absolute Wissen kann sich in einer Phänomenologie selbst durchdringen und entfalten. (GA II, 8, 406) So besteht der Angelpunkt des Systems der WL 1804 in dem Verhältnis des absoluten Wissens zum Absoluten.

In der ASL geht es Fichte darum, das Absolute, das göttliche Sein, als nichts Gewordenes darzustellen, gerade weil es nichts gibt, um die Entstehung eines solchen Seins zu ermöglichen. (GA I, 9, 58) Aber der Grundpunkt muß durch ein wahrhaftiges und eigentliches Sein gebildet werden, das aus sich selbst, von sich selbst und durch sich selbst ist. Dieses aus sich, von sich und durch sich bestehende Sein ist auch innerhalb seines Selbst weder einem Wandel noch einem Wechsel unterworfen, und so kann in ihm auch nichts neu werden, sondern alles bleibt von aller Ewigkeit her, so wie es immer war. Also kann auch die Zeit in ihm nichts Neues zur Entstehung bringen, eben weil sie hier ohne Bedeutung ist.

3. Das selige Leben

Problematisch ist schon die wörtliche Zusammenstellung eines „seligen Lebens". Das Adjektiv selig fungiert hier als Qualifizierung. Demnach wäre das Leben an sich eines ‚Abbruches oder Zuwachses' fähig. Doch Fichte führt aus: „Das wahrhaftige Leben lebt in dem Unveränderlichen; es ist daher weder eines Abbruches, noch eines Zuwachses fähig, ebensowenig, als das Unveränderliche selber, in welchem es lebt, eines solchen Abbruches oder Zuwachses fähig ist." (GA I, 9, 59)

Selig ist nun das Leben, wenn Subjekt und Leben die gleiche Bedeutung haben. Fichte setzt hier gleichsam das Leben und die Seligkeit gleich.

---

[1] Vgl. WINDELBAND, Geschichte, Bd. 2, 282.
[2] LAUTH, Fichtes WL, 453.

„Das Leben ist notwendig selig, denn es ist die Seligkeit". (GA I, 9, 59; 61) Aber hier ist nicht zu übersehen, daß die Formel der Seligkeit zugleich ‚etwas Überflüssiges' hat. „Nämlich das Leben ist notwendig selig, denn es ist die Seligkeit; der Gedanke eines unseligen Lebens hingegen enthält einen Widerspruch." (GA I, 9, 55) Aus diesem Grunde fügt Fichte seiner Überlegung an, daß er seine Vorlesungen im strengen Sinne, als Anweisung zum Leben oder als Lebenslehre hätte bezeichnen sollen. (GA I, 9, 55) So läßt sich das Leben nur innerhalb der sprachlichen Grenzen von Überfluss und Widerspruch als selig beschreiben. Wenn Fichte hier vom seligen Leben redet, scheint er sich bewußt zu sein, Überflüssiges mit in seine Aussage einfließen zu lassen.

Indem Fichte über das selige Leben sinniert, beschäftigt er sich mit der „Einfalt des Sinns bei leerer Vielfalt der Worte", wie es Bader ausdrückt.[1]

In diesem Sinne ‚macht' selbst eine Erkenntnis Gottes an sich das Leben nicht zu einem seligen Dasein. Gott kann, wenn überhaupt, dann nur vom Menschen erkannt werden, wenn er aus dem dunklen Grund heraus „in seinem wirklichen, wahren und unmittelbaren Leben in uns ein"-tritt, sodaß „wir selbst [...] dieses sein unmittelbares Leben" sind. (GA I, 9, 111)

Gott ist das absolute Sein, „das ist er schlechthin, und unmittelbar durch und von sich: nun ist er unter anderm auch da; äußert und offenbaret sich: dieses Dasein- dies ist der Punkt, auf den es ankommt – dieses Dasein ist er daher auch von sich, und nur im Vonsichsein unmittelbar, das ist im unmittelbaren Leben und Werden." (GA I, 9, 96) So ist auch das göttliche Absolute als absolut geschlossene, unveränderliche Einerleiheit zu denken. (GA I, 9, 85 f.) Freiheit und Notwendigkeit fallen im Absoluten zusammen, wie es einfach, sich selbst gleich, unwandelbar und gestaltenlos ist. Doch ist ein solch Absolutes auch bei Fichte nicht statisch, unbeweglich und somit als Totes aufzufassen, weil im Sein nie der Tod liegt, der stets von außen durch den Betrachter herangetragen wird.

Das Absolute ist das Leben ‚an sich', das keiner sinnlich wahrnehmbaren Existenz zugehört und überhaupt nichts Gegenständliches ist. (GA I, 9, 57 f.) So sieht Fichte das Absolute als dasjenige, das alle Realität aufweist und das einzig Wahrhafte ist und in allem Wirklichen das Element des Lebens darstellt.

Darüber hinaus ist für ihn das absolute Sein auch als Urquelle des Heiligen, Guten, Wahren und Schönen ersichtlich. (GA I, 9, 109)

Hier wird deutlich, daß Fichte einen besonderen Wert darauf legt, die Selbstsetzung Gottes nicht nur im sittlichen Handeln, sondern auch in den Wissenschaften und Künsten anzunehmen.

Die Sphäre des göttlichen Wirkens hat sich also gegenüber derjenigen seiner ersten Schaffensperiode deutlich erweitert. Hier könnte die Zeitströmung der Romantik eine Rolle gespielt haben.[2] Abgesehen von der Möglichkeit, daß

---

[1] Vgl. BADER, Mitteilung, 204.
[2] Interessant ist hier, daß die Brüder Schlegel keine Mühe scheuen, um Fichte „auf das Gebiet der Kunst zu ziehen". Als einige ‚Romantiker' im Oktober 1798 nach Dresden kamen, um die Gemäldesammlung zu besichtigen, konnten die Schlegels Fichte überzeugen, sich ihnen anzuschließen. Brief von Dorothea Steck an Charlotte Schiller. In: SCHILLER, Ch. v. (Hrsg. Urlichs), III, 24. In

Fichte von Schelling diesbezügliche Anregungen erhielt, ist es ebenso möglich, daß auch das Schleiermachersche Gedankengut der Reden „Über die Religion" Fichtes Sinneswandel herbeiführte. Andererseits ist auch der platonische Einfluß denkbar.

Die Tatsache, daß Fichte und Schleiermacher einen eher zurückhaltenden Umgang miteinander pflegten, wurde bereits erwähnt. August Ferdinand Bernhardi fungierte als Vermittler zwischen beiden, und so hat Fichte mit Sicherheit über Bernhardi von Schleiermachers Absicht bezüglich der Platonübersetzung erfahren. Auch Max Wundt ging bereits von einem Einfluß Platons auf das Fichtesche Werk aus.[1]

Doch dürfte das erneute Interesse an platonischen Dialogen nicht allein durch Schleiermachers Übersetzungen geweckt worden sein; immer unter dem Vorbehalt, daß er sich der Schleiermacherschen Übersetzung überhaupt bedient hat.

So soll auch die Verbindung Fichtes zur Zeitströmung der Romantik hier nicht Gegenstand eingehender Untersuchungen sein. Hier sei nur darauf hingewiesen, daß die WL 1801 – obwohl diese nicht veröffentlicht wurde – als eines der wichtigsten Zeugnisse romantischen Geistes gelten kann und darüber hinaus sogar „als Grundlage" der romantischen Weltanschauung hätte dienen können.[2]

Auch wurde die Meinung geäußert, die Fichtesche WL von 1801 verdanke ihr Entstehen dem Schellingschen Werk „Darstellung meines Systems", weil die vorübergehende Verstimmung zwischen Fichte und Schelling zu diesem Zeitpunkt behoben schien. Aber entgegen der Meinung Hornefers geht Wundt davon aus, daß die WL 1801 schon in den Grundzügen fertiggestellt war, als Fichte das Schellingsche Werk las.

Fichte zeigt in seinen Ausführungen zur ASL deutlich, daß der Zweck des Tuns in den Ruhezustand des religiösen Bewußtseins mündet und sich das Ich als religiöses Abbild sieht.

Fichte propagiert hier nicht mehr das Tun um des Tuns willen, sondern das Tun um der Gottesanschauung willen, das sein Ziel erreichen kann, wenn die Gottheit nicht mehr als ewig werdende sittliche Weltordnung verstanden wird, vielmehr als das absolute und ruhende Sein zu denken ist.

Das Absolute und das in Gott Versunkene steht im Mittelpunkt der Fichteschen Ausführungen und ist an die Stelle des weltverbessernden Tatendrangs des kategorischen Imperativs gerückt. So sind das Schauen des Göttlichen und das sich Wissen als sein Abbild bezeichnend für die Position der ASL.

Der sich ewig in Unruhe befindliche sittliche Trieb mündet in einen religiösen Ruhezustand, was bereits Windelband zu der Feststellung veranlaßte, der ethische Idealismus habe sich „in den religiösen verwandelt."[3] So geht Windelband

---

diesem Zusammenhang sei auch erwähnt, daß Fichtes WL laut Friedrich Schlegel zu „den drei großen Ereignissen" zählte, „die seine Zeit" bestimmten. In: Athenaeum, 232.
[1] Vgl. WUNDT, Fichte, 356.
[2] WUNDT, Geist, 166.
[3] WINDELBAND, Geschichte, Bd. 2, 305.

aus diesem Grunde davon aus, Schleiermacher habe diese Wandlung im Fichteschen System ‚bewirkt'.[1]

Wie bereits festgestellt, besteht auch für Schleiermacher die Problematik des
sich selbst setzenden Ich darin, daß die Setzung des Ich das voraussetzt, was sie
erst ermöglichen soll. Das Ich kann also entweder sich selbst setzen oder etwas
anderes. Vor allem darf das ‚Sich-selbst-Setzen' nicht mit der Subjektivierung
identisch sein. Zum Vergleich sei hier angemerkt, wie sich Fichte in der Grundlage der gesamten Wissenschaftslehre der Subjektsetzung näherte: „Das Ich
setzt sich selbst, und es ist, vermöge dieses bloßen Setzens durch sich selbst;
und umgekehrt: Das Ich ist, und es setzt sein Sein, vermöge seines bloßen Seins.
– Es ist zugleich das Handelnde und das Produkt der Handlung ... Handlung,
und Tat sind Eins und eben dasselbe, und daher ist das: Ich bin, Ausdruck einer
Tathandlung. [...] Dasjenige dessen Sein (Wesen) blos darin besteht, daß es sich
selbst als seiend, setzt, ist das Ich, als absolutes Subjekt." (GA I, 2, 259).

Demgegenüber ist der Selbstsetzungsakt in der ASL insofern bedeutungs-
schwach, weil Fichte hier das Göttliche als inhärentes Sein im Inneren des
Menschen auffaßt. Hier zeigt sich eine Auffassung, die jener vergleichbar ist,
die Schleiermacher in der GL vertritt.[2]

Auch das absolute Leben bleibt hier nicht verschlossen, sondern erfaßt sein
Dasein durch sich selbst und ist zugleich bestrebt, sich zu offenbaren.

4. Die Problematik des sich selbst setzenden Ich

Das Sein geht hier über das reine Denken zum Dasein des Seins. Aber die einzig mögliche Form des Daseins ist das Wissen, das Bewußtsein, die Vorstellung
des Seins. (GA I, 9, 86 f.)

So setzt alles Leben ein Selbstbewußtsein voraus und die substantielle Form
des wahrhaftigen Lebens ist der Gedanke. (GA I, 9, 62) Doch hat das Wissen
selbst nicht die Einsicht, wie aus seinem inneren Sein eine Äußerung dieses
Seins entstehen kann. Das Wissen kann nicht sein, ohne sich selbst zu finden, da
das Sicherfassen mit dem Wesenhaften des Wissens in steter Verbindung ist.
Woher stammt nun das Bewußtsein dieses Lebens?

Im Akt der Reflexion setzt sich das Bewußtsein als solches und somit setzt es
sich als Selbstbewußtsein überhaupt.[3] Der sich frei vollziehende Reflexionsakt
bringt während des Reflexionsvollzugs ein bestimmtes individuelles Selbstbewußtsein hervor. Welt und Bewußtsein treten während des Vollzuges auseinander wie auch die Reflexion Ursprung des weltlich konkreten Daseins und des
konkret-individuellen Selbstbewußtseins ist. Der Setzungsakt ist ein Akt der
Freiheit und somit eine Kraft, welcher „der gewöhnlichen Selbstbeobachtung"
erscheint, „in allem sich Zusammennehmen, Aufmerken, und seine Gedanken
auf einen bestimmten Gegenstand" richtet. (GA I, 9, 98)

---

[1] Vgl. WINDELBAND, Geschichte, Bd. 2, 305.
[2] Vgl. WAGNER, Dialektik, 141 f.
[3] Vgl. GLOY, Selbstbewußtsein, 69.

Hier begründet die Kraft die Theorie des Selbstgefühls. So ist die Reflexion infolge der Kraft fühlbar. So zeigt sich in der ASL die Grundform der Emotionalität schlechthin.

Das Kraftmoment begründet gleichsam ein Lebensgefühl, das mit der weltlichen Sphäre verbunden ist.[1] Das Gefühl ist also der Träger der Welt und des Selbst wie sie im menschlichen Bewußtsein wahrgenommen werden. Das Dasein vollzieht sich durch die Reflexion und durch die Aufnahme der Welt, womit sich die weltliche Verbundenheit zeigt – der Bezug zur Welt wird gleichsam absorbiert. Das Selbstgefühl verdankt sein Fühlen dem Kraftgefühl als bewußtlosem Trieb und der bewußtlosen spontanen Reflexion.[2] Das Bewußtsein des Lebens vollzieht sich also durch die Reflexion und darüber hinaus ist außer dem Sein sowieso nichts wahrhaft, und so ist für Fichte schon offenbar, daß die Wurzel alles Daseins das Leben des Absoluten selbst ist. (GA I, 9, 88 f.)

Sein und Dasein sind also völlig miteinander verschmolzen und in der Weise miteinander vereint, daß eine Trennung unmöglich ist. Darin besteht die wichtige Voraussetzung des Absoluten, weil es sonst zwiespältig wäre und seine Absolutheit nicht mehr bestehen könnte.

Demgegenüber ergibt sich der Unterschied zwischen dem Sein und dem Dasein für den Menschen nur aufgrund seiner Beschränkung. (GA I, 9, 96) Doch gehen das Sein und das Absolute nicht vermischt ineinander über, um so für den Menschen nicht mehr unterscheidbar zu sein. Fichte besteht darauf, daß schon das Sein mit dem bloßen Dasein nicht verwechselt werden darf, „damit das Sein, als Sein, und das Absolute, als Absolutes, heraustrete." (GA I, 9, 96) Das ‚Als' liefert hier die Erklärung bezüglich dessen was sie sind und was ihre Charakteristik ausmacht. Auch hier wird deutlich, daß der Selbstsetzungsakt des Ich in der ASL in den Hintergrund gerückt ist.

4.1 Das sich im Selbstbewußtsein erfassende göttliche Dasein

So erscheint dem Menschen die Idee eines unwandelbaren und unveränderlichen Gottes von vornherein problematisch, eben weil sich die umgebende Wirklichkeit durch eine Mannigfaltigkeit auszeichnet. Insofern stellt die Mannigfaltigkeit einen Widerspruch dar, gerade weil hinsichtlich des reinen Denkens nur das absolute Sein und das mit diesem verschmolzene eine Dasein als Existenz begriffen wird. (GA I, 9, 94) So sieht Fichte das Bewußtsein als ein Beschreiben, Charakterisieren, Erkennen und Gestalten. (GA I, 9, 96 f.) Indem nun das Bewußtsein auf sich selbst gerichtet ist und sich einer Selbstreflexion unterzieht, wird das an ihm wahrhaft Reale, das göttliche Sein. (GA I, 9, 97; 101)

Das sich im Selbstbewußtsein erfassende göttliche Dasein macht das absolute Leben in sich zu der einen, stehenden Welt. Der eigentliche Weltschöpfer ist hier allein der Begriff. Demnach ist eine Welt nur ‚für ihn da' und nur in ihm.

---

[1] Vgl. TRAUB, Populärphilosophie, 254.
[2] Vgl. LOOCK, Gefühl, 230.

Aber das Reflektieren an sich ist hier frei und selbständig, und so kann es sowohl tätig sein als auch in Ruhe verharren. Die mannigfaltige wirkliche Welt entsteht nun dadurch, daß es von einem Reflexionsakt zum anderen fortschreitend weiter geht und die Welt bei jedem Reflexionsakt in neuer Gestalt ‚herauskommt'.

Fichte nimmt hier eine Erklärung hinsichtlich der unendlichen Mannigfaltigkeit des Bildens und der Bilder vor.

Die Stellung des Menschen ist innerhalb dieses Reiches der Vielfalt eine Besonderheit, da er allein sowohl Subjekt als auch Objekt ist, sowie Gedachtes und Gedanke zugleich.[1] Das Reflektieren und das Reflektierte sind im empirischen Ich zu einer Einheit zusammengeschlossen, die sich selbst anschaut. (GA I, 9, 56) Das „eine freie Ich, welches als Reflexion auch ewig Eins bleibt, wird als Objekt, das ist die lediglich in der Erscheinung vorkommende reflektierende Substanz gespalten ... in ein zu vollendendes System von Ichen oder Individuen. (Diese Spaltung ist ein Teil der ... Spaltung der objektiven Welt in der Form der Unendlichkeit.)" (GA I, 9, 159) So kommt dem besonderen Ich ein eigenes und selbständiges Sein zu.

Von großer Wichtigkeit ist hier, daß das Gestalten, das Wissen, das im Inneren des Menschen lebt, zugleich das Dasein Gottes in ihm ist. So besteht auch das wahrhaftige Leben und die Seligkeit darin, daß sich der Mensch mit dem Unveränderlichen und Ewigen vereint. „Und so besteht das wahrhaftige Leben, und seine Seligkeit, im Gedanken, d. h. in einer gewissen bestimmten Ansicht unserer selbst und der Welt, als hervorgegangen aus dem innern, und in sich verborgenen göttlichen Wesen." (GA I, 9, 62)

Fichte geht sogar so weit und behautet, nur durch das Dasein Gottes im Menschen werde letzterer eine eigene Person. (GA I, 5, 68) Aber allein das menschliche Bewußtsein kann das eine absolute Sein selbständig erfassen. (GA I, 9, 94)

Andererseits ist auch den Ausführungen der ASL die Gefahr eigen, daß der Mensch das Göttliche aus sich selbst selbständig hervorbringt und dadurch letztlich nicht klar werden kann, daß das Göttliche als ursprüngliche, unmittelbare Basis bereits allem Leben zugrunde liegt – obwohl Fichte von einer solchen Ansicht vordergründig ausgeht.[2]

In der Fichteschen ASL zeigt sich also – wie auch schon in den Schleiermacherschen „Reden" und der GL – ein ‚sowohl-dennoch'.

Einerseits nimmt Fichte das Göttliche als allseits bestimmend für das Menschliche schlechthin an, um andererseits zu betonen, der Mensch könne selbständig das göttliche Sein erfassen, eben weil das ganze göttliche Sein in die Individuen aufgeteilt sei. (GA I, 9, 159)

In diesem Sinne vertritt Fichte in der ASL eine ähnliche Ansicht wie Schleiermacher in der GL. Auch Fichte sieht den Grund aller Freiheit im Absoluten be-

---

[1] Vgl. GLOY, Selbstbewußtsein, 49 f.
[2] Vgl. WAGNER, Gedanke, 107.

dingt und geht von der Möglichkeit des sich zum Selbstbewußtsein erhebenden Absoluten aus. (GA I, 9, 98)

Die allgemeine Form des Daseins ist das Ich, und so ist dem Ich auch die Freiheit und Selbständigkeit eigen, sich selbst zu nehmen. (GA I, 9, 145; 146) So besteht für jedes menschliche Individuum die Möglichkeit, die eine Welt von verschiedenen Standpunkten aus, einer Betrachtung zu unterziehen, obwohl diese eine Welt durch die erste Spaltung in unendliche Gestalten zerlegt ist.

Darüber hinaus eröffnet sich dem Individuum noch eine weitere Möglichkeit. So kann durch eine zweite Spaltung, die Reflexion über die Welt herbeigeführt werden.

Fichte zeigt hier fünf Weisen der Betrachtung, die abschließenden Charakter aufweisen, da es außerhalb der fünf keine Weltansicht gibt. Auch ist es unmöglich sie zu gleicher Zeit miteinander zu kombinieren. Die so von Fichte vorgeschlagenen fünf Betrachtungsweisen bilden die entsprechenden Entwicklungsstufen des inneren geistigen Lebens, die jeder Mensch im Idealfall durchlaufen sollte.[1]

Aber Fichte ist kein Illusionist, und so stellt er resümierend fest, nur wenige Begünstigte seien imstande, die von ihm vorgeschlagenen Entwicklungsstufen sämtlich zu durchlaufen. Als Begünstigte nennt er Religiöse, Weise, Heroen, eben diejenigen, die sich durch Geburt und Instinkt ‚gleich in einem höheren Standpunkt' befinden. (GA I, 9, 104) Andererseits beklagt Fichte, daß viele Menschen selbst über die niedrigste Stufe nicht hinausgelangen werden. Innerhalb dieser untersten Stufe erscheint die Sinnenwelt als Reale. (GA I, 9, 107)

4.2 Das Auftreten des absoluten Seins

Aber bereits auf dieser doch eigentlich beklagenswerten untersten Stufe ist das absolute Sein ungeteilt in allen Individuen voll und ganz vorhanden und da es das absolute Leben ist, in seinem Wesen also keiner Veränderung unterliegt, muß es demnach auch lebendig in allen Menschen sein. Obwohl das Absolute auf den unteren Stufen nicht rein zur Erscheinung gelangen kann, ist es – wenn auch verdeckt – vorhanden.

Aber das reine Sein erscheint dem Menschen auf der niedrigsten Stufe entstellt, da es hier mit dem Tode vermischt ist. Fichte sieht hier sogar die Vermischung des Todes mit dem Sein, die er aber als Schein bezeichnet. (GA I, 9, 56 f.)

Die Reflexion zerlegt hier das zugrunde liegende göttliche Sein in unendlich viele Gestalten. So erzeugt das geistige Auge für denjenigen, der die Gestaltungen als das Wahre annimmt, die Welt des Scheins. Verbindungen zum platonischen Höhlengleichnis scheinen sich hier aufzudrängen.

---

[1] Vgl. TRAUB, Popularphilosophie, 243: „Durch die Entgrenzung des subjektiv aufgefaßten Vernunftlebens erscheint dem Standpunkt der Religion vielmehr alles in der Form des Bewußtseins aufgefaßte Leben als Ausdruck eines Höheren."

Aber das Dahinterliegende erfährt in seinem ‚An-sich' keine Wandlung. (GA I, 9, 100) Doch selbst in den Menschen des Scheins ist das vollkommene Leben des Absoluten vorhanden, ohne einer Veränderung zu unterliegen.

War für Fichte in seiner ersten Schaffensperiode das Sittlich-Moralische allein das Reale, weil nur dort wo das pflichtgemäße Handeln sichtbar wurde, auch das Göttliche war, so ist hier Gott sogar auf der untersten Stufe, der Stufe des Scheins, ein Lebenselement. Vor dem Jahr 1800 sah Fichte noch das Tun um des Tuns willen als das absolut Erstrebenswerte. Demgegenüber ist das Tun nach 1800 an ein „absolutes Sein" angeheftet. Ebenso war vor dem Jahr 1800 das nie vollendete und nie zu vollendende sittliche Ideal der letzte metaphysische Begriff. Göttliches Leben konnte nur ‚entstehen', wo auch ein Mensch zu einem neuen Leben kam, das sich in ununterbrochenem Werden befand. Jetzt aber ist der Grund aller Realitäten das absolut reale göttliche, in sich vollendete Sein und Leben, das in allen Menschen ‚ist'.

So ist das Wertleben an sich da und wartet nur darauf, im Inneren des Menschen zum Ausdruck zu gelangen.[1]

Gott ist in der zweiten Fichteschen Schaffensperiode ‚die' Ursache, die er als solche in den Jahren vor 1800 nicht in dem Maße betonte. In gewisser Weise orientierte sich Fichte nach 1800 zur Spinozischen Denkweise zurück.

Bereits auf der zweiten Entwicklungsstufe hat der Mensch den Schein der Mannigfaltigkeit hinter sich gelassen und seine Selbständigkeit erfährt er ausschließlich durch das Sittengesetz. Die Sinnenwelt stellt dem freien Handeln die Sphäre zur Verfügung und fungiert also lediglich als Mittel zum Zweck. Laut Fichte hat Kant diesen Standpunkt bis zu seiner „Kritik der praktischen Vernunft" vertreten.

Auch der Mensch der zweiten Stufe ist von der Vollkommenheit, wie sie Fichte vorstellt, noch weit entfernt und stellt nur etwas Negatives dar. Die sittliche Funktion kann hier für Fichte nicht mehr ausreichend sein, um dem Höchsten Raum zu geben. Das Höchste selbst ist als schöpferische Kraft ein Etwas, das Neuem, Nichtvorhandenem innerhalb des Vorhandenem zum Leben verhilft. Also sieht die dritte Weise der Weltansicht das wahrhaft Selbständige im Heiligen, Guten und Schönen und demnach in einem Gesetz, das sich von dem vorhergehenden unterscheidet, da es nicht nur „die Form der Idee, sondern die qualitative und reale Idee selbst" anstrebt. (GA I, 9, 109) Ein ordnendes, sittliches Gesetz kann hier nicht mehr bestimmend sein; es ist ebenso wie die Sinnenwelt nur als Sphäre erwähnenswert.

Doch bleibt für Fichte auch innerhalb der ASL das Problem bestehen, daß sich der Mensch einen Gott nur unter der Bedingung der reinen Sinnlichkeit, der Zeit und des Raumes denken kann und daß sich die Darstellung einer Religion solchen Vorstellungen anpassen muß, eben weil die Religion mit den Menschen kommuniziert und die Kommunikation nur in der Sprache des Menschen geschehen kann.

---
[1] So schon WINDELBAND, Geschichte, 284 f.

Bei Fichte kommt hier das Wesen der höheren Moralität in den Mittelpunkt. Wer das Wesen der höheren Moralität in seinen Grundsätzen erfaßt, dem wird klar, daß nur hierdurch alle Religion, (besonders die christliche) alle Wissenschaft, Kunst, Kultur, Gesetzgebung, also alles für die Menschheit Gute in die Welt gekommen ist. Laut Fichte gehören dieser Stufe nur vereinzelte Menschen an. So wähnt er hier die großen Dichter und von den Philosophen Plato und Jacobi auf dieser Stufe stehend.[1] (GA I, 9, 110) Doch auch ihnen hat sich noch nicht die höchste Entwicklungsstufe eröffnet und das Innerste des Heiligtums bot sich ihnen ebensowenig dar, wie den ‚Angehörigen' der anderen Stufen.

Hier ist der Gedanke der Lebensenergie von Bedeutung, der die Grundlage der moralischen Existenz liefert.

Die Inhalte der hier bedeutenden höheren Moralität ergeben sich nach Fichte „nicht aus dem formalen praktischen Gesetz, sondern aus der Idee des Sittlichguten".[2] Moralität an sich bedeutet zugleich, das Leben nach den Prinzipien der Vernunft zu gestalten und darüber hinaus vom Grundsatz der Religion her, das Leben als Ausdruck eines Höheren anzunehmen.

Das rein subjektiv aufgefaßte Vernunftleben erfährt eine Entgrenzung und weitet sich auf das Gebiet der Religion aus, und so ist auch das Leben im religiösen Glauben – und sei es noch so ‚unsichtbar' – höher einzuschätzen als die im Prinzip der Moralität befangene Individualität.

„So jemand in diesem Glauben (dem Standpunkt der Religion) sein Feld bestellt, oder das unscheinbarste Handgewerbe mit Treue treibt, so ist dieser höher und seliger, als ob jemand, falls dies möglich wäre, ohne diesen Glauben, die Menschheit auf Jahrtausende hinaus, beglückseligte." (GA I, 9, 114) Die Reflexion auf das Wesenhafte der moralischen Existenz verdeutlicht nicht nur das Eingebundensein des Menschen in die Form vernünftigen Lebens, sondern klärt auch das Wesen der Vernunft als das Dasein des Absoluten auf.

Selbstverständlich kann des Menschen Selbständigkeit hier nicht negiert werden, um in das göttliche Leben selbst Einlaß zu finden. Die Freiheit und die durch sie begründete Subjektivität ist doch gerade der Ausdruck göttlichen Lebens im Menschen.

Der Standpunkt der Religion ist hier ein betrachtender und beschauender, „keineswegs an sich tätig und praktisch." (GA I, 9, 112) Aber „wirkliche und wahre Religiosität ist nicht lediglich betrachtend, und beschauend, nicht bloß brütend über andächtigen Gedanken, sondern sie ist notwendig tätig. Sie besteht ... in dem innigen Bewußtsein, daß Gott in uns wirklich lebe, und tätig sei, und sein Werk vollziehe." (GA I, 9, 113)

Das, was sich durch das göttliche Leben ausdrückt, bleibt auch für das religiöse Bewußtsein das handelnde Individuum.

---

[1] Vgl. WAGNER, Gedanke, 117.
[2] LAUTH, Pflicht, 415/419.

4.2.1 Das Wesen des Absoluten

Fichte beabsichtigt in der „Anweisung zum seligen Leben" (ASL), das Verhältnis von Absolutem und Wissen von Gott wie auch das Verhältnis von Gott und der Vernunft zu untersuchen.

Das in Übereinstimmung mit den Vernunftgrundsätzen gelebte Leben wird als die Offenlegung des absoluten Lebens Gottes verstanden. Die Welt ist als Objekt der Grundsatz und Bezugspunkt der Vernunft. Mit Hilfe der Reflexion ergibt sich die Möglichkeit eines Einblicks in verschiedene Entwicklungsstufen, die der Mensch als Prinzipien möglicher Welt- und Selbstverständnisse entwirft und wodurch die Vernunft zum Fundament ihres Daseins, dem absoluten göttlichen Leben, gelangt.

Fichte geht es um den universalen Zusammenhang des selbstbezüglichen Seins des Absoluten, den er als die Liebe des Absoluten zu sich selbst herausstellt.[1]

Das Wesenhafte des von Fichte hier vorgestellten Liebesbegriffs ist ein Gefühl.

Der wahrhaft Religiöse muß den Ausführungen Fichtes zufolge begreifen, daß das Gute, Wahre und Schöne nicht aus dem Inneren des Menschen selbst stammt, sondern daß es der unmittelbarste Ausdruck Gottes ist. (GA I, 9, 110) So wird das absolute Sein als der ewige Lebensquell interpretiert und im Begriff ‚Gott' zum Ausdruck gebracht. Aber die missliche Folge ist hier ebenso unübersehbar, gerade weil der Begriff ‚Gott' allein nichts bezüglich des absoluten Seins an sich preisgibt. Aus diesem Grund fordert Fichte, der Mensch müsse sich als bloßes Bild gegenüber dem reinen Sein auslöschen. Das Dasein „muß durch sein, einem anderen absoluten Dasein gegenüber, sich vernichten". (GA I, 9, 88)

Hervorzuheben ist, daß Fichte hier ein anderes ‚Einswerden' meint wie vergleichsweise Schleiermacher. So geht zwar auch Schleiermacher in seinen Reden „Über die Religion" von einem Einswerden mit dem Universum aus, wie er auch in seiner GL die Tendenz der Einheit mit dem Göttlichen verfolgt. Aber Schleiermacher spricht nie von einer Vernichtung des Menschlichen.

Wie bereits ausgeführt, ging Schleiermacher eher von einer gleichberechtigten Koexistenz des Menschlichen und Göttlichen aus und betonte seinerseits die Möglichkeit der Vervollkommnung des Menschen durch das Aufgehen im Göttlichen – so zumindest in den Reden „Über die Religion".

Für die Fichtesche Ansicht der ASL ist bezeichnend, daß sich Gott selbst im Menschen denkt und letzterer infolge des ‚Sich-selbst-Denkens' Gottes im Menschen eine neue Erkenntnis gewinnt.

Gott ist nicht mehr von einer Hülle umgeben, sondern er ist „dasjenige, was der ihm Ergebene und Begeisterte tut." (GA I, 9, 111) Der Standpunkt der Religion ermöglicht, daß alle Hüllen schwinden und die Gottheit in den Menschen

---

[1] Vgl. TRAUB, Populärphilosophie, 284 f.

eintritt und zwar in der ersten und ursprünglichen Form, als Leben und Fichte fügt hinzu: „als dein eignes Leben." (GA I, 9, 111)

So ist der Mensch auch das unmittelbare göttliche Leben. Doch obwohl Fichte davon ausgeht, das Sein in Gott, möge „in der Wurzel" immer schon das Unsrige sein, ist doch nicht zu übersehen, daß Gott uns ewig fremd bleibt. (GA I, 9, 111) Als Fazit bleibt Fichte nur die Feststellung, daß obwohl das Sein in Gott das Unsrige ist, es dennoch für den Menschen selbst nicht das eigene Sein ist. (GA I, 9, 110)

Also ist hier das menschliche Bewußtsein von entscheidender Bedeutung, gerade weil das Göttliche als Teil des Menschlichen dem Menschen selbst als eigenes Menschliches nicht bewußt wird. An dieser Textstelle wird deutlich, wie sehr Fichte daran gelegen ist, das Göttliche nicht völlig auf die Stufe des Menschlichen zu stellen. „Unser Auge steht unserem Auge im Weg", womit Fichte auch zum Ausdruck bringt, daß das menschliche Erkenntnisvermögen nicht imstande ist, die Evidenz des eigenen Selbst zu ergründen, auch wenn sich gerade hier das Göttliche mit dem Menschlichen eint.[1]

Die Unendlichkeit des göttlichen Lebens ‚befindet' sich im Inneren des Menschen und „diese Form drückt" das Menschliche nicht, da der Mensch es begehrt und liebt. (GA I, 9, 111)

Eine ähnliche Auffassung vertritt Schleiermacher in der GL, wenn er das schlechthinnige Abhängigkeitsgefühl nicht als freiheitsbeschränkend einstuft, sondern im Gegenteil als freiheitsfördernd qualifiziert. Das schlechthinnige Abhängigkeitsgefühl garantiert die Annäherung an das Vollkommene.

Ebenso fordert Fichte, Gott nicht „jenseits der Wolken" zu suchen, sondern dort, wo der Mensch selbst ist. (GA I, 9, 112) Auch hier bietet sich ein Vergleich zur Schleiermacherschen Denkweise an. Auch er sagt in den Reden „Über die Religion": „im inneren Leben bildet sich das Universum ab" (R, 87), und er fordert, das Göttliche nicht im Jenseits zu vermuten, sondern im Inneren des Menschen.

Für beide steht also fest, daß das Göttliche nur dort ist, wo auch der Mensch selbst ist oder wie Fichte es ausdrückt: „ergib dich selber ihm, und du findest ihn in deiner Brust." (GA I, 9, 112) Der hier vorgestellte Gedanke ist auch bei Fichte nicht neu, da er schon in seiner Schrift „Über den Grund unseres Glaubens an eine göttliche Weltregierung" davon ausging, das eigene Innere sei zu befragen, denn nur dort finde man die moralische Weltordnung, die er wiederum als Gott bezeichnete. (GA I, 5, 354-355)

Dem Menschen der vierten Weltansicht ist, schon aufgrund der Gewißheit, Gott sei nur in seinem Inneren auffindbar, (GA I, 9, 111) klar, daß er schon hier in der Zeit ewig ist und der Tod demnach keine Gegebenheit mehr sein kann, gerade weil er in sich selbst bereits das Leben des einen, unvergänglichen Seins schaut. Das Höchstmögliche ist hier aber noch nicht geleistet. Zwar weiß der Religiöse mit absoluter Gewißheit vom Sein Gottes in seinem reinen Denken

---

[1] Vgl. GLOY, Selbstbewußtsein, 64 f.

und Handeln und daß der Grund jedes Mannigfaltigen nur in eben diesem Einen seinen Grund hat, aber die diesbezügliche Erklärung ist nicht ‚mitgeliefert'. Hier zeigt sich, daß die religiöse Einsicht wenn auch ein tiefer und unerschütterlicher, so doch nur ein Glaube – und eben nicht erklärbar – ist.[1]

Die Frage, wie aus der absoluten Einheit alles hervorgeht, wird erst die absolute Wissenschaft zeigen können und so den bloßen Glauben in ein Schauen verwandeln.

Letztlich geht Fichte aber nicht davon aus, die höchste Weltbetrachtung sei ‚die' Bedingung des seligen Lebens.

4.2.2 Die höhere Moralität

Der vollendete Mensch ist aufgerufen, den Versuch zu unternehmen, in diese letzte Weltbetrachtung vorzudringen. Hierdurch gewinnt er laut Fichte die Klarheit, die zum „Bilde und Abdrucke Gottes" gehört (GA I, 9, 112 f.)

Hier ist die Wissenschaft die höhere Moralität, die sich von der Religion nicht trennen läßt. In der ASL ist es eben nicht mehr die Moralität an sich, die zur Religion führt, sondern das unmittelbare Leben aus Gott, die religiöse Religiosität des 4. Standpunktes. Diese religiöse Religiosität umfaßt zwar die Moralität, die aber hier dennoch als überwunden gilt. So steht die höhere Moralität – ganz im Sinne der Formulierung – auf einer höheren Ebene.

Hier ist die Religion kein Brüten über frommen Gedanken, sondern der Geist, der das menschliche Denken und Handeln durchdringt. Der Geist steht hier stellvertretend für das Übersinnliche. So erfaßt der religiöse Mensch seine Welt als ein Tun, weil das reine Denken, daß dem Menschen die Erkenntnis erschließt selbst ein Tun ist.

Den höchstmöglichen Standpunkt des Religiösen und also die höhere Moralität erreicht der Jesus des Johanneischen Evangeliums.[2] Jesus ist für Fichte – wie auch für Schleiermacher – die einzige Person, die dieses Ideal bisher erreicht hat. Ebenso steht für Fichte fest, daß es keiner Schöpfung bedarf, in diesem Sinne „sagt Johannes: im Anfange, in demselben Anfange, wovon auch dort gesprochen wird, d. h. ursprünglich und vor aller Zeit, schuf Gott nicht, und es bedurfte keiner Schöpfung, sondern es – war schon; es war das Wort – und durch dieses erst sind alle Dinge gemacht." (GA I, 9, 118) Von einer Emanation in der Zeit, von einer Schöpfung will Fichte nichts wissen, da er in einem solchen Falle das unwandelbare und in sich geschlossene Leben des Absoluten als aufgehoben interpretiert. So ist die Einführung des Schöpfungsgedankens dafür verantwortlich, daß das Absolute mit dem Wechsel und Werden in der Zeit belastet wird.

---

[1] Vgl. TRAUB, Populärphilosophie, 217.
[2] Vgl. BADER, Mitteilung, 211 f., 215; DANZ, Anfang, 37: „Daß die Einheit von Gott und Mensch vollzogen wird, ist auf Grund ihrer Unmittelbarkeit faktisch und kann nicht deduziert werden."

4.2.3 *Gott und Logos*

Die Fleischwerdung des Logos stellt eine besondere Verständnisschwierigkeit dar, da sie nur aufgrund einer Reflexion erschließbar ist, die ihre eigenen Grenzen nicht klar umrissen hat. Auch Schleiermacher wendet sich dem Johannes-Prolog zu. Doch die Fichtesche Betrachtensweise des Prologs ist daran ausgerichtet, daß der Inhalt von dem religiösen Bewußtsein nachvollzogen wird. Das unmittelbare Dasein Gottes innerhalb des religiösen Vollzuges ist für Fichte ein Angelpunkt der ASL.

Wenn Fichte ausführt: „Im Anfang war das Wort, der Logos, im Urtexte" (GA I, 9, 118), bringt er damit zum Ausdruck, daß nicht irgendein ohne Konzept waltendes göttliches Wesen gemeint ist, gerade weil so die Vernunft nicht erklärbar wäre. Aber die Vernunft war schon am Anfang, und so hätte „im Anfang war das Wort" auch mit der Formulierung ‚am Anfang war die Vernunft' umschrieben werden können. Wort und Vernunft erhalten hier die gleiche Bedeutung. (GA I, 9, 118)

Im Logos findet sich das Leben als das ewig Ursprüngliche, das in das Innere aller Menschen kommen will und selbst auf den niedrigeren Lebensstufen nicht getilgt werden kann. Auch in den niedrigeren Stufen des Lebens ist das im Logos liegende göttliche Leben das erhaltende Element. Diese hier vorgetragenen Gedanken bezeichnet Fichte als das Metaphysische an der Lehre Jesu und stellt darüber hinaus fest, niemand könne sich zu einem religiösen Menschen entwickeln, ohne in das Metaphysische einzudringen.[1] Für ihn ist demnach das Metaphysische das Seligmachende, im Gegensatz zum Historischen, da letzteres nur verständig mache. (GA I, 9, 122)

Dem Historischen des christlichen Dogmas zufolge ist der geschichtliche Jesus von Nazareth die vollkommenste Darstellung des ewigen Wortes, so wie es vor ihm niemand – auch keiner der Propheten – gewesen ist. Er ist der Sohn Gottes des Vaters, in Ewigkeit mit ihm eins und in seinem Wesen ihm gleich.

Demzufolge ist jedem der Weg zu Gott versperrt, der nicht vorher sein Jünger geworden und in sein Wesen verwandelt wurde. Auch sei in diesem Zusammenhang darauf hingewiesen, daß sich Fichte ausdrücklich auf die Übereinstimmung mit Platon beruft.[2]

So bekennt Fichte: „Nicht, als ob unsere Lehre an sich neu wäre, und paradox. Unter den Griechen ist Plato auf diesem Wege. Der Johanneische Christus sagt ganz dasselbe, was wir lehren, und beweisen." (GA I, 9, 73)

Demnach lehrt allein Johannes die wahre Religion, alle anderen hingegen verbleiben auf dem Standpunkt der Moralität, welche zwar nach wie vor unverzichtbar, aber nicht unübertroffen ist. Das Wahre an sich liegt für Fichte in der allgemeinen Lehre des Johannes über den Logos.

Das Verhältnis des Absoluten und seine Äußerung sind hier das von Fichte behandelte Hauptproblem. Bezüglich der Gottesvorstellung ist der Prolog

---

[1] Vgl. JIMÉNEZ-REDONDO, Phänomen, 371.
[2] Vgl. WUNDT, Geist, 239.

schließlich von entscheidender Wichtigkeit. Auch bei Johannes unterscheidet Fichte die Wahrheit, die für alle Zeiten gültig ist und dem, „was nur für Johannes und des, von ihm aufgestellten Jesus, Standpunkt, und für ihre Zeit, und Ansicht wahr gewesen." (GA I, 9, 117) Aber für Fichte stammt der historische Teil an der christlichen Lehre nicht von Jesus, sondern von der späteren christlichen Gemeinde. So verfolgt das Christentum laut Fichte den gleichen Zweck wie seine Philosophie; beide seien darauf ausgerichtet das Leben zu fördern. Als Instrument gilt ihm diesbezüglich die Wissenschaftslehre, der Zweck ist demgegenüber „das Leben". (GA II, 5, 118)

Fest steht, daß die einmalige menschliche Erscheinung des Absoluten in Person, für Johannes wie auch für Fichte, der „eingeborne und erstgeborne Sohn Gottes" war. (GA I, 9, 121; 122) So lebte Jesus von Nazareth ohne jede äußere Verursachung auf dem höchstmöglichen Lebensstandpunkt. (GA I, 9, 192)

Aber das Leben Jesu ändert nichts daran, daß der historische Teil an der christlichen Lehre für die Religiosität an sich entbehrlich ist. So ist nur entscheidend, ‚dass' der Mensch zu Gott findet.

Doch ist es kaum einzusehen, auf welch anderem Wege der Mensch zur Religiosität hätte kommen sollen, da Fichte ebenfalls betont, daß wir auf dem Boden der christlichen Weltanschauung stehen, und diese „auf die mannigfaltigste Weise in unsre ganze Bildung eingegriffen" hat. (GA I, 9, 122)

Jesus Christus erhält hier in der ASL, ebenso wie in der Schleiermacherschen GL, eine Sonderstellung.

Mit Joh. 1,1 hat Fichte die Problematik herausgestellt, daß sich Gottes inneres Wort, nie als irgendeine Satzung dem Menschen offenbart, sondern nur demjenigen, „der zur Einheit der Menschheit mit Gott wiedergeboren wurde."[1]

Aber auf keinen Fall bietet Fichte mehrere Möglichkeiten an, die zu Gott führen, eben weil er die Koppelung des religiösen Erlebnisses und des theoretischen Erkennens ablehnt. So führt in das innerste Wesen des Absoluten nur das eine reine Denken. Nur das reine Denken wächst zu wahrer Tugend, zu dem Handeln, welches das Gute, Wahre und Schöne aus dem Nichts erhebt. Hier ist nur das reine Denken allein das Leben schlechthin, daß Nichtdenken hingegen der Tod. (GA I, 9, 78)

Hervorzuheben bleibt, daß Fichte darauf besteht, die Religion sei nicht Empfindung, nicht Gefühl, sie bestehe nicht in Taten allein, am allerwenigsten aber im Meinen. So scheinen Empfindung und Gefühl für ihn vom blinden Ungefähr abhängig zu sein und führen eine gewisse Dunkelheit mit sich. (GA I, 9,62)

Bewegt sich Fichte hier im diametralen Gegensatz zur Schleiermacherschen Lehre vom frommen Gefühl? Dem Ausgeführten zufolge scheint eine solche Ansicht unumgänglich. Aber Fichte hat hiermit nicht jede Lehre des Gefühls grundsätzlich abgewiesen. Es wird sich zeigen, daß er in der ASL das Gefühl wieder verstärkt ‚aufnimmt'. So ist auch der Glaube hier die Grundlage der

---

[1] BADER, Mitteilung, 242.

Religiosität, gerade weil der Standpunkt des Religiösen nur ein „unerschütterlicher Glaube" sein kann (GA I, 9, 112)

5. Der Glaube und das Gefühl / Die Verbindung zum Schleiermacherschen Gedankengut

Die folgenden Bemerkungen Fichtes verdeutlichen, daß er der Lehre vom Gefühl verbunden bleibt – wie im ersten Teil ausgeführt – und in diesem Sinne seine Aussagen in der ASL den diesbezüglichen Aussagen Schleiermachers vergleichbar sind. „Es gehört zum seligen Leben: daß diese lebendige Religion wenigstens so weit gehe, daß man von seinem eigenen Nichtsein, und von seinem Sein lediglich – in Gott und durch Gott – innigst überzeugt sei, daß man diesen Zusammenhang stets und ununterbrochen wenigstens fühle, und daß derselbe, falls er auch etwa nicht deutlich gedacht und ausgesprochen würde, dennoch die verborgene Quelle und der geheime Bestimmungsgrund aller unserer Gedanken, Gefühle, Regungen und Bewegungen sei." (GA I, 9, 93) Darüber hinaus fügt Fichte mit äußerst bestärkendem Ton hinzu, daß er dies zu einem seligen Leben als unerläßlich erforderlich halte und das dies seine absolute Überzeugung sei. (ebd.)

An dieser Stelle wird unmißverständlich klar, daß im sich selbst vernichtenden Denken, im „Glauben" und im Gefühl alle Gegensätze überwunden sind.[1] Das Denken wird hier von Fichte insoweit ausgeblendet, da er hier eine Gewißheit zugrunde legt, die bereits in den „Rückerinnerungen" bedeutend war. So erfährt der Mensch im Gefühl das unmittelbar in ihm wirkende göttliche Leben. Das Denken hat sich selbst der Vernichtung zugeführt, um für den Glauben und also für das Gefühl ‚Platz zu schaffen'. Demnach konnte das Denken die höchste Stufe nicht erklimmen, da in ihm noch der Gegensatz von Subjekt und Objekt vorhanden war. An sich steht das Denken in Pluralität zu dem bloßen Gefühl, ist doch „das reine Denken" „selbst das göttliche Dasein; und umgekehrt, das göttliche Dasein in seiner Unmittelbarkeit ist nichts anderes, denn das reine Denken." (GA I, 9, 69) So ist die Gottheit auch mit keinem anderen Sinne zu fassen. Den hierzu nötigen Aufschwung des Denkens benennt Fichte als „Spekulation". (GA I, 9, 62) Hieraus folgt, daß auf dem Wege der Spekulation das Wesenhafte des Göttlichen erfaßbar sein soll.

Tendenziell bleibt hier die Wichtigkeit des Gefühls bestehen. Obwohl dem Gefühl bei Fichte keine selbständige Funktion zukommt, ist es aber für die Religiosität unverzichtbar.

Besondere Hervorhebung verdient die Tatsache, daß der höchste Punkt des Philosophierens innerhalb der zweiten Fichteschen Schaffensperiode – nach

---

[1] Vgl. ASMUTH, Wissenschaft, 16: „Die göttliche Liebe als tragendes Moment des religiösen Lebens geht nicht einmal vom Menschen selbst aus, sondern von Gott, indem wir ihn nicht zu lieben vermögen, sondern nur er selbst es vermag, sich zu lieben in uns." (GA I, 9, 166)

1800 – das absolute Sein ist, das auch den Begriff des absoluten Tuns überwunden hat.[1] So ist das absolute Sein der Gegenstand des Glaubens.

Aber das Gefühl soll in jedem Moment des menschlichen Lebens gegenwärtig sein.

Auch wenn Fichte den Standpunkt der Wissenschaft letztlich über den der Religiosität erhebt, gilt ihm der religiöse Standpunkt nicht als überholt.

In vergleichbarer Weise zeigte sich auch Schleiermacher bestrebt, die Gedankengänge bezüglich des religiösen Erlebnisses mit den Aussagen der Wissenschaft in Einklang zu bringen. Auch stimmen Fichte und Schleiermacher darin überein, daß die Grundlage des Wissens das Absolute ist, durch das jegliches Wissen erst ermöglicht wird.

Schleiermacher geht von der Identität des Idealen und Realen aus, und so ist bei ihm die transzendente Identität Gegenstand des Glaubens. Bei Fichte hingegen ist das absolute Sein als Gegenstand des Glaubens erkennbar. Auch der Gottesbegriff an sich weist eine gedankliche Verwandtschaft bei Fichte und Schleiermacher auf, gerade weil beide Philosophen mit dem Neospinozismus in Berührung kamen. Allgemein gehen beide davon aus, daß über das Wesen Gottes an sich keine Aussage möglich ist.[2]

Der Begriff des ‚absoluten Seins' hilft hier nicht weiter und ist als gehaltloser Schattenbegriff nur deshalb eingeführt, um zu zeigen, wie sich das göttliche Leben in dem menschlichen Verstand im Bild darstellt. Demnach erfüllt der Begriff des „absoluten Seins" hier eine ‚Brückenfunktion'.

Die menschliche Denkweise sagt nur negativ etwas über das absolute Sein aus und wie es das absolute Sein – Gott – gerade nicht denken soll. Fest steht, daß der Mensch sich Gott nie von einem Anderen abgeleitet denken darf. (GA I, 9, 110)

Das eine wahrhafte Sein ist das absolute Leben und in allem, was da ist, ist es auch zugleich die Grundlage, das Leben tragende und schöpferische Element, im Sinne einer absoluten Ursache.

In ähnlicher Weise betonte auch Schleiermacher, man müsse einen lebendigen Gott haben. Doch wird in diesem Zusammenhang zugleich der zwischen beiden bestehende Unterschied deutlich.

Für Fichte ist zunächst nur das Wertleben entscheidend und damit ‚da'. Ein leeres Dasein, psychischer oder physischer Art ist für Fichte nicht nachvollziehbar, obwohl der Mensch in der ihn umgebenden Wirklichkeit das alles entscheidende eine Sein mit dem Bedeutungslosen, dem Nichtseienden stets vermischt sieht.

Dennoch ist in dieser Welt des Scheins nur das real, was als das unter den trüben Hüllen verborgene eine Absolute besteht.[3] „Nur wird dieses göttliche Dasein, auf den niederen Stufen des geistigen Lebens, bloß hinter trüben Hüllen,

---

[1] So schon WINDELBAND, Geschichte, 55 ff.
[2] Vgl. WAGNER, Gedanke, 76 ff.
[3] Vgl. BADER, Mitteilung, 47.

und in verworrenen Schattenbildern gesehen". (GA I, 9, 89) Doch Fichte macht sogleich auf die Lösung aufmerksam: „erhebe dich nur in den Standpunkt der Religion, und alle Hüllen schwinden, und die Gottheit selbst tritt wieder in dich ein." (GA I, 9, 111) Die Natur übernimmt hier die Position des Schattendaseins und wird zu einem ‚Nicht-Ich'. So besteht das sinnliche Sein nicht wirklich neben dem wahrhaft Geistigen, gerade weil es nur die Sphäre für das moralische Handeln und die höhere Moralität bildet.

Schleiermacher hingegen sieht Gott als die dem Erkennen transzendente Identität von Denken und Sein, von Geist und Natur. Die von ihm vorgestellte Identität wirkt auch im physischen Sein als Ursache. An dieser Stelle wird die diametral entgegengesetzte Meinung Fichtes deutlich, weil die Natur für ihn etwas Totes ist. Das Subjektive und Objektive besteht zugleich nur innerhalb der beschränkten Aufnahmefähigkeit des Betrachters; der menschliche Blick ist insofern trügerisch.

So ist das Wissen für Fichte ein Reflektieren und Gestalten und dazu erkoren, daß in ihm vorhandene göttliche Leben zu objektivieren, also von dem Subjekt zu spalten. Auch hier besteht eine hauchdünne Tendenz einer Vermischung von „physikalischer und axiologischer Kosmologie", wie es bereits Gottlieb Wieneke ausdrückte.[1] Aber die Erhöhung der geistigen Welt ist ein Anliegen Fichtes, und so bleibt ihm nur die Möglichkeit, die Natur in die zweite Reihe zu stellen, und so bringt er letzterer auch eine gewisse Missachtung entgegen.

Demgegenüber war Schleiermacher kein ‚Missachter' der Natur, und so beabsichtigte er, diese neben der geistigen Welt als gleichberechtigt bestehend anzusehen. Bei ihm zeigt sich hier die Problematik in einem Zusammenfallen der absoluten Ursache und des Naturzusammenhangs. So bestand die Tendenz, daß Gott und Welt nicht mehr streng genug voneinander unterscheidbar waren. Aus diesem Grund entstand – wenn auch zu Unrecht – der Eindruck, Schleiermacher habe Gott und die Welt miteinander vermischt.

6. Die Funktion der Liebe

Das absolute Sein kann nicht in sich selbst verschlossen bleiben, eben weil es sich im Dasein offenbaren und im Selbstbewußtsein erfassen soll; und also vom menschlichen Selbstbewußtsein in irgend einer Weise zumindest erahnbar sein muß. Doch besteht auch die Möglichkeit, daß sich das absolute Bewußtsein dem Leben gegenüber gleichgültig verhält.

Also wäre das absolute Sein völlig isoliert, abgeschlossen und unzugänglich. Hier übernimmt die Liebe eine wesentliche Aufgabe, da sie das absolute Bewußtsein mit dem absoluten Sein verbindet. Die Liebe fungiert gleichsam als Antriebsquelle des Absoluten, da Fichte hierin die Aufforderung sieht, daß das Absolute aus seinem Selbst innerhalb des Wissens ‚herauskommt'.

---

[1] Vgl. WIENEKE, Gottesbegriff, 129 f.

So redet Fichte von der „Sehnsucht nach dem Ewigen". „Dieser Trieb, mit dem Unvergänglichen vereinigt zu werden, und zu verschmelzen, ist die innigste Wurzel alles endlichen Daseins, und ist in keinem Zweige dieses Daseins ganz auszutilgen." (GA I, 9, 59 f.) Die eigene Bewußtseinsgestalt soll den eigenen Grenzen entzogen werden, weil der Anspruch des alles tragenden Absoluten dahintersteht. Die ‚göttliche Liebe' ist der daseinsvermittelte Selbstbezug des absoluten Seins und Lebens. Obwohl die Reflexion den Lebensimpuls aus dem Absoluten erhält, bleibt sie als Liebe des Absoluten auf das Absolute allein bezogen.[1]

Andererseits ist aber bemerkenswert, daß Fichte gerade das Band der Liebe zwischen der Gottheit und Menschheit betont. „Setze nur statt alles Wie ein bloßes Daß ... : es gibt schlechthin ein solches Band, welches, höher denn alle Reflexion, aus keiner Reflexion quellend, und keiner Relexion Richterstuhl anerkennend – Mit und neben der Reflexion ausbricht. In dieser Begleitung der Reflexion ist dieses Band – Empfindung, und da es ein Band ist, Liebe, und da es das Band des reinen Seins ist und der Reflexion, die Liebe Gottes." (GA I, 9, 166) Die besondere Bedeutung des Gefühls sei hier auch hervorgehoben, indem es von Anfang an das Positive ist. Liebe und Negativität, „Negation aller Begreiflichkeit" und „ewige Geliebtheit" (GA I, 9, 167) sind so eng miteinander verbunden, weil alle wirkliche Liebe auf das Einssein mit dem Absoluten ausgerichtet ist und es also auf der höchstmöglichen Stufe des Vereintseins mit Gott kein Verbindungsband der Endlichkeit – die Liebe – mehr geben kann.

Im Einssein mit Gott gibt es kein ‚Zwischen', und so ist ein Verbindungsband unnötig. Insofern ist auch die Liebe keine Liebe wie sie der Mensch allein versteht, um etwas einander näher zu bringen.[2]

Das Aufgegangensein in Gott, die Einheit, benötigt die Liebe nicht mehr, eben weil es nichts Trennendes gibt, das die Liebe zu einen hätte.

Die Liebe übernimmt nun die Funktion, Sein und Dasein in Eins zu verschmelzen. (GA I, 9, 166) Windelband sah hierin die Umdeutung der Trinitätslehre durch Fichte.[3]

Das absolute Sein ist Gott im Wissen. Wie im Bilde erfaßt es sich selbst, um in und durch die Liebe in sich selbst einzukehren. Gott ist als das absolute Sein, das reine theoretische Ich der ersten Fichteschen Schaffensperiode. Die Liebe hingegen, die ihm seinen eigenen, unendlichen Wert erschließt, ist das reine praktische Ich. Das Kundtun Gottes, seine Offenbarung erfolgt im Menschen, eben weil Gott im Inneren des Menschen sein Dasein lebt.

Demnach geht Fichte davon aus, daß auch im menschlichen Individuum, im Ich, die Liebe als Antriebskraft fungiert. „Was du liebest, das lebest du. Diese angegebene Liebe eben ist dein Leben, und die Wurzel, der Sitz, und der Mittelpunkt deines Lebens." (GA I, 9, 57) Eine solch verstandene Liebe tritt im

---
[1] Vgl. TRAUB, Populärphilosophie, 285.
[2] Vgl. BADER, Mitteilung, 235.
[3] Vgl. WINDELBAND, Geschichte, 285.

menschlichen Gemüt als „Affekt des Seins" hervor, wenn es sich selbst fühlt und an sich selbst erfreut. (GA I, 9, 133)

Also läßt sich das Gefühl der Liebe im Menschen nie ganz verhindern. So ist die Liebe immer im Menschen vorhanden und immer bestrebt nach außen zu strömen, obwohl auch sie meist im menschlichen Inneren verhüllt bleibt.

Sich aufgeben in der Unmittelbarkeit des Gefühls ist das Sich-Aufgeben im Absoluten. Das selige Leben erhält so seine Vollendung und ist schlechthin das Gefühl der Liebe. Sich aufgeben und aufgehen im Absoluten ist nur aufgrund des Gefühls möglich. Hier ist auch zugleich der Sinn menschlichen Lebens bei Fichte dargestellt.[1]

Die Liebe des Absoluten stammt nicht aus der Sinnenwelt und erfährt keine Befriedigung, zumindest keine der Art wie sie der Sinnenwelt verständlich ist. Die so nicht zufrieden gestellte Liebe macht sich im Inneren des Menschen als eine antreibende Sehnsucht bemerkbar, die ihm nie Ruhe und Zufriedenheit beschert.

Das Wesenhafte des eigenen Ich wird somit verkannt. So erlangt der Mensch die Seligkeit laut Fichte erst dann, wenn er die Liebe und den Willen des göttlichen Daseins in sich aufnimmt und zum Seinigen macht.

6.1 Die menschliche Selbstaufgabe

Der Mensch darf sich als Ich nicht mehr wichtig nehmen und für sich selbst nichts mehr begehren. In diesem Sinne fordert Fichte die totale menschliche Selbstaufgabe, schließlich bleibt nur so Gott allein übrig „und ist alles in allem". (GA I, 9, 149)

Fichte ist hier ganz von dem Gedanken angetan, der Mensch versinke durch seine eigene Negierung in Gott.

Selbst wenn man eine einheitlich bleibende Linie im Fichteschen Werk von Anfang bis zum Ende seiner Schaffenszeit sehen will, wird aber spätestens hier der Unterschied zur Gedankenwelt des Jahres 1799 deutlich. Damals war es der sittliche Mensch selbst, der infolge seines pflichtgemäßen Tuns sein Selbst in das Reich des Übersinnlichen zu bringen vermochte. Daraus folgte seine auch gegenüber Gott bestehende Freiheit und totale Unabhängigkeit. Fichte ging in seiner ersten philosophischen Phase davon aus, der Mensch komme zu Gott. Seine zweite philosophische Phase verfolgt eher den Gedanken, daß Gott zu dem Menschen kommt.

So ist gerade die Frage nach dem Leben als Erscheinung des Göttlichen oder Absoluten der bezeichnende Faktor der Fichteschen Spätphilosophie.[2] Die Freiheit war für Fichte die Bedingung des Bewußtseins schlechthin, besonders auch in den späteren Fassungen seiner Wissenschaftslehre. Doch scheint er die Frage, inwiefern das menschliche Leben an den Begriff sittlicher Freiheit gebun-

---

[1] Daß das Leben auch ein zentraler Aspekt Fichteschen Denkens ist, zeigte z. B. W. H. Schrader. Vgl. SCHRADER, Ich; TRAUB, Populärphilosophie, 225 ff., 231 f.
[2] Vgl. HAMMACHER, Briefe, 93.

den sei, nicht eindeutig beantwortet zu haben. Die Spätphilosophie Fichtes ist besonders an die Funktion der Freiheitsidee gebunden. „Von der Freiheit kann man sagen: Sie ist, nicht um zu sein, sondern um nicht zu sein, um sich hingebend sich zu vernichten eben in die absolute Erscheinung des absoluten: aber in die ursprüngliche, also mit Freiheit; die Nicht-Freiheit erscheint zugleich als höchste, absolute Freiheit." (GA II, 9, 20)

In der ASL ist der Mensch nicht tätig, seine Aktivität besteht nur darin, seinen Naturtrieb auszulöschen. Mehr bleibt ihm nicht zu tun. Im Gegensatz hierzu sei an die Fassungen der WL bis zum Jahr 1801 erinnert, wo die Tatkraft des Menschen als sich selbst schaffendes Motiv im Mittelpunkt stand.

Demgegenüber wird der Mensch, wie ihn Fichte in der ASL darstellt, nach seiner Selbstvernichtung von göttlichem Sein und der damit verbundenen Seligkeit bewußt durchdrungen, so daß er direkt am göttlichen Sein partizipiert. Ganz in diesem Sinne nimmt Fichte hier den Aufruf entgegen: „Herr, Dein Wille geschehe." (GA I, 9, 152 f.)

Die schaffende göttliche Kraft zeichnet sich durch ein besonderes Potential aus, das sich nicht nur im Moralischen, Wissenschaftlichen, Künstlerischen und Sittlichen erschöpft, sondern vor allem durch die Liebe wirkt, und zwar nach vorheriger Selbstaufgabe des Menschen.

Der hier vorgestellte Mensch kennt weder die Selbstsucht noch ein Glück, das auf einer anderen Basis als der göttlichen gegründet sein könnte. Da es auf dieser höchstmöglichen Stufe auch kein fremdes Ich mehr gibt, ist also auch kein fremdes Leid möglich, eben weil jedes erdenkbare Leid zugleich das eigene Leid ist.

Ist die Moralität im gesamten Werk Fichtes auch von überragender Bedeutung, so zeigt er in der ASL, daß es ihm besonders darauf ankommt, das freie Individuum und die mögliche Teilhabe am absoluten Sein herauszustellen.[1] „Jedes Individuum hat daher in seiner freien, durch die Gottheit selbst nicht aufzuhebenden Gewalt, die Möglichkeit der Ansicht, und des Genusses, aus jenen fünf Standpunkten, seines, dasselbe als reales Individuum charakterisierenden, Anteils an dem absoluten Sein." (GA I, 9, 159) Mit Hilfe der Liebe wird er seiner höheren Bestimmung gerecht.

Wie bereits erwähnt, kann die bloße Kontemplation keine Seligkeit bringen, weil der Mensch von Gott aufgerufen ist, sein inneres Leben in die Welt einzubringen (GA I, 9, 163), damit auch seine Mitmenschen daran teilhaben.

An dieser Stelle wird auch im Fichteschen Werk der Aspekt der Gemeinschaft deutlich, der bei Schleiermacher ebenfalls von bezeichnendem Charakter ist.

Die Freiheit bleibt uneingeschränkt bestehen, weil auch Gott ein solches Gut nicht vernichten will. Die menschliche Selbstaufgabe hat also nichts mit einer etwaigen Aufgabe der Freiheit zu tun, ebenso wie es Schleiermacher in der GL auch nicht auf eine Freiheitsbeschränkung ‚ankommt', obwohl er von dem Gefühl schlechthinniger Abhängigkeit ausgeht.

---

[1] Vgl. TRAUB, Populärphilosophie, 231 f.

Ebenso kann auch bei Fichte selbst der fromme Mensch nicht den Wunsch der Freiheitsaufgabe hegen. Der Fromme wünscht aufgrund des in ihm arbeitenden Triebes, sein eigenstes Inneres ‚nach außen' zu befördern.

Für Fichte eröffnet die Selbstvernichtung zugleich die Freiheit. „Dieser tiefsinnige Ernst, diese strenge Sammlung des Gemütes und Einkehr zu sich selber, ist die einzige Bedingung, unter welcher das selige Leben an uns kommen kann; unter dieser Bedingung komme es aber auch gewiß und unfehlbar an uns." (GA I, 9, 64) Das Ich fühlt in der Einheit und also Übereinstimmung mit sich eine Zufriedenheit, die nur noch durch die Wechselliebe übertroffen wird (GA I, 9, 166), in welcher sich Gott und Mensch gegenseitig die Liebe vermitteln und sich die Selbstliebe Gottes so durch sein Dasein mit sich selbst vermittelt.

Der Mensch steht hier im Mittelpunkt des göttlichen Selbstverhältnisses, so daß die göttliche Selbstliebe auch stets den Menschen umfaßt.[1] Der in der Mitte stehende Mensch, läßt Gott durch sich selbst handeln. Das ‚Handelnlassen Gottes im Menschen' realisiert zugleich die menschliche Freiheit, weil er handelt, um zu handeln.

Der Mensch ist so das göttliche Selbstbewußtsein und handelt für Gott. In diesem Sinne führt Fichte aus: „Der Mensch kann sich keinen Gott erzeugen; aber sich selbst als die eigentliche Negation, kann er vernichten, und sodann versinket er in Gott." (GA I, 9, 149) Die so erfolgte Selbstvernichtung ist als Eintritt zu einem Höheren zu sehen. (ebd.) Der hier vorgestellte Gedanke des Eintritts zu einem Höheren erinnert an Schleiermachers Vervollkommnungsgedanken, den er auch in seiner GL durch das schlechthinnige Abhängigkeitsgefühl deutlich hervorbringt.

In der Fichteschen ASL versinkt der Mensch erst nach der Selbstvernichtung ‚in Gott', aber trotz der voraufgegangenen Selbstvernichtung versinkt er als Mensch ‚in Gott'. Als ‚Nichts' kann der Mensch nicht in Gott versinken, weil Fichte das Wort ‚er' wählt, um das Versinken in Gott zu beschreiben.

Hier ist wiederum der Fichtesche Gedanke des Versinkens und Einswerdens mit dem Schleiermacherschen Gedanken des Einswerdens mit dem Universum und dem Augenblick des Hingerissenseins in den Reden „Über die Religion" vergleichbar.

In der ASL spricht Fichte deutlich aus, was er in seiner Schrift „Über den Grund unseres Glaubens an eine göttliche Weltregierung" nur schwach andeutete – „die ganz neue Ordnung, die sich einstellt, sobald der Mensch den Glauben an das Übersinnliche annimmt." (GA I, 5, 353) Der Glaube war damals, im Jahr 1798, wie auch später in der ASL ein Angelpunkt innerhalb seiner Religionsphilosophie. Schließlich geht Fichte stets davon aus, daß der Mensch nie imstande sein wird, sich Gott und auch nicht irgendeinen Gott selbst zu machen, weshalb Fichte deutlich bekennt, der Mensch könne „sich keinen Gott erzeu-

---

[1] Vgl. JÜRGENS, Leben, 114.

gen", eben weil er bestenfalls imstande ist, sich einen Götzen zu machen, wie er es eben schon in den Schriften zur Zeit des Atheismusstreites ausdrückte..[1]

Abschließend sei festgestellt, daß die menschliche Selbstvernichtung keine Aufgabe der Freiheit bedeutet, sondern die Freiheitsvollendung schlechthin ist, weil der Mensch erst dann in Gott und also als Einheit mit Gott besteht und als das göttliche Selbstbewußtsein für Gott handelt.

6.2 Die Beziehung zwischen der Liebe und der Vernunft

Der Fromme zielt letztendlich mit seinen Handlungen auf das Kommen des Reiches Gottes.

So ist die Sinnenwelt für ihn zur bloßen Sphäre herabgesunken und er beabsichtigt, dem Göttlichen auch in seinen Mitmenschen voll zur Geltung zu verhelfen.

Spätestens hier wird klar, daß Gott und Mensch aufgrund ihrer totalen Vereinigung im Inneren des Menschen, der reinen Göttlichkeit den Übergang in diese Welt ermöglichen.

So kommt der menschlichen Selbstaufgabe nie ein negativer – die Freiheit einschränkender – Aspekt zu, da sie letztendlich als Erhöhung und Vollendung des eigenen menschlichen Selbst gilt.

Die unaustilgbare Liebe ist die größte Kraft, die Fichte in der ASL erwähnt. Durch sie wird das „reine und reale Absolute" durch die Ewigkeit getrieben, um sie zu einer lebendigen Ewigkeit auszudehnen. (GA I, 9, 167)

Aus diesem Grunde gesteht Fichte sogar: „Die Liebe daher ist höher, denn alle Vernunft, und sie ist selbst die Quelle der Vernunft, und die Wurzel der Realität, und die einzige Schöpferin des Lebens, und der Zeit." (GA I, 9, 167 f.) Eine solche Aussage hätte Fichte im Jahre 1798/99, in den Schriften zum Atheismusstreit, nicht zu Papier gebracht. Demgegenüber ist die Liebe in der ASL auch die Quelle der Wahrheit und Gewißheit, wie sie auch die Quelle der vollendeten Wahrheit sein soll. Letztere wiederum ist Wissenschaft, welche sich als Liebe des Absoluten erkennt und indem sie diese Liebe des Absoluten nun erfaßt, über alle Reflexion geht und so in die reine, objektive Wahrheit mündet.

Die Kritik Weihschedels lautet, daß der Fichteschen Liebeskonzeption in der ASL keine Erkenntnis in bezug auf Gott zukomme.[2] Doch zeichnet sich das Erkennen auch durch ein Verinnerlichen und Innewerden aus und ist somit ein intuitives Erkennen. So steht hier nicht nur die Erkenntnis im Sinne von ‚erzeugen' und ‚hervorbringen' im Mittelpunkt, sondern vor allem auch das Einfühlen und sich also als ‚Einswissen' mit dem Göttlichen.

Von Wichtigkeit ist hier, daß Fichte in der ASL den moralisch handelnden Menschen nicht ausschließlich in einer Beziehung zum Absoluten sieht, sondern

---
[1] Vgl. STALDER, Gottesgedanke, 507 f.
[2] Vgl. WEIHSCHEDEL, Gott, 245.

auch das vor jeder Reflexion liegende Erkennen in Form des Fühlens thematisiert.

„Die Sehnsucht nach dem Ewigen" zeigt den Drang nach Vollkommenheit in gleich intensiver Weise wie die am Sittengesetz orientierte moralische Handlung.

So will Fichte in der ASL herausstellen, daß das Absolute im menschlichen Individuum in seinem Wissen und Bewußtsein zur Erscheinung gelangen möchte.[1]

Indem Fichte nun die Wissenschaft als das Potential qualifiziert, das sich als Liebe des Absoluten erfaßt, gesteht er ihr zu, daß sie imstande ist, die Reflexion, die sich vormals noch mit der Realität vermischte, in ihrer Einheit auszusondern.

Die Produkte der Wissenschaft und also der Liebe des Absoluten werden nun in der Realität erschöpfend aufgestellt, und so ist eine Wissenslehre begründet. Darüber hinaus umschreibt Fichte den Standpunkt der Wissenschaft als die „zu göttlicher Liebe gewordene, und darum in Gott sich selbst rein vernichtende Reflexion." (GA I, 9, 168)

Das Religiöse triumphiert hier gegenüber dem Sittlichen der praktischen Vernunft. Also kann das letzte Ziel nicht mehr die sittliche Ordnung sein, sondern das Einswerden und Verschmelzen mit Gott. Alles sittliche Leben führt nun dahin, Gott zu schauen und sich als sein Abbild zu wissen. Hier ist der sittliche Trieb bereits abgestorben, da innerhalb des religiösen Zustandes für ihn keine Funktion mehr bleibt.

Der Glaube und das Gefühl, verbunden mit einer Bewegung des Herzens sind in der ASL entscheidend, weil sie es ermöglichen das Übersinnliche, das Absolute, im Akt des Sichversenkens zu erreichen. Hat sich Fichte auch deutlich dagegen ausgesprochen, daß seine „Anweisung" mystische Züge aufweise (GA I, 9, 77), so ist doch nicht ganz zu bestreiten, daß er in der ASL geheimnisvolle, letztlich nicht vollständig erschließbare Elemente einbringt, so wenn er von der Selbstliebe Gottes und dem Aufgehen im Absoluten spricht. Die Denkleistungen des Verstandes und die Liebe zum Göttlichen vereinten sich schon in der Fichteschen Appellation (GA I, 5, 424/425) und kommen in der ASL voll zur Geltung.

Ein Sehnen ist es, das den Menschen zu der wahrhaften Tugend, zu dem echten Göttlichen geleitet, „denn dies ist das fortdauernde Los seiner Endlichkeit und seiner Unterwürfigkeit unter Gott, welche letztere selbst mit Liebe zu umfassen, ein Teil seiner Seeligkeit ist." (GA I, 9, 163)

Windelband sah hier die Kontemplation im Mittelpunkt des Fichteschen Systems stehend, da der weltverbessernde Tatendrang des kategorischen Imperativs nun endlich sein Ende gefunden habe. In diesem Sinne stellte er fest, der ethische Idealismus habe sich in den religiösen verwandelt.[2] Aber der kategorische Imperativ ist nicht ganz aus diesem System wegzudenken, weil Fichte ihn bis zu einer bestimmten Stufe noch benötigte.

---

[1] So auch SCHMIDIG, Intersubjektiv, 159.
[2] Vgl. WINDELBAND, Geschichte, II, 285.

So büsst der Tatendrang des kategorischen Imperativs seine Funktion erst auf der letzten und höchsten Stufe ein. So bleibt er auf den unteren Stufen von Wichtigkeit und ermöglicht den Aufstieg, da der Mensch allein durch die Kontemplation die höchste Stufe der Entwicklung nicht erreichen kann. Aber erst die Liebe ermöglicht letztlich den höchstmöglichen Aufstieg und damit die Vervollkommnung.

Diesen neuen Aspekt innerhalb des Fichteschen Systems könnte Schleiermacher mit den Reden „Über die Religion" beeinflußt haben, war doch seine Bestimmung des Wesens der Religion schon ein beeinflussender Faktor der Romantik allgemein. Das neue Leben im Inneren des Menschen ist bei Fichte wie bei Schleiermacher, die innerhalb des Menschen zur Wirkung gelangte göttliche Kraft. Beiden Philosophen ist die Natur allein etwas Totes. Der lediglich gesetzestreue Mensch ist bei Fichte wie auch bei Schleiermacher auf der letzten Entwicklungsstufe des religiös-sittlichen Lebens ‚beheimatet'.

Hier wird deutlich, daß die Gesetzestreue allein nicht reichen kann, gerade weil die reine Religiosität schon immer mit der Sittlichkeit auftritt. Allerdings hebt Schleiermacher in diesem Zusammenhang die Individualität stark hervor, wo hingegen Fichte der Individualität lediglich eine Mittel-Zweck Funktion zuerkennt. Schleiermachers Ziel, die vollkommene Entfaltung der menschlichen Individualität, fällt mit dem Einswerden in Gott zusammen. Fichte hingegen sieht hier nur das Mittel, um in dem einen Absoluten zu versinken.

Das mit dem Göttlichen ‚Einswerden' zeigt laut Wundt, daß in der ASL „starke platonische Töne" vorherrschen.[1]

Laut Wundt erinnert die folgende Textstelle „Sowie Sein und Leben Eins ist und dasselbe, ebenso ist Tod und Nichtsein Eins und dasselbe" an den im Phaidon vorgestellten Dualismus und ebenso mag die folgende Aussage: „das Sein ist einfach sich selbst gleich ... immer nur das gleiche ruhige Sein und Bestehen" (GA I, 9, 59) an Parmenides erinnern, obwohl auch Wundt bekennt, er wisse nicht, „ob und auf welchem Wege Fichte dessen Verse über das Seiende bekannt geworden sind."[2]

So steht für Wundt fest, daß die in der ASL vorgestellte Liebeslehre auf den platonischen Kern hinweise: „Das Leben ist selber die Seligkeit ... denn das Leben ist Liebe, und die ganze Form und Kraft des Lebens besteht in der Liebe und entsteht aus der Liebe." (GA I, 9, 55) Das Vergängliche erweckt die Sehnsucht, sich in Liebe mit dem Ewigen zu vereinigen. So erinnern auch die Reden des sterbenden Sokrates im Phaidon, der sich bezüglich des Todes und des wahren Lebens äußert, an Passagen der ASL. Auch Fichte geht in der ASL davon aus, daß die Endlichkeit nur durch den Tod hindurch zum Leben dringt. „Das Sterbliche muß sterben, ... es stirbt in dem Scheinleben immerfort: wo das wahre Leben beginnt, stirbt es, in dem Einen Tode, für immer und für alle die Tode in die Unendlichkeit hinaus, die im Scheinleben seiner warten." (GA I, 9, 64)

---

[1] WUNDT, Fichte, 363.
[2] WUNDT, Fichte, 363.

Die Sehnsucht, sich alles Endlichen zu entledigen, um schließlich zum Absoluten und, wie es Plotin nannte, zum nie ganz zu erreichenden ‚Hen' aufzusteigen, hat für Fichtes ASL eine Schlüsselfunktion.[1]

Auch Hartmut Traub geht davon aus, das schöpferische Hervorbringen und die Verwirklichung des idealen Seins verdeutliche Fichtes Verbindung zum platonischem Gedankengut.[2]

Worin besteht nun der entscheidende Unterschied zwischen Fichte und Schleiermacher?

Indem Günter Bader bemerkt, einer der herausragenden Unterschiede zwischen Fichte und Schleiermacher bestehe darin, daß Fichte von einem ‚In-sich-Erzeugen' der pflichtgemäßen Gesinnung seinen Ausgang nehme und von einem ‚Sich-Versetzen' in Religion als dem moralischen Akt spreche und dem gegenüber Schleiermacher die Religion als ‚den' Nährboden zur Gottesnähe betrachte und sich nicht scheue, von einem „heiligen Dunkel" zu sprechen (R, 14), einem letztlich nie Ergründbarem, so ist die von ihm vorgetragene Annahme hinsichtlich der ersten Schaffensperiode richtig.[3]

Dennoch erscheint diese Interpretation bezüglich der Unterschiede zwischen Schleiermacher und Fichte etwas verkürzt und lediglich aus dem Blickwinkel der ‚moralischen Schiene' betrachtet. Doch bereits in der ersten Schaffensphase zeigt sich bei Fichte die Tendenz, die er in den späteren Ausgaben der WL und der ASL voll zur Geltung bringt.

---

[1] Darüber hinaus erwähnt Fichte die Seligkeit, die jenseits des Grabes liegt. (GA I, 9, 61, 152). Vgl. BAUMGARTNER, Bestimmung, 332: Plotin konzipiert seine Philosophie des Absoluten, „die ähnlich wie bei Fichte an der Grundfrage des ersten und obersten Urgrundes alles Wirklichen orientiert ist und sich in immer neuen Anläufen um die Bestimmung dieses ersten und obersten Grundes bemüht." Ebd., 338: Doch ergibt sich zwischen Fichte und Plotin auch eine Differenz, „die oberste Synthesis von Sein und Denken wird bei Fichte eher dynamisch ausgelegt, während Plotins Geistbegriff im Ausgang von Platons Ideenlehre, als Hypostase des Kosmos Noetos, mehr statischen Charakter behält".

[2] Vgl. TRAUB, Vollendung, 176 Fn 16.

[3] Vgl. BADER, Mitteilung, 45.

III. Der Begriff der Frömmigkeit in der Glaubenslehre Schleiermachers (GL)

Das Wesen der Religion wurde in den Schleiermacherschen Reden „Über die Religion" weder als Denken noch Handeln, sondern als Anschauung und Gefühl charakterisiert. (R, 50) Anschauung und Gefühl beziehen sich in den Reden „Über die Religion" auf das Universum, das als Bezugspunkt jeder Religion gilt, im Unterschied zum Begriff ‚Gott'.

Der GL 1821/22 zufolge ist die Frömmigkeit an sich, „weder ein Wissen noch ein Tun, sondern eine Neigung und Bestimmtheit des Gefühls." (§ 8, I, 26, S. 26, GL 1821/22) In der GL 1830 führt Schleiermacher diesbezüglich aus: Die Frömmigkeit sei „weder ein Wissen noch ein Tun, sondern eine Bestimmtheit des Gefühls oder des unmittelbaren Selbstbewußtseins." (§ 3, LS, GL 1830) Der Frömmigkeitsbegriff ersetzt hier den Religionsbegriff. Ebenso ist der Begriff der Frömmigkeit mit einer persönlichen Komponente besetzt und bezeichnet so die persönliche Einstellung des Menschen. Demgegenüber stand der Religionsbegriff für eine bestimmte Gruppe und für eine persönliche Einstellung. Die Religion, als das Grundlegende des Menschseins, führt zum Menschen selbst.

Schleiermacher benötigt hier keine kirchlichen Institutionen, um zu dieser Aussage zu gelangen. Später zeigt er, wie die Frömmigkeit auch immer innerhalb einer Gemeinschaft besteht und schließlich eine basale Komponente aller Kirchen ist.

Die Begriffe ‚Anschauung' und ‚Universum' werden für den Weg, den Schleiermacher mit der GL beschreitet, nicht mehr benötigt. Andererseits kommt dem Begriff ‚Gefühl' wiederum eine basale Bedeutung zu. Selbstverständlich ist, daß sich das Gefühl nicht mehr als Gegenstück oder vollendeter Teil der Anschauung zeigt. Hier konnte man, wie bereits diskutiert, die Ansicht vertreten, Schleiermacher habe die Meinung die er in den Reden „Über die Religion" verfolgte einer vollständigen Revision unterzogen.

Aber zunächst stellt sich die Frage, was ihn zur Abänderung der alles entscheidenden Formel hinsichtlich der Religion bewog. Die Anschauung stand dem Ich als abgelöster Teil gegenüber; das religiöse Urerlebnis hatte zu dieser Ablösung beigetragen. Demgegenüber beabsichtigt Schleiermacher die Frömmigkeit ganz in das Innere des Menschen zu stellen. Wie selbstverständlich scheidet hier die Anschauung aus, eben weil sie sich auf Gegenstände bezieht, die außerhalb des Ich gegeben sind.

Aber die Frömmigkeit verharrt nicht ausschließlich im inneren menschlichen Gemüt, sondern wird auch in der Beziehung zur Außenwelt wichtig sein.

In § 10 GL 1821/22 und § 5 GL 1830 wendet sich Schleiermacher der oben angesprochenen Problematik zu. Das Universum wird nicht mehr als eigenständige Größe anerkannt und obwohl der Universumsbegriff keine deutliche

244

Erwähnung mehr findet, ist erkennbar, daß für Schleiermacher diese Thematik weiterhin von Bedeutung ist.[1]

So könnte in § 9 GL 1821/22 und in § 4 GL 1830, wo es um das ‚Sich-abhängig-Fühlen' und die Beziehung zu Gott geht, das Universum stillschweigend mit einbezogen sein.

1. Die Frömmigkeit

Der Aspekt der Frömmigkeit ist hier von einer besonderen Bedeutung, weil er mit dem Gefühl nicht eigentlich identisch ist, sondern nur eine spezielle Bestimmtheit des Gefühls ist.

So bezeichnen schon die Begriffe ‚Gefühl' und ‚Selbstbewußtsein' nicht ein und dasselbe, oder ein und dasselbe aus unterschiedlicher Perspektive, wie es in der Begriffspaarung ‚Anschauung und Gefühl' in den Reden „Über die Religion" zum Ausdruck kam.

Gefühl und unmittelbares Selbstbewußtsein drücken dasselbe aus, um sich gegenseitig zu begrenzen und auszulegen. Das Gefühl soll auch bewußtlose Zustände umgreifen und das unmittelbare Selbstbewußtsein wird als etwas aufgefaßt, das dem Wissen um etwas entgegengesetzt ist.

Da Schleiermacher die Frömmigkeit weder als Wissen noch als Tun, sondern als eine Bestimmtheit des Gefühls oder des unmittelbaren Selbstbewußtseins qualifiziert und er sich bezüglich des unmittelbaren Selbstbewußtseins in der GL in knappen Formulierungen ergeht, ist – wie bereits im Text diskutiert – auf die Dialektik zurückzugreifen, selbst wenn hierdurch die Gefahr entsteht, die Begriffe der GL nicht genau im Sinne der letzteren zu erfassen. Aber immerhin ergibt sich die Möglichkeit einer analogen Deutung zwischen der Dialektik und der GL.[2]

So wird das Gefühl in der GL sofort zum religiösen Gefühl, weshalb Schleiermacher es auch mit einem Ausdruck aus dem Bereich des Transzendentalen belegt und es als „schlechthinniges Abhängigkeitsgefühl" bezeichnet. Mit dieser Wendung will Schleiermacher die Frömmigkeit transzendental begründen.

Er entscheidet sich hier für die Kategorie des Gefühls, weil in jenem die transzendentale Dimension des unmittelbaren Selbstbewußtseins enthalten ist. So gesehen ist das Transzendentale dem menschlichen Inneren sogleich immanent und es besteht die Gefahr der Vermischung zwischen dem Transzendenten und dem Immanenten.

Dem Gefühl kommt hier die entscheidende Leitfunktion zu. Es versetzt den Menschen in einen Erregungszustand, und verdeutlicht damit das Geneigtsein, die Aufnahmebereitschaft für die transzendentale Reflexion. Auch zeigt das Ge-

---

[1] Vgl. SCHULTZ, Grundlagen, 161: Das Ich ist ihm eben nicht „das Erste und Letzte, sondern das Unendliche, das Absolute, in welchem auch das Ich beschlossen ist".
[2] Vgl. OFFERMANN, Einleitung, 59.

fühl eine Verbindungslinie zum höheren Selbstbewußtsein, dem Raum des Gottesbewußtseins, der auch als unmittelbares Selbstbewußtsein umschrieben wird.

Das sich setzende religiöse Selbstbewußtsein ist stets mit dem niederen, von äußeren Einflüssen erregten Selbstbewußtsein verbunden. So spiegelt das Gefühl hier gleichsam den empfänglichen wie produktiven Teil des unmittelbaren Selbstbewußtseins.

Schleiermacher versteht die Wendung „unmittelbar" als etwas Ursprüngliches, daß weder an einem Wissen noch Tun angeheftet ist. Hier zeichnet sich das Gefühl durch ein spezifisches Wesen aus. Dem Gefühl ist es wesentlich, Wissen und Tun zu erzeugen. Ebenso bietet es für die Empfindung von Wissen und Tun die Einheit.[1]

In diesem Sinne fungiert das schlechthinnige Abhängigkeitsgefühl zugleich als das Erkennungszeichen der Frömmigkeit und ihrer transzendentalen Gegründetheit, die sich im Inneren des menschlichen Gemütes kundtut.

Die Analyse des unmittelbaren Selbstbewußtseins legt gleichsam das „schlechthinnige Abhängigkeitsgefühl" frei.[2] Der Urgrund, der im „schlechthinnigen Abhängigkeitsgefühl" enthalten und also selbst mitbegründend ist, fungiert als Bezugspunkt der Transzendentalität.[3]

Das sinnliche und also niedere Selbstbewußtsein ist hier die Vermittlungsinstanz zwischen dem nicht objektivierbaren Urgrund und der religiös traditionell orthodoxen Sichtweise Gottes, so daß die phänomenale und empirische Ebene nicht verbindungslos nebeneinander herlaufen.

Die Frömmigkeit ist immer auch in ihrer historisch-empirischen Vorkommensweise mit einzubeziehen. Das „schlechthinnige Abhängigkeitsgefühl" ist in der Form der religiösen Erregung eine an die Zeit gebundene Erscheinung, da sich innerhalb des zeitlichen Momentes das Sich-Setzende, Konstituierende der Frömmigkeit zeigt. (§ 5, GL 1830)

Diese Gefühle sind dem Ich bewußt, und so handelt es sich also nicht um eine unbewußt erlebte Ekstase, die sich verflüchtigt. Um dies klar hervortreten zu lassen, heißen die hier gemeinten Gefühle ein „Selbstbewußtsein". Doch ist das so eingeführte Selbstbewußtsein nicht mit dem Bewußtsein einer Person gleichzusetzen, und aus diesem Grunde spricht Schleiermacher von einem ‚unmittelbaren Selbstbewußtsein'.

Auf diese spezifische Unterscheidung legt Schleiermacher besonderen Wert, da bei einem Bewußtsein von sich selbst, diesem Selbst innerhalb seiner Feststellung bewußt wird, was es in einer bestimmten Weise denkt und wie es handelt. Das Selbst wird dann gleichsam zum Objekt. Aber es ist auf diese Weise immer mit dem soeben gewesenen Zustand des Ich verknüpft, da es ja gilt diesen festzuhalten, um ihn im Bewußtsein zum Ausdruck zu bringen.

---

[1] Notiz Schleiermachers zu § 8 Glaubenslehre 1830. Vgl. SCHLEIERMACHER, Glaube (Notiz 500).
[2] Sergio Sorrentino geht von einem Hervorbringen des schlechthinnigen Abhängigkeitsgefühls durch das unmittelbare Selbstbewußtsein aus. Vgl. SORRENTINO, Glaube, 333-364.
[3] Vgl. SORRENTINO, Glaube, 353.

Demgegenüber steht das unmittelbare Selbstbewußtsein nicht in solcher Verknüpfung mit dem Denken und Handeln und ist diesbezüglich unabhängig.

Dennoch tritt es immer im Zusammenhang mit einem feststellbaren Verhalten auf, weil es für Schleiermacher keine Handlungen im Leben gibt, die in keiner Beziehung zur Außenwelt stehen. Ganz in diesem Sinn äußert er sich in der „Psychologie" 1818: „Ein rein innerer Verlauf, der weder in seinem Anfange noch seinem Ende eine Beziehung hätte auf das Äußerlich-werden-wollen, ist ... nur Schein, und es gibt einen rein innerlichen Verlauf innerhalb des bloßen Einzelwesens überhaupt nicht." (Psy. 52 III 16)

Die „Dialektik" 1822 betont die Verschiedenheit des „unmittelbaren Selbstbewußtseins" = Gefühl, von dem reflektierten Selbstbewußtsein = Ich.[1] (DOd, 287) Das Selbstbewußtsein = Ich besagt nur etwas hinsichtlich der Identität des Subjekts innerhalb der Unterschiedenheit der Momente der Befindlichkeit.

Also beruht demnach das Ich auf dem Zusammenfassen der Momente und gilt wiederum als Vermitteltes. Auch ist das „unmittelbare Selbstbewußtsein" = Gefühl von der Empfindung zu unterscheiden, da diese nur das subjektiv Persönliche in einem bestimmten Moment ist. So wird also die Empfindung mit Hilfe der Affektion gesetzt.

Gilt das unmittelbare Selbstbewußtsein als Identität von Denken und Wollen, so ist demgegenüber die Empfindung keines von beiden. Hier wird deutlich, daß das unmittelbare Selbstbewußtsein nicht auf dem Ichbewußtsein oder mit einer Empfindung gleichzusetzen ist. Das Ich, von dem der Mensch weiß, daß es ist, wird immer nur in bestimmten, einzelnen Momenten erfaßt. Werden alle diese Momente der Befindlichkeit zusammengenommen, so handelt es sich um das, was von Schleiermacher als das ‚gegenständliche' Bewußtsein benannt ist. Das Ich ist so aber für den Menschen noch ein vermitteltes, ein in bestimmten Beziehungen Stehendes und zeigt, wie es bestimmte Tätigkeiten ausübt. Doch ist der Mensch in seinem ‚An-sich' nicht die Summe seiner Funktionen. Andererseits erschöpft sich das unmittelbare Selbstbewußtsein auch in keinem bloßen Fühlen.

So ist das unmittelbare Selbstbewußtsein ein Gefühl, aber ohne ein bloßes Fühlen zu sein. Die hier verdeutlichte Unterscheidung ist für Schleiermachers Glaubenslehre wichtig, da ansatzweise erkennbar ist, daß die Frömmigkeit in gewisser Weise auch als ‚Anschauung und Gefühl' mitklingt, obwohl die Umschreibung aus den Reden „Über die Religion" aufgegeben wurde.[2]

Hier wird deutlich, daß das Denken des Selbstbewußtseins als ein Unmittelbares Schwierigkeiten bereitet. So ergibt sich die Frage, wie genau man das Selbstbewußtsein als etwas denken soll, das weder durch Denk-, Willens- noch Gefühlsbestimmungen vermittelt ist. Das Selbstbewußtsein soll in einer Unmit-

---

[1] Vgl. OFFERMANN, Einleitung, 68: „Wir müssen in erster Linie die Dialektik-Vorlesung von 1822 befragen; sie liegt der ersten Auflage der Glaubenslehre zeitlich am nächsten".

[2] Vgl. OFFERMANN, Einleitung, 73: „Vollendete Einheit zwischen Gedachtem und Gegenstand – zwischen ‚Form' und ‚Stoff' des Denkens – wäre allein in der Einigung von ‚Denken' und ‚Wahrnehmen', in der ‚Anschauung' gegeben, und diese verwirklicht sich nur näherungsweise; unser Wissen bleibt immer im Werden."

telbarkeit als Bewußtsein von der Einheit von Setzen und Sein und als Repräsentant von jener zu begreifen sein.

Das menschliche Bewußtsein benötigt aber als Bezugsgrund einen Gegenstand, da wir ein Bewußtsein nur von ‚Etwas' haben können, das uns zugleich dasjenige ist, was uns bewußt ist. So ist das Selbstbewußtsein ein Bewußtsein von sich selbst, also ein Bewußtsein von seinem Bewußtsein. Das Bewußtsein ist sich seiner nur in Form eines höheren Bewußtseins bewußt. Der Gegenstand des Selbstbewußtseins ist das Bewußtsein als Gegenstand/Bewußtes und als Nichtgegenstand als Bewußtsein – es zeichnet sich also durch einen seltsam bezeichneten Gegenstand aus.[1] Somit ist der Gegenstand des Selbstbewußtseins eine Einheit von Sein (Gegenstand) und Setzen (dem Bewußtsein). Das Bewußtsein des unmittelbaren Selbstbewußtseins soll laut Schleiermacher eben nicht gegenständlich bestimmt sein, und so ist er genötigt, den Gegenstand des unmittelbaren Selbstbewußtseins als Nicht-Gegenstand zu bestimmen. Ein Bewußtsein ohne Gegenstand – ohne Bezug – ist demgegenüber nicht denkbar.

Demnach meint Schleiermacher hier einen Bezugspunkt, der als Moment auf jeden Fall gesetzt ist, auch wenn er sich der Objektivierbarkeit, Begrifflichkeit, entzieht.

Auch das menschliche Gefühl ist hauptsächlich von der subjektiven Seite zu beurteilen, da der Mensch ‚etwas' fühlt, wie Freude oder Leid. Die Subjektivität der Gegenständlichkeit besagt etwas hinsichtlich der selbstbezüglichen Einschätzbarkeit, weil es sich selbst gegenständlich ist – der Mensch ist es selbst, was er fühlt. Im Selbstbewußtsein ist sich das Bewußtsein als Gefühl nur des Bewußtseins bewußt.

Aber Schleiermacher sieht das Leben als ständigen Wechsel von dem ‚In-sich-selbst-Verbleiben' und dem ‚Aus-sich-Heraustreten des Subjektes'. Gerade dieser ständige Wechsel bürgt für die Dynamik und also Lebendigkeit des Lebens, da anderenseits eine Statik, als ständiges Gleichbleiben, ein Zeichen für das Tote ist.

Der Wechsel des ‚In-sich-Bleibens' und ‚Aus-sich-Heraustretens' des Subjektes hat aber nicht zur Folge, daß sich das Ich gegenüber der Außenwelt abgrenzt. Abschließend ist hier festzustellen, daß die Frömmigkeit ein Gefühl ist und als solches ebenfalls ein ‚In-sich-selbst-Verbleiben' ist.

2. Das Fühlen im Vollzug eines Prozesses

Schleiermacher geht es besonders darum, die Funktionen des Ich offen zu legen. So bleibt das Ich, während es fühlt und über sein Fühlen weiß – sich also des Fühlens bewußt ist –, ganz in sich selbst.

Demgegenüber ist das Aus-sich-Heraustreten des Subjektes von Interesse, gerade weil es in einem Handeln besteht. Doch auch das Wissen des Ich ist

---

[1] Vgl. LEHNERER, Kunsttheorie, 69.

immer eine Tat, die sich auf ein Bestimmtes bezieht, da es einen bestimmten Gegenstand ergreift.

Hingegen zeichnet sich das Fühlen durch ein reines In-sich-Bleiben aus; es verbleibt auch in seinem Erregungszustand ganz in sich. Demnach wäre das Fühlen immer rein passiv, weil es von keinem Subjekt bewirkt wird, sondern nur im Subjektinneren zustande kommt.

Ebenso ist das Fühlen des Ich nicht als Leistung qualifizierbar, da der Prozeß des Fühlens als passiver Vorgang in ihm abläuft.[1] Ein weiterer Unterschied zwischen dem Aus-sich-Heraustreten und dem In-sich-Bleiben besteht darin, daß das erstere immer auf ein Bestimmtes gerichtet ist, das letztere aber ungegenständlich sein kann. Diese Zusammenhänge werden nun allgemein mit dem Begriff des Gefühls bezeichnet.

In diesem Sinne werden Freude und Leid als Gefühle angegeben wie auch die Frömmigkeit als Gefühl bezeichnet wird. Aber gerade dadurch, daß die Frömmigkeit hier in einem Atemzug mit den anderen Gefühlen genannt wird, geschieht es, daß ihre außerordentliche Bedeutung eine zu geringe Achtung erfährt.

Doch Schleiermacher verfolgt mit der Einleitung in die GL das Ziel, die Einfügung der Frömmigkeit in das Ganze des menschlichen Lebens zu zeigen.[2] So soll hier der Nachweis erbracht werden, daß den Funktionen des Wissens, Tuns und des Gefühls das Ganze des Selbst wie des Lebens zukommt. Hier weist Schleiermacher dem religiösen Gefühl und besonders der Frömmigkeit ihren Platz an.

Hervorzuheben ist, daß in unserem menschlichen Bewußtsein das höchste Bewußtsein nur als Frömmigkeit präsent ist. In diesem Zusammenhang ist die Verknüpfung von absolutem Abhängigkeitsgefühl und bestimmtem Gefühl zu berücksichtigen. So garantiert die Frömmigkeit bestimmte Gefühlsinhalte und sie begründet zugleich religiöse Inhalte.

Im Gegensatz zu den Schleiermacherschen Reden „Über die Religion", in welchen Anschauung und Gefühl die einzige Art und das ewige Mittel waren, die Wahrnehmung und Erfahrung des Universums zu ermöglichen, wird das Gefühl der GL speziell als unmittelbares Selbstbewußtsein bestimmt. Innerhalb des unmittelbaren Selbstbewußtseins bilden das sinnliche Selbstbewußtsein und das schlechthinnige Abhängigkeitsgefühl gemeinsam das fromme Selbstbewußtsein. Also ist das religiöse Gefühl und das Fühlen eine Selbstwahrnehmung des Frommen.[3]

---

[1] Vgl. OFFERMANN, Einleitung, 116.
[2] Anders OFFERMANN, Einleitung, 115: „Schleiermacher kann nicht das schlechthinnige Abhängigkeitsgefühl an und für sich zum ‚wesentlichen Element der menschlichen Natur' erklären wollen".
[3] So auch schon HAMMER, Bedeutung, 72.

2.1 Der Unterschied zwischen ‚dem Gefühl der Reden' „Über die Religion" und ‚dem Gefühl der GL'

Innerhalb der Dogmatik ist das Gefühl der Ort, in dem sich die ontologische Bedeutung des unmittelbaren Selbstbewußtseins klar herausstellen könnte. Doch auch innerhalb der Dialektik ist diesbezüglich bereits das Wichtigste angedeutet. So vermittelt das unmittelbare Selbstbewußtsein den Übergang zwischen den Momenten die einerseits das Wissen und andererseits das Tun bestimmen.

So gehört das unmittelbare Selbstbewußtsein weder dem Wissen noch dem Tun allein an. Das ‚zwischen den Momenten stehen' bedeutet zugleich auch ein Heraustreten aus ihnen. So ist der Übergang am besten in der Weise erklärt, wenn man davon ausgeht, daß das unmittelbare Selbstbewußtsein in einen Augenblick eintritt, der weder dem Raum noch der Zeit verbunden ist.[1] Aber hier handelt es sich um kein Zwischending, das gleichsam aus dem Wissen und Tun resultiert. In einem solchen Falle wäre einzugestehen, daß es an beiden Tätigkeiten partizipiere. Davon ist aber nicht auszugehen, da es den Angelpunkt für beide darstellt.

Das unmittelbare Selbstbewußtsein bildet die Einheit des Ich, die der Objektivierung unzugänglich ist. Die hier angesprochene Einheit gibt auch die besondere Mitte an, die von dem Ich nicht vollständig vereinnahmt wird und somit auch außerhalb desselben steht.[2]

Erklärten die Reden „Über die Religion" die Aufspaltung in Anschauung und Gefühl infolge des religiösen Erlebnisses, so erscheint das Gefühl der GL als die Mitte schlechthin. Es befindet sich also im Übergang zwischen dem Erkennen und dem Handeln. Aber es bleibt immer die nicht zu differenzierende Einheit. Hier zeigt sich also deutlich die Unterschiedenheit des 'GL-Gefühls' zu jenem der Reden „Über die Religion", das sich eben durch eine gewisse Verbindung zum Wollen und Empfinden auszeichnete.

Aber nur innerhalb des Augenblicks ist das unmittelbare Selbstbewußtsein ‚Eins'. Folglich ist bereits klar, daß es noch eine weitere Aufteilung erfährt. So steht für Schleiermacher fest, daß das Wissen und das Tun zur Frömmigkeit gehören, aber ohne das Wesenhafte der Frömmigkeit auszumachen. Wissen und Tun gehören der Frömmigkeit nur insofern an, „als das erregte Gefühl dann in einem es fixierenden Denken zur Ruhe kommt, dann in ein es aussprechendes Handeln sich ergibt." (§ 3, 4, S. 21, GL 1830) Doch sobald diese Gegebenheit eintritt, bewegt sich der Mensch schon innerhalb des Wissens und Tuns und hat das Maß des Gefühls bereits verlassen. Jetzt ist jede Bestimmtheit aus dem Gefühl entschwunden.

Obwohl nun das Leben in bestimmten Bereichen verläuft und das nicht differenzierbare Gefühl mit bestimmten Gegebenen eine Vereinigung eingeht, ist dennoch keine Veränderung des Gefühls bemerkbar und es bleibt sich immer gleich. Wäre es nicht der Fall, so müßte das Gefühl in irgend einer Weise gegen-

---

[1] Vgl. MILLER, Übergang, 13 ff.
[2] So versteht es zumindest Friedrich Beisser. BEISSER, Lehre, 60.

ständlich sein. Aber das Gefühl ist in seinem ‚An-sich' raum- und zeitlos und keiner Veränderung unterworfen. Alle Gegenstände sind nur für das Gefühl vorhanden, soweit sie ihm entgegengehalten werden, und so ist es für sich selbst und also als reines In-sich-Bleiben ohne Gegenstand. In diesem Sinne besteht es als Organ für Gott. Daß nun die Bedingungen des Gegenständlichen aufgehoben sind, besagt aber nicht, daß damit zugleich ein ‚Verlieren' ins Unendliche gemeint ist. Demnach ist dieses Gefühl nicht nur etwas nicht zu Begreifendes, das hingenommen wird, sondern es ist zugleich ‚die Mitte' des Menschen und die Grundlage seiner Existenz.

Schleiermacher widmet sich hier den Ausmassen des Nichtobjektivierbaren, und so beabsichtigt er alles, was auf ein Gegenständliches bezogen ist, mit seiner Sichtweise zu überholen.

Ihm geht es vor allem um die andere Dimension, deren Ausmasse weder meßbar noch objektivierbar sind, und gerade deshalb will er sie andeutungsweise erahnend erschließen.

2.2 Das fromme Gefühl / Das Mitgesetztsein Gottes im Gefühl

Die nichtobjektivierbare Dimension führt den Menschen nie in eine Scheinwelt, sondern mit Hilfe des nichtobjektivierbaren Gefühls wird ihm die eigentlich wahre Welt, wie sie sich hinter all dem Gegenständlichen verbirgt, offenbar.

Als selbstverständlich steht fest, daß ein Wissen dem Menschen hier keine Hilfe bieten kann. Die von Schleiermacher vorgestellte Dimension der Nichtobjektivierbarkeit stellt für ihn die eigentliche Wirklichkeit dar, in welcher er die Wirklichkeit an sich empfindet.[1]

Dabei richtet sich das fromme Gefühl auf ein Seiendes, das für den Menschen mit dem Wissen überhaupt nicht erfaßbar und also nur mit dem frommen Gefühl erahnbar ist.

Einem solchen Seienden haftet eine Inkonkretheit an, die seine Art nur schwer erahnbar macht. Zunächst wird klar, daß jedes ‚normale' Seiende eine Abwertung erfährt, eben weil das aus der anderen Dimension hinüberleuchtende Seiende das normale Seiende ‚in den Schatten stellt.'

Daraus ergibt sich die Frage, ob der Mensch gezwungen ist, dem normalen Seienden ein sprachlich unobjektivierbares Sein entgegenzuhalten, da er seine eigenen seelischen Tiefen erst durch das höhere Seiende erkennen kann.

Auch hier ist erkennbar, wie sich Schleiermacher die Problematik des Über-Gott-Redens vorstellt, da Gott als ungegenständlich gilt und die Sprache gegenständlich ausgerichtet ist.

Wenn Gott im Gefühl mitbestimmend ist, so ist der Mensch von Gott bestimmt und als solcher ist er zum Sagen des Wortes ‚Gott' bestimmt.[2] Sieht sich der Mensch in einer Beziehung zu Gott stehend, so ist damit zugleich zum

---

[1] Vgl. OFFERMANN, Einleitung, 167.
[2] Vgl. CHRIST, Menschlich, 196.

Ausdruck gebracht, daß er sich schlechthin von Gott abhängig fühlt. Und so ist die Verwendung des Wortes ‚Gott' zugleich der Beweis, daß sich Gott in einer Beziehung zum Menschlichen befindet.

Zumindest geht der Mensch, der das Wort Gott verwendet, davon aus, daß Gott in irgendeiner Beziehung zum Menschen steht – aus einem anderen Grunde braucht er es nicht zu verwenden. In jedem Falle aber verwendet der Fromme das Wort ‚Gott' in einem genetischen Sinne. Indem er das Wort ‘Gott' ausspricht, ist, ohne daß eine Vermenschlichung des Göttlichen eintreten könnte, eine dazwischen geschaltete Ebene zur Vermenschlichung einer vorobjektivierenden Gottesvorstellung und der reinen Idee von Gott gegeben. In diesem Sinne ist sich der Mensch seines Seins als eines Zusammenseins mit Gott bewußt.

Gottesbewußtsein und menschliches Selbstbewußtsein sind bei Schleiermacher in der Weise verbunden, „daß beides ... nicht voneinander getrennt werden kann."[1] In gleicher Weise sind auch Sprache und Reflexion unmittelbar miteinander verbunden. Da nun das Gefühl nicht durch ein Gefühl an sich übertragbar, übersetzbar und gleichsam telepathisch vermittelbar ist, bedarf es einer gesonderten Translation.

Aus diesem Grunde – der Besonderheit der Translation des Gefühls – ist die Sprache und besonders das Wort ‚Gott' von fundamentaler Bedeutung. Hier macht sich die Enge der Sprache sogleich bemerkbar. Aber die Artikulation bezüglich Gott und einer möglichen Gotteserfahrung, ist eben nur mit Hilfe der menschlichen Sprache machbar.

Letztlich bleibt Gott undefinierbar und auch bezüglich seines Wesens unaussprechlich. Wie bereits erwähnt, ist aber das Sprechen über Gott von grundlegender Bedeutung, da uns erst im nachhinein klar wird und zwar durch das sprachlich-denkende Bewußtsein, wie die Gefühlszustände einzuordnen sind, um sie überhaupt mitteilbar zu machen.

Die Frömmigkeit ist so auch ein Antrieb hinsichtlich des Sprechens über Gott. Schließlich erfaßt Schleiermacher die Frömmigkeit nicht allgemein als Gefühl, sondern von vornherein als Gefühl der schlechthinnigen Abhängigkeit von Gott. In gewisser Weise bedient er sich wieder des Schemas vom Wesen und der Erscheinung, um so das sich selbst gleiche Wesen der Frömmigkeit zu bestimmen, das das Gemeinsame der unterschiedlichen Frömmigkeitsäußerungen bildet.

Die Frömmigkeit ist das wirkliche Wesen der Erscheinungen – das Zugrundeliegende der Erscheinung. Die Erscheinung muß sich auf das Entscheidende reduzieren, um das Fromme, die Frömmigkeit schlechthin, freizulegen. Auch hier zeigt sich erneut der Versuch, zu den letzten – den Menschen bestimmenden – Fundamenten vorzudringen.

Der Begriff der Frömmigkeit und des frommen Gefühls ist hier der Angelpunkt. Die Frömmigkeit besteht darin, daß sich der Mensch der Abhängigkeit zu Gott bewußt ist und/oder von einer Beziehung zu Gott weiß.[2] In der Ausgabe der

---

[1] LEUZE, Sprache, 918.
[2] Vgl. OFFERMANN, Einleitung, 188.

GL 1830 geht Schleiermacher davon aus, daß wir uns entweder als schlechthin abhängig fühlen oder uns in der Beziehung zu Gott bewußt sind. „Allein eben das unsere ganze Selbsttätigkeit, also auch, weil diese niemals Null ist, unser ganzes Dasein begleitende, schlechthinnige Freiheit verneinende Selbstbewußtsein ist schon an und für sich ein Bewußtsein schlechthinniger Abhängigkeit." (§ 4, 3, S. 28, GL 1830) Demgegenüber bemerkt er in der Ausgabe 1821/22, daß das Bewußtsein des schlechthin Abhängig-Seins ein sich Abhängig-Fühlen von Gott ist. (§ 9, LS I, 33, S. 31, GL 1821/22) Das Bewußtsein des sich schlechthin Abhängig-Fühlens von Gott ist zugleich das Bewußtsein und das Wissen der Beziehung zu Gott.

Auch innerhalb dieser Beziehung sieht sich das Ich bei seiner Eigenbetrachtung immer in einer besonderen Bestimmtheit existierend. So gibt es das Ich, wie es ‚an sich' ist, und das Ich, wie es ‚so' ist, das Ich in seinem Sosein. Die Unterscheidungsmöglichkeit zwischen dem Ich als Ich ‚an sich' und dem Sosein des Ich geht von ‚etwas' aus, das außerhalb des Ich steht. Das Andere, das die Unterscheidung veranlaßt, sind die Ereignisse der Umwelt. Auch sie tragen zur Bestimmtheit des Ich bei.

Hiervon ist das unmittelbare Selbstbewußtsein nicht betroffen, da es vor jeder Reflexion liegt. Es befindet sich auf einer anderen Stufe als alles Seiende und läßt sich auch von keinem Ereignis der Umwelt beeinflussen oder von einem anderen herleiten. Demnach läßt es sich nie ganz beweisen. Darin besteht aber kein Makel der Frömmigkeit, eben weil ein Beweis bezüglich des unmittelbaren Selbstbewußtseins und der darauf gegründeten Frömmigkeit immer unmöglich bleiben muß, weil als letztes Fundament Gott eben kein Seiendes auf einer menschlichen Stufe ist. Aus diesem Grunde wehrt Schleiermacher auch jeden allgemeinen Gottesbeweis ab, der von einem Wissen begründet wird.

Das Ich ist hier einerseits als selbsttätig, andererseits als empfangend ausgerichtet. Es findet sich sowohl in einem ‚Sich-selbst-Setzen' als auch in einem ‚Sich-selbst-nicht-so-gesetzt-Haben'. In diesem Sinne sagt Beisser, das Ich sei demnach einerseits frei, da es sich selbst sei und sich verwirkliche und andererseits sei es eben nicht frei, sondern abhängig.[1] Eine Unterscheidung wie sie von Beisser vorgenommen wird kann aber nicht im Schleiermacherschen Sinne sein, da Schleiermacher das Abhängig-sein als besondere Form der Freiheit und Vervollkommnung des Menschen auffaßt.

So ist das Ich auch nicht fremdbestimmt, sondern grundsätzlich seinem Wesen gemäß bestimmt, infolge des letzten Fundaments des unmittelbaren Selbstbewußtseins. Die menschliche Freiheit ist zwar immer eine Freiheit, die mit einer Abhängigkeit verbunden ist, aber die hier vorgestellte Abhängigkeit stellt zugleich das Wesenhafte des Menschen dar. Der Mensch behält also immer seine Freiheit, obwohl er sich in steter Abhängigkeit befindet.

Aber dem menschlichen Ich tritt immer ein ‚Anderes' entgegen, ohne daß es von letzterem völlig vereinnahmt werden könnte. Das Ich bleibt stets ein Eigen-

---

[1] Vgl. BEISSER, Lehre, 63.

ständiges. Dem Ich wird hier die Kraft zugestanden, sich gegen die von außen auftretenden Einwirkungen zu wehren. Die Äußerungen finden sich so auch in der Schleiermacherschen „Psychologie". Entweder ist das Ich selbst der gegenüber den Einflüssen von außen überwiegende Ursprung seiner „Veränderungen" oder aber es setzt sich, wenn die Einflußnahme von außen ursprünglich ist, zur Wehr gegen „das Eindringenwollen des Äußeren in das Innere und seine Gegenwirkung ist ... zunächst nichts anderes als daß es sich in diesem Den-Grund-seiner-Veränderung-in-sich-selbst-haben erhalten will." (Psy, Werke III, 6, 64)[1] Das Ich behauptet sich hier gegenüber dem anderen Seienden selbst aus eigener Kraft.

Schleiermacher ist aber darauf bedacht, eine solche Selbstbehauptung nicht zum Angelpunkt der Welt zu machen. Eine absolute Freiheit kann es deshalb für den Menschen nicht geben, weil die Existenz von etwas ‚Anderem' dieser absoluten Freiheit entgegensteht. (§ 4, 3, S. 27, GL 1830)[2]

Auch bezüglich der Frömmigkeit, die im Zusammenhang mit dem Ganzen des Lebens von Schleiermacher wahrgenommen wird, sind unterschiedliche Stufen unterscheidbar. Von Interesse ist hier die Frömmigkeitsstufe, auf welcher sich der Mensch als Person selbst setzt und sich gegenüber der Umwelt als Ich bewußt ist. Die Sinneserfahrung, die dem Selbst die Begegnung mit allem Seienden vermittelt, ist hier bedeutend.

Hingegen entsteht das Gefühl als Folge des Eindrucks, der aufgrund dieser Aktion der Anschauung im Ich entsteht. Das Ich, das sich ‚von etwas anderem' abhängig findet, erfährt seine Repräsentation also durch das Gefühl. Das dem Bewußtsein zugrundeliegende Leben – warum es überhaupt zum Bewußtsein von etwas kommt – registriert ausschließlich das Gefühl. So weiß der Mensch nur im Gefühl von seinem Selbst als einer ungeteilten, sinnlichen und geistigen Existenz.

Die letzte und höchste Stufe der Frömmigkeit weist das unmittelbare Selbstbewußtsein auf. Doch auch hier entsteht durch die Kenntnis eines Subjekts und Objekts ein Gegensatz. Das Objekt tritt erst dann auf, wenn es etwas ist, was innerhalb des Subjekts mitgesetzt ist. Obwohl nicht alle Realität in das Subjekt hineinverlagert wird, ist es für Schleiermacher unmöglich, Objekte einfach als ‚so' gegeben anzunehmen.

Die Setzung der Person zieht gleichsam die Entgegensetzung von Subjekt und Objekt nach sich. Die Entgegensetzung ist aber nicht subjektivistisch. Obwohl sich das Entgegensetzen hauptsächlich zwischen der Person und dem außer ihr Liegenden abspielt, ist dem Ich auch die Möglichkeit gegeben, sich mit anderen ‚Ichen' zusammenzuschließen und so einen Gegensatz zu allem zu bilden, zu allem was außerhalb des Zusammenschlusses besteht.

Auch das Denken ist für die Entgegensetzung nicht allein entscheidend, eben weil der Mensch durch Anschauuung und Gefühl auf das Gegenständliche bezo-

---

[1] SCHLEIERMACHER, Psychologie.
[2] Vgl. OFFERMANN, Einleitung, 63 f.

gen ist. So ist der Gegensatz zwischen Subjekt und Objekt eine dem Denken bereits vorausliegende grundsätzliche Gegebenheit, die im Bewußtsein des Ich auftritt. Andererseits sei auch in diesem Zusammenhang darauf hingewiesen, daß das Wesenhafte des Ich auch sein Freiheitswille ist.

Der Freiheitswille ist damit begründet, weil das Ich durch sein ‚Sich-Setzen' die Absicht verfolgt, als der eigentliche Ursprung der Geschichte und des Daseins zu gelten.[1]

Mit der Sonderung des Ich von der Welt ist eine präzise Unterscheidung von Anschauung und Gefühl gegeben. Die Anschauung ergreift den Gegenstand und ist in der Aktion begriffen.

2.3. Der Pantheismusvorwurf speziell in bezug auf die Glaubenslehre

Ein Zusammenfallen des Ich mit der Welt kann weder durch das Ich noch durch einen der Gegenstände geschehen, gerade weil alle Gegenstände bezüglich des Ich gleichrangig sind, es zwischen ihnen also keine grundsätzliche in Stufen einzuteilende Höherrangigkeit gibt. Das Ich, das sich jedem anderen entgegensetzen kann, bleibt in seiner Freiheit zumindest teilweise bestehen. Die schlechthinnige Abhängigkeit aber nimmt ihren Ausgang von keinem Seienden. (§ 10, 1, I 38, S. 34, GL 1821/22; § 5, 1, S. 32, GL 1830) Der Mensch findet sich in dieser schlechthinnigen Abhängigkeit „als einzelnes endliches Sein überhaupt." Sobald das Ich seine schlechthinnige Abhängigkeit entdeckt, findet es sich in der Gemeinschaft mit den anderen Seienden.

Als sicher gilt hier, daß Gott nie als Gegenstand dem Ich gegenübergestellt ist, schon allein weil dem Göttlichen nichts Gegenständliches eigen ist. Also kann auch von einem Gegensatz zwischen dem Ich und Gott keine Rede sein.[2]

Doch bietet die Frömmigkeit dem Menschen die Möglichkeit, mit Gott eins zu werden.

Für Schleiermacher eröffnet allein die Frömmigkeit die Überwindung von Subjekt und Objekt und ermöglicht schließlich die Zusammenfügung zu einer Einheit. So gehört die Frömmigkeit nur dem Selbst und ist an sich völlig unabhängig von jeglichem Seienden.

Auch Gott tritt in seiner Absolutheit nur dem Selbst im Ganzen entgegen und nie dem Ich.

Die Frömmigkeit, die weder die Zeit noch ein Mehr oder Weniger kennt und in ihrem Wesen auf keine Geschichte zurückblicken kann, erweist sich auch gegenüber Gott als unveränderlich. In diesem Sinne ist es eine Unveränderlichkeit, die der göttlichen Unveränderlichkeit vergleichbar ist.

---

[1] Vgl. ECKERT, Gott, 173: „Da das menschliche Bewußtsein aber immer wechselnder, von außen es affizierender Bestimmtheit unterliegt, gehört zu dieser sowohl Abhängigkeit, die Schleiermacher im ‚Gefühl der Notwendigkeit' gefaßt hatte, als auch das ‚Gefühl' der Freiheit als Gegenwirkung gegen die Abhängigkeit."

[2] Vgl. OFFERMANN, Einleitung, 185 f.

Schleiermacher will Gott als zeitfrei und ewig interpretieren. Hier entsteht das Problem, wie sich dieser ewige und unveränderliche Gott und die ebenfalls zeitlose Frömmigkeit mit der Welt und dem Gegenständlichen in eine Verbindung bringen. Wie kann der von Schleiermacher vorgestellte absolute und zeitlose Gott der Urgrund der geschichtlichen Welt sein?

Diesbezüglich ist für Schleiermacher entscheidend, daß sich das sinnliche und unmittelbare Selbstbewußtsein nicht ausschließen. So bleibt die Frömmigkeit stets unterschwellig für das tägliche Leben von Bedeutung, gerade weil sein Leben ohne jegliche Frömmigkeit die Einheit des Lebens zur Aufhebung bringen müßte. So ist es im menschlichen Leben auch nicht möglich, daß entweder nur das sinnliche Selbstbewußtsein oder nur das unmittelbare Selbstbewußtsein zur Geltung kommt. Ein ‚entweder-oder' gibt es in dieser Hinsicht nicht.

„Die Forderung einer Beharrlichkeit des höchsten Selbstbewußtseins kann nur aufgestellt werden unter der Voraussetzung, daß zugleich mit demselben auch das sinnliche Selbstbewußtsein gesetzt sei." (§ 5, 3, S. 35, GL 1830) So bleibt die Absolutheit Gottes stets gewahrt, da die Frömmigkeit nie mit einem Seienden und also mit der Welt in Verbindung treten und sich zu einem Neuen zusammenschließen kann.

Hier zeigt sich erneut, daß der Vorwurf des Pantheismus unbegründet ist. In diesem Sinne geht auch Doris Offermann davon aus, daß Schleiermacher Gott und Welt in keinem ‚undurchsichtigen Zusammenhang' miteinander verband, gerade weil er Gott und Welt stets unterschied.[1] „... daß eben das in diesem Selbstbewußtsein mitgesetzte Woher unseres empfänglichen und selbsttätigen Daseins durch den Ausdruck Gott bezeichnet werden soll, und dieses für uns die wahrhaft ursprüngliche Bedeutung desselben ist. Hierbei ist nun zuerst noch aus dem vorigen zu erinnern, daß dieses Woher nicht die Welt ist in dem Sinne der Gesamtheit des zeitlichen Seins, und noch weniger irgendein einzelner Teil desselben". (§ 4, 4, S. 28 f., GL 1830)

Schleiermacher wies darauf hin, daß das „mitgesetzte Woher [sc. der schlechthinnigen Abhängigkeit] nicht die Welt ist in dem Sinne der Gesamtheit des zeitlichen Seins und noch weniger irgendein einzelner Teil derselben." (ebd.) Das mitgesetzte Woher ist hier gleichbedeutend mit Gott. Die Möglichkeit einer Fehlinterpretation ist aber auch deshalb gegeben, weil Schleiermacher herausstellt, daß es mit dem Charakter reiner Abhängigkeit zusammenhängt, „daß dasjenige, wovon wir uns in den frommen Erregungen abhängig fühlen, nie kann auf eine äußerliche Weise uns gegenüberstehend gegeben werden." (§ 9, 4 I, 36 S. 33 GL 1821/22) Wovon wir uns abhängig fühlen, ist also nur in unserem

---

[1] Vgl. OFFERMANN, Einleitung, 186. Hier ist auch eine handschriftliche Randbemerkung Schleiermachers interessant, die sich in einem Exemplar des ersten Bandes der ersten Auflage, das mit Schreibpapier durchschossen ist und das Schleiermacher wohl auch für sein Kolleg und für die Vorbereitung der zweiten Auflage verwandte. Handschriftliche Randbemerkung zu § 9, GL 1821/22: „Durch den Ausdruck, daß schlechthin abhängig und abhängig von Gott gleich ist, ist der verderbliche Pantheismus, den den Menschen als ein Teil Gottes setzt ... schon ausgeschlossen." In: THÖNES, Anmerkungen. § 9, GL 1821/22.

eigenen Inneren auffindbar. Aber die Textstelle besagt nicht, daß Schleiermacher von einer Vermischung des Göttlichen und Menschlichen ausgeht. Die Frömmigkeit ist nun ‚die' besondere Größe, die zugleich die Beziehung zu Gott deutlich macht. Andererseits ist die Frömmigkeit ebenso durch das tägliche menschliche Leben präsent und nicht nur ein kaum wahrnehmbares ‚Mittönen'.

Schleiermacher sieht den in Frömmigkeit lebenden Menschen als denjenigen, der sein Selbstbewußtsein vollenden konnte – so denkt er in diesem Sinne rein christlich.

In diesem Zusammenhang könnte man dem Gedanken verfallen, es sei am besten, daß die Frömmigkeit allein im Inneren des Menschen walte. Allein könnte die Frömmigkeit aber zu keiner Begrenztheit und Klarheit führen, so daß stets die Verbindung zu einem bestimmten Lebensmoment gegeben sein muß. Ebenso führt das Fehlen jeglicher Frömmigkeit zur Aufhebung der Lebenseinheit.

Hier deutet sich die geheimnisvolle Schleiermachersche Mystik an, die sich nicht einmal andeutungsweise einer Ekstase zuneigt. Doch fordert der christliche Glaube eine Konkretheit der Frömmigkeit, aus welcher auch ihre Notwendigkeit abgeleitet werden kann. So ist es für Schleiermacher unerläßlich, den Bezug zu Christus herzustellen, weil es nur dann zu einer christlich-begreifbaren Gottesvorstellung kommt.

Mit Hilfe der Frömmigkeit entdeckt der Glaubende den eigentlichen Grund der Welt.

3. Die ‚philosophische' Unabhängigkeit Schleiermachers von Schelling

So wurde teilweise die philosophische Eigenständigkeit Schleiermachers geleugnet. Zeller wies die Schleiermachersche Philosophie der Schellingschen Schule zu.[1]

Demgegenüber stand für Bender die Eigenständigkeit der Schleiermacherschen Philosophie fest, da er seine „Metaphysik" mit Hilfe einer psychologischen Bewußtseinsanalyse entstehen lasse. Dennoch gibt auch er zu bedenken, die Schleiermachersche „Metaphysik" sei der Schellingschen „recht ähnlich".[2]

Schließlich stellte erst die Arbeit Süskinds die Unabhängigkeit der Philosophie Schleiermachers heraus. In diesem Sinne äußert er sich wie folgt:

„Was nach Schleiermachers ersten Reden das Wesen der Religion ausmachte: die Anschauung des Universums als eines Entwicklungssystems von Individualisationen, deren jede als solche ein positiver Ausdruck des Unendlichen ist – genau dasselbt wurde von nun in Schellings Identitätssystem als das Wesen der Philosophie, der Kern und Grundgedanke der wissenschaftlichen Welterkenntnis entwickelt. Schleiermacher wurde dadurch genötigt, für seine Religion, da sie nicht zugleich Philosophie sein konnte, einen anderen Begriff und eine andere

---

[1] Vgl. ZELLER, Geschichte, 697 ff.
[2] BENDER, Theologie, 47 f.

Begründung zu suchen, und suchte den Ausweg in der folgenreichen Wendung, daß er sich von der Anschauung ins Gefühl zurückzog."[1]

Schleiermacher beschreitet mit seinem Denken ähnliche Wege wie Schelling, was aber nicht sogleich den Schluß zuläßt, er habe sein bisheriges Konzept aufgegeben oder gar einer völligen Revision unterworfen.

Laut Süskind beabsichtigt Schleiermacher in der 2. Auflage seiner Reden „Über die Religion", seine veränderte Ansicht kund zu tun. So geht Süskind davon aus, die hier vorgetragene Ansicht Schleiermachers stehe in diametralem Gegensatz zu seinen Ausführungen in der 1. Auflage der Reden „Über die Religion". Für Süskind besteht der Hauptgedanke der Reden „Über die Religion" in der Singularität eines jeden einzelnen Endlichen, das gerade hierdurch zum Ausdruck des Unendlichen werde.[2] So wird also die individuelle Besonderheit zum Ausdruck des Unendlichen.

Der Gedanke „von der Einheit und schlechthinnigen Gesetzmäßigkeit alles Daseins und Geschehens in der Welt" steht mit dem Erstgenannten in engster Beziehung, ist ihm aber untergeordnet. Die Bestimmung der Religion als ein Gefühl hat nun zur Folge, daß diese beiden Gedanken auszuschließen sind, gerade weil das Gefühl über seine eigene Subjektivität verfügt und bei Schleiermacher eine deutliche Abgrenzung zur Anschauung erfährt.

Laut Süskind soll das gegenständliche Erkennen für Schleiermacher von entscheidender Bedeutung sein, da er das Erfassen hinsichtlich des individuellen Charakters der Dinge wie auch die schlechthinnige Ursächlichkeit allen Geschehens in der Welt von eben diesem Erkennen abhängig macht.[3]

In diesem Sinne verändert Schleiermacher sein Konzept dahingehend, daß der positive Ausdruck des Unendlichen nicht mehr darin besteht, das Einzelne als Individuelles auszugeben. Vielmehr besteht der positive Ausdruck des Unendlichen in einem „das Ganze in seinem einheitlichen, alles Einzelne gleichermaßen umfassenden und bedingenden Zusammenhang."[4]

Die religiöse Grundforderung ist dann erfüllt, wenn der Mensch sein persönliches Leben „der allgemeinen Gesetzmäßigkeit alles Geschehens völlig unterwirft."[5]

Aber Schleiermacher selbst redet nie davon, daß sich der Mensch einer allgemeinen Gesetzmäßigkeit zu unterwerfen habe. Als Einwand gegen Süskind ist hier auch anzuführen, daß das Einzelne nie als Individuelles der positive Ausdruck des Unendlichen war. So kam der Mensch den Schleiermacherschen Reden „Über die Religion" zufolge, dem Unendlichen aufgrund der religiösen Vereinigung nahe. Im nachhinein ließ der Mensch mit Hilfe der Anschauung und des Gefühls das Einswerden mit dem Unendlichen Revue passieren, und so kam es zu einer Vergegenwärtigung des Einsseins mit dem Unendlichen.

---

[1] SÜSKIND, Einfluß, 108.
[2] Vgl. SÜSKIND, Einfluß, 160.
[3] Vgl. SÜSKIND, Einfluß, 160.
[4] SÜSKIND, Einfluß, 163.
[5] SÜSKIND, Einfluß, 164.

(R, 74 f.) Der so beschriebene Vorgang kann nur im tiefsten Inneren des Menschen stattfinden, was aber nicht heißt, daß der Vorgang nicht der Ausdruck des Unendlichen ist.

In ähnlicher Weise ist in der GL das schlechthinnige Abhängigkeitsgefühl in Verbindung mit der Frömmigkeit entscheidend. Daraus folgt, daß die Frömmigkeit auch die Grundlage des christlichen Verständnisses ist, da, wie bereits erwähnt, die Frömmigkeit auch die Funktion der Nächstenliebe und des Mitgefühls übernimmt. Auch in der GL ist der allentscheidende Bezugspunkt der Religiosität ‚Gott' oder das Ganze.

Ausschließlich Gott verfügt über ein Seiendes, das, gerade weil das Göttliche auf einer anderen Ebene angesiedelt ist, auch ‚die' Qualitäten aufweist, die notwendig sind, um als unendliches unveränderliches Ganzes der Urgrund der Welt zu sein.

Doch scheint Süskind die Frömmigkeit als von der Welt Losgelöstes zu sehen. Aber für Schleiermacher ist die Frömmigkeit der innigste Zusammenhang zwischen dem Selbst und der Welt. Wie bereits gezeigt, kann so die Frömmigkeit durch ihre Beziehung zu den einzelnen „anderen" bestehen – und nicht nur das –, eben weil sie nicht nur darin bestehen kann, sondern schlechthin dadurch besteht. Der hier vorgetragene Gesichtspunkt ist auch der Leitgedanke der Schleiermacherschen Reden „Über die Religion" in der 2. Auflage.

Die Veränderung der Schleiermacherschen Formel ist aber durch sein eigenes Denken entstanden. Sicher ist, daß die Anschauung des Universums als die Erscheinung des Endlichen im Unendlichen eine der Hauptaussagen der 1. Auflage der Reden „Über die Religion" ist. „Versucht doch aus Liebe zum Universum Euer Leben aufzugeben. Strebt darnach schon hier Eure Individualität zu vernichten, und in Einem und Allem zu leben, strebt darnach mehr zu sein als Ihr selbst, damit Ihr wenig verliert, wenn Ihr Euch verliert; und wenn Ihr so mit dem Universum, soviel Ihr hier davon findet, zusammengeflossen seid ..." (R, 132) Aber ein völliges Aufgeben des menschlichen Seins, wie es Fichte in der „Anweisung zum seligen Leben" fordert, ist aus den Äußerungen Schleiermachers nicht zu entnehmen, da er lediglich von einem Streben hinsichtlich der Vernichtung der Individualität spricht, wohl wissend, daß die vollständige Vernichtung der Individualität unmöglich ist.[1]

Ebenso sagt Schleiermacher in den Reden „Über die Religion" mit Nachdruck, daß es eine Täuschung sei, „das Unendliche gerade außerhalb des Endlichen" zu suchen (R, 145). Aber die Täuschung sei eben nur etwas Natürliches bei denen, die nicht einmal das Endliche kennen. Es ist also nicht Voraussetzung, das Endliche zu kennen und sich mit ihm zu beschäftigen, um so erst innerhalb des Endlichen das Unendliche zu sehen.

Obwohl sich Schleiermacher der Transzendenz verbunden sieht, zeigt sich hier deutlich das Prinzip der Immanenz.

---

[1] Vgl. SCHULTZ, Grundlagen, 161.

Auch an einer Erhöhung des Individuums allein kann es Schleiermacher nicht gelegen sein, da er von einem steten Streben des Menschen ausgeht, um auf diese Weise wenigstens in die Nähe des göttlichen Universums zu gelangen.

Die erstrebenswerte Nähe ist durch das Einswerden innerhalb des religiösen Urerlebnisses erfahrbar. Ginge es Schleiermacher lediglich um eine menschliche Erhöhung, wäre ihm bereits durch das religiöse Urerlebnis eine Erkenntnis geschenkt, die ihn immer näher und näher an das Universum ‚rücken' würde.

Aber in dieser Weise ist das religiöse Urerlebnis für den Menschen nicht verwertbar. Eher ist anzunehmen, daß es Schleiermacher um eine Vervollkommnung des Menschen geht, die eben nur mit Hilfe der religiösen Erfahrung erreichbar ist.[1] In diesem Sinne ist auch die folgende Äußerung Schleiermachers zu bewerten: „... in dem Leben eines jeden gibt es irgendeinen Moment, wie der Silberblick unedler Metalle, wo er, sei es durch die innige Annäherung eines höheren Wesens ... gleichsam aus sich heraus gehoben und auf den höchsten Gipfel desjenigen gestellt wird, was er sein kann." (R, 94) So steht auch Schleiermacher hier in vergleichbarer Nähe zu Platon, der im „Symposion" ausführt: An Kraft und Stärke gewaltig zu sein, um den Zugang zum Himmel zu haben und die Götter anzugreifen (Platon, Symposion, 190 c)

4. Die Erscheinung des Unendlichen im Endlichen

Laut Schleiermacher richtet das Ich seine Anschauung immer auf ein bestimmtes Endliches. Ausschließlich auf diesem Weg ist eine Annäherung an das Göttliche und eine Ahnung bezüglich des Göttlichen möglich. Demnach gibt es einzelne Gottesvorstellungen, ohne daß eine ‚direkte Aufnahme des Göttlichen' je möglich wäre. Andererseits ist der Mensch zu einer ‚Aufnahme des Göttlichen' auch gar nicht fähig, eben weil eine solche für das menschliche Gemüt eher schädlich wäre. „Bei keiner Art zu denken und zu empfinden hat der Mensch ein so lebhaftes Gefühl von seiner ganzen Unfähigkeit ihren Gegenstand jemals zu erschöpfen, als bei der Religion." (R, 179) Vor allem besteht „alles Endliche ... nur durch die Bestimmung seiner Grenzen, die aus dem Unendlichen gleichsam herausgeschnitten werden müssen." (R, 53)

Auch besagt die Formulierung „Anschauung des Universums" nicht, diese Anschauung des Endlichen und das Universum seien ineinander verwoben. So fallen die Anschauung und das Universum auch nicht „in wunderbarer Weise" zusammen, wie es Friedrich Beisser vorschlägt.[2]

Die Anschauung ist und bleibt laut Schleiermacher immer „etwas einzelnes, abgesondertes, die unmittelbare Wahrnehmung, weiter nichts; sie zu verbinden und in ein Ganzes zusammenzustellen, ist schon wieder nicht das Geschäft des Sinnes, sondern des abstrakten Denkens." (R, 58) Die Anschauung steht eben

---

[1] Vgl. FLÜCKINGER, Philosophie, 77: „Erlösung bedeutet hier ‚Höherentwicklung und Entfaltung der menschlichen Natur."
[2] BEISSER, Lehre, 76.

erst nach dem religiösen Vereinigungsakt als abgelöste Gestalt vor dem Ich. (R, 75)

Als sicher steht fest, daß das Göttliche in den Reden „Über die Religion" wie auch in der GL unobjektivierbar ist. Die Anschauung der Reden „Über die Religion" richtet sich stets auf einen Gegenstand. Das Universum gilt demgegenüber als transzendenter Grund alles Seienden und steht also auf einer anderen Ebene als alles gegenständliche Seiende. Aber hiermit ist der Begriff der Anschauung nicht erschöpfend beschrieben. So richtet sie sich zwar auf einen Gegenstand, aber die Gegenstandsbezogenheit macht sie nicht unbrauchbar hinsichtlich der Erahnbarkeit alles Göttlichen.

Die Anschauung ist aus dem Grund gegenstandsbezogen, weil sich der Mensch nur im Endlichen dem Unendlichen nähern kann.

An dieser Stelle werden die Grundsätze der Reden „Über die Religion" noch einmal erwähnt, um zu zeigen, daß Schleiermacher den besagten Grundsätzen in der GL treu bleibt.

Doch war dem Gefühl an sich in den Reden „Über die Religion" die Kraft eigen, das außer uns Seiende – das Universum – wahrzunehmen, weil es hier der eigentliche Gegenstand des Gefühls war. Demgegenüber zeigt sich das Gefühl der GL hinsichtlich einer solch erkennnistheoretischen Bedeutung eher beschränkt.[1]

Die Fortsetzung der Schleiermacherschen Gedanken der Reden „Über die Religion" und ihre Modifizierung machen § 10 GL 1821/22 und § 5 GL 1830 deutlich. Hier ist es möglich, die Neufassung des Schleiermacherschen Gedankens der Erscheinung „des Unendlichen im Endlichen" zu erkennen.[2]

„Die Frömmigkeit ist die höchste Stufe des menschlichen Gefühls, welche die niedere mit in sich aufnimmt, nicht aber getrennt von ihr vorhanden ist." (§ 10, LS I, 37, S. 33, GL 1821/22) „Das Beschriebene bildet die höchste Stufe des menschlichen Selbstbewußtseins, welche jedoch in ihrem wirklichen Vorkommen von der niederen niemals getrennt ist, und durch die Verbindung mit derselben zu einer Einheit des Momentes auch Anteil bekommt an dem Gegensatz des Angenehmen und Unangenehmen." (§ 5, LS, 24, S.30/31, GL 1830)

Dem Menschen – als Endliches – erscheint die Frömmigkeit, das religiöse Gefühl, als höchstmögliche Stufe eines menschlichen Gefühls. Das Höchstmögliche erscheint somit im Endlichen. Das in einer Beziehung zu anderen stehende Ich erfährt eine deutliche Abgrenzung zum Gefühl der Frömmigkeit. Das Selbst steht in einem Verhältnis zur Welt, womit es sich auf der zweiten Stufe des Selbstbewußtseins wiederfindet. Auch Anschauung und sinnliches Gefühl sind auf der zweiten Stufe auffindbar. Von eben jenem sinnlichen Gefühl ist das Gefühl der schlechthinnigen Abhängigkeit zu unterscheiden, da es nie auf etwas Gegenständliches bezogen ist, sondern immer auf Gott. So versuchte Schleiermacher die Problematik einer Theorie des Selbstbewußtseins mit Hilfe einer

---

[1] So auch HAMMER, Bedeutung, 70.
[2] So auch BEISSER, Lehre, 76.

direkten Abgrenzung des unmittelbaren Selbstbewußtseins vom reflektierenden Selbstbewußtsein zu entwirren.[1]

Die bei Schleiermacher verschiedentlich aufgeführten Stufen zeigen eine untereinander gegebene Verbindung, wie das Verhältnis der zweiten zur dritten Stufe deutlich macht. So zeigt sich bereits auf der zweiten Stufe, daß die Frömmigkeit allen Gegensatz gegen alles Endliche aufgehoben hat. „In der Frömmigkeit aber ist eben so notwendig aller Gegensatz gegen alles Endliche aufgehoben." (§ 10, 2, I, 40, S. 35, GL 1821/22) Aber die hier erwähnte Frömmigkeit tritt erst hervor, wenn sich der Einzelne als Teil der ganzen Welt betrachtet und die Einheit alles Endlichen in sein Selbstbewußtsein aufgenommen hat und sich von Gott abhängig fühlt. (ebd.)

4.1 Das Ziel der Frömmigkeit

Der Gegensatz zwischen dem Einzelnen, anderen Einzelnen und dem Endlichen wird dadurch aufgehoben, daß sich der Einzelne als Teil der Welt sieht und sich der Teilhaftigkeit an der Welt bewußt ist.

Die frommen Erregungen aber werden hiervon nicht erfaßt. Sie stehen auf der höchsten Stufe des Selbstbewußtseins.

Auch die Begegnung des Ich mit einem anderen führt nicht zur Konfrontation mit dem Seinsgrund selbst, vielmehr ist eine Begegnung dieser Art dem Frommen die praktische Anwendung seines Glaubens.

Gott tritt dem Einzelnen hier nicht in der Begegnung entgegen; er ‚ist' als Ganzes im Ganzen der menschlichen Existenz vorhanden.

Als Ziel der Frömmigkeit selbst gilt der Bereich, in dem nur der Glaube an Gott herrscht und das Ich dennoch mit der Welt in einer Beziehung steht, um aber von dieser Beziehung kaum unterscheidbar zu sein.

Aber schon in den Schleiermacherschen Reden „Über die Religion" waren Menschheit und Universum nicht die Grenze der Religion. (R, 104)[2]

Erst jenseits der Grenze sieht die Religion das Unendliche. So gilt auch für die GL, daß sich das Göttliche nicht in bestimmten Offenbarungen und Verknüpfungen einem Endlichen zeigt. Es wird erscheinen als das, was es ist, und durch das, was es ist.

Also bleibt Schleiermachers Grundaussage erhalten, die darin besteht, daß dem Göttlichen der Vorrang hinsichtlich der Welt und all der Iche zusteht. Das individuelle Endliche steht hier nicht im Mittelpunkt, es ist lediglich auf die Mitte – auf das Göttliche – ausgerichtet. Die 2. Auflage der Reden „Über die Religion" hebt schließlich den Unterschied zwischen Gott und der Welt mit Entschiedenheit hervor. Der Unterschied basiert auf der Ansicht, Gott könne nichts Gegenständliches sein.

---

[1] Vgl. ECKERT, Welt, 285.
[2] Vgl. SCHULTZ, Grundlagen, 162: In der Zeit der Reden und Monologen sah Schleiermacher „in dem Individuellen den unmittelbaren Ausdruck des Unendlichen".

Die Aussage ist zugleich von so großer Bedeutung, daß alle anderen Gesichtspunkte bezüglich des Göttlichen zurücktreten. Auch in der GL ist es der allentscheidende Gesichtspunkt. Die Frömmigkeit, auf einer eigenen höchsten Stufe stehend, könnte tendenziell als etwas von der Welt Losgelöstes erscheinen.[1] In diesem Falle steht die Welt unverbunden neben ihr, mit der Folge, daß sie für das Bewußtsein des Menschen nicht mehr besteht. Ebenso untergeordnet steht die Bezugsgröße ‚Gott' neben dem Ich. Das Gefühl wird nun im Bewußtsein des Ich in zwei Hälften zerteilt, so daß eine Hälfte für die Ebene des Gegenständlichen aufnahmebereit ist und die andere das Organ für das Göttliche bleibt.

Der von Schleiermacher vorgenommene Kunstgriff vermeidet das ‚Verlorengehen' der gegenständlichen Welt innerhalb der menschlichen Bewußtseinsebene, weil die Gefühlshälfte, die für das Gegenständliche zuständig ist, ein Verlorengehen der gegenständlichen Welt unmöglich macht.

In diesem Sinne zeigt Schleiermacher, daß die Struktur des Ich nur dann schlüssig erklärbar ist, wenn das Ich in einer Abhängigkeit zu Gott steht. Der so formulierte Gedanke liegt als Grundsatz der GL zugrunde, gerade weil Schleiermacher den Menschen nie als unabhängiges Ich sah, daß sich einen Gott aus seinem Ich hätte selbst ersinnen können. Obwohl und gerade weil er dem Menschen seine Freiheit zugesteht, steht der Mensch zugleich in einem Abhängigkeitsverhältnis zu Gott.

4.2 Die menschliche Freiheit in bezug auf die Abhängigkeit von Gott und der Erlösungsgedanke

Wir haben bereits festgestellt, daß sich die Freiheit des Menschen und die Abhängigkeit von Gott bei Schleiermacher nicht ausschließen, sondern für das Menschsein von grundlegender Bedeutung sind. So führte er schon in den Reden „Über die Religion" aus: „Was heißt Eingebung? Es ist nur der religiöse Name für Freiheit." (R, 119)

So „atmet" die Religion „da, wo die Freiheit selbst schon wieder Natur geworden ist." (R, 51 f.) Auch der Trieb, der im Menschen die Anschauung freisetzt, „setzt das Gemüt in unbeschränkte Freiheit." (R, 65 f.) Die hier vorgestellte Linie der Reden „Über die Religion" verfolgt Schleiermacher konsequent auch in der GL, da er die Abhängigkeit von Gott nicht als Abhängigkeit auf weltlicher Ebene empfindet. So geht es ihm hier nicht lediglich um ein schlechthinniges Abhängigkeitsgefühl, sondern auch um ein Ganzheitsgefühl.

Schleiermacher will hier nicht ausdrücken, das Ich bewege sich auf seinen Zielpunkt ‚Gott' in der Weise zu, um irgendwann einmal ganz in Gott zu versinken und sein Ich ganz zu verlieren. Gott ist dann allein ‚da' und das Ich ist in Gott verloren. Aber Schleiermacher hält demgegenüber auch in der GL daran fest, die Welt, das Ich und Gott als drei Größen in unlösbarem Zusammenhalt

---

[1] Vgl. BEISSER, Lehre, 57, 60.

darzustellen. So bleibt es dabei: Ohne Welt ist Gott undenkbar; zugleich ist er der Grund der Welt und der Grund des schlechthinnigen Abhängigkeitsgefühls.

Diese Wurzeln zeigen sich in den Reden „Über die Religion" ebenso wie in der Schleiermacherschen Dialektik und kulminieren schließlich in der GL 1821/22 und in der GL 1830.

In den Reden „Über die Religion" war der Sinn für das Universum der einzige Maßstab der Religiosität und darüber hinaus hing es von der Richtung der menschlichen „Phantasie" ab, ob der Mensch zu seiner Anschauung einen Gott hatte. (R, 129)[1]

Von besonderer Wichtigkeit ist in diesem Zusammenhang auch die Aussage, in der Religion werde das Universum als ursprünglich handelnd auf den Menschen gesetzt. (R, 129)

Gott und Mensch gehen hier in symbiotischer Einheit zusammen. Aber das schlechthinnige Abhängigkeitsgefühl kann nur dann im Inneren des Menschen aufkommen, soweit sich der Mensch mit all den Seienden in der Gemeinschaft verbunden fühlt. Ebenso soll sein Selbstbewußtsein eine immense Ausdehnung erreichen, die sich über alles Seiende hinausspannt.

Aber die Absolutheit Gottes macht es unmöglich, daß er in bestimmten Gefühlen als ein bestimmtes Einzelnes empfindbar ist. So kündigt sich die Anwesenheit Gottes im menschlichen Selbstbewußtsein als eine Freude an. Weil Gott die Liebe schlechthin ist, so ist es nur schlüssig, daß Schleiermacher die göttliche Anwesenheit im menschlichen Selbstbewußtsein durch die Freude zum Ausdruck kommen läßt.

Bestimmteres läßt sich bezüglich der Gottheit nicht aussagen, da alles darüber hinausgehende zur Folge hat, daß sich das Göttliche dem Gegenständlichen nähert. Auch an dieser Stelle flackert erneut die Problematik des Pantheismus auf.

Aber für Schleiermacher steht der Pantheismus nicht auf der gleichen Stufe wie ‚eine wirkliche Religion'. In diesem Sinne äußert er sich in der GL: „Auch ist niemals eine eigne kirchliche Gemeinschaft auf dem Grund des Pantheismus entstanden, ja der Name selbst ist nicht ein solcher, den sich Einzelne oder Schulen und Parteien selbst gegeben, sondern er ist nur als Neck- oder Schimpfnamen eingeschlichen." (§ 15, 5, I, 69, S. 54, GL 1821/22)

Schließlich verbleibt stets die Schwierigkeit, einen außer- oder überweltlichen Gott anzunehmen und diesem einen innerweltlichen Gott entgegenzusetzen. So scheint die göttliche Allmacht und Allgegenwart immer dann einer besonderen Gefährdung ausgesetzt, wenn Gott außer der Welt angenommen wird oder andererseits eine gänzliche Einbindung in die Welt erfährt.

Schleiermacher geht ganz eindeutig von einem Verhältnis zwischen Gott und Welt aus, daß als Ganzes ausschließend wie einschließend ist. Die Welt fungiert als begriffliche Grenze und ist eben nicht der transzendente Grund, welcher vielmehr immer ausschließlich durch Gott gesetzt ist.[2]

---

[1] Vgl. BEISSER, Lehre, 35.
[2] Vgl. ROTHERT, Dialektik, 209 Fn 89. (s. 183-214)

Selbst wenn Schleiermacher nirgends eine bestimmte Gottesauffassung als die allein richtige bezeichnete oder gar eine Gotteslehre aufstellte und nie eine Doktrin an eine bestimmte Gottesvorstellung knüpfte, zeichnet sich bei ihm der Monotheismus durch einen Normcharakter aus.

Der Monotheismus ist für ihn das Feld, auf dem ein Sich-Zeigen-des-wirklichen-Gottes am besten versucht werden kann.

Der deutsche Idealismus – die Phase der Geschichte, in welcher Schleiermacher lebt – zeigt alle Religionen als unglaubhaft, außer den Monotheismus. Schon allein der Vergleich zu den beiden anderen monotheistischen Gemeinschaften, macht im Schleiermacherschen Sinne deutlich, daß das Christentum als die vollkommenste erscheint. (§ 14, 3, I, 60, S. 48; § 15, 4, I, 66, S. 52, GL 1821/22)

Aber Schleiermacher besteht nie darauf, daß die einzig wahre Verwirklichung des Monotheismus durch das Christentum bestehe. So sind nicht alle höheren Religionen durch eine gemeinsame Grundanschauung zusammenfaßbar.[1] Jede Religion richtet sich auf das Ganze, aber in einer ihr spezifischen Weise. (§ 10, 3, 65, GL 1830) Wenn ein Jude, Mohammedaner oder Christ die Aussage macht, ‚Ich glaube an Gott', bedeutet dies, daß sich jeder einzelne Anhänger der jeweiligen Religion nach der jeweils in ihr herrschenden Grundanschauung richtet.

Im christlichen Glauben bedeutet dieser Satz, daß sich alles auf die Erlösung in Christus bezieht.

Kann nun ‚der' Gott, wie ihn Schleiermacher den Lesern vorstellt, nur dann erahnt werden, wenn er in einer Beziehung zum Menschen steht? Demnach ergibt sich die Möglichkeit, daß Schleiermacher auch grundlegend davon ausgeht, Gott nur dann als seiend anzuerkennen, sofern er in einer Beziehung zum Menschen steht.[2]

Als sicher kann hier gelten, daß Gott dem Menschen in seinem ‚An-sich' nie zugänglich ist. Aber einen an und für sich seienden Gott hat Schleiermacher nicht im Blick, gerade weil das ‚An-und-für-sich-Sein-Gottes' für ihn kein Thema sein kann und lediglich für Gott selbst bedeutungsvoll ist. Von einem Gott ‚an sich' ist deshalb nie die Rede, weil Schleiermacher nur den sich offenbarenden Gott einer Betrachtung unterziehen kann. Aber der sich offenbarende Gott wird sich dem Menschen nie in seinem ‚An-sich', dem eigentlich Wesentlichen zeigen, sondern stets die Auffassungsgabe des Menschen berücksichtigen und also den so gegebenen Möglichkeiten zufolge, ihm gegenüber in Erscheinung treten. Also erfährt das Gefühl die göttliche Gegenwart auch nur in abgeschwächter Form, und so ist das Göttliche, das der Mensch hier erfährt, mit einem Mangel behaftet. Deshalb kann der Mensch, infolge seiner beschränkten Fähigkeiten, nur einem mangelhaften Gott entgegenstreben.

---

[1] Vgl. OFFERMANN, Einleitung, 301.
[2] Vgl. OFFERMANN, Einleitung, 317.

Aber Gott ist ‚an sich' mit keinem Mangel behaftet, er nimmt einen solchen aber in Kauf, um überhaupt mit dem endlichen Wesen in eine Verbindung treten zu können. In diesem Sinne äußerte schon Bender: So „scheinen die Sätze, daß wir von einem Sein Gottes außer der Welt nichts wissen und daß sich die Gotteserkenntnis in der Totalität der Welterkenntnis allein realisiere, notwendig in dem Schlußsatze auszulaufen, daß Gott überhaupt ‚außer' der Welt nicht existiert."[1]

Aber hier ist einzuwenden, daß Schleiermacher von keiner Nichtexistenz Gottes außer der Welt spricht. Er geht lediglich davon aus, daß der Mensch auch den mindesten Abglanz der göttlichen Unendlichkeit nur gefühls- und erfahrungsgemäß in dieser Welt erkennt. Dem steht aber nicht entgegen, daß Gott seine Existenz außer der Welt hat. So fordert Schleiermacher ja schon in den Reden „Über die Religion", das Unendliche im Endlichen zu suchen, gerade weil dem Menschen die Erkenntnis der Unendlichkeit stets versperrt bleibt.

Hier ist die Beschränktheit und Mangelhaftigkeit des Menschen ein so gravierender Faktor, daß somit auch das Erahnen des Göttlichen darunter zwangsweise leiden muß.

In diesem Sinne gilt ihm nur Christus als der wahre Offenbarer, weil „nur er dazu gesetzt (ist), allmählich das ganze menschliche Geschlecht höher zu beleben." (§ 13, 1, 90, GL 1830)

Die Menschwerdung des Sohnes Gottes ist bei Schleiermacher etwas Natürliches, „das heißt zuerst, in der menschlichen Natur muß, so gewiß als Christus ein Mensch war, die Möglichkeit liegen das Göttliche, so wie es in Christo gedacht wird, in sich aufzunehmen." (§ 20, 1, I, 108, S. 79, GL 1821/22)

Demgegenüber können die Gründer der anderen Religionen die Wahrhaftigkeit und Intensität Jesu Christi nie erreichen, weil Schleiermacher ihre Religionen auf bestimmte Zeiten wie Räume begrenzt sieht. So gilt ihm Christus deshalb als der vollkommene Offenbarer, weil er mit seiner Macht die gesamte Menschheit in sich aufnimmt.

Auf diese Weise ist die Absolutheit Gottes am vollkommensten gewahrt und zugleich auch die höchste Forderung des Monotheismus erfüllt.

Die Besonderheit des Auftretens Jesu Christi läßt aber den Schluß zu, er sei eine übernatürliche Erscheinung. Hieraus entsteht eine schlüssige Ableitung bezüglich der Aufnahme Gottes im Innersten des Menschen. Das Menschsein Jesu Christi ermöglicht diese Ableitung, da Gott hier selbst Mensch geworden ist, weshalb auch in der menschlichen Natur die Gegebenheit vorliegen muß, „das Göttliche, so wie es in Christo gedacht wird, in sich aufzunehmen." (§ 20, 1, I, 108, S. 79, GL 1821/22)

Daß nun gerade die Person Jesu Christi als der Erlöser der Menschheit auftrat, kann nicht als Entschluß Gottes gedeutet werden, eben weil sich Gott bei Schleiermacher nicht durch willentliche Entschlüsse auszeichnet. Aus diesem

---
[1] BENDER, Theologie, 67.

Grunde sieht er das Auftreten Jesu Christi als nötige Folge des geschichtlichen Prozesses, die dem Menschen gegenüber nicht völlig erklärbar ist.

Aussagen bezüglich des Menschen beziehen zugleich Aussagen hinsichtlich der Gottheit mit ein, weil anthropologische Reflexionen von den theologischen nicht trennbar sind.[1]

So ist auch die Erlösung im Sinne Schleiermachers dahingehend zu verstehen, daß das Gesetztsein des Menschen im sinnlichen Selbstbewußtsein und das göttliche Mitgesetztsein in seinem frommen Selbstbewußtsein im Gegensatz zueinander stehen, und so ist es wichtig, den Gegensatz durch die Erlösung aufzuheben. (§ 18, 3, I, 86, S. 65, GL 1821/22) Im zweiten Teil der GL wendet sich Schleiermacher dieser Problematik in Form des Gegensatzes von Sünde und Gnade zu.

Für das Christentum ist es ein Angelpunkt schlechthin, daß „alles auf die Erlösung bezogen wird, und jedes Einzelne nur in dem Maass bedeutend ist, als es sich dieser Beziehung fähig zeigt." (§ 18, 4, I, 90, S. 67, GL 1821/22)

In diesem Zusammenhang sei Konrad Fischer zitiert: „Schleiermachers Glaubenslehre ist Theologie des erhöhten Christus."[2]

So versteht Schleiermacher das religiöse Gefühl immer im Horizont des christlichen Offenbarungsglaubens. Die Vernunft ist in diesem Zusammenhang als das dem Menschen gemäße bezeichnet und ist hier nicht gleichbedeutend mit dem Bereich des Denkens. Die Vernunft ist nicht in der Lage, den Menschen zu erlösen. Wäre eine solche Möglichkeit gegeben, benötigte der Mensch Jesus Christus und die durch ihn erwirkte Erlösung nicht mehr. Hier waltet die über aller menschlichen Vernunft stehende göttliche Gnade.

Der göttliche Geist ist also ‚nur' die höchste Steigerung der menschlichen Vernunft. Andererseits ist die menschliche, noch nicht erlöste Vernunft immer in der Weise mangelhaft, da sie von Anfang an auf den göttlichen Geist ausgerichtet ist und also in einer ‚Warteposition' bezüglich ihrer endgültigen Erlösung steht.

Schleiermacher legt seinen Betrachtungen die eine Welt mit ihrer Menschheit und ihrer Geschichte zugrunde; ein Jenseits gibt es für ihn nicht. So kann Gott wirklich nur als Seinsgrund der weltlich-endlichen Geschichte bestehen.

Eine ‚gotteigene' Dimension und ein eigenes Leben Gottes kann es seinen Ausführungen zufolge nicht geben, wie es nichts bestimmtes und speziell eigenes Göttliches geben kann, ‚das ganz aus der Welt heraus' ist.[3] So wird Gott in seinem Grundsatz zu einer innerweltlichen Gegebenheit. Hier könnte ein

---

[1] Vgl. BEISSER, Lehre, 110.
[2] FISCHER, Gegenwart, 14.
[3] Vgl. BEISSER, Lehre, 96: „Alle dogmatischen Sätze können nun nach Schleiermacher als Aussagen über das Selbst, über die Welt oder über Gott gefaßt werden. Weil jeder wirkliche Augenblick der Frömmigkeit das Ich in bestimmter Weise im Zusammenhang mit einem außer ihm Liegenden zeigt, weil dieses ‚andere' zusammen die Welt bildet, darum kann derselbe Moment auch als ein Vorgang innerhalb der Welt verstanden werden ... Weiter setzt Frömmigkeit nicht nur Gott als ihr ‚Woher' voraus, sie schließt auch das Ich mit allem anderen zusammen und unterstellt diese Gesamtheit Gott."

Widerspruch bestehen, da sich Gott zwar durch ein Sein auszeichnet, aber durch ein Sein, das auf einer anderen Ebene steht als das menschlich-weltliche und endliche Sein.

Legt man einen solchen Gesichtspunkt zugrunde, könnte es sehr wohl eine eigene Dimension Gottes geben – eigentlich ist es demnach notwendig, eine solche anzunehmen.

Die Innerweltlichkeit Gottes gestaltet sich hier äußerst problematisch, da Gott bei Schleiermacher nicht als im eigentlichen Sinne innerweltlich bestimmt werden kann, eben weil es einen Gott, der außerhalb der Welt steht nicht geben kann. Ein außerhalb der Welt bestehender Gott kann bei Schleiermacher ex definitione nicht bestehen. So erfährt das Göttliche seine Unterscheidung gegenüber dem Natürlichen in ein und demselben Bereich. Ein eigener Bereich, der jenseits dieser Welt liegen könnte, ist kein Diskussionspunkt in der Schleiermacherschen Glaubenslehre.[1]

In diesem Sinne geht Schleiermacher mit der Fichteschen Ansicht konform. Ganz außerhalb der Welt und des Menschen läßt sich auch bei Fichte kein Gott finden. „Unsere Welt ist das versinnlichte Materiale unserer Pflicht; diese ist das eigentliche Reelle in den Dingen, der wahre Grundstoff aller Erscheinung." (GA I, 5, 353).

So geht auch Fichte davon aus, das eigene Innere zu befragen, mit der Folge, daß sich hier die moralische Weltordnung zeigt, die „das erste aller objektiven Erkenntnis ist, gleichwie eure Freiheit, und moralische Bestimmung das absolut erste aller subjektiven; das alles übrige objektive Erkenntnis durch sie begründet und bestimmt werden muß, sie aber schlechthin durch kein anderes bestimmt werden kann, weil es über sie hinaus nichts gibt." (GA I, 5, 355) Auch wenn Fichte hier die moralische Ordnung als Gott selbst interpretiert (GA I, 5, 354) und infolge der Moralitätskomponente dem Schleiermacherschen Denken entgegensteht, zeigt sich doch eine deutliche Übereinstimmung hinsichtlich des Hinweises auf die Welt und das Innere des Menschen. So erscheint Fichte die Annahme einer besonderen Substanz, die außerhalb der Welt besteht und als Gott definierbar ist, im besonderen Maße als suspekt. „Es kann eben so wenig von der andern Seite dem, der nur einen Augenblick nachdenken, und das Resultat dieses Nachdenkens sich redlich gestehen will, zweifelhaft bleiben, daß der Begriff von Gott, als einer besondern Substanz, unmöglich und widersprechend ist: und es ist erlaubt dies aufrichtig zu sagen, und das Schulgeschwätz niederzuschlagen." (GA I, 5, 356)

In der ASL führt Fichte schließlich aus, außer Gott sei nichts wahrhaftig, „und inwiefern Wir das Wissen sind, sind wir selbst in unserer tiefsten Wurzel das göttliche Dasein." (GA I, 9, 93) Der Verweis auf den Menschen bleibt auch in der ASL bestehen und etwas von der Welt völlig Losgelöstes als Gott anzunehmen ist bei Fichte auch im Erscheinungsjahr der „Anweisung" (1806) nicht

---

[1] Selbstverständlich war es auch kein Diskussionspunkt der Schleiermacherschen Reden „Über die Religion".

erkennbar. Aus diesem Blickwinkel betrachtet, erscheint die Konzeption Fichtes und Schleiermachers in krassem Gegensatz zu derjenigen Luthers, dessen Argumentation darauf angelegt war, die menschliche Errettung aus dem Diesseits heraus in eben diese andere Ebene des jenseits dieser Welt Liegenden zu übertragen.[1] Doch steht für Schleiermacher fest, daß alles, was ist, auch gleichzeitig von Gott ‚getragen' ist. Demnach ist auch alle Natur immer schon in Christus von der universalen Gnade erfaßt, und so wird der Unterschied zwischen der Natur und der Gnade nicht aufgehoben, aber relativiert.

Doch sei darauf verwiesen, daß in der Theologie die Geschichte als eine Realität zweiter Klasse gegenüber der göttlichen Wirklichkeit besteht. Demgegenüber fallen bei Schleiermacher Gott und Geschichte, trotz der Unterscheidungsmöglichkeiten, zusammen.

5. Gott und Sprache

Schon in seinen Vorüberlegungen versucht Schleiermacher darüber Rechenschaft abzulegen, inwieweit es überhaupt möglich sei, eine Rede von Gott zu führen. Vor allem müssen die Wirkungen der christlichen Rede von Gott der Vernunft erklärbar sein.

So sind christliche Glaubenssätze Auffassungen „der christlich frommen Gemütszustände", die „in der Rede dargestellt" werden. (§ 15, LS, GL 1830) Aber analog zu Sprache und Bewußtsein ergibt sich „ein eignes und abgeschlossenes Bezeichnungsgebiet der Erregung und des Gefühls." (E 1812/13, letzte Bearbeitung 1816/17, 52, 589) Sätze sind nur abgeleitet, der innere Gemütszustand ist entscheidend. Darüber hinaus ist „diese Mitteilung ... auf der einen Seite schon etwas anderes als die Frömmigkeit selbst, wiewohl diese ebensowenig als irgend anderes Menschliche ganz getrennt von aller Mitteilung gedacht werden kann; auf der anderen Seite aber haben die Glaubenssätze aller Form ihren letzten Grund so ausschließend in den Erregungen des frommen Selbstbewußtseins, dass, wo diese nicht sind, auch jene nicht entstehen können." (§ 15, 2, S. 107, GL 1830) So ist die Sprache eine Möglichkeit der Mitteilung und obwohl sie sich durch eine gewisse Klarheit kundtut, wird zugleich ihre Grenze deutlich.

Demgegenüber ist es dem Gefühl eigen, sich ohne Worte, in Gesten und Handlungen auszudrücken, eben weil sie von einem bestimmten Gefühl initiiert sind. Also zeichnet sich die Frömmigkeit in besonderer Weise dadurch aus, daß sie „heilige Zeichen symbolische Handlungen" hervorbringt. Die Frömmigkeit kann, ohne daß ein Gedanke dazwischen treten muß, Sakramente und Riten durch das fromme Gefühl zum Ausdruck bringen.

Aber der christliche Gottesdienst und auch jedes christliche Sakrament ist nicht als lediglich schmückendes Beiwerk eines Rituals zu verstehen. Das christliche Abendmahl, die Kommunion oder die Taufe sind Handlungen, in denen

---

[1] Vgl. EBELING, Luther, 22-38.

Christus eine Vergegenwärtigung erfährt, und demnach befinden sich die sakralen Handlungen nicht jenseits dessen, was in der Sprache mitteilbar ist.

Die Wichtigkeit der Sprache als Kommunikationsmittel wird daran deutlich, daß es für Schleiermacher unvorstellbar ist, daß es je eine in dem Maße primitive Menschheit gab, die ganz hätte auf die Rede verzichten können. (15, 1, S. 106, GL 1830)[1]

Laut Schleiermacher geht die Sprachwerdung in der Weise vor sich, daß sich das Ich innerhalb des unmittelbaren Selbstbewußtseins im „Gefühl" wirklich ist; es sich im Gefühl als sich selbst habend erkennt und sich dessen bewußt ist. Aber es ist sich konturlos gegeben. Dem Wesen des Menschen ist es aber eigen, daß es sich selbst, für sich selbst, zum Gegenstand wird. Der Mensch erfaßt sein Gefühl seinem jeweiligen Zustand entsprechend. Also entscheidet seine Befindlichkeit über den Grad der Gefühlserfassung. Das Gefühl wird zunächst als Vorstellung erfaßt, um dann als deutlichere Bestimmung, als Gedanke, aufzutreten. Hier zeigt sich die innere Sprache des Menschen. Der Gegensatz wird noch undeutlich erahnt, und so ist der hier angesprochene Gegensatz in diesem ‚Reifezustand' auch noch nicht mitteilbar. Aber eine klare Erfaßbarkeit des Gedankens ist massgeblich für die Aussprechbarkeit.

So sieht Schleiermacher die Sprache auch als eine Art Bekenntnis, und zwar im Sinne einer Festlegung, so wie sich auch die Glaubenssätze in einer dichterischen, rednerischen und darstellend belehrenden Sprache zeigen. (§ 15, 2, S. 107, GL 1830)

Andererseits steht für Schleiermacher fest, daß die eigentliche Frömmigkeit und die Wirklichkeit Gottes nicht in der Sprache zum Ausdruck kommen. So weist die Sprache laut Schleiermacher nicht die Potentialität auf, um die Wirklichkeit Gottes auszudrücken. Auch muß der Mensch die göttliche Wirklichkeit ja zunächst gefühlsmäßig erfassen können, um sie anschließend in Worte zu kleiden – und das, obwohl die vorausliegende Erfaßbarkeit der göttlichen Wirklichkeit ja bereits grundsätzlich zum Scheitern verurteilt ist.

Den Fichteschen Ausspruch: „was für eine Philosophie man wähle, hängt sonach davon ab, was man für ein Mensch ist", kehrt Schleiermacher in § 134 der Dialektik um. Der Fichtesche Satz würde bei Schleiermacher tendenziell die Aussage erhalten, daß weil der Mensch endlich sei, er auch nur die dialektische Form des Denkens ausprägen könne, da ihm keine andere Möglichkeit gegeben sei, sich in irgend einer anderen Art vernunftgemäß auszudrücken. Die Sprache ist lediglich imstande, das zu repräsentieren, was bereits ist. In diesem Sinne äußerte sich Schleiermacher: „wenn nicht fromme Erregungen gegeben sind, welche betrachtet werden können, niemals jene Äußerungen durch die Rede zustande kommen, welche der Glaubenslehre den Stoff darbieten." (§ 3, 1 I, 13, S. 17, GL 1821/22)

Die Sprache erschöpft nicht die ontologischen Erfassensmöglichkeiten des Menschen, und so ist der Mensch innerhalb einer Begegnung nicht auf die

---

[1] Vgl. BEISSER, Lehre, 86.

Sprache angewiesen. Also ist auch die Begegnung mit Gott nicht von der Sprache abhängig.[1] Obwohl nun für Schleiermacher die Natürlichkeit und Vernünftigkeit Gottes selbstverständlich ist, er also dem Mensch in einem vernunftbezogenen Horizont entgegentritt, wäre demnach die Sprachebene die ‚richtige Ebene'. In diesem Sinne gilt Schleiermacher die Vernunft als ‚der menschliche Gesamthorizont' schlechthin. „Indem also alsdann die Vernunft gänzlich eins mit dem göttlichen Geist ist, so kann der göttliche Geist selbst als die höchste Steigerung der menschlichen Vernunft gedacht werden, und die Differenz zwischen beiden als aufgehoben." (§ 13, 2, S. 91, GL 1830) Erfährt nun die Vernunft ihre wesentliche Kundgabe nur in Sätzen und also in der Sprache?

Wichtig ist hier, „daß auch die wahre Aneignung der christlichen Sätze nicht auf eine wissenschaftliche Weise durch Unterricht und Demonstration erfolgt." (§ 20, 2, I, 110, S. 80, GL 1821/22)

Die Ebene des Erfassens kennt den Bereich der Vernunft und der Sprache ebenso wie den Bereich des Gefühls und also des gefühlsmäßigen Erfassens.

Gerade im Gefühl sieht Schleiermacher das Organ, um Gott zu erahnen, weil es absolut im Inneren des Menschen aufsteigt und somit der Absolutheit Gottes am nächsten kommen kann.

Friedrich Beisser stellt fest, zwischen Gott und Sprache bestehe eine Trennung.[2] Dabei unterläuft ihm laut Rieger der Fehler, daß er ‚Gott' nicht vom transzendenten Grund unterscheidet, da es Gott im Gegensatz zum transzendenten Grund eben nur in der Sprache gibt. Rieger interpretiert hier das Gottesbewußtsein als rein sprachliches Bewußtsein.[3]

Durch das Wort Gott erfährt der transzendente Grund seine Repräsentation im Gegenstandsbereich, der zum Wissen strebt. Das religiöse Bewußtsein bezieht sich aber auf ‚die' basale Ebene des Wissens, auf jene Ebene, die kein Gegenstand des Wissens werden kann, da sie dessen transzendenter Grund ist. So erfaßt das Wort ‚Gott' den allem zugrunde liegenden transzendenten Grund nur in endlicher Repräsentation und ist also zwischen dem unmittelbaren und dem reflektierten Selbstbewußtsein angesiedelt. Das Wort ist nur imstande, die endliche Repräsentation des Göttlichen zu erfassen, weil eine Bestimmung und Festlegung, wie sie durch die Sprache erfolgt, der Absolutheit nicht gerecht werden kann; so ist durch die Sprache allein auch keine Erahnung des Göttlichen möglich.

Demgegenüber weist gerade die Unbestimmtheit des Gefühls die Sensibilität auf, die notwendig ist, um die göttliche Unendlichkeit zu erahnen. Dem Göttlichen ist nur mit der Unbestimmtheit des Gefühls zu begegnen.

Ebenso ist aber davon auszugehen, daß auch das unbestimmte Gefühl keine Aufnahme Gottes ‚an sich' ermöglicht. Einer der Gründe dafür besteht vermut-

---

[1] Vgl. BEISSER, Lehre, 87: „Das Gefühl hat den ewigen, unveränderlichen Gott selbst ... Bringt dann aber nicht Sprache eine Entfremdung mit sich, und zwar je bestimmter sie wird, desto weitgehender?"
[2] Vgl. BEISSER, Lehre, 87.
[3] Vgl. RIEGER, Interpretation, 229.

lich darin, daß auch das Gefühl nicht undifferenziert ist. Ob allerdings eine völlige Undifferenziertheit des Gefühls für die eigentliche ‚Gottesaufnahme' ausreichen würde, ist eine nicht beantwortbare Frage.

Schleiermacher möchte die Undifferenziertheit des Gefühls durchsetzen, um sich dem Göttlichen auf gleicher Wellenlänge nähern zu können. Er sieht die Differenzierungen des Gefühls nur als bestehend an, soweit sich der Mensch in bestimmten Situationen befindet.

Demnach haben die Differenzierungen ihre Begründung in den verschiedenen Lebenssituationen des fühlenden Menschen. Das Gefühl in seinem ‚An-sich' und die Weise, in welcher es zum Ausdruck gelangt, ist eine Unterscheidung, die im wirklichen Leben des Menschen ohne jegliche Unterscheidung abläuft. Das Gefühl tritt von vornherein als Gegebenheit auf.

In diesem Sinne ist von einem gedoppelten Gefühl auszugehen. Das Bild der Duplizität tritt hier erneut auf.

Bereits in § 132 der Dialektik 1814/15 führt Schleiermacher aus: „Da nun die Vernunfttätigkeit gegründet ist im Idealen, die organische aber als abhängig von den Einwirkungen der Gegenstände im Realen: so ist das Sein auf ideale Weise eben so gesetzt wie auf reale, und Ideales und Reales laufen parallel neben einander fort als modi des Seins." Eine andere positive Erklärung des Gegensatzes kann es laut Schleiermacher nicht geben. (§ 133, LS, Dial. 1814/15)

So weist auch das Gefühl eine Duplizität auf, weil es dem Wesen nach undifferenziert ist und in einer speziellen Erscheinung hervortritt. Damit beginnt die Differenzierung im Gefühl selbst.[1] So könnte den wirklichen Gefühlen eine höhere Konkretheit zugebilligt werden als der begrifflichen Sprache, eben weil die Eigenheit des Gefühls darin besteht, etwas ganz und gar seiner Intensität entsprechend zu erfassen und das ohne dazwischengeschaltete ‚Übersetzungszentrale'. Die direkte, ursprüngliche Gabe des Erfassens macht also das Wesentliche des Gefühls aus.

Schon in den Reden „Über die Religion" betont Schleiermacher das Einzelne und Spezifische der Anschauung und des Gefühls. „Anschauung ist und bleibt immer etwas einzelnes, abgesondertes, die unmittelbare Wahrnehmung weiter nichts." (R, 58) „... erinnert Euch, daß jede Anschauung ihrer Natur nach mit einem Gefühl verbunden ist." (R, 66)

Auch die GL zielt grundsätzlich darauf, die Nichtobjektivierbarkeit Gottes herauszustellen, und versucht aus diesem Grunde, das Gefühl allgemein zu zeigen.

Die Differenzierungen des Gefühls werden allein auf das Sinnliche zurückgeführt. Demgegenüber erfährt aber die Frömmigkeit ihre Wertschätzung innerhalb der GL als reines Gefühl, das sogar Gott selbst ist. So ist das Gefühl in seinem ‚An-sich' der ewige und unveränderliche Gott selbst. Für Schleiermacher ist der Gottesbegriff die Bedingung der Einheit von Denken und Sein im

---

[1] Vgl. BEISSER, Lehre, 89.

Gefühl.[1] Wird das Gefühl als Frömmigkeit zum Ausdruck gebracht, trägt es sogleich die Wahrheit Gottes in sich.

Die Sprache aber, die eine solche Gegebenheit ausdrücken will, könnte gerade infolge ihrer Bestimmtheit das Eigentliche des Gefühls verfälschen. So ist die Frage berechtigt, wie sich die durch ihre Bestimmtheit auszeichnende Sprache die Unbestimmtheit und Weite des Gefühls wirklich und wahrhaft ausdrücken kann. Ihre immer weiter reichende Bestimmtheit und Präzision könnte auch zu einer kontinuierlich weiter reichenden Entfremdung führen, die darin gipfeln könnte, daß die Sprache mit ihrer Aussagekraft gegenüber dem Gefühl ‚der' diametrale Gegensatz wäre.

Demnach ist der dogmatischen Rede von der eigentlichen Frömmigkeit ein Widerspruch inhärent. Aber hier ist der Einwand erlaubt, daß nur die Rede das unaufhebbare Bedürfnis des Menschen erfüllt, sich selbst zu verstehen. Auch das menschliche Bedürfnis, sich innerhalb seiner Gemeinschaft mitzuteilen, ist in diesem Zusammenhang von Bedeutung. Daraus läßt sich nur ableiten, daß das fromme Erlebnis auf ein ‚In-der-Sprache-zum-Ausdruck-Kommen' angewiesen ist.

So trägt die Wortwahl entscheidend zum Inhalt und Ausspruch über Gott und die Empfindung bezüglich der Gotteserfahrung bei. Die Frömmigkeit kann sich der Dichtung, der Rede oder der Lehre bedienen, der Grad der Frömmigkeit wird von keiner der drei Arten besser oder schlechter als von den jeweils anderen ausgedrückt. In welcher der drei Arten die Frömmigkeit ihr Kundtun erfährt, hängt darüber hinaus von der kulturellen Entwicklungsstufe der jeweiligen Gesellschaft ab. (§ 15, 2, S. 107, GL 1830) Aber zunächst ist die Annahme berechtigt, daß dem Gefühl der direkte, unmittelbare Ausdruck in dichterischer und rhetorischer Sprache sehr gelegen kommt, im Gegensatz zu der dogmatisch bestimmten Sprache der Lehre. Doch Schleiermacher bevorzugt die lehrhafte Rede, die er allgemein über das „Momentane" erhaben sieht. (§ 16, 1, S. 108, GL 1830)[2]

Für Schleiermacher ergibt sich die Bevorzugung der lehrhaften Rede, weil er die Meinung vertritt, hiermit werde die Widersprüchlichkeit vermieden, die den beiden anderen Arten stets möglich sei. (§ 16, 3, S. 109, GL 1830)

Bezüglich der Objektivierung rücken die Lehrsprache und das Gefühl zwar weit auseinander, aber unter der Perspektive der umspannenden Allgemeinheit ist eine Annäherung möglich. Demnach muß auch die Lehrsprache in zweifacher Hinsicht einer Betrachtung unterzogen werden, da auch sie sich durch eine Dopplung auszeichnet. Die Dopplung besteht darin, daß sie mit größter Rationalität über das Rationale hinausstrebt.

Der Grundsatz, daß die Sprache weder die eigentliche menschliche Existenz noch die Wirklichkeit Gottes erfassen kann, bleibt aber immer bestehen. Andererseits zeigt sich eine direkte Verknüpftheit zwischen dem Menschsein und

---

[1] Vgl. ECKERT, Gott, 146.
[2] Vgl. BEISSER, Lehre, 88.

dem ‚Sein' Gottes. Diese direkte Verbindung wird im Inneren des Menschen ‚erspürt', und so ist Gott mit Hilfe des transzendenten Grundes erahnbar. Hier zeichnet sich auch das Menschliche teilweise durch Göttliches aus.

Nur der umgekehrte Fall, daß sich das Göttliche durch Menschliches auszeichnet, ist im Schleiermacherschen Sinne nicht denkbar.

Das Gefühl gibt nur Auskunft über die Identität des Subjekts. So hat das Gefühl als Gefühl schlechthinniger Abhängigkeit keinen Bezugsgegenstand und da es schlechthin und also nur auf die Abhängigkeit bezogen ist, gibt es innerhalb der Abhängigkeitsbeziehung keine Subjekt-Objekt-Relation. Die Singularität des Gefühls erschließt sich kaum der Sprache; so sagt Schleiermacher: „Wir haben in unserer Sprache keinen anderen Ausdruck hierfür, und es ist nur ein Mangel an Distinktion, wenn man glaubt, daß dieser Ausdruck noch etwas anderes bedeuten könnte." (DOd,287) Das Gefühl von Gott, einer Gottesahnung oder welcher Art die religiöse Erfahrung sein mag – sie läßt sich in der Sprache nicht in der Weise wiedergeben, in welcher sie erfühlt wurde.

Die Ursache hierfür sieht Schleiermacher in der sie trennenden Dimension, die gegenüber dem Gefühl nicht besteht. Das Unmittelbare des Lebens ist im Menschen aber immer schon vor dem Aussprechen gegeben, da der Ausspruch an sich nur den Versuch darstellt, das Unmittelbare in Worte zu kleiden.

Ist das Gefühl also allein für den Bereich des Nichtobjektivierbaren zuständig, wie das Wort für den Bereich des tatsächlich Feststellbaren? Schleiermacher zufolge ist das Gefühl das einzige Organ, daß diesen nichtobjektivierbaren Bereich intuitiv erfaßt.[1] Der nichtobjektivierbare Angelpunkt ist Gott selbst. Aufgrund der göttlichen Nichtobjektivierbarkeit kann auch das ihn intuitiv erfassende Gefühl, nie ganz und direkt in der Sprache zum Ausdruck kommen. So ist auch die Gottesvorstellung nie abgeschlossen oder in irgend einer Weise festlegbar. Also bleibt sie unanfechtbar und läßt dem Menschen genug ‚Platz' bezüglich einer unendlichen Weite an Auffassungen, die sich in ihren unendlich gegebenen Möglichkeiten der Unendlichkeit Gottes – wenn auch nie ganz – annähern.

So erschöpft sich die Konkretisierung der Religion bei Schleiermacher nicht auf der Sprachebene, sondern auf der Gefühlsebene. Demgegenüber heißt es bei Fichte in der ASL: „Das Wort im Anfange,- das Wort bei Gott,- das Wort im Anfange bei Gott,- Gott selbst das Wort, und das Wort selbst Gott. Konnte, schneidender und herausspringender, der Grund dieser Behauptung angegeben werden: in Gott, und aus Gott, wird nichts, entsteht nichts; in ihm ist ewig nur das ist" (GA I, 9, 118)[2]

„Ebenso ursprünglich als Gottes inneres Sein ist sein Dasein, und das letztere ist vom ersten unzertrennlich, ...: und dieses göttliche Dasein ist in seiner eigenen Materie, notwendig Wissen: und in diesem Wissen allein ist eine Welt, und

---

[1] Vgl. BEISSER, Lehre, 90.
[2] Vgl. STALDER, Gottesgedanke, 497: „Er ist der Logos": Fichte verrät bereits in der Schrift Versuch einer Kritik aller Offenbarung, „was er unter diesem Begriff versteht. Dort bezeichnet er den ‚Logos' in deutlicher Anspielung auf Christus als die ‚verkörperte praktische Vernunft'". (GA I, 1, 93)

alle Dinge, welche in der Welt sich vorfinden, wirklich geworden." (GA I, 9, 119 f.)

Das ewige Wissen setzt Fichte in der ASL dem Wort gleich. (GA I, 9, 119) Hier interpretiert er Jesus Christus als „die vollkommene sinnliche Darstellung des ewigen Wortes." (GA I, 9, 120) Aber auch bei Fichte ist das Wort an sich nicht die erschöpfende Umschreibung alles Göttlichen. Hier sei der Vergleich zu Luther angeführt, bei welchem sich das Frommsein durch das Wort vollzieht. Aber auch hier ist es nicht die erschöpfende Kurzbeschreibung alles Göttlichen. Bei Fichte und Schleiermacher hingegen ist das Wort die Angel an sich, um dem Göttlichen zu begegnen.

So zeichnet sich bei Schleiermacher der christliche Glaube durch ein Hin- und Hergerissensein zwischen dem Allgemeinen und dem Konkreten aus. Auch hier bleibt es dabei, daß Gott in seinem ‚An-sich' weder erkennbar noch gänzlich erfahrbar ist. So sind Aussagen über Gott für Schleiermacher nur als Aussagen über den Menschen und seinen Glauben an Gott möglich.

In vergleichbarer Weise äußert sich auch Fichte: „Willst du Gott schauen, wie er in sich selbst ist, von Angesicht zu Angesicht? Suche ihn nicht jenseits der Wolken; du kannst ihn allenthalben finden, wo du bist. Schaue an das Leben seiner Ergebenen, und du schaust ihn an; ergib dich selbst ihm, und du findest ihn in deiner Brust." (GA I, 9, 112)

Hier ist Fichtes Aussage der Schleiermacherschen Bemerkung in den Reden „Über die Religion" vergleichbar, wenn er hier sagt, es sei eine Täuschung, „das Unendliche gerade außerhalb des Endlichen" zu suchen. (R, 146) Auch später in der GL sieht Schleiermacher das Unendliche im Endlichen, wenn er im Inneren des Menschen das unmittelbare Selbstbewußtsein, den transzendenten Grund und das direkt auf Gott verweisende schlechthinnige Abhängigkeitsgefühl ‚ansiedelt'.

So erfährt die Frömmigkeit bei Schleiermacher ihre Bestimmung erst durch das schlechthinnige Abhängigkeitsgefühl, das als solches besteht und auf die Abhängigkeit von Gott hindeutet. Eine Aussage über Gott ist aber auch immer eine Aussage über den Menschen, weil es der Mensch ist, der sich über Gott Gedanken macht oder dem gegenüber er sich offenbart.[1]

Schleiermacher sagt diesbezüglich in den Reden „Über die Religion", der Mensch werde „mit der religiösen Anlage geboren wie mit jeder andern." (R, 144) Fichte führt in der ASL aus, „die Sehnsucht nach dem Ewigen ... [sei] die innigste Wurzel alles endlichen Daseins, und [sei] in keinem Zweige dieses Daseins ganz auszutilgen, falls nicht dieser Zweig versinken soll[e] in völliges Nichtsein." (GA I, 9, 59)

Ohne den Menschen könnte es auch keine Ahnung von Gott geben, da Gott seinem Selbst gegenüber oder seinem himmlischen Hofstaat keine Ahnung von sich zukommen lassen muß. So ist es nur sinnvoll, wenn der Mensch eine Ahnung von Gott hat.

---

[1] Vgl. BEISSER, Lehre, 88.

6. Das Erahnen des göttlichen Bereiches

Zunächst werden hier nur die unterschiedlichen Bereiche gekennzeichnet. Zum einen ist es der dem Menschen zugängliche Bereich, zum anderen der, welcher dem Menschen in seinem Wesen nicht zugänglich ist. Die Ahnung der rational nichterfaßbaren Ebene stellt sich nur ein, wenn sie den Menschen überkommt. Entweder der Mensch hat die Ahnung des transzendent liegenden Bereiches oder er wird auch unter zu Hilfenahme aller möglichen intellektuellen Kräfte und Mobilisierung aller zur Verfügung stehenden Kräfte niemals eine Ahnung von Gott haben.

Schon in seiner Ethik verdeutlicht Schleiermacher: „Denn wie kein Akt des Gefühls ein ganzer und sittlicher ist, wenn er nicht Andeutung wird für jeden, der ahnden will [...]." (E, 1812/13, letzte Bearbeitung 1816/17, 61, 598)

Ahnden heißt hier nicht es handle sich um kein näher umschreibbares, undefinierbares Aufspüren von etwas gänzlich Unbekanntem.[1] Ein Ahnden im Sinne einer Ahnung ist vielmehr eine Art Kontaktaufnahme, die sich nicht durch Sprechen, Denken und Erlernen ergibt, sondern auf anderer Ebene liegt. Ahnden bedeutet, daß es sich um eine Grenzüberschreitung handelt. (§ 182, 1, II, 669, S. 346, GL 1821/22; § 166, S. 448, GL 1830) In § 21, 3, I, 118, S. 85, GL 1821/22 redet Schleiermacher zugleich von messianischen Weissagungen, die in dunklen Ahndungen verhüllt vorkommen. Das Ahnden ist eben so, wie es ist; daher gilt es, das Ahnden zu vollziehen oder zuzulassen, daß ‚es über einen kommt' – beschreiben läßt es sich kaum.

Die Aussage, der jenseitig liegende Bereich des Transzendentalen liege völlig außerhalb des menschlichen Horizontes, zeigt lediglich, daß überhaupt keine Aussage und auch keine Ahnung bezüglich eines solchen Bereiches möglich ist. Die völlige Absage an die Erkennbarkeit des jenseitigen Bereiches kann hier aber nicht zutreffend sein, da lediglich die vollständige Erkennbarkeit des dem Menschsein Zugrundeliegenden und das damit verbundene vollständige Erfassen des Wesentlichen nicht möglich ist. Einer Ahnung des transzendentalen Bereiches wird hier keine Absage erteilt. Die Frömmigkeit verfügt infolge des schlechthinnigen Abhängigkeitsgefühls über die Instanz den transzendenten Grund und also den transzendenten Bereich zu erahnen.

Wie wir gesehen haben, ist der transzendente Grund dem Menschen inhärent. Das Transzendente ist dem Menschen bereits im Endlichen gegeben, eine Linie die Schleiermacher seit den Reden „Über die Religion" verfolgt. Die menschlichen Gemütszustände ermöglichen infolge eines Erregungszustandes, daß der transzendente Bereich erahnbar ist.[2]

Aber Schleiermacher unterscheidet zwischen den Zuständen des Gemüts und der Frömmigkeit.

---

[1] Vgl. WAGNER, Dialektik, 199, 202: „Wenn das Haben Gottes im Abhängigkeitsgefühl als vermittelte Unmittelbarkeit gefaßt wird, sind auch die Schwierigkeiten hinsichtlich des Mitgesetztseins Gottes im Abhängigkeitsgefühl behoben."

[2] So auch BEISSER, Lehre, 93.

Doch nur aufgrund der Frömmigkeit ist der Mensch befähigt, sich dem eigentlichen Erfassen des Göttlichen zu nähern. Die Gemütszustände sind demgegenüber als Ausbildung des Glaubens erkennbar.

Aber eine spezielle geistig-göttliche Dimension wird von Schleiermacher nicht anerkannt. So ist das menschliche Selbstbewußtsein basal für seine Religionsphilosophie.

Der transzendente Grund, als die Repräsentation des Gefühls, begleitet Denken und Wollen in jedem Moment, aber in der Weise, daß er nie eine zeitliche Erscheinung wird. Zwar wahrt er als zeitliches Moment die Einheit des die Zeit erfüllenden Denken und ist der Grund, ohne selbst zum Gedanken zu werden.[1]

Aber der transzendente Grund wird als solcher nicht manifest und entzieht sich der menschlichen Wahrnehmbarkeit. So ist das reine, unmittelbare Selbstbewußtsein etwas, daß zwar immer gegenwärtig ist, ohne jemals Gegenwart zu sein, da der transzendente Grund „allem wirklichen zeiterfüllenden Denken" vorhergeht. (DOd, 291)

Nochmals sei hier hervorgehoben, daß das Selbstbewußtsein bei Schleiermacher nicht als Grund seiner selbst gedacht werden kann, weil – wie es Thomas Lehnerer ausdrückt –, wenn das Selbstbewußtsein die Möglichkeit hat, den transzendenten Grund darzustellen und so auf das Bewußte als Bewußtsein bestimmt werden soll, es hierzu eines weiteren Bewußtseins bedarf.[2]

Daß es nun aber überhaupt zum Erscheinen des Gefühls der schlechthinnigen Abhängigkeit kommt, ist nicht davon abhängig, daß dem in dieser Weise entwickelten Menschen etwas Bestimmtes von außen gegeben ist. Vielmehr muß das sinnliche Selbstbewußtsein in irgend einer Art von außen erregt worden sein. Die innerliche Voraussetzung hierfür ist nur, „daß aber das Abhängigkeitsgefühl an sich in Allen dasselbe ist", (§ 37, 1, I, 176, S. 125, GL 1821/22) „und wer mit seinem Gefühl dieses nicht umfassen, sondern ganz im sinnlichen Gegensatz stehen bleiben wollte, dem würden wir streng genommen das Selbstbewußtsein im eigentümlich menschlichen Sinn absprechen." (§ 37, 2, I, 177, S. 125, GL 1821/22) Eine mangelhafte oder gar gehemmte Entwicklung wird für die Gottlosigkeit des Selbstbewußtseins als Erklärung aufgestellt.

Hier zeigt sich, daß Schleiermacher in der GL eben besonders darauf bedacht ist, das Wesen der Frömmigkeit mit dem christlichen Glauben in einer Wechselbeziehung darzustellen.

Eine der Kernaussagen zum Wesen der Frömmigkeit ist „das im unmittelbaren Selbstbewußtsein Sich-schlechthin-abhängig-Finden ... die einzige Weise, wie im allgemeinen das eigene Sein und das unendliche Sein Gottes eines sein kann." Diese Wirklichkeit wird in „jedem christlich frommen Selbstbewußtsein ... immer schon vorausgesetzt und ist also auch darin mit enthalten." (§ 32, LS, S. 171, GL 1830; § 36, LS I, 173, S. 123, GL 1821/22) Eine Abhängigkeit besteht nur zwischen Gott und dem Menschen, gleichsam als besonderer Abhän-

---

[1] So auch RÖSLER, Bilden, 100.
[2] Vgl. LEHNERER, Kunsttheorie, 71.

gigkeit, die sich aller menschlichen Abhängigkeitsbestimmungen entzieht. Der Mensch ist nur abhängig von Gott als der „absoluten ungeteilten Einheit".

Aber eine Abhängigkeit des Menschen von einem Seienden ist für Schleiermacher undenkbar, gerade weil nur Gott infolge seiner Nichtobjektivierbarkeit das einzig Wirkliche ist, von dem der Mensch überhaupt abhängig sein kann.

So weiß sich der Mensch als endliches Selbstbewußtsein stets „in den Gegensatz von Empfänglichkeit und Selbsttätigkeit verflochten." (DOd, 290) Also weiß er sich in den Gegensatz von selbsttätiger Freiheit gegenüber der Welt und aufnehmender Abhängigkeit von der Welt gestellt. So kommt das menschliche Selbstbewußtsein als endliches Weltbewußtsein zum Ausdruck. Demgegenüber ist das ‚Zu-Bewußtsein-Kommen-Gottes' im Menschen ein Aufsteigen zu einem höher stehenden – in einer anderen Dimension stehenden – ‚Etwas'. Ein Wissen des Menschen von Gott, von dem durch den transzendenten Grund sich ankündigenden ‚Etwas', beinhaltet zugleich die Problematik der Vermittlung eines Wissens von dem allentscheidenden so genannten ‚Urwissen'.

Schleiermacher war es wichtig, eine Begründung des unmittelbaren „Gefühls von Gott" durch ein vermitteltes Wissen von Gott auszuschließen, mit der negativen Folge, daß das Problem der Vermittlung nicht gründlich genug bearbeitet werden konnte.[1]

Andererseits war aber die Problematik der Vermittlung für Schleiermacher völlig unwichtig, weil er seinem Standpunkt zufolge eine diesbezügliche Vermittlung ablehnen mußte, gerade weil das Göttliche an sich in keinem Fall vermittelbar ist.[2]

Den Schleiermacherschen religionsphilosophischen Grundsätzen zufolge wäre ein vermitteltes Gefühl von Gott gar kein Gefühl von Gott. Das Gefühl, daß Grundsätzliche des transzendenten Grundes als Grundsein des eigenen Menschseins zu erkennen und darüber hinaus als Ahnung des Göttlichen zu qualifizieren, besagt, daß es sich um ein unvermitteltes Mitteilen des Göttlichen handelt. Eine dazwischengeschaltete Instanz würde das Ursprüngliche des religiösen Erlebnisses, das in dem frommen Gefühl wie in einem Spiegel zum Ausdruck kommt, nicht im Inneren des Menschen zur Geltung gelangen lassen.

Aber an dieser Stelle ist auch fraglich, wie denn die Vermittlungsinstanz beschaffen sein müßte, um eine Ahnung des Göttlichen – um mehr handelt es sich ohnehin nie – weiterzuleiten. In diesem Sinne handelt es sich um eine Schaltstelle, die das Göttliche auf die Verstehensmöglichkeiten des Menschen ‚herunterschaltet' und auf diese Weise das Göttliche vermittelt. Aber dann handelt es sich nicht mehr um das Göttliche, daß sich durch das Ursprüngliche auszeichnet, sondern um etwas Vermitteltes, daß eigentlich nicht vermittelbar ist.

Aus diesem Grunde lehnt Schleiermacher eine Vermittlung ab und widmet sich auch keiner speziellen Vermittlungsthematik. In diesem Sinne ist der

---

[1] So WAGNER, Dialektik, 165.
[2] In diesem Sinne übt Wagner auch weiter Kritik: „Schleiermacher allerdings unterbelichtet die konstruktive Tätigkeit des Selbstbewußtseins wegen der behaupteten Unmittelbarkeit der Abhängigkeit vom transzendentalen Grund." WAGNER, Dialektik, 165.

Kritikpunkt Falk Wagners zwar nachvollziehbar, aber für Schleiermacher irrelevant.

Gott ist ja sowieso nicht völlig von der Welt geschieden, eben weil in einem solchen Falle auch ein gefühlsmäßiges Erfassen von vornherein ausgeschlossen wäre – zumindest im Sinne Schleiermachers, der das Göttliche, ohne es mit der Welt zu vermischen, doch in einer Beziehung zur Welt sieht. Hier ist die schlechthinnige ontologische Differenz Gottes entscheidend.

Aus diesem Grund besteht eines der wesentlichen Anliegen der GL darin, Gott aufgrund seiner ontologischen Differenz von der Welt zu unterscheiden.[1] Infolge der ontologischen Differenz Gottes ist das von ihm abhängig sein für Schleiermacher ein Gewinn der menschlichen Species.

Das fromme Selbstbewußtsein trägt das Wissen um das Menschsein in sich und so auch die göttliche Grundlage. Gott ist die ungeteilte absolute Einheit, „die Welt aber die geteilte Einheit, welche zugleich die Gesamtheit aller Gegensätze und Differenzen ist. Dies Einssein mit der Welt im Selbstbewußtsein ist das Bewußtsein seiner selbst als mitlebenden Teiles im Ganzen. Da nun alle mitlebenden Teile in Wechselwirkung untereinander stehen: so teilt sich dieses Gefühl in jedem solchen Teile wesentlich in das Gefühl der Freiheit, sofern es selbst tätig auf andere Teile einwirkt, und in das Gefühl der Notwendigkeit, sofern andere Teile selbsttätig auf ihn einwirken. Das fromme Selbstbewußtsein aber weiß von einer solchen Teilung nichts. Denn weder gibt es in Beziehung auf Gott unmittelbar ein Freiheitsgefühl, noch ist das Abhängigkeitsgefühl das einer solchen Notwendigkeit, welcher ein Freiheitsgefühl als Gegenstück zukommen kann." (§ 36, 2, I, 174, S. 124, GL 1821/22)

Das so über allem Sein erhabene Sein kann nie aus einer Begegnung mit anderen Seienden erfühlt werden. Zuzustimmen ist auch Friedrich Beisser, welcher sagt, Gott sei in seinem ‚An-sich' in der Welt nicht zu finden.[2]

Aber auch Schleiermacher behauptet nie das Gegenteil. Das ‚An-sich' Gottes bleibt stets verschleiert. Gott ist eben nur auffindbar innerhalb der Existenz der Welt.

So ist Gott nur als ganzer ‚Selbst' erahnbar, und so entdeckt der Mensch das ‚Selbst' als den ‚zugrundeliegenden Grund' alles Seienden. Demzufolge heißt Frömmigkeit, Gott überall in der Welt aufzuspüren. Obwohl Gott und Welt klar getrennt sind, ist demgegenüber die Transzendenz Gottes nicht deutlich erklärt.

Wie bereits erwähnt, legt Schleiermacher kein Jenseits zugrunde, sondern geht von dieser einen Welt aus. So ist für ihn auch ein Leben nach dem Tode in einer jenseitigen Welt nicht der Diskussion wert, gerade weil ein Leben nach dem Tode dann auch eine Weiterentwicklung dieser Welt sein könnte.

Daraus ergibt sich, daß Gott bei Schleiermacher nur der Grund der wirklich gegebenen Welt sein kann, und ein höherer, auf einer anderen Ebene liegender

---

[1] Vgl. BEISSER, Lehre, 247. „Lehre von Gott ist in der Glaubenslehre Schleiermachers nicht Lehre von Gott selbst, sondern Lehre von Gott in unserem menschlichen Gottesbewußtsein, d. h. von dem ‚Sein Gottes in dem Menschen'". BRANDT, Geist, 266.

[2] Vgl. BEISSER, Lehre, 107.

Bereich, in dem Gott der Vorsteher einer eigenen jenseitigen Welt ist, liegt demnach jenseits des Schleiermacherschen Verständnisses.

7. Das Problem der Schöpfung und die Eigenschaften Gottes

Der wirkliche Herr ist Gott aber nur, wenn er sich als Herr auch kundtut. Die Art, wie Gott zur Welt steht, ist hinsichtlich des ‚Herrseins' von zumindest zweitrangiger Wichtigkeit.

Letztendlich stellt sich aber die Frage, wovon er Herr sein soll und worauf sich sein Herrsein stützen kann.

Schleiermachers Bemühen, Gott niemals nur als Begleiter des Menschen zu sehen, bringt hier nicht die erforderliche Klarheit. Woher kommt das schlechthinnige Abhängigkeitsgefühl des Menschen, wenn nicht aus dem notwendigen Grund seiner Frömmigkeit? In diesem Zusammenhang ist festzustellen, daß Schleiermacher die Frömmigkeit als einen Hauptpfeiler seines gedanklichen Gebäudes innerhalb der GL einführt. Die Frömmigkeit ist ein notwendiger spiritueller Bestandteil des menschlichen Lebens, weil sie zur Vervollkommnung des menschlichen Seins beiträgt.

Infolge des Frommseins sieht der Mensch Gott als eine Gegebenheit, wenn auch in anderer Weise als das Seiende. So ist die göttliche Wirklichkeit im Frommsein des Menschen manifest und also ist Gott in der Welt eine Gegebenheit.

Mit Entschiedenheit ist deshalb festzustellen, daß Gott nie als nicht wirklich seiend zu bezeichnen ist, eben weil er dann gar nicht ‚ist'. Von einem nichtseienden Gott erübrigt sich aber jede Rede.

Die Beziehung Gottes zum Menschen bleibt insofern problematisch, als sich immer wieder die Frage ergibt, ob Gott nicht auch von der Welt abhängig ist.

Der Gott der Bibel ist immer der freie Herr, und so ist er der Welt stets überlegen. Andererseits ist der Gott der Bibel auch ohne die Menschheit und ohne die Welt ‚da'.[1]

Das göttliche ‚Herrsein' zeigt sich besonders im Gedanken der Erschaffung aus dem Nichts. Seine Transzendenz besteht in keinem räumlich-zeitlich abgeschiedenen Jenseits, obwohl ihm eine eigene Macht durch die Bibel zugestanden wird.[2] So heißt es in 2 Makk. 7, 28: „Sieh Himmel und Erde an und halte dir alles vor Augen, was auf dieser Welt lebt und besteht. Das alles hat Gott aus dem Nichts geschaffen, und auch uns Menschen hat er auf diese Weise ins Leben gerufen." Aber laut Schleiermacher ist die Schöpfungswahrheit im christlichen Selbstbewußtsein nicht unmittelbar gegeben und stellt so nur eine Ergänzung des Gefühls der schlechthinnigen Abhängigkeit dar. Hier ist es die

---

[1] Zu dieser Problematik äußert sich Schleiermacher wie folgt: „'Dasein Gottes' ist schon ein wunderlicher Ausdruck und noch wunderlicher, es auf eine theoretische Weise beweisen zu wollen." (DOd, 281)
[2] Karl Barth sprach in diesem Zusammenhang von Gott als dem 'Herrn der Herrlichkeit'. Vgl. BARTH, Dogmatik, 364-367.

christliche fromme Erregung, die zugleich die Beziehung zu Jesus Christus zeigt.

Aber Schleiermacher geht in seinen Ausführungen nicht davon aus, den wahren Gott oder die wahre Möglichkeit eines Weges zu Gott gefunden zu haben. Diese Ansicht zeigt sich bereits in den Reden „Über die Religion", wenn er dort bekundet: „wenn Tausende von Euch dieselben religiösen Anschauungen haben könnten, so würde gewiß jeder andere Umrisse ziehen, um fest zu halten wie er sie neben oder nacheinander erblickt hat." (R, 61) Auch bemerkt er: „In der Religion steht die Idee von Gott nicht so hoch als Ihr meint, auch gab es unter wahrhaft religiösen Menschen nie Eiferer, Enthusiasten oder Schwärmer für das Dasein Gottes." (R, 130) In diesem Sinne fordert er auch, nicht einen bestimmten Gott – auch nicht den christlichen – anzubeten oder zu verehren, vielmehr kommt es ihm darauf an: „Daß wir durch das Anschauen des Universums so viel als möglich eines werden sollen mit ihm." (R, 131) Auch hier läßt Schleiermacher keine Konkretheit bezüglich einer Gottesvorstellung zu, obwohl doch der christliche Glaube, da hier von Jesus Christus als dem Sohn Gottes des Vaters die Rede ist, eine gewisse Konkretheit zugrunde legt.

So kann der Mensch bei Schleiermacher nur dann wirklich an Gott glauben, wenn Gott die Allkausalität zukommt, er also gleichsam als ‚die' Kausalität über allem Seienden steht. Auch der Glaube ist hier auf seinem Gipfelpunkt angelangt.[1] Also stehen auch das schlechthinnige Abhängigkeitsgefühl und die relative Freiheit, das Gottesbewußtsein und das Bewußtsein der Welt stets in einem Zusammenhang. In diesem Sinne bezieht sich auch der Glaube des Menschen auf einen Gott, von dem das Ganze der Wirklichkeit geradezu abhängt.[2]

So ist das menschliche Abhängigkeitsgefühl „am vollständigsten, wenn wir uns in unserem Selbstbewußtsein mit der ganzen Welt identifizieren und uns auch so noch, gleichsam als diese, nicht minder abhängig fühlen. (§ 46, 2, 248, GL 1830) Gott ist der Herr, der über allem steht und dem alles unterstellt ist. In der GL 1821/22 sagt Schleiermacher: „Alles was uns als ein Teil der Welt bewegt, besteht als solcher nur durch Gott." (§ 59, 2, I , 238, S. 170, GL 1821/22)

Gott kann nie als Summe der ihm zugedachten Begriffe göttlicher Eigenschaften zustande kommen, da eine derart hergeleitete Gotteserkenntnis, wie dann auch Gott als der Gegenstand einer solchen Erkenntnis selbst, nur etwas Zusammengesetztes wäre.[3] Laut Schleiermacher ist „gerade durch die Zusammenstellung der göttlichen Eigenschaften nichts gewonnen", da „jeder solcher Begriff seinen Wert nur hat in Verbindung mit der Analyse derjenigen besonderen Modifikation des frommen Selbstbewußtseins". (§ 64, 4, I, 270 f., S. 192, GL 1821/22) Auch grenzt Schleiermacher seine Glaubenslehre streng gegen die Gottesbeweise ab. „Die Einheit Gottes ist zunächst und ursprünglich die unterscheidende Formel der monotheistischen Religionsstufe. Wollte man aber dies

---

[1] Vgl. BEISSER, Lehre, 227: „so ist auch die Liebe als Motiv der Allkausalität zugeordnet. ‚Gott' und ‚Liebe' werden hier übereingebracht."
[2] Vgl. FISCHER, Gegenwart, 24 f.
[3] Vgl. EBELING, Lehre, 464.

als eine göttliche Eigenschaft ausdrücken, so könnte es, da Zahl überall nie eine Eigenschaft irgend eines Wesens sein kann, wohl nur auf die Art geschehen, es sei die Eigenschaft, vermöge deren Gott zukomme, nicht seines Gleichen zu haben". (§ 69, 1, I, 313, S. 222, GL 1821/22) Ebenso lehnt Schleiermacher die Ableitung göttlicher Eigenschaften aus dem göttlichen Wesen ab, da er hier ein rein spekulatives Verfahren angewandt sieht, und das göttliche Wesen hier als bekannt vorauszusetzen wäre. (§ 64, 4, I, 271, S. 192, GL 1821/22)

So ist es für Schleiermacher eine Selbstverständlichkeit, daß das Eigene des göttlichen Wesens durch Eigenschaftsaussagen des Menschen nicht einmal annähernd ‚umrissen' werden kann. In diesem Sinne ist die Äußerung Schleiermachers in § 64 zu verstehen: „Alle Eigenschaften, welche wir Gott beilegen, können nicht etwas Besonderes in Gott bezeichnen, sondern nur etwas Besonderes in der Art, wie wir unser absolutes Abhängigkeitsgefühl auf Gott beziehen." (§ 64, LS, I, 265, S. 188, GL 1821/22)

In vergleichbarer Weise äußerte es Schleiermacher auch in der Glaubenslehre 1830: „Alle Eigenschaften, welche wir Gott beilegen, sollen nicht etwas Besonderes in Gott bezeichnen, sondern nur etwas Besonderes in der Art, das schlechthinnige Abhängigkeitsverhältnis auf ihn zu beziehen." (§ 50, LS, GL 1830)

An dieser Stelle wird die Übereinstimmung zwischen den verschiedenen Auflagen der Glaubenslehre sehr deutlich, gerade weil die Wortwahl sogar fast die gleiche blieb und sich an der Kernaussage nichts änderte. Eigenschaftsaussagen können Gott an sich nicht beigelegt werden, allein entscheidend ist hier die Beziehung in welcher sich der Mensch zu Gott stehend sieht. ‚Wie' der Mensch das absolute Abhängigkeitsgefühl auf Gott bezieht und wie er seine eigene Person im Verhältnis zu Gott interpretiert, bringt etwas bezüglich ‚der' Eigenschaftsaussage zum Ausdruck, die der Mensch Gott beilegt.

Die Gefahr, daß der Mensch nur Menschliches auf Gott projiziert und gerade dadurch an dem eigentlich Göttlichen ‚vorbeigeht', wird hier sehr deutlich. Die Bezugnahme des absoluten Abhängigkeitsgefühls der GL 1821/22 wird in § 50 GL 1830 als das schlechthinnige Abhängigkeitsverhältnis benannt. Der Mensch ist so nur fähig, eine Aussage bezüglich der Wirkung Gottes und also des Abhängigkeitsgefühls zu machen, denn „es muß auch gleich zugegeben werden, daß nicht nur die Verschiedenheiten in diesen Eigenschaften nichts reelles in Gott sind, sondern auch daß das, was jede für sich ausdrückt, nicht das Wesen Gottes an sich beschreibt, sondern nur wie es in uns gesetzt ist, indem man aus der Wirkung niemals das Wesen dessen, was die Causalität ausgeübt hat, erkennen kann." (§ 64, 3, I, 270, S. 192, GL 1821/22)

Die eine und damit bestimmte und allentscheidende göttliche Eigenschaft läßt sich nicht formulieren. Eine wirkliche Erkenntnis Gottes ist in keiner Aussage auszudrücken. Jeder diesbezügliche Versuch geht an der Göttlichkeit Gottes vorbei.

Das zeitlose Sein Gottes und das Sein in der Welt, die zueinander in einem Verhältnis stehen, sind unmittelbar im Menschen vorhanden, da Schleiermacher das unmittelbare Selbstbewußtsein als ontologische Bedingung im zeitlichen

Übergang von Denken und Wollen bezüglich des Seins, des endlichen Selbstbewußtseins, versteht. So redet Schleiermacher von einem „Mitgesetztsein Gottes in jedem Übergang" (DJ, 524) Aber Schleiermacher ist nicht ‚der Vertreter der einen Gefühlstheologie', die für eine Irrationalität religiöser Erfahrung steht.[1]

Die unmittelbare Wahrheit Gottes steht auch nicht abseits und unerahnbar weit vom Menschen entfernt, sondern ist für Schleiermacher innerhalb des menschlichen Selbstbewußtseins als religiöses Gefühl „niedergelegt". „Man muß hier genau sondern, was von jenem Gegenstande in einen Gedanken gefaßt werden kann und was kein Wort erreicht." (DOd, 310) Ausschließlich durch das religiöse Gefühl läßt sich die Wahrheit und Wirklichkeit Gottes erahnen.

8. Abschließende Feststellung bezüglich des religiösen Gefühls und hinsichtlich der Erlösung

Die Nichtobjektivierbarkeit Gottes zieht gleichsam seine Nichtdifferenzierbarkeit nach sich, sie bedingen einander.

In jedem Fall aber ist die These Hubers nicht zu unterstützen, da er der Meinung ist, indem Schleiermacher den Gedanken eines jenseitigen Gottes ablehne, identifiziere er das Ich mit Gott. In diesem Sinne fühlte sich Huber zur folgenden Äußerung veranlaßt: „In der späteren Zeit ist das Gefühl ein Subjektzustand; die Religion besteht in nichts anderem, als darin, daß das Ich sich schlechthin abhängig fühlt ... Dieses Ich, das ein einheitliches Bewußtsein hat und aus sich selbst heraus den Wechsel von Gefühl und Anschauung produziert, ist Gott."[2]

Aber in seinen Ausführungen ist ein Widerspruch erkennbar, weil sich das sich abhängig fühlende Ich von etwas anderem abhängig fühlt.

Ein Abhängig-Sein und Sich-abhängig-Fühlen von sich selbst ist wenig überzeugend. Eine Identifizierung mit dem eigenen Selbst oder auch ein Frei-Sein vom Selbst ist in diesem Zusammenhang eher denkbar.

Hier scheint Huber den Schleiermacherschen Begriff der Abhängigkeit mißverstanden zu haben, da Schleiermacher die Abhängigkeit als Vervollkommnung des Menschseins interpretiert und so jeder negative Aspekt getilgt ist. Das schlechthinnige Abhängigkeitsgefühl des Menschen basiert nicht auf seinem eigenen Selbst und seinen eigenen Fähigkeiten. Die Basis des schlechthinnigen Abhängigkeitsgefühl ist der dem Ich zugrundeliegende transzendente Grund, der bei Schleiermacher keine bloße Gedankenspielerei ist, sondern ‚die' Grundlage der Wirklichkeit.

Gott ist hier der Initiator des transzendenten Grundes. Problematisch bleibt die Frage, inwiefern Gott von sich selbst als Grund des Menschen weiß. Die Frage ist nur insoweit beantwortbar, als wir nichts bezüglich eines ‚Von-sich-selbst-Wissen-Gottes' sagen können. Unterstellt man ein Wissen Gottes von seinem göttlichen Selbst, so müßte Gott über ein unmittelbares Selbstbewußtsein

---
[1] Vgl. BRUGGER, Summe 219 f.; so auch schon bei SÖHNGEN, Schleiermacher, 40 ff.; WEISMAHR, Gotteslehre, 371.
[2] HUBER, Entwicklung, 293 f.

verfügen und also Gefühle in seinem Inneren bergen. Aber infolge einer solchen Annahme unterstellt man Gott Affekte, was bei Schleiermacher undenkbar ist.

Demgegenüber geht Schleiermacher auch in seiner Dogmatik davon aus, daß sich Gott durch kein barmherziges Handeln auszeichnet, weil es sich bei Gott um keine Person mit Gefühlsregungen handelt. Gott ist kein handelndes Subjekt, und so gibt es auch keine göttlichen Taten, die mit den menschlichen Handlungen konkurrieren könnten. So schließt Schleiermacher auch ein Determiniertsein des Menschen von Gott grundsätzlich aus.

Das göttliche ‚Vorherwissen' und das freie menschliche Handeln fallen bei Schleiermacher zusammen, und so ergibt sich für ihn erst gar nicht die Problematik, ob Gott von jeder noch so geringen Kleinigkeit etwas wissen müsse.[1] Gott weiß bei Schleiermacher das Ganze in ewiger Weise und da er den Weltzusammenhang kennt, kennt er auch jedes Einzelne, soweit es innerhalb des Naturzusammenhangs besteht.

Fraglich ist hier, wie ein nicht reagierender Gott die Liebe sein kann, wie es Schleiermacher im Leitsatz des § 167, S. 449, GL 1830 und im Leitsatz des § 183 II, 672, S. 348, GL 1821/22 ausdrückt.[2]

Ebenso ist die göttliche Liebe die Eigenschaft „des göttlichen Wesens, vermöge deren es sich mitteilt" und in dem Werk der Erlösung erkannt wird. (§ 182, LS, S. 345, GL 1821/22) Für Schleiermacher steht fest, daß das Gottesbewußtsein außerhalb des Göttlichen belanglos ist, und so offenbart auch die Geschichte die Liebe Gottes nicht durch eine gnadenlose Lenkung. Sieht man hingegen den geschichtlichen Höhepunkt in der Erlösung Jesu Christi, so wird die Liebe Gottes auch hier offenbar.

Die Erlösung stellt schlechthin den Angelpunkt und gleichsam die Mannigfaltigkeit der göttlichen Liebe dar. Durch die Erlösung ist die Welt von göttlicher Liebe, ohne ausschließlich innerhalb der Erlösung am Werke zu sein. Die Erlösung ist aber stets im Zusammenhang „mit der Herrschaft des Gottesbewußtseins in unserer Seele" zu interpretieren. (§ 182, 3 II, 671, S. 347, GL 1821/22)

Also ist dem Christen offenbar, daß alles im Zusammenhang mit der Erlösung nur einen Wert besitzt und außerhalb dieses Zusammenhanges die göttliche Liebe gar nicht wahrgenommen wird. Schleiermachers diesbezügliche Aussagen gipfeln in der Feststellung, „daß es abgeschnitten von dem Gebiet der Erlösung nur einen Wechsel gibt von Abgötterei und Gottlosigkeit, in dem die göttliche Liebe freilich nicht kann erkannt werden." (§ 182, 3 II, 671, S. 347, GL 1821/22)

Hier zeigt sich die Schleiermachersche Christozentrik in deutlichster Weise. Der Christ ist aufgerufen, mit einer schlechthinnigen Absolutheit an die göttliche Erlösung zu glauben, weil er nur ‚dann' die Liebe Gottes gewinnt.

---

[1] Vgl. WAGNER, Dialektik, 197.
[2] Das Sein Gottes „ist als ganzes und immer schon In-sein, wie es als ganzes und immer schon ‚Liebe' ist. Gott ‚ist' nicht und ‚hat' zudem noch ein Verhältnis zur Welt, sondern In-sein ist in der Glaubenslehre die Grundverfassung seines Seins selbst." TROWITZSCH, Zeit, 85.

Bestand der alles entscheidende Angelpunkt der Schleiermacherschen Reden „Über die Religion" im „Anschauen des Universums" (R, 55), womit auch zugleich die allgemeinste und höchste Formel der Religion ihren Ausdruck fand, so ist der Angel der GL die Gemeinschaft mit Christus und der damit gegebene Glaube an die Erlösung. So reicht bei Schleiermacher kein irgendwie geartetes religiöses A priori für eine wirkliche Religiosität aus, weil eben erst der Glaube an das Erlösungswerk Christi die wahre Religiosität begründet.

So ist das Sein Gottes im Menschen sowohl unmittelbar wie auch als geschichtlich vermittelter Grund, als die ursprüngliche Offenbarung Gottes im Menschen und als geschichtliche Offenbarung Gottes in Christus vorhanden.[1]

Also schließt der christliche Glaube nicht nur die Beziehung der Offenbarung zwischen Gott und Mensch ein, sondern auch die Erlösung in Christus.

Der Glaube an Gott und die Erlösung macht den Menschen erst zu einem vollwertigen Individuum, im Gegensatz zu einem in jeder Hinsicht freien Menschen, da Schleiermacher die völlige Freiheit als etwas Fehlerhaftes qualifiziert, eben weil der Mensch erst infolge der Beziehung zu Gott der Vervollkommnung entgegensieht. Wie bereits festgestellt, kann ein in völliger Freiheit befindlicher Mensch sich nie der schlechthinnigen Abhängigkeit von Gott bewußt sein, mit der im Sinne Schleiermachers fatalen Folge, daß ihm die Verbindung zum Höheren stets verborgen bleibt. Also könnte der Mensch auch sein ‚wirkliches' Ich nie finden, eben weil dieses im transzendenten Grund sein Fundament hat. So ist auch der Mittelpunkt der philosophischen Theologie oder theologischen Philosophie bei Schleiermacher die Phänomenologie des religiösen Bewußtseins.

An dieser Stelle sei angemerkt, daß das zeitlose Gefühl schlechthinniger Abhängigkeit und der zeitlich in die Geschichte gestellte Erlöser für Brunner eine schlitzohrige Meisterleistung darstellt, da es Schleiermacher seiner Meinung zufolge schaffte, seine Mystik mit dem christlichen Glauben „zusammen(zu)leimen."[2]

Der Erlösergedanke des Christentums steht aber bei Schleiermacher in einem besonders engen Verhältnis zum christlichen Liebesbegriff. So ist ihm die Liebe – soweit es überhaupt möglich ist – ‚die' göttliche Eigenschaft, da die Eigenschaften bezüglich seiner Allkausalität nur dann sinnvoll erscheinen, wenn die Liebe als der eigentliche Antrieb fungiert. Betrachtet man ‚die göttlichen Eigenschaften' von der Liebe losgelöst, „so leuchtet ein, daß an die Allmacht und Allwissenheit, an die Ewigkeit und Allgegenwart Gottes glauben, derjenige Glaube ist, welche auch die Teufel haben" (§ 183, 2, II, 673, S. 349, GL 1821/22), „jenen Schatten des Glaubens, den auch die Teufel haben können." (§ 167, 2, S. 450, GL 1830/31) Die hier genannte Stelle führt Schleiermacher in Anlehnung an den Brief des Jacobus an: „Du glaubst, daß nur einer Gott ist? Gut! Das glauben die Dämonen auch – und zittern vor Angst." (Jak. 2, 19)

---

[1] Vgl. ECKERT, Gott, 199.
[2] BRUNNER, Mystik, 131.

Hier fordert Schleiermacher eine Konsequenz des Glaubens; der bloße Glaube reicht nicht aus, wie auch die Gnade allein dem Menschen hinsichtlich seiner Vervollkommnung nicht behilflich ist. Ein eigenes ‚Tun' ist notwendig, um überhaupt der Gnade würdig zu werden. Schleiermacher fordert hier die Aktivität des Menschen.

Die fehlende menschliche Aktion hat zur Folge, daß dem Glauben lediglich noch die Qualität eigen ist, die auch dem teuflischen Glauben zukommt.

In der Fassung der Glaubenslehre von 1830/1831 geht Schleiermacher dazu über, nicht von dem gleichen Glauben zu sprechen, sondern formuliert hier, es handle sich um den Schatten des Glaubens, welcher einem Abfallprodukt gleich ‚dann nur noch übrig bleibt.' So tritt hier eine kleine aber wichtige Modifizierung ein. Der im Sinne des Christentums inkonsequente Glaube, der auch von keiner Liebe initiiert ist, kann nicht mehr als Glaube – nicht mehr als christlicher Glaube laut Schleiermacher – eingestuft werden, sondern eben bestenfalls als sein Schatten.

Wurde der so aufgefaßte Glaube in der Fassung von 1822 noch als Glaube minderer Qualität dargestellt, so verliert er in der Fassung von 1831 seine Glaubensqualität gänzlich und wird aus diesem Grunde von Schleiermacher zum bloßen Schatten des Glaubens degradiert.

Hier ist die Liebe das einzige Wort, das der Mensch durch ‚ist' in eine direkte Verbindung zu Gott stellen darf.[1]

„Gott ist die Liebe". (§ 183, LS, II, 672, S. 348, GL 1821/22) Die hier vorgestellte direkte Verbindung durch das Wort „ist" darf vorgenommen werden, weil wir das „Bewußtsein ... der göttlichen Liebe" bereits „unmittelbar in dem Bewußtsein der Erlösung" haben. Aber der Wahrheit Gottes näher zu kommen, stellt für den Menschen eine weitaus größere Schwierigkeit dar, noch „mithin indem Gott die Liebe genannt wird, ist die Wahrheit schon mit eingeschlossen, indem die Gesinnung ohne die absolute Vollkommenheit in der Darstellung keine göttliche sein könnte." (§ 183, 3; II, 675, S. 350, GL 1821/22) Da es nun die Liebe ist, die den Menschen unmittelbar betrifft, gerade weil sie dem Menschen näher liegt als die Weisheit, (ebd.) behält die Liebe auch ihren höchsten Rang.

Die vollkommene göttliche Weisheit ist nur ‚das Mitbringsel' der über alles erhabenen Liebe. Der höchste Rang der Liebe wird so auch dadurch gestützt, da sie allein das Innerste der Frömmigkeit aufnimmt.

Auch an dieser Stelle sei nochmals darauf hingewiesen, daß das göttliche Wesen nie mit Affekten behaftet ist. Die Liebe Gottes ist ein Kraftpotential, das die Macht ausübt, den Menschen in die Gemeinschaft der Liebe hineinzuziehen.

Die Macht der göttlichen Liebe erinnert hier auch an die dem Universum eigene Macht und Kraft, die Schleiermacher in den Reden „Über die Religion" betonte.[2] So äußerte er sich wie folgt: „Dieses Gefühl, das ihr freilich oft kaum

---

[1] Vgl. BEISSER, Lehre, 223, 225.
[2] Vgl. BEISSER, Lehre, 229. MILLER, Übergang, 177: „Wie kann Schleiermacher die Liebe dem ‚Sein oder Wesen Gottes' gleichsetzen, wenn keine Aussagen über Gott ‚an sich' möglich sind? Darauf ist zunächst zu antworten, daß man zwischen dem ‚Wesen Gottes' und ‚Gott an sich' unter-

gewahr werdet, kann in anderen Fällen zu einer solchen Heftigkeit heranwachsen, daß Ihr des Gegenstandes und Euerer selbst darüber vergesst" (R, 67) Auch die Erwähnung des „Hingerissenseins" (R, 73) deutet auf ein dem Universum eigenes Kraftpotential hin. Ebenso wird diese Tendenz deutlich, wenn Schleiermacher „von einem Einfluß des Angeschaueten auf den Anschauenden" spricht (R, 55)

Das Kraftpotential des Universums wird in der GL zur göttlichen Liebe, und so füllt letztere schließlich die Bedeutung aus, die der Antriebsfaktor in den Reden „Über die Religion" war.

So ist die Liebe das essentielle Gottesprädikat in der GL. Also ist die göttliche Kausalität nie von der göttlichen Liebe gelöst, gerade weil im anderen Fall, der Sinn des Göttlichen im Schleiermacherschen Sinne verfehlt wäre. So kann nur die Liebe die Antriebskraft, das Motiv, der Allkausalität sein. Gott und Liebe sind hier eins. Aber es ist zu berücksichtigen, daß Schleiermacher in § 183 GL 1821/22 formuliert: „Gott ist die Liebe" und nicht: Die Liebe ist Gott. Die Aussage wird hier ausschließlich in Hinsicht auf Gott gemacht und nicht umgekehrt. Schleiermacher wagt es hier, eine direkte Aussage über Gott zu machen. Die ehrfürchtige Haltung Schleiermachers bleibt aber dennoch erhalten, eben weil er den Gedanken, daß sich Gott zu dieser Welt herabläßt, nie denkt. In diesem Sinne will er mit der Feststellung „Gott ist die Liebe" auch nicht zum Ausdruck bringen, daß Gott in seinem ‚An-sich-Sein' die Liebe ist. So kann sich auch Schleiermacher nur auf den Gott beziehen, den das unmittelbare Selbstbewußtsein erahnt.

Die Aussage, daß Gott die Liebe ist, bezieht sich somit auf eine Vorstellung von Gott, auf ein Bild, daß sich der Mensch über das Sein Gottes macht oder sich anmasst zu machen. In diesem Sinne könnte die Aussage ein weiterer aussichtsloser, der christlichen Denkweise verbundener Versuch sein, dem Wesen des Göttlichen näher zu kommen. Auch Schleiermacher sah die Problematik, daß das höchste Wesen schlechthin ‚unnahbar' war.

Aber er wagt es, das höchste Wesen mit dem Wort Gott zu ‚belegen', und ergeht sich auch nicht in Ausführungen, die von einem zum Scheitern verurteilten Versuch ausgehen, das Höchste in Worte zu kleiden.[1] Schleiermacher wählt hier bewußt die Bezeichnung ‚Gott'. Problematisch ist und bleibt aber die Beziehung zwischen Mensch und Gott und ‚Das-zum-Ausdruck-Bringen' der Beziehung.

Der herkömmliche Begriff der Offenbarung ist für Schleiermacher hier wenig hilfreich. „Was aber denen, die den Begriff der Offenbarung streng und ausschließlich fassen wollen am meisten vorschwebt, ist wohl dieses, daß Gott in

---

scheiden muß. Von Gott ‚an sich' in dem Sinne, daß er außer dieser Zusammengehörigkeit verstanden werden könnte, läßt sich keine Aussage aufstellen. Aber gerade aufgrund dieser Zusammengehörigkeit kann die Liebe als Ausdruck des göttlichen Lebens gebraucht werden. Denn die Liebe bezeichnet das Wesen Gottes, wie es in der Zusammengehörigkeit von Gott und Welt ist."

[1] Vgl. BEISSER, Lehre, 249: „Auch für Gott kann außerhalb dieser Welt kein Platz sein. Wenn er ist, so kann er nur sein als der Grund dieser einen Welt ... Dem Glauben spricht nicht mehr das Wort die Rechtfertigung zu."

der Offenbarung sich selbst kund tut ... eine wirksame Kundmachung Gottes kann nur beziehungsweise übermenschlich sein, wenn sie nämlich auf keine Weise überliefert ist oder gefolgert, sondern als ein neues ursprünglich entsteht". (§ 19, 3, I, 102 f., S. 75, GL 1821/22)

Bei Schleiermacher weist der anthropologische Aspekt darauf hin, daß das Natürliche am Göttlichen teilhaben muß, da jenes Natürliche unter der Bedingung zu sehen ist, daß Christus ein Mensch war und also die Möglichkeit gegeben ist, „das Göttliche so wie es in Christus gedacht wird, in sich aufzunehmen." (§ 20, 1, I, 108, S. 79, GL 1821/22) So bietet allein der Erlöser Jesus Christus der menschlichen Natur die Möglichkeit, ins Göttliche aufgenommen zu werden. Es ist eine wirklich bestehende Möglichkeit, die mit der Wirklichkeit göttlichen Handelns im Akt der Vereinigung zusammenfällt; es ist die göttliche Tätigkeit und die zur Vollkommenheit gelangte Menschheit durch Christi Menschwerdung.

„Insofern aber Christus eine vollkommene menschliche Person war, so war auch die Bildung derselben ein gemeinschaftlicher Akt der göttlichen und menschlichen Natur." (§ 119, 2, II, 229/230, S. 51 f., GL 1821/22)

Ebenso weist die Menschwerdung Christi auf die Liebe hin.

So scheint das Wort ‚Liebe' für Schleiermacher die Bestimmung Gottes schlechthin zu sein und zwar nicht nur die Bestimmung der Gottesvorstellung, sondern des göttlichen Wesens selbst. Aus diesem Grunde sagt Schleiermacher in seiner GL: „Gott ist die Liebe", gerade weil er als Christ seine grundlegende Überzeugung nicht nur auf eine Vorstellung beziehen kann.

Sofern sich die Aussage nur auf eine Vorstellung beziehen sollte, muß Schleiermacher zugeben, daß seine Aussage auf etwas Bezug nimmt, was mit dem Ausgesagten nicht übereinkommen muß und demnach auch etwas anderes sein könnte. Letztlich bleibt diese Unsicherheit bestehen, da ein Unterschied zwischen der Wesenhaftigkeit Gottes und unserer Vorstellung schon allein aufgrund der menschlichen Beschränktheit gegeben ist. Auch das Gefühl kann diese Kluft nicht überwinden. Die absolute Einheit Gottes steht auf einer Ebene, die der mannigfaltige Mensch bestenfalls erahnen kann.

Aber die Ahnung reicht schon aus, um ihn seiner Vervollkommnung entgegen zu führen. Trotz seiner Einsicht, daß unserem Sein ein Absolutes – Gott – zugrunde liegt, ist dem menschlichen Wesen nicht die Erkenntnis gegeben, ‚was' der transzendente Grund eigentlich ist. In diesem Sinne sagt Robert Stalder: „Insofern ist also die dem Denken zugängliche Gotteserkenntnis ein Wissen von Gott in statu nascendi ... in seiner Hinbewegung zu einer höheren Entfaltung, welche nur das Leben aus dem Glauben gewährt."[1]

Das, was der Mensch als den transzendenten Grund auffaßt, kann also belanglos bleiben, eben weil das Höchste unerkennbar und so auch dem Gefühl in seinem ‚An-sich' nicht zugänglich ist. Auch wenn Schleiermacher seine christliche Überzeugung ernst nimmt, ist er gezwungen, seine zugrundeliegende

---
[1] STALDER, Grundlinien, 385.

Überzeugung, die in dem Satz „Gott ist die Liebe" kulminiert, auf eine Vorstellung von Gott zu beziehen.

In diesem Sinne ist auch Schleiermachers folgende Aussage zu verstehen: „Das Bewußtsein aber von der vollkommenen Zusammenstimmung aller Dinge in den Erweisungen der göttlichen Liebe ist zwar eben so wahr aber eben nicht auch so unmittelbar, indem nicht auch jeder sich mit gleicher Sicherheit bewußt sein kann, weder wie auch er durch seinen jedesmaligen Zustand die Herbeiführung des Besten mit bedingt, noch auch wie alles seine Wiedergeburt und sein Wachstum in der Gnade mit bedingt hat und noch bedingt." (§ 183, 3 II, 675, S. 350, GL 1821/22)

Aber auch hier ist ein erneuter Einwand denkbar. So ist eine Vorstellung vom göttlichen Wesen nur dann sinnvoll, wenn die Vorstellung seine Wesenhaftigkeit und Wirklichkeit in irgendeiner Weise zu treffen vermag. Also müssen das Wesenhafte und die Vorstellung in einer Verbindung zueinander stehen, so daß auch die Vorstellung, Gott sei die Liebe, auf das göttliche Wesen bezogen ist. In diesem Zusammenhang ist erneut erwähnenswert, daß innerhalb des christlichen Glaubens Gott als Erlöser seinen Sinn hat, und so kann sich die christliche Vorstellung auch nur auf den Gott der Erlösung beziehen, gerade weil die christliche Vorstellung die Gestalt Jesu Christi in den Mittelpunkt erhebt.[1]

Die Gestalt Jesu und sein Wirken in der Geschichte stellen so die Verbindung zur göttlichen Wirklichkeit dar.

Auch in diesem Zusammenhang wird deutlich, daß die Welt als Grundlage der Vorstellung, wie auch als Grundlage der Vorstellung vom Wesen Gottes und der daraus resultierenden Verbindung zwischen der Welt und Gott, von besonderer Wichtigkeit ist. So gehört die Gottesvorstellung nicht in das Reich der Phantasterei, eben weil sie auf der Grundlage der Welt entstanden ist. Ohne die Welt könnte auch die Gottesvorstellung nicht entstehen.

8.1. Die grundsätzliche Unerkennbarkeit Gottes und die einander wechselseitig ergänzende Beziehung zwischen der Vernunft und dem Glauben

Wie wir gesehen haben, kann der Gottesglaube schon allein deshalb nie sinnlos sein, weil auch hinsichtlich des Glaubens an Gott der Bezug zur Welt immer bestehen bleibt.

So sind Vernunft und Glaube auch keine nebeneinander herlaufenden Begriffe, die nicht das geringste miteinander gemein haben. In diesem Sinne interpretiert Schultz die Schleiermachersche Denkweise wie folgt: Vernunft und Glaube sollen sich demnach in Übereinstimmung ergänzen, ohne daß der Glaube von der Vernunft gänzlich vereinnahmt wird und das Eigentliche des Glaubens an die Vernunft verloren gehen kann.[2]

---
[1] Vgl. BEISSER, Lehre, 177.
[2] Vgl. SCHULTZ, Theorie, 102.

Das Gefühl ist „eine in der Natur gewordene Lebenstätigkeit, aber nur durch die Vernunft geworden, und dies gilt nicht nur von dem sittlichen und religiösen Gefühl, sondern auch von dem leiblichen Gefühl, wenn es nur als ein menschliches und als ein ganzer Moment des Gefühls gesetzt wird ... Denn das Gefühl auch von der niedrigsten Art sagt immer aus, was die Vernunft wirkt oder nicht wirkt in der Natur." (E 1812/13, 51, 589)[1]

Schleiermacher rekurriert stets auf das Eigentliche der menschlichen Wirklichkeit, deren basales Element die Frömmigkeit ist. In der GL füllt Schleiermacher die von ihm hervorgehobene Frömmigkeit inhaltlich mit der bestimmten Glaubensweise des Christentums.

So zeigt sich auf der Grundlage des christlichen Glaubens, daß der Erlöser Jesus Christus der ‚Träger' der Welt ist. Der christologische Grund verbindet bei Schleiermacher die Weltgeschichte und den Erlöserglauben. Die christliche Frömmigkeit zeichnet sich auch hier durch zwei Seiten aus, nämlich durch ihre Erscheinungsweise und durch ihr Wesen.

Das Wesenhafte und also Eigentliche der Frömmigkeit ist ein reines, einheitliches und also nicht differenzierbares ‚Gefühl'. Wie das Göttliche selbst nichts Gegenständliches und nichts Objektivierbares sein kann, so ist auch die Frömmigkeit nur ein Ahnen des Göttlichen, das aber in der Lage ist, alles in einem zu umspannen. Gerade die Unbestimmtheit der Frömmigkeit ist auch die Grundlage ihrer Schrankenlosigkeit und Unendlichkeit, die dem menschlichen Wesen die alles umspannende Ahnung des Göttlichen ermöglicht.

Die Frömmigkeit erscheint aber in keiner entfernten Dimension, sondern nur auf einer anderen dimensionellen Ebene. Dennoch ist die Frömmigkeit bei Schleiermacher ‚die' Mitte des menschlichen Lebens, so daß das Besondere des einzelnen Lebens durch die Frömmigkeit die eigentliche Bestimmtheit erlangt.

So verbindet die wirkliche Frömmigkeit die Ahnung des Göttlichen mit der bestimmten Ausprägung in der Mitte des menschlichen Lebens. Die Frömmigkeit ist demnach rein passiv, da sie die göttliche Aktivität nur in empfangender Weise ahnen kann. So ist es auch richtig, wenn Beisser betont, daß es in den Reden „Über die Religion" noch anders war, eben weil das Universum hier teilweise seltsam passiv erschien.[2]

8.2. Die ontologische ‚Doppelheit' Gottes

Der Interpretation Beissers ist letztlich aber nicht zuzustimmen, weil der Mensch zwar einerseits dem Universum durch das Hingerissensein des Menschen aktiv entgegenstrebt, andererseits aber die Kraft des Universums für das Hingerissensein verantwortlich ist.

In der GL geht Schleiermacher insofern einen anderen Weg, da er in seiner christozentrischen Haltung dem Frommen die Rolle des reinen Empfängers

---

[1] Ethik 1812/13.
[2] Vgl. BEISSER, Lehre, 247.

zuerkennt. So ist die Doppelheit für die Frömmigkeit ebenso bezeichnend wie für Gott. Die Doppelheit Gottes ist bei Schleiermacher dadurch ausgewiesen, da Gott kein Seiendes im Sinne eines einzeln bestimmten Gegenstandes ist, sondern als Grund alles Seienden seine ontologische Differenz offenlegt. Andererseits aber ist Gott für das Seiende das Sein, wodurch sich die zweite Seite seiner Doppelheit zeigt.

Also lebt Gott nicht für sich allein in einer eigenen abgeschlossenen Welt. Die Tatsache, daß er in seinem ‚An-sich' für den Menschen nicht erfahrbar ist, schließt nicht die Möglichkeit der Erfahrbarkeit hinsichtlich des transzendenten Grundes aus. Der Mensch, der in seinem Inneren den transzendenten Grund als Basis seines eigenen Seins bemerkt und annimmt, erfährt eine Gottesahnung.

Aber der transzendente Grund ist nur erfahrbar durch die Welt und also durch den Menschen – wie er andererseits seinen Sinn auch nur durch eine Welt hat.

Die Einheit des transzendenten Grundes ist ‚das' Urwissen, von dem jegliches Streben nach Wissen seinen Anfang nimmt. So findet die absolute Einheit des Wissens, die bei Schleiermacher die Bedingung der Möglichkeit von Wissen überhaupt ist, in der Gottesidee ihren Ausdruck.

Gott als das Unendliche des Endlichen, zeichnet sich durch ein Sein aus, das sich in seiner Seinsweise von allem anderen Sein unterscheidet. Auch hier zeigt sich eine ähnliche Argumentationsweise wie in den Reden „Über die Religion", wo Schleiermacher betonte, das Unendliche sei nur im Endlichen auffindbar und wer es außerhalb des Endlichen suche, der könne es nicht finden, da alles Endliche nur durch die Bestimmung seiner Grenzen bestehe, „die aus dem Unendlichen gleichsam herausgeschnitten werden müssen". (R, 53) Hier deutet sich die andere Seinsweise an, die, obwohl sie nicht in einer anderen Dimension auffindbar ist, nur mit Hilfe des Gefühls und später in der GL aufgrund des frommen Gefühls erfahrbar oder besser ausgedrückt ‚erahnbar' ist.[1]

So bleibt es stets bei einer ahnenden Erfahrbarkeit des Göttlichen, die nie zum Wissensbereich des endlichen Menschen gehören kann. Gott begründet auch als Grund aller Dinge seine Selbständigkeit gegenüber der Welt, eben infolge seines ‚völlig anders Seienden Sein'. So entzieht sich das Wesen Gottes auch jeder sprachlichen Aussage.

Das Wort ist nur geeignet, die Richtung anzugeben, um eine Andeutung vorzunehmen, ohne aber jemals das göttliche Wesen in Worten umschreiben zu können.

Aber das „Woher des schlechthinnigen Abhängigkeitsgefühls", das Gott genannt wird, ist nicht etwas ganz Unbestimmtes. In diesem Zusammenhang darf aber auch nicht übersehen werden, daß das Woher des schlechthinnigen Abhängigkeitsgefühls nicht konkret ist. Eine Konkretisierung würde Gott auf die inakzeptable Ebene der Gegenstände rücken. So sind sinnvolle Aussagen über Gott nur möglich, soweit die eigentliche Unaussprechlichkeit des göttlichen Wesens stets im Gedächtnis unterstellt ist.

---

[1] Vgl. ECKERT, Gott, 91.

Für Schleiermacher ist entscheidend, daß das Ziel nicht darin bestehen kann, das Wesenhafte Gottes auszusprechen. So soll der Mensch mehr die Auswirkungen des göttlichen Wesens ‚im Auge behalten', sich gleichsam der Betrachtung der von seiner Kraft ausgehenden Wellen widmen. Demnach ist Gott als Person für Schleiermacher tot, eben weil die Persönlichkeit lediglich auf etwas Beschränktes hindeutet.

Schleiermacher bekämpft mit seinen Ausführungen zur GL jeden inadäquaten Gebrauch des Gottesbegriffs. So liegt ihm nichts daran, unter allen Umständen aufzudecken, woher das Gottesbewußtsein des Menschen stamme und worin es letztlich seinen Grund habe. Diesbezüglich erscheint ihm der menschliche Erfassenshorizont zu begrenzt, als daß eine Antwort auf die Frage nach dem Woher des Gottesbewußtseins befriedigen könnte. So bleiben Religion und Theologie von solch einengenden Fragen bei Schleiermacher stets verschont, da es ihm hauptsächlich um ein ‚Offenhalten' geht, weshalb Antworten mit abschließendem Charakter nur seine Ablehnung erfahren. In diesem Sinne entspricht auch bei Schleiermacher dem Ausdruck Gott eine Vorstellung, aber ohne daß dieser eine gegenständliche Bedeutung zukommt, vielmehr ist sie „nichts als die unmittelbarste reflektionsmäßige Bearbeitung des schlechthinnigen Abhängigkeitsgefühls."[1]

So ging bereits Otto Lempp treffend davon aus, daß das Schleiermachersche Werk „Der christliche Glaube" als Referat über den Inhalt der bestimmten positiven Religionen zu gelten hat, deren Wahrheit es nicht beweist, „sondern voraussetzt."[2]

9. Abschließende Betrachtung des Schleiermacherschen und Fichteschen Begriffs von Gott

Schleiermacher wie auch Fichte haben ihr religionsphilosophisches Werk gegen die Religionslehre der Aufklärung zur Entstehung gebracht. Obwohl Hans Erich Bödeker davon ausging, daß die Aufklärung an sich der ‚Nährboden' für ein solch geprägtes Religionsverständnis war,[3] ersehnten beide die natürliche Theologie der Aufklärung nicht zurück. Diesbezüglich scheint Günter Bader in seinen Ausführungen nicht klar zwischen Religion und Theologie zu unterscheiden.[4] Fest steht, daß Fichte und Schleiermacher gegen die natürliche Religion polemisieren.

So befindet sie sich bei Fichte auf der untersten Stufe seiner Fünffachheit und gehört auch nur der niederen Liebe an. (GA I, 9, 106 ff.) Schleiermacher gesteht dem Christentum die Rolle zu, das Polemische gegen die natürliche Religion zu nähren. (R, 291 ff.) Aber beide, Schleiermacher und Fichte, berufen sich auf das Evangelium des Johannes.

---
[1] LEMPP, Gotteslehre, 22.
[2] LEMPP, Gotteslehre, 59.
[3] Vgl. BÖDEKER, Religiosität, 178 ff.
[4] Vgl. BADER, Mitteilung, 239.

Hinsichtlich des Johannesevangeliums äußert sich Fichte wie folgt: „Ferner enthält auch unter den Evangelisten Johannes allein das, was wir suchen, und wollen, eine Religionslehre", die sich nicht in einer Morallehre erschöpft. (GA I, 9, 116) Für Schleiermacher bedeutet das Evangelium des Johannes ein sich Auftun des Religionsgeheimnisses schlechthin. (R, 300) So ist das Wahre und Wirkliche des Christentums – der Meinung Schleiermachers und Fichtes zufolge – als Kundgabe im Johannesevangelium auffindbar.

Aber Schleiermacher denkt nicht das Ich als selbstsetzend, sondern das reine Sein wird als setzend behauptet. So ist es das unmittelbare Selbstbewußtsein als das setzende Sein, was den Menschen in seiner unmittelbaren Einheit ausmacht.

Erst das durch die Reflexion vermittelte Selbstbewußtsein hat als Ich-Bewußtsein auch ein Wissen von sich selbst. Das die Einheit des Ich-Bewußtseins Ausmachende wird als Gegebenheit vorausgesetzt. Hier zeigt sich für Schleiermacher die reflexive Unmöglichkeit der Selbstbegründung des Selbstbewußtseins. Die Grundlage des Selbstbewußtseins ‚erkennt' der Mensch nur im Glauben.

Doch nur das unmittelbare Selbstbewußtsein ist eine ursprüngliche Einheit, demgegenüber das reflektierte Selbstbewußtsein als Ich gilt. (DOd, 288) Daß das unmittelbare Bewußtsein des ursprünglich gegebenen ‚Dass' zu einer solchen Einheit kommt, ist als die „höchste Lebenseinheit" sowieso unerreichbar. (DJ, 153) Das unmittelbare Sich-selbst-Haben im unmittelbaren Selbstbewußtsein liegt als unmittelbares Sich-Haben des Selbstseins dem vermittelten – durch den Reflexionsprozeß gelaufenen – Sich-selbst-Wissen immer zugrunde.

So geht Schleiermacher in der GL von einem ‚Mitgesetztsein' aus,[1] das von einer besonderen Tragweite ist, wie es auch seine diesbezüglichen Ausführungen der Dialektik verdeutlichen.

In seiner kritischen Haltung gegenüber der Fichteschen WL bezieht sich Schleiermacher hauptsächlich auf den Grundgedanken der WL von 1794, also auf den Fichteschen Ausspruch: „Das Ich setzt schlechthin sich selbst." (GA I, 2, 259) Demnach liegt dem Selbstbewußtsein kein Ich-Subjekt voraus, vielmehr tritt das Subjekt zugleich mit dem Bewußtsein als Ganzem dem Ich gleich Ich hervor. Die Unmittelbarkeit, in der das ganze Ich ‚auf einmal' hervortritt, ist für Fichte – wie bereits im 1. Teil der Arbeit gezeigt wurde – der entscheidende Ausgangspunkt.

So spricht Fichte von einem unmittelbaren Bewußtsein als der Anschauung des Ich, „in ihr setzt das Ich sich selbst notwendig und ist sonach das Subjektive und Objektive in einem." (GA I, 4, 276) In diesem Sinne geht Fichte auch vom „schlechthinnigen" Setzen des Ich aus, womit er zu zeigen beabsichtigt, daß die Selbstsetzung des Ich immer ohne jede Voraussetzung sein soll. Demzufolge ist der Selbstsetzungsakt durch nichts vermittelt, sondern erfolgt „ohne allen Grund". (GA I, 2, 256)

Problematisch bleibt der Einwand, daß das Ich zuvor davon Kenntnis erlangt haben muß, daß es sich selbst setzt und durch nichts anderes gesetzt wird.

---

[1] Vgl. GLOY, Selbstbewußtsein, 54 ff.

Selbst die Einführung einer „intellektuelle[n] Anschauung" als Anschauen „seiner selbst im Vollziehen des Aktes, wodurch ihm das Ich entsteht" (GA I, 4, 317) konnte das Problem nicht lösen, weil Fichte nicht den Nachweis erbringt, wie das Sich-Haben des Ich innerhalb der intellektuellen Anschauung identisch sein kann mit einem dadurch hervorgekommenen Wissen von sich selbst.

Für Schleiermacher hingegen, der das unmittelbare Selbstbewußtsein mit dem Begriff „Gefühl" belegt (DOd, 287: § 8, Anm. I, 26, S. 26, GL 281/22; § 3, LS, GL 1830), zeigt sich, daß der transzendente Grund des Seins nicht der Gegenstand des Denkens sein kann, da im Falle einer solchen Annahme das Unbedingte durch das Bedingte bedingt wäre.

Auch bei Schleiermacher ist sich das Subjekt ‚Seiner' als Einheit bewußt, doch erkennt er, daß es weder der Urheber und somit der Urgrund der Einheit, noch des Wissens um diese Einheit sein kann. Bei Schleiermacher deutet das unmittelbare Selbstbewußtsein an, daß das Subjekt nie das Können haben wird, sein Sein reflexiv zu vermitteln. Also kann das Subjekt sein Sein nicht sich selbst in der Reflexion vermitteln und wird sich demnach nicht selbst samt der Welt begründen.[1]

Das Bewußtsein von sich selbst läßt nicht zugleich die Deduktion des Wissens bezüglich der Wirklichkeit zu. Deutlich zeigt sich, daß das Schleiermachersche „unmittelbare Selbstbewußtsein" nicht mit Fichtes „intellektueller Anschauung" gleichsetzbar oder gar identisch ist.

So sei nochmals betont, daß es für Schleiermacher eine Selbstverständlichkeit ist, daß sich das Selbstbewußtsein nicht aus sich selbst heraus erklären und begründen kann, und so sucht er den erklärenden Grund, den Einheitsgrund allen Selbstbewußtseins, im transzendenten Absoluten, welcher im Inneren des Menschen präsent ist.

Der transzendente Vermittlungs- und Einheitsgrund wird von Schleiermacher als „transzendenter Grund" bezeichnet. Hier ist sich Schleiermacher nicht bewußt, daß er mit seiner Theorie des Selbstbewußtseins ähnliche Pfade beschreitet wie der späte Fichte, wenn letzterer in seiner WL 1801/02 sagt: „Das Absolute ist weder Wissen, noch ist es ein Sein, noch ist es Identität, noch ist es Indifferenz beider, sondern ist es durchaus bloß und lediglich das Absolute." (GA II, 6, 143 f.)

Wie Schleiermacher den transzendenten Grund in der GL als ‚Gott' bezeichnet und so die Grundlage allen Selbstbewußtseins entdeckt, so benennt Fichte das Absolute in seiner Spätphilosophie und in seiner ASL als das, das dem Ich vorausliegt.

Hier zeichnet sich das Ich nicht mehr durch die Kraft aus, die besagt, daß es das Zustandekommen des Wissens von sich selbst in seiner Einheit seinem Ich verdankt. Das Ich hat so auch in der ASL jeglichen Rang des Aboluten verloren, und so ist es auch keine Erscheinung des Absoluten.

---

[1] Vgl. GLOY, Selbstbewußtsein, 53 ff.

Schleiermachers Argumentationen in der GL zielen in eine ähnliche Richtung, da es ihm vornehmlich darum geht, daß der Mensch seine schlechthinnige Endlichkeit begreifen muß, um erst dadurch zum Göttlichen aufsteigen zu können.

Allerdings herrscht bei Schleiermacher eher die aufsteigende, platonische Tendenz vor, obwohl diese auch bei Fichte in der ASL nicht gänzlich zu leugnen ist.

Eine Übereinstimmung zeigt sich auch zwischen Fichte und Schleiermacher, wenn ersterer versichert, die Individualität sei in seinem System dazu bestimmt, „unaufhörlich abzusterben" (GA I, 4, 258), und auch Schleiermacher das Thema der Selbständigkeit und Selbstbeschränkung mit der Aufgabe des Selbst und dem Aufgehen im Göttlichen verknüpft. In diesem Sinne sprach er von einem „geräuschlosen" Verschwinden des „ganzen Daseins im Unermeßlichen" (R, 52) und betonte später in der Glaubenslehre, „daß in jeder Bestimmtheit des Selbstbewußtseins zugleich die Abhängigkeit von Gott gesetzt" sei (§ 10, 4, I, 43, S. 37, GL 1821/22)

Für Fichte und auch für Schleiermacher ist das Göttliche nur durch die Erkenntnis und das sich Bewußtwerden des eigenen Selbst erahnbar.[1] Das Selbst ist aber nicht das Selbst im Gegensatz zum Anderen. Obwohl jeder Mensch mit dem Göttlichen ausgestattet ist, zeigt sich ihm das Göttliche ‚nicht so ohne weiteres', sondern es muß ihm bewußt sein.

Bei Schleiermacher vollzieht sich das Bewußtwerden durch die Annahme des schlechthinnigen Abhängigkeitsgefühls. Fichte nimmt ein „Versinken in Gott" an, nachdem sich der Mensch „selbst, als die eigentliche Negation" vernichtet hat. (GA I, 9, 149) So gehen Fichte und Schleiermacher davon aus, daß der Mensch von Anfang an in Gott und in der göttlichen Wahrheit steht.

Diese Aussage gilt sowohl für die Fichteschen Schriften zur Zeit des Atheismusstreites und für die ASL, als auch für die Schleiermacherschen Reden „Über die Religion" und „Der christliche Glaube".

So läßt sich hier auch in vergleichbarer Weise die Frage stellen, die bereits der Zen-Meister Dogen stellte, wenn wir doch schon in der Wahrheit stehen, „warum ist dann die Suche nach der Wahrheit überhaupt erforderlich?"[2]

In diesem Sinne ließe sich für Fichte wie auch für Schleiermacher feststellen, daß das Göttliche unverborgen in der ganzen Welt vorhanden ist und daß sich der Mensch dieser Tatsache bewußt werden muß. Den Lehren des Zen-Buddhismus vergleichbar, verlangt es nach einem ‚Üben' und ‚Erwachen'.

Doch ist für Fichte die Wissenschaft und somit das Wissen selbst von überragender Bedeutung. So ist das Wissen „nicht das Absolute, aber es ist selbst als Wissen absolut." „Zuförderst ist klar, daß das Wissen, inwiefern es nicht mehr als Wissen schlechtweg, sondern als absolutes Wissen, mit Hinzufügung dieses Prädikats, angesehen wird, nicht mehr bloß in sich selbst ruhe, sondern sich wiederum über sich selbst erhebe, und auf sich herabsehe". (GA II, 6, 153) Das

---

[1] Vgl. ASMUTH, Wissenschaft, 15.
[2] NAGASAWA, Ich, 61.

so bestimmte Wissen der Wissenschaftslehre ist für Fichte die Erscheinung des Absoluten und ist bestrebt, selbst die Erscheinung des Absoluten zu werden.[1]

Der Mensch ist zum Sollen aufgefordert und soll selbst durch die Tätigkeit des Wissens als Erscheinung des Absoluten ‚zur' Erscheinung des Absoluten werden. Der Mensch soll und also handelt er, er handelt im Sollen, und so findet eine Berührung zwischen dem Endlichen und dem Unendlichen statt. Das Absolute ist so nicht das, was jenseits aller transzendenten Schranken liegt, sondern das, was im menschlichen Handeln aktiv ist – das Handeln schlechthin ausmacht. In diesem Sinne antwortet Fichte auf die Frage, was Gott sei: „er ist dasjenige, was der ihm Ergebene und von ihm Begeisterte tut." (GA I, 9, 111)

Der Mensch ‚muß' die Wissenschaftslehre verinnerlichen und gleichsam zur Wissenschaftslehre werden, und so ist auch die Religion im Fichteschen Sinne ohne Wissenschaft „irgendwo ein bloßer, dem ohngeachtet jedoch, unerschütterlicher Glaube [...]: die Wissenschaft hebt allen Glauben auf, und verwandelt ihn in Schauen." (GA I, 9, 112)

Letztlich aber hat sich der Fichtische Standpunkt dem Schleiermacherschen genähert, denn „die, zu göttlicher Liebe gewordene, und darum in Gott sich selbst rein vernichtende Reflexion ist der Standpunkt der Wissenschaft". (GA I, 9, 168)[2] In diesem Sinne sagt auch Schleiermacher, Gott sei die Liebe. (§ 183, II, 672, S. 348, GL 1821/22) Wie es in Gott keinen Unterschied geben kann zwischen Wesen und Eigenschaften, so ist die Liebe der Ausdruck des göttlichen Wesens selbst. (§ 183, 1, II, 672, S. 348, GL 1821/22)

Indem Schleiermacher Gott als Liebe benennt, wird zugleich ausgesagt, daß die Weisheit hiermit eingeschlossen ist. (§ 183, II, 675, S. 350, GL 1821/22) Ebenso gilt auch Fichte die Liebe als „die Quelle der Vernunft" und zugleich „höher denn alle Vernunft." (GA I, 9, 167)

---

[1] Vgl. KUMAMOTO, Begriff, 201 f.
[2] Vgl. JÜRGENSEN, Leben, 102.

Literaturverzeichnis

Quellen

I. Schriften Johann Gottlieb Fichtes

GA	Gesamtausgabe der Bayerischen Akademie der Wissenschaften. Hrsg. R. Lauth, H. Jacob und H. Gliwitzky. Stuttgart – Bad Cannstatt 1962 f. Die Gesamtausgabe hat vier Reihen: I Werke, II Nachlass, III Briefe, IV Nachschriften. Alle Zitatangaben mit einer römischen und zwei arabischen Zahlen beziehen sich auf diese Ausgabe; die römische Zahl nennt die Reihe, die erste arabische den Band, die zweite die Seite.
Bsp.: GA I, 5, 347 ff.	„Über den Grund unseres Glaubens an eine göttliche Weltregierung".
GA I, 5, 415 ff.	„Appellation an das Publikum".
GA I, 9, 47 f.	„Die Anweisung zum seligen Leben".
SW I-VIII	Sämtliche Werke. Hrsg. I. H. Fichte. Bd. 1-8, Berlin 1845/46. Sie werden hier zitiert als SW I-VIII, nach der römischen Zahl folgt die Seitenzahl.
NW I-III	Nachgelassene Werke. Hrsg. I. H. Fichte. Bd. 1-3, Berlin 1834/35.
Fichte im Gespräch	J. G. Fichte im Gespräch. Berichte der Zeitgenossen. Hrsg. E. Fuchs in Zusammenarbeit mit R. Lauth und W. Schieche. Bd. 1-6 (7), Stuttgart – Bad Cannstatt 1978-1992.

II. Schriften Friedrich Daniel Ernst Schleiermachers

Br I, Br II	Aus Schleiermachers Leben. In: Briefen Bd. 1 und 2. 1. Auflage, Berlin 1858.
Br III	Bd. 3 und 4. Hrsg. Jonas/Dilthey. Berlin 1861 und 1863.
KGA	Kritische Gesamtausgabe. Hrsg. H.-J. Birkner u. a., Berlin 1980 ff.
Schleiermachers Briefwechsel	Schleiermachers Briefwechsel mit seiner Braut. Hrsg. Heinrich Meisner, Gotha 1920.
DJ	Dialektik. Aus Schleiermachers handschriftlichem Nachlasse. Hrsg. L. Jonas. Berlin 1839.
DOd	Dialektik. Im Auftrage der Preussischen Akademie der Wissenschaften aufgrund bisher unveröffentlichten Materials. Hrsg. R. Odebrecht, Leipzig 1942; Neudruck Darmstadt 1976.

Dial.	Dialektik 1811. Hrsg. A. Arndt. Hamburg 1986.
Dial. 1814/15	Dialektik. Hrsg. A. Arndt. Hamburg 1988.
E 1805	Entwürfe zu einem System der Sittenlehre, nach den Handschriften Schleiermachers neu herausgegeben und eingeleitet. Hrsg. O. Braun. Leipzig 1927.
	Neuabdruck:
SCHLEIERMACHER, Ethik (1812/13)	Friedrich D. E. Schleiermacher: Ethik (1812/13). Hrsg. H.-J. Birkner. Hamburg 1981.
SCHLEIERMACHER, Brouillon	Friedrich D. E. Schleiermacher: Brouillon zur Ethik (1805/06). Hrsg. H.-J. Birkner. Hamburg 1981.
SCHLEIERMACHER, Glaube:	
GL 1830	Der christliche Glaube, nach den Grundsätzen der evangelischen Kirche im Zusammenhange dargestellt. Hrsg. M. Redeker (aufgrund der 2. Auflage), 2 Bde., Berlin 1960.
GL 1821/22	Der christliche Glaube, nach den Grundsätzen der evangelischen Kirche im Zusammenhange dargestellt (1821/22). 2 Bde. Hrsg. H. Peiter, Berlin, New York 1980.
HuK	Hermeneutik und Kritik. Hrsg. M. Frank, Frankfurt a. M. 1977.
H	Hermeneutik und Kritik. Hrsg. H. Kimmerle, 2. Aufl., Heidelberg 1974.
Monologen	Monologen, nebst den Vorarbeiten. Hrsg. M. Schiele und H. Mulert. 3. Aufl. Hamburg 1978.
SCHLEIERMACHER, Psychologie	Psychologie. Aus Schleiermachers handschriftlichem Nachlasse und nachgeschriebenen Vorlesungen. L. George. Berlin 1862.
R	Reden „Über die Religion". Reden an die Gebildeten unter ihren Verächtern. Hrsg. R. Otto (aufgrund der 1. Aufl.). Neuausgabe von H. J. Rothert. Hamburg 1958.
R, 2. Aufl.	Reden „Über die Religion". Reden an die Gebildeten unter ihren Verächtern (1806), besorgt von B. Pünjer. Braunschweig 1879.
Schleiermachers Sendschreiben	Schleiermachers Sendschreiben über seine Glaubenslehre an Lücke. Hrsg. H. Mulert. Gießen 1908.
Schleiermachers Leben	Wilhelm Dilthey: Leben Schleiermachers. I. Bd. Berlin 1870. Im Anhang dieses Werkes befinden sich die Jugendschriften Schleiermachers unter dem Titel: Denkmale der inneren Entwicklung Schleiermachers.

III. Sonstige Quellen

Athenäum	Athenäum. Eine Zeitschrift von August Wilhelm Schlegel und Friedrich Schlegel. 3 Bde. Berlin 1798-1800. Bd. 1, Berlin 1798. (Nachdruck München 1924 und Nachdruck Darmstadt 1960 bzw. 1973)
Bibel	Die Bibel in heutigem Deutsch. Die Gute Nachricht des Alten und Neuen Testaments. Deutsche Bibelgesellschaft. Stuttgart 1990.
BÖHME, Schriften	Jacob Böhme: Sämtliche Schriften. Facsimile-Neudruck der Ausgabe von 1730. Hrsg. W. E. Peuckert. Stuttgart 1942 ff. Bd. 4, 1957.
FORBERG, Entwicklung	Friedrich Karl Forberg: Entwicklung des Begriffs der Religion. In: Fichte und Forberg neuer Beitrag zur Geschichte des Atheismus. 1. Heft, Jena 1799, 17-36.
GOETHE, Briefe	Johann Wolfgang von Goethe: Briefe von und an Goethe. Hamburger Ausgabe in 6 Bänden. Hrsg. K. R. Mandelkow, Bodo Morawe. München 1988.
GOETHE, Faust	Johann Wolfgang von Goethe: Gesamtausgabe der Werke und Schriften. 22 Bde. Stuttgart 1949-1969. Nachdruck Essen 1982.
HERBART, Werke	Johann Friedrich Herbart: Sämtliche Werke. Hrsg. K. Kehrbach. Leipzig – Langensalza 1882 ff.
JACOBI, Hauptschriften	Friedrich Heinrich Jacobi: Über die Lehre des Spinoza. Breslau 1785. In: Hauptschriften zum Pantheismusstreit 1916. Hrsg. A. Scholz.
JACOBI, Werke	Friedrich Heinrich Jacobi: Werke. Hrsg. F. Roth und F. Köppen. Bd. 1-6. Leipzig 1812-1825. Reprographischer Neudruck. Darmstadt 1968.
KANT, Schriften	Immanuel Kant: Kants gesammelte Schriften. Hrsg. von der preussischen Akademie der Wissenschaften. Bd. V, Bd. VI, Bd. IX, Bd. XIX, Berlin und Leipzig 1923.
NOVALIS, Werke	Novalis: Sämtliche Werke und Briefe. Hrsg. Kolletat. München o. J.
PLATNER, Aphorismen	Ernst Platner: Philosophische Aphorismen nebst einigen Anleitungen zur philosophischen Geschichte, ganz neue Ausarbeitung. 1. Teil, Leipzig 1793.
PLATON, Werke	Platon: Sämtliche Werke. In der Übersetzung von Friedrich Schleiermacher mit der Stephanus-Numerierung. Hrsg. Ernesto Grassi, unter Mitarbeit von Walter Hess. Hamburg 1991.

SCHELLING, Briefe	Friedrich Wilhelm Schelling: Philosophische Briefe über Dog. und Krit. In: WW. Hrsg. K. F. A. Schelling, 1856-61. Bd. 1.
SCHILLER, Ch. v. (Hrsg. Urlichs)	Charlotte von Schiller und ihre Freunde. Hrsg. Ludwig Urlichs. III. Stuttgart 1865.
SPINOZA, Ethik	Baruch Benedictus de Spinoza: Die Ethik nach geometrischer Methode dargestellt. Revidierte Übertragung von Jakob Stern. Stuttgart 1990.
THÖNES, Anmerkungen	Carl Thönes: Schleiermachers handschriftliche Anmerkungen zum ersten Teil der Glaubenslehre. Berlin 1873.

Sekundärliteratur

AHLERS, Unterscheidung	Botho Ahlers: Die Unterscheidung von Theologie und Religion. Gütersloh 1980.
ARNDT, Gefühl	Andreas Arndt: Gefühl und Reflexion. Schleiermachers Stellung zur Transzendentalphilosophie im Kontext der zeitgenössischen Kritik an Kant und Fichte. In: Transzendentalphilosophie und Spekulation. Der Streit um die Gestalt einer ersten Philosophie, 1799-1807. Hrsg. W. Jaeschke, Bd. 2. Hamburg 1993, 105-126.
ASMUTH, Wissenschaft	Christoph Asmuth: Wissenschaft und Religion. In: Fichte-Studien, Bd. 8, 1995, 1-19.
BADER, Mitteilung	Mitteilung göttlichen Geistes als Aporie der Religionslehre Johann Gottlieb Fichtes. Tübingen 1975.
BARTH, Dogmatik	Karl Barth: Die kirchliche Dogmatik. Bd. 2. Zollikon 1958.
BAUMGARTEN, Gotteslehre I	Sigmund Jacob Baumgarten: Evangelische Gotteslehre, Bd. I. Halle 1759.
BAUMGARTNER, Bestimmung	Hans Michael Baumgartner: Die Bestimmung des Absoluten. Ein Strukturvergleich der Reflexionsformen bei J. G. Fichte und Plotin. In: Zeitschrift für philosophische Forschung 24 (1980), 321-342.
BEISSER, Lehre	Friedrich Beisser: Schleiermachers Lehre von Gott. Dargestellt nach seinen Reden und seiner Glaubenslehre. Göttingen 1970.
BENDER, Theologie	Wilhelm Bender: Schleiermachers Theologie mit ihren philosophischen Grundlagen dargestellt. 1. Teil: Die philosophischen Grundlagen der Theologie Schleiermachers. Nördlingen 1878.

BÖDEKER, Religiosität	Hans Erich Bödeker: Die Religiosität der Gebildeten. In: Religionskritik und Religiosität in der deutschen Aufklärung. Hrsg. K. Gründer, K. H. Rengstorf. Heidelberg 1989, 145-195.
BRANDT, Geist	Wilfried Brandt: Der heilige Geist und die Kirche bei Schleiermacher. SDGSTh 25, Zürich, Stuttgart 1968.
BRUGGER, Summe	Wilhelm Brugger: Summe einer philosophischen Gotteslehre. München 1979.
BRUNNER, Dogmatik I	Emil Brunner: Dogmatik Bd. I: Die christliche Lehre von Gott. Zürich 1953.
BRUNNER, Dogmatik II	Emil Brunner: Dogmatik Bd. II: Die christliche Lehre von Schöpfung und Erlösung. Zürich 1950.
BRUNNER, Mystik	Emil Brunner: Die Mystik und das Wort. Tübingen 1924.
CHRIST, Menschlich	Franz Christ: Menschlich von Gott reden: Das Problem des Anthropomorphismus bei Schleiermacher. Einsiedeln u. a. 1982.
DANZ, Anfang	Christian Danz: Im Anfang war das Wort. Zur Interpretation des Johannesprologs bei Schelling und Fichte. In: Fichte-Studien Bd. 8, 1995, 21-39.
DE PASCALE, Religion	Carla De Pascale: Religion und Politik während des Atheismus-Streites. In: Fichte-Studien Bd. 11, 1997, 179-195.
DILTHEY, Leben	Wilhelm Dilthey: Leben Schleiermachers. Bd. 2: Schleiermachers System als Philosophie und Theologie. Hrsg. M. Redeker, Berlin 1966.
EBELING, Lehre	Gerhard Ebeling: Schleiermachers Lehre von den göttlichen Eigenschaften. In: ZthK 65, 1968, 459-494.
EBELING, Luther	Gerhard Ebeling: Luther und Schleiermacher. In: Schleiermacher-Kongress 1984, Teilbd. 1. Hrsg. K.-V. Selge. Berlin – New York 1985, 21-38.
EBERHARD, Abriss	Johann August Eberhard: Kurzer Abriss der Metaphysik. Halle 1794.
ECKERT, Gott	Michael Eckert: Gott, Glauben und Wissen: Friedrich Schleiermachers philosophische Theologie. Berlin – New York 1987.
ECKERT, Welt	Michael Eckert: Gott, Welt und Mensch in Schleiermachers philosophischer Theologie. In: Schleiermacher-Kongress 1984. Teilbd. 1. Hrsg. K.-V. Selge. Berlin – New York 1985, 281-296.

FERICHS, Theologie	J. Ferichs: Die praktische Theologie nach den Grundsätzen der evangelischen Kirche im Zusammenhange dargestellt. Berlin 1850.
FICHTE, Schriften	Immanuel Hermann Fichte: Vermischte Schriften zur Philosophie, Theologie und Ethink. 1. Bd., Leipzig 1869.
Fichte im Gespräch	J. G. Fichte im Gespräch. Berichte der Zeitgenossen. Hrsg. E. Fuchs in Zusammenarbeit mit K. Lauth und W. Schieche. Bd. 1-6 (7). Stuttgart – Bad Cannstatt 1978-1992.
FISCHER, Gegenwart	Konrad Fischer: Gegenwart Christi und Gottesbewußtsein: Drei Studien zur Theologie Schleiermachers. Berlin – New York 1992.
FLÜCKIGER, Philosophie	Felix Flückiger: Philosophie und Theologie bei Schleiermacher. Zürich 1947.
FRANK, Allgemeine	Manfred Frank: Das Individuelle Allgemeine. Frankfurt a. M. 1977.
FRANK, Hermeneutik	Manfred Frank (Hrsg.): Schleiermacher Hermeneutik und Kritik. Frankfurt a. M. 1977.
FRANK, Problem	Manfred Frank: Das Problem ‚Zeit' in der deutschen Romantik. Zeitbewußtsein und Bewußtsein von Zeitlichkeit in der frühromantischen Philosophie und in Tiecks Dichtung. München 1972.
FRANK, Sagbare	Manfred Frank: Das Sagbare und das Unsagbare. Frankfurt a. M. 1980.
FUCHS, Religionsbegriff	Emil Fuchs: Schleiermachers Religionsbegriff und religiöse Stellung zur Zeit der ersten Auflage der Reden (1799-1806). 1. Teil: Der Religionsbegriff Schleiermachers. Diss. Gießen 1900/1901.
GADAMER, Aktualität	Hans Georg Gadamer: Die Aktualität des Schönen. Stuttgart 1989 (Reclam Universal-Bibl. Nr. 9844).
GADAMER, Replik	Hans Georg Gadamer: Replik. In: Hermeneutik und Ideologiekritik. Frankfurt a. M. 1971, 283-317.
GADAMER, Wahrheit	Hans Georg Gadamer: Wahrheit und Methode. Grundzüge einer philosophischen Hermeneutik. Tübingen 1973/1990.
GIRNDT, SICHT	Helmut Girndt: Die fünffache Sicht der Natur im Denken Fichtes. In: Fichte-Studien, Bd. 1, 1990, 108-120.
GLOY, Selbstbewußtsein	Karen Gloy: Selbstbewußtsein als Prinzip des neuzeitlichen Selbstverständnisses. In: Fichte-Studien, Bd. 1, 1990, 41-72.
GOGARTEN, Fichte	Friedrich Gogarten: Fichte als religiöser Denker. Jena 1914.

HAMMACHER, Briefe	Klaus Hammacher: Jacobis Briefe „an Fichte" 1799. In: Transzendentalphilosophie und Spekulation. Der Streit um die Gestalt einer ersten Philosophie, 1799-1807. Hrsg. W. Jaeschke, Bd. 2, Hamburg 1993, 72-84.
HAMMER, Bedeutung	Anton Hammer: Die erkenntnistheoretische Bedeutung des gefühlsmäßigen Erfassens bei Schleiermacher. Diss. Freiburg i. Br. 1934.
HARTMANN, Philosophie	Nicolai Hartmann: Die Philosophie des deutschen Idealismus. Bd. 1. Berlin – Leipzig 1923.
HAYM, Februar	Rudolf Haym: Zum 12. Februar im Preussischen Jahrbuch Bd. 3, 1859.
HAYM, Schule	Rudolf Haym: Die romantische Schule. 2. Aufl. Berlin 1906.
HEIDEGGER, Sein	Martin Heidegger: Sein und Zeit. Tübingen 1979.
HEIMSOETH, Fichte	Heinz Heimsoeth: Fichte. München 1923. (= Geschichte der Philosophie in Einzeldarstellungen, Abt. VIII. Die Philosophie der neuesten Zeit I, Bd. 29, 37-54)
HENRICH, Einsicht	Dieter Henrich: Fichtes ursprüngliche Einsicht. In: Subjektivität und Metaphysik. Festschrift für W. Cramer. Frankfurt a. M. 1966, 188-232.
HERTEL, Denken	Friedrich Hertel: Das theologische Denken Schleiermachers, untersucht an der 1. Aufl. seiner Reden „Über die Religion" = SDGSTh 18. Zürich – Stuttgart 1965, 67 f.
HESS, Theologie	Hans-Eberhard Hess: Theologie und Religion bei Johann Salomo Semler. Ein Beitrag zur Theologiegeschichte des 18. Jahrhunderts. Diss. Berlin 1974.
HIRSCH, Christentum	Emmanuel Hirsch: Christentum und Geschichte in Fichtes Philosophie. Tübingen 1920.
HIRSCH, Geschichte	Emmanuel Hirsch: Geschichte der neueren evangelischen Theologie im Zusammenhang mit den allgemeinen Bewegungen des europäischen Denkens. Bd. 4. Gütersloh 1960.
HIRSCH, Philosophie	Emmanuel Hirsch: Die idealistische Philosophie und das Christentum. Gütersloh 1926.
HIRSCH, Reich-Gottes-Begriffe	Emmanuel Hirsch: Die Reich-Gottes-Begriffe des neueren europäischen Denkens. Göttingen 1921.
HIRSCH, Religionsphilosophie	Emmanuel Hirsch: Fichtes Religionsphilosophie im Rahmen der philosophischen Gesamtentwicklung Fichtes. Göttingen 1914.
HIRSCH, Verhältnis	Emmanuel Hirsch: Fichtes, Schleiermachers und Hegels Verhältnis zur Reformation. Göttingen 1930.

HUBER, Entwicklung	Eugen Huber: Die Entwicklung des Religionsbegriffs bei Schleiermacher (= Studien zur Geschichte der Theologie und der Kirche VII, 3). Leipzig 1901.
HUSSERL, Erfahrung	Edmund Husserl: Erfahrung und Urteil. Untersuchungen zur Genealogie der Logik. Hrsg. Ludwig Landgrebe. Hamburg 1985.
HUSSERL, Krisis	Edmund Husserl: Die Krisis der europäischen Wissenschaften und die transzendentale Phänomenologie. Hrsg. Elisabeth Ströker. Hamburg 1982.
JANKE, Anschauung	Wolfgang Janke: Intellektuelle Anschauung und Gewissen. In: Fichte-Studien, Bd. 5, 1993, 21-55.
JANKE, Sein	Wolfgang Janke: Sein und Reflexion. Grundlage der kritischen Vernunft. Berlin 1970.
JIMÉNEZ-REDONDO, Phänomen	Manuel Jiménez-Redondo: Phänomen und Metaphysik des Wortes beim späten Fichte. In: Fichte-Studien, Bd. 16, 1999, 351-372.
JÜRGENS, Leben	Sven Jürgens: Leben und Tod in der Philosophie Fichtes. In: Fichte-Studien, Bd. 8, 1995, 99-116.
KABITZ, Kantstudien	Willy Kabitz: Studien zur Entwicklungsgeschichte der Fichteschen Wissenschaftslehre aus der kantischen Philosophie. in: Kantstudien, Bd. IV. Berlin 1902.
KANG, Interpretation	Ton-Ku Kang: Die grammatische und psychologische Interpretation in der Hermeneutik Schleiermachers. Diss. Tübingen 1978.
KIMMERLE, Hermeneutik	Heinz Kimmerle: Die Hermeneutik Schleiermachers im Zusammenhang seines spekulativen Denkens. Diss. Heidelberg 1957.
KUMAMOTO, Begriff	Chukai Kumamoto: Der Begriff Gottes bei Fichte um 1800. In: Fichte-Studien, Bd. 11, 1997, 197-207.
LAIST, Problem	Bruno Laist: Das Problem der Abhängigkeit in Schleiermachers Anthropologie und Bildungslehre. Ratingen 1965.
LAUTH, Fichtes WL	Richard Lauth: Fichtes Wissenschaftslehre – Veränderungen in der Fichte-Rezeption und im Fichte-Bild. In: Transzendentale Entwicklungslinien von Descartes bis zu Marx und Dostojewski. Hamburg 1989, 446-460.
LAUTH, Pflicht	Reinhard Lauth: Elementare Pflicht und höhere Moral. In: Ders.: Vernünftige Durchdringung der Wirklichkeit. Neuried 1994.
LAUTH, Sicht	Reinhard Lauth: Fichtes Sicht der Philosophie Spinozas. In: Transzendentale Entwicklungslinien von Descartes bis zu Marx und Dostojewski. Hamburg 1989, 24 ff.

LEHNERER, Kunsttheorie	Thomas Lehnerer: Die Kunsttheorie Schleiermachers. Stuttgart 1987.
LEMPP, Gotteslehre	Otto Lempp: Schleiermachers Gotteslehre. In: ZThK 1911, 17-60.
LÉON, Fichte	Xavier Léon: Fichte et son temps. 3 Bde. Paris 1922.
LEUZE, Sprache	Reinhard Leuze: Sprache und frommes Selbstbewußtsein. In: Internationaler Schleiermacher-Kongress 1984. Teilbd. 1. Hrsg. K.-V. Selge. Berlin – New York 1985, 917-922.
LIPSIUS, Reden	Richard Adelbert Lipsius: Schleiermachers Reden „Über die Religion". Jahrbücher für protestantische Theologie. I. Jahrgang. Leipzig 1875, 173 f.
LIPSIUS, Zeitschrift	Richard Adelbert Lipsius: Zeitschrift für wissenschaftliche Theologie 1869.
LOOCK, Gefühl	Reinhard Loock: Gefühl und Realität. Fichtes Auseinandersetzung mit Jacobi in der Grundlage der Wissenschaft des Praktischen. in: Fichte-Studien, Bd. 11, 1997, 219-237.
LÜKE, Anfang	Ulrich Lüke: Als Anfang schuf Gott ... – Bio-Theologie: Zeit – Evolution – Homonisation. Paderborn – München u. a. 1997.
MECKENSTOCK, Ethik	Günter Meckenstock: Deterministische Ethik und kritische Theologie. Berlin – New York 1988.
MEDICUS, Fichte	Fritz Medicus: J. G. Fichte. Dreizehn Vorlesungen gehalten an der Universität Halle. Berlin 1905.
MEDICUS, Leben	Fritz Medicus: Fichtes Leben. Leipzig 1914.
METZ, Bestimmung	Wilhelm Metz: Die Bestimmung des Menschen nach Fichtes Wissenschaftslehre 1794-1798 im Ausgang von Kants Vernunftkritik. In: Fichte-Studien, Bd. 16, 1999, 137-150.
MILLER, Übergang	Marlin Eugène Miller: Der Übergang. Schleiermachers Theologie des Reiches Gottes. Diss. Heidelberg 1968, und in: Studien zur evangelischen Ethik. Gütersloh 1970.
NAGASAWA, Ich	Kunihiko Nagasawa: Das Ich im deutschen Idealismus und das Selbst im Zen-Buddhismus: Fichte und Dogen. Freiburg – München 1987.
NEUMARK, Verwendung	Hermann Neumark: Die Verwendung griechischer und jüdischer Motive in den Gedanken Philons über die Stellung Gottes zu seinen Freunden. Diss. Würzburg 1937.
NOACK, Fichte	Ludwig Noack: Johann Gottlieb Fichte nach seinem Leben, Lehren und Wirken. Leipzig 1862.
ODEBRECHT, Gefühl	Rudolf Odebrecht: Das Gefühl des religiösen Bewußtseins. in: Blätter für deutsche Philosophie, Bd. 8, 1934/35, 284-301.

OFFERMANN, Einleitung	Doris Offermann: Schleiermachers Einleitung in die Glaubenslehre. Eine Untersuchung der „Lehnsätze". Berlin 1969.
OTTO, Mystik	Rudolf Otto: West-östliche Mystik. Gotha 1929.
POTEPA, Wissenschaftslehre	Maciej Potepa: Die Wissenschaftslehre. Die Auseinandersetzung Schleiermachers mit Fichte. In: Fichte-Studien, Bd. 12, 1997, 285-294.
PREUL, Reflexion	Rainer Preul: Reflexion und Gefühl. Die Theologie Fichtes in seiner vorkantischen Zeit. Berlin 1969.
QUAPP, Christus	Erwin H. U. Quapp: Christus im Leben Schleiermachers. Vom Herrnhuter zum Spinozisten. Göttingen 1972.
RADRIZZANI, Geschichte	Ives Radrizzani: Zur Geschichte der romantischen Ästhetik: Von Fichtes Transzendentalphilosophie zu Schlegels Transzendentalpoesie. In: Fichte-Studien, Bd. 12, 1997, 181-202.
RENDTORFF, Kirche	Trutz Rendtorff: Kirche und Theologie. Die systematische Funktion des Kirchenbegriffs in der neuen Theologie. Gütersloh 1966.
RICKERT, Atheismusstreit	Heinrich Rickert: Fichtes Atheismusstreit und die Kantische Philosophie. In: Kant-Studien, 4, 1900, 147 f.
RIEGER, Interpretation	Reinhold Rieger: Interpretation und Wissen. Berlin – New York 1988.
RITZEL, Religionsphilosophie	Wolfgang Ritzel: Fichtes Religionsphilosophie. Stuttgart 1956.
ROHS, Gehalt	Peter Rohs: Der materiale Gehalt des Sittengesetzes nach Fichtes Sittenlehre. In: Fichte-Studien, Bd. 3, 1991, 170-183.
ROHS, Zeit	Peter Rohs: Über die Zeit als das Mittelglied zwischen dem Intelligiblen und dem Sinnlichen. In: Fichte-Studien, Bd. 6, 1994, 94-116.
RÖSLER, Bilden	Wilfried Rösler: Bilden und Anerkennen: Studien zur praktischen Philosophie Fichtes, Herbarts und Schleiermachers. Essen 1988.
ROTHERT, Dialektik	Hans Joachim Rothert: Die Dialektik Fr. Schleiermachers. In: ZThK 67, 1970, 183-214.
RYUE, Differenz	Hisang Ryue: Die Differenz zwischen ‚Ich bin' und ‚Ich bin Ich'. In: Fichte-Studien, Bd. 10, 1997, 143-156.
SCHMID, Religion	Dirk Schmid: Religion und Christentum in Fichtes Spätphilosophie 1810/1813. Diss. Berlin – New York 1995.
SCHMIDIG, Intersubjektiv	Dominik Schmidig: Vom Intersubjektiv-Werden Gottes nach J. G. Fichte. In: Fichte-Studien, Bd. 8, 1995, 133-159.

SCHMIDT, Pietismus	Martin Schmidt: Der Pietismus als theologische Erscheinung. Göttingen 1984.
SCHMIDT, Spinoza	Paul Wilhelm Schmidt: Spinoza und Schleiermacher. Berlin 1868.
SCHNACKENBURG, Johannesevangelium III	Rudolf Schnackenburg: Das Johannesevangelium. III. Teil. Kommentar zu Kapitel 13-21. Freiburg i. Br. 1975.
SCHOLZ, Schleiermacher	Heinrich Scholz: Schleiermacher und Goethe. Leipzig 1913.
SCHRADER, Ich	Wolfgang H. Schrader: Empirisches und absolutes Ich. Stuttgart – Bad Cannstatt 1972.
SCHULTZ, Deutung	Werner Schultz: Schleiermachers Deutung der Religionsgeschichte. In: ZThK 56, 1959, 55-82.
SCHULTZ, Grundlagen	Werner Schultz: Die Grundlagen der Hermeneutik Schleiermachers. In: ZThK 50, 1953, 158-184.
SCHULTZ, Schleiermacher	Werner Schultz: Schleiermacher und der Protestantismus. Hamburg 1957.
SCHULTZ, Theorie	Werner Schultz: Schleiermachers Theorie des Gefühls und ihre theologische Bedeutung. In: ZThK 53, 1956, 75-103.
SCHWARZ, Spinozismus	Reinhard Schwarz: Lessings Spinozismus. In: ZThK 65, 1968, 271-290.
SEIFERT, Theologie	Paul Seifert: Die Theologie des jungen Schleiermacher. Gütersloh 1960.
SENFT, Wahrhaftigkeit	Christoph Senft: Wahrhaftigkeit und Wahrheit. Die Theologie des 19. Jahrhunderts zwischen Orthodoxie und Aufklärung (BHTh 22). Tübingen 1956.
SIEMEK, Husserl	Marek J. Siemek: Husserl und das Erbe der Transzendentalphilosophie. In: Fichte-Studien, Bd. 1, 1990, 145-152.
SIEP, Fichtekritik	Ludwig Siep: Hegels Fichtekritik und die Wissenschaftslehre von 1804. München 1970.
SÖHNGEN, Schleiermacher	Gottlieb Söhngen: Fr. Schleiermacher in unserer Zeit. In: Germania 41, 1934.
SÖLLE, Gogarten	Dorothee Sölle: Friedrich Gogarten. In: Tendenzen der Theologie im 20. Jahrhundert. Hrsg. H. J. Schultz. Stuttgart – Olten 1966, 291 f.
SORRENTINO, Glaube	Sergio Sorrentino: Der Glaube als geschichtsbildendes Subjekt und sein transzendentaler Raum in Schleiermachers „Glaubenslehre". In: Schleiermacher-Kongress 1984. Teilbd. 1, Hrsg. K.-V. Selge. Berlin – New York 1985, 333-364.

SPALDING, Lebensbeschreibung	Johann Joachim Spalding: Lebensbeschreibung von ihm selbst aufgesetzt und herausgegeben mit einem Zusatz von G. L. Spalding. Halle 1804.
STALDER, Gottesgedanke	Robert Stalder: Der neue Gottesgedanke Fichtes. In: Theologie und Philosophie. 54. Jahrgang, 1979, 481-541.
STALDER, Grundlinien	Robert Stalder: Grundlinien der Theologie Schleiermachers I. Zur Fundamentaltheologie. Wiesbaden 1969.
SÜSKIND, Einfluß	Heinrich Süskind: Der Einfluß Schellings auf die Entwicklung von Schleiermachers System. Diss. Tübingen 1908.
THIMME, Gottesgedanke	Wilhelm Thimme: Gottesgedanke und schlechthinniges Abhängigkeitsverhältnis in Schleiermachers Glaubenslehre. In: ZThK 35, 1927, 365-375.
TIETJEN, Fichte	Hartmut Tietjen: Fichte und Husserl. Letztbegründung, Subjektivität und praktische Vernunft im transzendentalen Idealismus. Frankfurt a. M. 1980.
TIMM, Gott	Hermann Timm: Gott und die Freiheit. Studien zur Religion. 1. Die Spinozarenaissance. Frankfurt 1974.
TIMM, Revolution	Hermann Timm: Die heilige Revolution: Das religiöse Totalitätsprinzip der Frühromantik: Schleiermacher, Novalis, Friedrich Schlegel. Frankfurt a. M. 1978.
TRAUB, Ich	Hartmut Traub: Transzendentales Ich und absolutes Sein. In: Fichte-Studien, Bd. 16, 1999, 30-56.
TRAUB, Populärphilosophie	Hartmut Traub: J. G. Fichtes Populärphilosophie 1804-1806. Stuttgart – Bad Cannstatt 1992.
TRAUB, Vollendung	Hartmut Traub: Vollendung der Lebensform. Fichtes Lehre vom seligen Leben als Theorie der Weltanschauung und des Lebensgefühls. In: Fichte-Studien, Bd. 8, 1995, 161-191.
TRILLHAAS, Mittelpunkt	Wolfgang Trillhaas: Der Mittelpunkt der Glaubenslehre Schleiermachers. In: NZSTh 1968, 289-309.
TROWITZSCH, Zeit	Michael Trowitzsch: Zeit zur Ewigkeit. Beiträge zum Zeitverständnis in der „Glaubenslehre" Schleiermachers. München 1976.
VILLACANAS, Fichte	José L. Villacañas: Gibt es bei Fichte eine transzendentale Anthropologie? In: Fichte-Studien, Bd. 16, 1999, 373-390.
WAGNER, Dialektik	Falk Wagner: Schleiermachers Dialektik. Eine kritische Interpretation. Gütersloh 1974.
WAGNER, Gedanke	Falk Wagner: Der Gedanke der Persönlichkeit Gottes bei Fichte und Hegel. Gütersloh 1971.

WAGNER, Theologie	Falk Wagner: Theologie im Banne des religiös-frommen Bewußtseins. In: Internationaler Schleiermacher-Kongreß 1984, Teilbd. 1. Hrsg. K.-V. Selge. Berlin – New York 1985, 923-944.
WEIHSCHEDEL, Fichte	Wilhelm Weihschedel: Der frühe Fichte. Stuttgart – Bad Cannstatt 1973.
WEIHSCHEDEL, Gott	Wilhelm Weihschedel: Der Gott der Philosophen. Grundlegung einer philosophischen Theologie im Zeitalter des Nihilismus. Bd. 1. Darmstadt 1971.
WEISSMAHR, Gotteslehre	Béla Weissmahr: Philosophische Gotteslehre. Stuttgart 1983.
WIENEKE, Gottesbegriff	Gottlieb Wieneke: Schleiermachers Gottesbegriff verglichen mit demjenigen J. G. Fichtes. Diss. Greifswald 1914.
WINDELBAND, Geschichte	Wilhelm Windelband: Die Geschichte der neueren Philosophie. Von Kant bis Hegel und Herbart. Bd. 2. Leipzig 1922.
WINTSCH, Religiosität	Hans Ulrich Wintsch: Religiosität und Bildung. Der anthropologische und bildungsphilosophische Ansatz in Schleiermachers Reden über die Religion. Diss. Zürich 1967.
WUNDT, Fichte	Max Wundt: Fichte als Platoniker. In: Fichte-Forschungen, Stuttgart 1929, 356 f.
WUNDT, Geist	Max Wundt: Über den Geist der Darstellungen der Wissenschaftslehre. In: Fichte-Forschungen, Stuttgart 1929, 166 f.
ZELLER, Geschichte	Eduard Zeller: Geschichte der neueren deutschen Philosophie. 1873.
ZUMPE, Gottesanschauung	Günther Zumpe: Die Gottesanschauung Schleiermachers und die Pantheismusfrage. Diss. Berlin 1962.

Wissenschaftliche Paperbacks
Philosophie

Hans-Georg Gadamer
Die Lektion des Jahrhunderts
Ein Interview von Riccardo Dottori. Redaktion: Silke Günnewig
Riccardo Dottori, Professor an der Universität Rom, Schüler von Prof. Gadamer und Übersetzer seiner Schriften ins Italienische, bespricht mit ihm die wichtigsten Themen seiner hermeneutischen Philosophie (Metaphysik, Rhetorik, Ethik, Politik); seine Begegnung und Beziehung zu den wichtigsten Philosophen des XX. Jahrhunderts (u. a. Heidegger, Jaspers, die Marburger und die Frankfurter Schule); seine Erinnerungen und Erfahrungen in der Geschichte Deutschlands (Erster und Zweiter Welt-Krieg, National-Sozialismus, Real-Sozialismus der DDR), wie auch Fragen der gegenwärtigen Gesellschaft (einschließlich seiner Erfahrungen in Amerika) und Erwartungen für die nächste Zukunft der Menschheit.
Inhalt:
Phronesis: Eine Philosophie der Endlichkeit – Ethik oder Metaphysik? – Utilitarismus, Pragmatismus, Pluralismus (Calogero, Rorty, Popper) – Ethik und Rhetorik (Vico, Nietzsche, Derrida) – Metaphysik und Transzendenz – Ethik und Politik (Habermas) – Tradition und Emanzipation – Die Philosophie inmitten des Sturmes – Über Heidegger und Jaspers – Der letzte Gott
Bd. 2, Herbst 2001, 160 S., 29,80 DM, br.,
ISBN 3-8258-5049-8

Münsteraner Philosophische Schriften
herausgegeben von Prof. Dr. Kurt Bayertz,
Prof. Dr. Ludwig Siep, Prof. Dr. Thomas Leinkauf,
Dr. Michael Quante und Dr. Marcus Willaschek
(Philosophisches Seminar, Westfälische
Wilhelms-Universität Münster)

Marcus Willaschek (Hrsg.)
Feld – Zeit – Kritik
Die feldtheoretische Transzendentalphilosophie von Peter Rohs in der Diskussion
Wie paßt der menschliche Geist in eine physische Welt? Diese Grundfrage der Philosophie steht im Mittelpunkt des Buches *Feld-Zeit-Ich* (1996), mit dem Peter Rohs den Entwurf einer "feldtheoretischen Transzendentalphilosophie" vorgelegt hat. Rohs betrachtet die Zeit als ontologisches Bindeglied zwischen Subjekt und Welt. Auf diese Weise gelingt es ihm, eine Vielzahl von Phänomenen (vom Selbstbewußtsein über sprachliche Kommunikation bis zur lebendigen Natur) in einem einheitlichen philosophischen Ansatz zu erklären. Der vorliegende Band enthält vierzehn Beiträge, die sich kritisch und zugleich konstruktiv mit der feldtheoretischen Transzendentalphilosophie auseinandersetzen (von M. Esfeld, V. Gerhardt, B. Gesang, H. Hoppe, Chr. Jäger, W. Kuhlmann, G. Meggle, S. Mischer, G. Mohr, M. Quante, B. Recki, A. Rosas, L. Siep und Chr. Suhm). Rohs erläutert, verteidigt und ergänzt seine Position in ausführlichen Erwiderungen.
Bd. 1, 1997, 280 S., 44,80 DM, br., ISBN 3-8258-2963-4

János F. Böröcz
Resignation oder Revolution
Ein Vergleich der Ethik bei Arthur Schopenhauer und Ludwig A. Feuerbach
Das ideengeschichtlich markante Verhältnis zwischen Feuerbachs optimistischer Ethik und der pessimistischen bei Schopenhauer hat bislang wenig Aufmerksamkeit erfahren. Chronologisch angelegt, erhellt die vorliegende Studie im Detail die Unterschiede zwischen den beiden Konzepten sowie ihre – meist unabhängigen – Gemeinsamkeiten. Beide Ethiken werden zudem kritisch betrachtet: Keine entspricht insgesamt ihren Voraussetzungen, und jede ist auf ihre Weise gefährlich. Dessenungeachtet legt mancher einzelne Schopenhauersche und vor allem Feuerbachsche Ansatz wichtige Bedingungen einer humanen Gesellschaft dar.
Bd. 2, 1998, 304 S., 69,80 DM, br., ISBN 3-8258-3518-9

Jörg Thomas Peters
Der Arbeitsbegriff bei John Locke
Im Anhang: Lockes Plan zur Bekämpfung der Arbeitslosigkeit von 1697
Lockes Pädagogik ist weder eine auf Tugend zielende, wie in der Antike, noch eine gottesfürchtige, wie im Mittelalter, sondern eine konkret auf das Leben gerichtete, praktisch-nützliche, an den Interessen der Wirtschaft orientierte Erziehungslehre. Arbeit ist für Locke kein pädagogischer oder bildungstheoretischer Begriff wie später etwa für Hegel oder Marx, sondern für ihn erfolgt Erziehung, damit der Mensch in das ökonomische System paßt bzw. eingepaßt werden kann. Um diese These zu verifizieren, wird im ersten Teil der Arbeit untersucht, worauf die Lockesche Arbeits- und Eigentumstheorie basiert. Dabei stellt sich heraus, daß Locke die Ökonomiekonzeption des Aristoteles, die von Cicero vertretene *oikeiosis*-Lehre, Teile der *dominium*-Theorie von Grotius und Pufendorf und wesentliche die Arbeit betreffende Ausführungen von Hobbes zustimmend in seine Arbeits- und Eigentumstheorie einbezieht, während man dies von der absolutistischen Staatstheorie Sir Robert Filmers nicht be-

LIT Verlag Münster – Hamburg – London
Bestellungen über:
Grevener Str. 179 48159 Münster
Tel.: 0251 – 23 50 91 – Fax: 0251 – 23 19 72
e-Mail: lit@lit-verlag.de – http://www.lit-verlag.de
Preise: unv. PE

haupten kann. Dennoch hatte Filmers Lehre Auswirkungen auf Locke. Es ist Filmers Verdienst, nachgewiesen zu haben, daß das Privateigentum nicht qua Vertrag aus einer "ursprünglichen Gütergemeinschaft" hervorgeht, so daß Locke bei der Formulierung seiner Arbeits- und Eigentumstheorie nicht mehr auf die Okkupations- und Vertragslehre von modernen Naturrechtslehrern wie z.B. Grotius oder Pufendorf zurückgreifen konnte und gezwungen war, eine neue Begründung (Arbeitstheorie) für das Recht auf Privateigentum zu finden.
Im ersten Teil des zweiten Kapitels wird anhand des "Second Treatise" der *Two Treatises of Government* dargestellt, daß Lockes Arbeitslehre primär ökonomisch ausgerichtet ist, während im zweiten Teilkapitel anhand von *Some Thoughts Concerning Education* und des *Report of the Board of Trade to the Lord Justices in the Year 1967, Respecting the Relief and the Employment of the Poor, Drawn up in the Year 1967* der Nachweis erbracht wird, daß der Arbeitsbegriff durch Locke auch in der Pädagogik nicht nur einen großen Stellenwert erhalten hat, sondern daß der englische Philosoph – nach heutigen Kriterien – schon sehr modern gedacht hat, da seine Pädagogik eine Erziehung zur Arbeit vorsieht, die dem Primat der Ökonomie unterworfen ist. Im Anhang schließlich ist der *Report* mit sämtlichen Anmerkungen abgedruckt.
Bd. 3, 1997, 360 S., 59,80 DM, br., ISBN 3-8258-3268-6

Peter Rohs
Abhandlungen zur Feldtheoretischen Transzendentalphilosophie
In der feldtheoretischen Transzendentalphilosophie soll eine feldtheoretische Deutung der Natur verbunden werden mit einer transzendentalphilosophischen Theorie von Subjektivität. Als Klammer, die beides zu verbinden erlaubt, soll die Zeit erwiesen werden. Der vorliegende Band enthält zehn schon veröffentlichte und vier noch unveröffentlichte Abhandlungen zu verschiedenen Aspekten dieses Projektes, beginnend bei der ihm zugrundeliegenden Konzeption von Philosophie und schließend mit Überlegungen zu einer theologischen Rechtfertigung von Freiheit.
Bd. 4, 1998, 244 S., 49,80 DM, br., ISBN 3-8258-3455-7

Thomas Leinkauf
Schelling als Interpret der philosophischen Tradition
Zur Rezeption und Transformation von Platon, Plotin, Aristoteles und Kant
Schellings Philosophie hat in den letzten Jahren eine deutlich gesteigerte Wertschätzung erfahren. Die in diesem Band versammelten Studien versuchen, vor dem Hintergrund einer intensiven Analyse von Schellings interpretierendem und aneignendem Umgang mit der philosophischen Tradition, eine sich in der Spannung von Sein und Subjekt-Sein, Notwendigkeit und Freiheit, Verhängnis und Resignation immer stärker als Signatur seiner mittleren und vor allem späteren Philosophie artikuliert. Hierbei wird besonderes Augenmerk auf zwei späte "Entdeckungen" Schellings gelegt: die des "Sophistes" Platons, die eine nicht zentrale Bedeutung für seine Vorstellung von Dialektik gewinnt, und die vor allem der Philosophie des Aristoteles: letztere begreift Schelling als verbindliches Muster einer 'reinrationalen' Theorieleistung, und entwickelt an und mit ihr, sie durch Implementierung vor allem einer Theorie des Willens idealistisch transformierend, seine "negative" Philosophie.
Bd. 5, 1998, 216 S., 58,80 DM, br., ISBN 3-8258-3598-7

Reinhard Kottmann
Leiblichkeit und Wille in Fichtes "Wissenschaftslehre nova methodo"
Die Leiblichkeit des Menschen ist nicht nur ein Thema der Philosophie des 20. Jahrhunderts. Auch für Johann Gottlieb Fichte (1762–1814) ist der Leib als ein Gegenstand der philosophischen Betrachtung von Bedeutung. Die vorliegende Studie weist nach, daß Fichte in seiner "Wissenschaftslehre nova methodo" eine Theorie der Leiblichkeit des Menschen auf der Basis eines handlungs- bzw. willenstheoretisch begründeten transzendentalphilosophischen Idealismus systematisch entwickelt und durchführt. Nicht zuletzt geht es aber auch darum, die Argumentionsstruktur zentraler Paragraphen dieser Fassung der Wissenschaftslehre, die nur in zwei Vorlesungsnachschriften überliefert ist, sichtbar werden zu lassen und sie auf diese Weise lesbar zu machen.
Bd. 6, 1998, 200 S., 49,80 DM, br., ISBN 3-8258-3645-2

Yang-Hyun Kim
Kantischer Anthropozentrismus und ökologische Ethik
In bezug auf die ökologisch-ethische Diskussion der Gegenwart stellt Kim die Problematik des Anthropozentrismus in den Mittelpunkt seiner Arbeit. Ausgangspunkt seiner Überlegungen ist die Beobachtung, daß der Begriff des Anthropozentrismus auf sehr unterschiedliche, vielfach widersprüchliche Weise verwendet wird; die Folge sind Mißverständnisse und theoretische Scheingefechte. Die Aufklärung dieser Mißverständnisse durch eine sowohl philosophiegeschichtliche als auch systematische Analyse des Anthropozentrismus-Begriffs ist eines der zentralen Anliegen der Untersuchung.
In ausführlicher Auseinandersetzung mit dem Anthropozentrismusproblem in der Philosophie

LIT Verlag Münster – Hamburg – London
Bestellungen über:
Grevener Str. 179 48159 Münster
Tel.: 0251 – 23 50 91 – Fax: 0251 – 23 19 72
e-Mail: lit@lit-verlag.de – http://www.lit-verlag.de
Preise: unv. PE

Immanuel Kants vertritt Kim die Ansicht, daß der Kantische Anthropozentrismus einen systematischen und wichtigen Ansatzpunkt für die Fundierung einer ökologischen Ethik liefern kann. Mit seiner These, daß sich der Kantische Anthropozentrismus auf die Sonderstellung des Menschen als Subjekt der Moralität bezieht, und daß der ethische Anthropozentrismus Kants nichtmenschliche Naturgegenstände keineswegs aus der Sphäre möglicher Objekte der Moral ausschließt, eröffnet Kim neue Perspektiven für eine anthropozentrisch-ökologische Ehtik.
Umschlagsbild: Leonardo da Vinci, Proportions of the Human Figure
Bd. 7, 1998, 224 S., 59,80 DM, gb., ISBN 3-8258-3662-2

Michael Quante; Erzsébet Rózsa (Hrsg.)
Vermittlung und Versöhnung
Die Aktualität von Hegels Denken für ein zusammenwachsendes Europa. Mit einem Geleitwort von Hans Lenk (Präsident der Deutsch-Ungarischen Gesellschaft für Philosophie)
Hegels Philosophie gehört zum zentralen Bestand der Europäischen Philosophie und kann als deren Kulminationspunkt begriffen werden. Er selbst hat dabei den Europäischen Geist charakterisiert als eine Kulturform, die am Prinzip der Versöhnung ausgerichtet ist. Mit den Beiträgen von ungarischen und deutschen Philosophen soll zum einen in die zentralen Aspekte der Hegelschen Philosophie eingeführt werden. Und zum anderen soll gezeigt werden, daß diese Philosophie ein bedeutendes Potential enthält, welches für den kulturellen Integrationsprozeß im sich einigenden Europa eine entscheidende Vermittlungsfunktion übernehmen kann.
Bd. 8, Herbst 2001, 296 S., 59,80 DM, br., ISBN 3-8258 4530 3

Marcus Birke
Wenn nicht im Kopf, wo dann?
Der Externalismus als Problem in der Philosophie des Geistes
Bd. 9, Herbst 2001, 240 S., 49,80 DM, br., ISBN 3-8258-4893-0

Münsteraner Vorlesungen zur Philosophie

herausgegeben von Prof. Dr. Kurt Bayertz, Prof. Dr. Ludwig Siep, Prof. Dr. Thomas Leinkauf, Dr. Michael Quante und Dr. Marcus Willaschek (Philosophisches Seminar, Westfälische Wilhelms-Universität Münster)

Marcus Willaschek (Hrsg.)
Ernst Tugendhat: Moralbegründung und Gerechtigkeit
Vortrag und Kolloquium in Münster 1997
Dieser Sammelband ist das Ergebnis einer zweitägigen Veranstaltung, die im April 1997 mit Ernst Tugendhat am Philosophischen Seminar der Westfälischen Wilhelms-Universität in Münster stattgefunden hat. Grundlage des anvisierten Diskurses zwischen Lehrenden und Studierenden war ein Vortrag sowie diverse Texte Tugendhats, in welchen sein Moralbegriff, seine Konzeption der Begründung einer moralischen Praxis und seine These, daß die Struktur einer solchen Moralbegründung einen egalitären Gerechtigkeitsbegriff impliziere, im Mittelpunkt standen. Der Durchdringung und Problematisierung des dargelegten moralphilosophischen Konzeptes dienten thematisch zugespitzte Kurzvorträge aller Teilnehmergruppen, welche Anlaß zu einem intensiven und vertiefenden Dialog im Plenum gaben. Die geringfügig überarbeiteten Einzelbeiträge sind so das Resultat einer engen und engagierten Kooperation von Gastredner, Dozenten wie Studenten.
Bd. 1, 1998, 112 S., 19,80 DM, br., ISBN 3-8258-3496-4

Matthias Paul (Hrsg.)
Nancy Cartwright: Laws, Capacities and Science
Vortrag und Kolloquium in Münster 1998
Nancy Cartwright has been a dominant figure in the philosophy of science for more than twenty years. In the early eighties she wrote her influential book "How the Laws of Physics Lie" which was generally perceived to be a challenge to a realistic conception of scientific theories. Over the last decade her focus has shifted to issues concerning what she calls "fundamentalism". This is the position that laws of nature are basic and that other things come from them. Cartwright rejects this story and replaces it by the view that capacities are basic and that laws obtain "on account of the repeated Operation of a system of components with stable capacities in particularly fortunate circumstances". This book focuses mainly on Cartwright's recent work on laws and capacities. It is the outcome of the second series of the Münster lectures in

L<small>IT</small> Verlag Münster – Hamburg – London
Bestellungen über:
Grevener Str. 179 48159 Münster
Tel.: 0251 – 23 50 91 – Fax: 0251 – 23 19 72
e-Mail: lit@lit-verlag.de – http://www.lit-verlag.de
Preise: unv. PE

philosophy which took place during 5–6 May, 1998. This volume comprises a revised version of Cartwright's evening talk, 12 colloquium papers which Cartwright considered to be "extremely thought provoking", followed by replies Cartwright makes to each of them.
Bd. 2, 1999, 128 S., 24,80 DM, br., ISBN 3-8258-3842-0

Marcus Willaschek (ed.)
John McDowell: Reason and Nature
Lecture and Colloquium in Münster 1999
John McDowell is one of the most influential philosophers writing today. His work, ranging from interpretations of Plato and Aristotle to Davidsonian semantics, from ethics to epistemology and the philosophy of mind, has set the agenda for many recent philosophical debates.
This volume contains the proceedings of the third *Münsteraner Vorlesungen zur Philosophie* which McDowell delivered in 1999: A lecture, entitled "Experiencing the World", introduces into the set of ideas McDowell developed in his groundbreaking book *Mind and World*. The lecture is followed by ten brief essays, both interpretative and critical, in which students and faculty from the Department of Philosophy at the University of Münster discuss various aspects of McDowell's philosophy. The volume ends with responses by John McDowell.
Bd. 3, 2000, 128 S., 24,80 DM, pb., ISBN 3-8258-4414-5

Angela Kallhof (Hg./Ed.)
Martha C. Nußbaum: Ethics and Political Philosophy
Lecture and Colloquium in Münster 2000
Bd. 4, Herbst 2001, ca. 112 S., ca. 24,80 DM, pb., ISBN 3-8258-4881-7

Dokumentationen der Josef Pieper Stiftung

Hermann Fechtrup; Friedbert Schulze; Thomas Sternberg (Hrsg.)
Aufklärung durch Tradition
Symposion der Josef Pieper Stiftung zum 90. Geburtstag von Josef Pieper, Mai 1994 in Münster
Wenn angesehene Wissenschaftler aus verschiedenen Fakultäten – Philosophie, Theologie, Rechts- und Gesellschaftswissenschaften – auf einem Symposion zu Ehren des Philosophen Josef Pieper im traditionsreichen Rathaus der Stadt Münster zusammenkommen, werden sie kaum in Gefahr sein, sich um Sokrates statt um die Wahrheit zu kümmern. Durch kompetente Darstellungen der europäischen und christlichen Traditionen entwickeln sie Einsichten und Hypothesen über aktuelle Themen wie Muße und Freizeit, das Heilige, Menschenwürde, Glück, das Sittengesetz und staatliches Recht, Christentum und neuzeitliches Denken sowie, in einem Vortrag des neunzigjährigen Jubilars selbst, über Platons Konzeption der "gottgeschickten Entrückung". Vertreter von Kirche, Staat, Stadt und Universität steuern außerdem aufschlußreiche und ansprechende Würdigungen des Werkes Josef Piepers bei.
Bd. 1, 1995, 176 S., 29,80 DM, br., ISBN 3-8258-2370-9

Hermann Fechtrup; Friedbert Schulze; Thomas Sternberg (Hrsg.)
Sprache und Philosophie
Forum am 28. April 1995. Mit Beiträgen von Odo Marquard, Berthold Wald, Manfred Meiner, Josef Pieper
Philosophisches Denken vollzieht sich in Begriffen und Werten, ist mit der Sprache eng verbunden. Indem er diesem Denken konkrete Gestalt gibt, er sich im Text mitteilt, ist der Philosoph Schriftsteller. Josef Pieper hat in seiner Philosophie die Herausforderung eines verständlichen und klaren Ausdrucks angenommen und umgesetzt. In einem Forum im April 1995 wurde als erster der 8 Bände angelegten Gesamtausgabe der Werke Piepers der Band mit den "Schriften zum Philosophiebegriff" vorgestellt.
Odo Marquard reflektierte die schriftstellerische Verantwortung des Philosophen: Josef Pieper selbst legte Überlegungen über Grund und Quelle des gesprochenen Wortes aus der Tradition vor. Dessen Philosophie umriß der Herausgeber der Werkausgabe. Der Verleger steuerte Aspekte über die besondere Aufgabe, philosophische Texte herauszugeben, bei. Den Band beschließt eine Abhandlung über den Philosophierenden und die Sprache.
Bd. 2, 1996, 88 S., 19,80 DM, br., ISBN 3-8258-2611-2

Hermann Fechtrup; Friedbert Schulze; Thomas Sternberg (Hrsg.)
Nachdenken über Tugenden
Mit Beiträgen von Hanna-Renate Laurien, Josef Pieper und Berthold Wald
Auf der Suche nach gemeinsamen Orientierungen und Werten in einer auseinanderstrebenden Gesellschaft scheint die Lehre von Grundhaltungen des Handelns, wie sie die europäische Philosophie im System der Tugenden ausgebildet hat, von neuer Aktualität zu sein. Die Bücher zu den Grundtugenden Klugheit, Gerechtigkeit, Tapferkeit, Maß und zu Glaube, Hoffnung und Liebe haben den nunmehr 92jährigen Philosophen Josef Pieper aus Münster besonders populär gemacht und gehören zu seinen erfolgreichsten und am häufigsten übersetzten Schriften.

LIT Verlag Münster – Hamburg – London
Bestellungen über:
Grevener Str. 179 48159 Münster
Tel.: 0251 – 23 50 91 – Fax: 0251 – 23 19 72
e-Mail: lit@lit-verlag.de – http://www.lit-verlag.de
Preise: unv. PE

Die Aktualität der Tugendlehre wird in diesem Buch, das eine Tagung zur Vorstellung der Schriften in der neuen Werkausgabe dokumentiert, auf zweifache Weise beleuchtet: Hanna-Renate Laurien zeigt sie als Grundlage für Gesellschaft und Politik; Berthold Wald stellt sie in den Kontext der aktuellen philosophischen Ethik. Josef Pieper selbst spricht über die überraschende Entstehungsgeschichte seiner sieben Tugendschriften. Der Band wird beschlossen durch den Wiederabdruck eines Textes von Josef Pieper.
Bd. 3, 1997, 80 S., 19,80 DM, br., ISBN 3-8258-2948-0

Hermann Fechtrup; Friedbert Schulze; Thomas Sternberg (Hrsg.)
Die Wahrheit und das Gute
Zwei Tagungen der Josef-Pieper-Stiftung. Mit Beiträgen von Josef Pieper, Franz-Xaver Kaufmann, Jörg Splett, Klaus Müller u. a. Philosophen und Sozialwissenschaftler befassen sich in jüngster Zeit mit dem Verhältnis zwischen Gesellschaft und Individuum. In der Bezogenheit des Denkens Josef Piepers auf das zur Verantwortung gerufene Individuum findet Franz-Xaver Kaufmann Anregungen für die Soziologie. Jörg Splett wertet die Lehre Piepers über die klassischen Tugenden zusammenfassend aus. Piepers Stellungnahmen zur Verbindlichkeit der Tradition konfrontiert Klaus Müller mit heutiger Fundamentaltheologie, um die Fragestellung zu vertiefen.
Bd. 4, 1999, 112 S., 29,80 DM, br., ISBN 3-8258-3830-7

Hermann Fechtrup; Friedbert Schulze; Thomas Sternberg (Hrsg.)
Zwischen Anfang und Ende
Nachdenken über Zeit, Hoffnung und Geschichte. Ein Symposium (Münster, Mai 1999) mit Beiträgen von J. T. Fraser, H. Lübbe, H. Maier, J. B. Metz, G. L. Müller, R. Saage
Zwischen Anfang und Ende: unter diesem Titel veranstaltete die JOSEF PIEPER STIFTUNG im Mai 1999 im traditionsreichen Rathaus der Stadt Münster ein dreitägiges Symposium, das wenige Monate vor der Jahrhundertwende zum Nachdenken über Fragen der Zeit, der Hoffnung und der Geschichte anregen wollte. Diese Schrift dokumentiert die Ansprachen und Referate.
Namhafte Philosophen und Theologen stellten Fragen der Zeit in einen großen geistesgeschichtlichen Zusammenhang, blickten zurück auf Epochen der abendländischen Geschichte und Heilsgeschichte, reflektierten die Gegenwart mit ihren veränderten Zeiterfahrungen und gaben, nach dem "Ziel der Zeit im Umbruch der Weltbilder" (Johann-Baptist Metz) fragend, Antworten aus der christlichen Botschaft.
Wie mit den vorhergehenden Bänden dieser Schriftenreihe erinnert die Stiftung auch mit diesem Band 5 an den münsterischen Philosophen Josef Pieper, den Namensträger der Stiftung, der die im Symposion erörterten Fragen zeitlebens bedacht und in seinen Schriften behandelt hat.
Bd. 5, 2000, 152 S., 34,80 DM, br., ISBN 3-8258-4338-6

Schriftenreihe der Josef Pieper Stiftung

Guido Rodheudt
Die Anwesenheit des Verborgenen
Zugänge zur Philosophie Josef Piepers
Den Unsicherheiten gegenwärtiger Sinnsuche setzt Josef Pieper die Philosophie als liebende Suche nach Weisheit entgegen. Sie führt zur Begegnung mit der Wahrheit des Seienden. Vollkommene menschliche Seinsteilhabe geschieht jedoch nicht in den Anstrengungen des Denkens, sondern in der unalltäglich-feiernden Verehrung des Wahren, Schönen und Guten. Die innere Bezogenheit von Denken und Sein vollendet sich in der kultischen Begegnung mit Gott. Dort begegnet der Mensch dem verborgenen Sinngrund der Welt. Allein in dessen Anwesenheit ist das Leben sinnvoll. In ihrem Staunen über die unauslotbare Fülle des Wirklichen und in ihrem Respekt vor der Realität des Verehrungswürdigen besitzt die Philosophie Josef Piepers höchste – wenn auch unzeitgemäße – Akutalität.
Bd. 1, 1997, 216 S., 39,80 DM, br., ISBN 3-8258-3486-7

Josef Schmidt; Martin Splett; Thomas Splett; Peter-Otto Ullrich (Hrsg.)
Mitdenken über Gott und den Menschen
Dialogische Festschrift zum 65. Geburtstag von Jörg Splett
Bd. 2, Herbst 2001, 256 S., 49,80 DM, br., ISBN 3-8258-4947-3

Ralph McInerny
Vernunftgemäßes Leben
Die Moralphilosophie des Thomas von Aquin
Erstmalig vor fünfzehn Jahren erschienen, ist Vernunftgemäßes Leben (Eng.: Ethica Thomistica) weithin anerkannt als eine der vortrefflichsten Einführungen in die Moralphilosophie des hl. Thomas von Aquin. In dieser überarbeiteten Neuausgabe befaßt sich Ralph McInerny erneut mit den Grundwahrheiten von Thomas' Lehren und bietet einen kurzen, verständlichen, humorvollen sowie überzeugenden Abriß ihrer Grundlagen.
Bd. 3, 2000, 152 S., 29,80 DM, br., ISBN 3-8258-4973-2

LIT Verlag Münster – Hamburg – London
Bestellungen über:
Grevener Str. 179 48159 Münster
Tel.: 0251 – 23 50 91 – Fax: 0251 – 23 19 72
e-Mail: lit@lit-verlag.de – http://www.lit-verlag.de
Preise: unv. PE

Ethik und Wirtschaft im Dialog

herausgegeben von Thomas Bausch (Berlin), Dietrich Böhler (Berlin), Horst Gronke (Berlin), Hans H. Hinterhuber (Innsbruck), Wolfgang Kuhlmann (Aachen), Manfred Nitsch (Berlin), Thomas Rusche (Hannover) und Michael Stitzel (Berlin)

Thomas Rusche
Philosophische versus ökonomische Imperative einer Unternehmensethik
Für einen fruchtbaren Dialog von Wirtschaft und Ethik ist eine kenntnisreiche Darstellung der philosophischen und ökonomischen Imperative des wirtschaftlichen Handelns von grundlegender Bedeutung. Thomas Rusche skizziert die Paradigmen der operativen, strategischen und normativen Managementebene und rekonstruiert die philosophiegeschichtlichen Beiträge zur Reflexion der Ökonomie. Seinem Entwurf einer kommunikativen Unternehmensethik liegt die zweistufige Architektonik der Transzendentalpragmatik zugrunde.
Bd. 2, 3. Aufl. 1999, 120 S., 29,80 DM, br., ISBN 3-89473-371-3

Thomas Bausch; Dietrich Böhler; Horst Gronke; Thomas Rusche; Michael Stitzel; Micha H. Werner (Hrsg.)
Zukunftsverantwortung in der Marktwirtschaft
Redaktion: Micha H. Werner
In diesem Buch der *Zukunftsverantwortung in der Marktwirtschaft* setzen sich Autoren aus unterschiedlichen Wissenschaftsbereichen und persönlichen Erfahrungszusammenhängen mit Fragen auseinander, deren Relevanz unbestritten ist, auf die zufriedenstellende Antworten bislang allerdings nur ansatzweise erkennbar sind. Wie ist die ethische Situation der Menschheit in der hochtechnologisch bedingten, markt- und geldwirtschaftlich globalisierten Gefahrenzivilisation beschaffen? Werden die nachkommenden Generationen den vielfältig verwobenen Natur-, Kultur- und Technikzusammenhang *Welt* noch lebenswert vorfinden? Erstmals in der Geschichte hat es die Menschheit in den Händen, ob künftige Generationen noch leben können und kollektiv moralfähig sind, also Verantwortung für die Nachkommen wahrnehmen können.
Der Titel *Zukunftsverantwortung in der Marktwirtschaft* zeigt an, daß es nicht um eine totale Neukonzeption des Gesellschaftssystems in Richtung einer unbestimmten Utopie geht, sondern um die Gestaltung realer, dezentral marktwirtschaftlicher Handlungsbedingungen. Der Grundkonsens aller Autoren besteht in dem moralischen Impetus, Jetzt-Interesse und Zukunftsverantwortung, Effizienz und soziale Gerechtigkeit miteinander zu harmonisieren Dieses Buch benennt Kontroversen und trägt sie aus. Es ist keine Lektüre für Schwärmer, sondern für Realisten und alle, die für realistisches Engagement offen sind.
Entstanden ist der Band im Rahmen des Hans Jonas-Zentrums an der Freien Universität Berlin und seines Freundeskreises e. V., vor allem in der Forschungsgruppe *EWD – Ethik und Wirtschaft im Dialog*, die sich bemüht, Brücken zu schlagen zwischen ethischen Postulaten und ökonomischer Realität. Unter den wissenschaftlich bzw. politisch prominenten Autoren finden sich neben Hans Jonas und Johannes Rau Namen wie Wilfried Erbguth, Reinhard Loske, Gerhard Schröder, Peter Ulrich.
Bd. 3, 2000, 536 S., 69,80 DM, br., ISBN 3-89473-679-8

Jean-Paul Harpes; Wolfgang Kuhlmann (Hrsg.)
Zur Relevanz der Diskursethik
Anwendungsprobleme der Diskursethik in Wirtschaft und Politik. Dokumentation des Kolloquiums in Luxemburg (10. – 12. Dez. 1993)
Die in diesem Band versammelten Abhandlungen gehen zurück auf eine Konferenz, zu der Ende 1993 das Centre Universitaire de Luxembourg eingeladen hatte. Die Tagung sollte – mit etwas Verspätung – nach dem Willen ihres Initiators, J. P. Harpes, an ein Ereignis erinnern, das vielleicht als der erste öffentliche Auftritt der Konzeption gelten kann, die später unter dem Namen "Diskursethik" weithin bekannt wurde. Es handelt sich um einen Vortrag, den K.-O. Apel 1967 an der Universität Göteborg hielt und der einige Jahre später unter dem Titel "Das Apriori der Kommunikationsgemeinschaft und die Grundlagen der Ethik" in "Transformation der Philosophie" (1973) erschien. Die Beiträge der eingeladenen Referenten zentrierten sich im wesentlichen um drei Schwerpunkte, die die Gliederung des vorliegenden Bandes bestimmt haben. So enthält dieses Buch in seinem ersten Teil Abhandlungen zu den Grundlagen des diskursethischen Ansatzes (Kritik, Alternativvorschläge, konstruktive Weiterentwicklungen), in seinem zweiten Teil eine Diskussion zur Frage des Verhältnisses: Diskursethik – Wirtschaftsethik (insbesondere Homanns Konzeption einer Institutionenethik und Ulrichs "Integrative Wirtschaftsethik") und in seinem dritten Teil Untersuchungen zum Verhältnis Ethik und Politik.
Bd. 9, 1998, 384 S., 59,80 DM, br., ISBN 3-8258-2616-3

LIT Verlag Münster – Hamburg – London
Bestellungen über:
Grevener Str. 179 48159 Münster
Tel.: 0251 – 23 50 91 – Fax: 0251 – 23 19 72
e-Mail: lit@lit-verlag.de – http://www.lit-verlag.de
Preise: unv. PE